# 데카르트에서 들뢰즈까지

– 이성과 감성의 철학사 –

# 데카르트에서 들뢰즈까지

## - 이성과 감성의 철학사 -

**초판 1쇄 발행**   2015년 8월 31일

**초판 2쇄 발행**   2019년 5월 15일

–

**엮은이**   서울대학교 철학사상연구소

**글쓴이**   이석재·윤선구·양선이·안윤기·손성우·박 진·강순전

　　　　백승영·이남인·박찬국·정호근·김부용·박정태

**펴낸이**   이방원

**편 집**   김명희·안효희·윤원진·정조연·정우경·송원빈

**디자인**   손경화·박혜옥　　**영 업**   최성수　　**마케팅**   이미선

–

**펴낸곳**   세창출판사

**신고번호**   제300-1990-63호

**주소**   03735 서울시 서대문구 경기대로 88 냉천빌딩 4층

**전화**   02-723-8660　　**팩스**   02-720-4579

**이메일**   edit@sechangpub.co.kr　　**홈페이지**   http://www.sechangpub.co.kr

–

**ISBN**   978-89-8411-562-0 93160

이 도서의 국립중앙도서관 출판시도서목록(CIP)은 서지정보유통지원시스템 홈페이지(http://seoji.nl.go.kr)와
국가자료공동목록시스템(http://www.nl.go.kr/kolisnet)에서 이용하실 수 있습니다. (CIP제어번호: CIP2015021455)

# 데카르트에서
# 들뢰즈까지

## – 이성과 감성의 철학사 –

서울대학교 철학사상연구소 엮음

세창출판사

# 책을 펴내면서

이 책에 수록된 13편의 글은 서양 근현대 철학에 나타난 이성과 감성의 문제를 다루고 있습니다. 이성과 감성의 문제는 철학의 핵심적인 문제 중 하나입니다. 그런데 서양철학에서 이성과 감성을 둘러싼 논의는 아주 복잡한 양상을 보입니다.

이 주제는 우선 인식론, 형이상학, 존재론 등 이론철학의 다양한 분야뿐 아니라 윤리학, 정치철학 등 실천철학의 다양한 분야, 더 나아가 미학, 문화철학 등 철학의 거의 모든 분야에서 논의되어 왔습니다. 또한 이 주제는 이성과 감성 중에서 우위를 가지고 있는 것은 무엇인가, 이성과 감성 중에서 우리의 삶을 보다 더 많이 지배하는 것은 무엇인가, 이성과 감성은 대립적인가 그렇지 않은가 등 다양한 관점에서 논의되어 왔습니다.

그뿐 아니라 이성 개념과 감성 개념은 다의적으로 사용되면서 그에 대한 논의를 복잡하게 만들기도 합니다. 이 두 개념은 철학자마다 다르기도 하고 또 동일한 철학자에게도 저술 혹은 시기에 따라 다를 정도로 다의적입니다. 우선 감성 개념을 살펴보면 이는 독일어의

'Sinnlichkeit'의 번역어로 종종 사용되는데, 칸트에게 그것은 감각인상을 받아들이는 수용 능력을 뜻합니다. 그러나 그것은 때로는 넓게, 때로는 좁게 사용되기도 합니다. 예를 들어 그것은 감각과 동의어로 사용되기도 하고, 감각과 더불어 낮은 단계의 감정을 포괄하는 개념으로 사용되기도 하며 더 나아가 이 둘과 충동, 본능, 신체적인 것, 무의식적인 것 등을 포괄하는 개념으로 사용되기도 합니다.

이성 개념 역시 다양한 의미로 사용됩니다. 이 개념은 우선 철학자에 따라 조금씩 다른 의미로 사용됩니다. 예를 들어 플라톤의 경우 이성은 이데아를 직관하는 능력을 뜻합니다. 아리스토텔레스의 경우 넓은 의미의 이성은 사유하고 가설을 세우는 영혼 활동 일반을 지칭합니다. 쇼펜하우어는 개념화 능력, 판단 능력 등 칸트가 오성이라 부른 것을 이성이라 부릅니다. 더 나아가 이 개념은 동일한 철학자에게도 다양한 의미로 사용되기도 합니다. 예를 들어 칸트의 경우 이성은 수용 능력인 감성과 대비되는 사유 능력인 지성뿐 아니라, 지성을 넘어서는 순수사변적 이성, 실천이성 등 다양한 정신 활동을 포괄합니다.

이 책에서는 이러한 세 가지 사실을 염두에 두면서 데카르트에서 들뢰즈에 이르는 근현대의 대표적 철학자 12명을 선별하여 필자들이 자유롭게 선택한 주제를 중심으로 이성과 감성의 문제를 논하였습니다. 이를 통해 필자들은 이성과 감성의 문제와 관련한 서양 근현대 철학의 역사적 흐름이 드러날 수 있도록 노력하였습니다. 이를 위해 글의 맨 앞부분에 해당 주제와 관련된 철학사적 맥락을 기술하였습니다. 또한 필자들은 이성 개념과 감성 개념이 다의적으로 어떻게 사용되고 있는지, 이성과 감성이 어떤 관계에 있는지, 이성과 감성이 철학의 어떤 분야에서 어떻게 논의되고 있는지 하는 점도 아울러 해명하려 노력하였습니다. 물론 그에 대한 체계적이며 보다 더 풍부한 논의는 13편의 글로 구성된 이 책의 범위를 넘어서므로 그것은 앞으로의 과제로 남겨 두기로 합니다.

필자들은 올해 8월에 정년하시는 백종현 교수님을 축하하기 위하여 이 책에 실린 13편의 글을 집필하였습니다. 백 교수님은 그동안 "Kant's Theory of Transcendental Truth as Ontology"(Kant-Studien 96, 2005)를 비롯해 50여 편의 논문을 발표하였고, Phänomenologische Untersuchung zum Gegenstandsbegriff in Kants "Kritik der reinen Vernunft"(Peter Lang, Frankfurt/M. · Bern · New York, 1985), 『존재와 진리』(서울: 철학과현실사, 2000) 등 10여 권의 단독 저서를 출간하였으며, 『순수이성비판 1 · 2』(서울: 아카넷, 2006) 등 칸트의 저서 8권을 번역하였습니다. 그중에서 대학민국학술원 우수도서로 9권, 문화관광부 우수학술도서로 5권이 선정되었습니다. 칸트 저술과 번역으로는 전 세계에서 가장 많은 판매 부수를 기록하고 있는 연구자가 아닐까 생각합니다. 이처럼 탁월한 업적을 인정받아 2002년에는 서우철학상, 같은 해 '서울대의 자부심' 상, 2007년에는 한국출판문화상 등을 수상하셨습니다. 그리고 다수의 석사, 학사, 박사를 배출하셨고 열정적으로 강의에 임하시어 2007년 서울대학교 교육상을 수상하셨습니다. 또한 한

국칸트학회 회장, 한국철학회 편집위원장 등을 역임하고 현재는 한국
철학회 회장, 철학문화연구소 소장으로 재직하면서 한국철학계의 발
전을 위해서도 크게 공헌하였으며, 서울대학교 학생부처장, 인문학
연구원장 등을 역임하면서 대학 발전을 위해서도 크게 기여하였습니
다. 정년 후에도 건강한 모습으로 활발하게 활동하시면서 행복한 삶
을 살아가시기를 기원합니다.

　책을 출간하면서 감사드려야 할 분들이 많습니다. 우선 이 책의 출
간을 위해 바쁜 일정 중에서도 시간을 내 원고를 집필해 주신 여러 선
생님께 깊이 감사드립니다. 그리고 책의 기획, 필자 섭외 및 원고 수
합, 출판사 섭외 등을 위해 수고해 주신 서울대학교 철학과의 박찬국
교수님, 이석재 교수님께도 깊은 감사의 마음을 전합니다. 또 책의 출
간을 위해 여러 가지 지원을 아끼지 않으신 서울대학교 철학사상연구
소 소장 안성두 교수님께도 깊이 감사드립니다. 출판계의 어려운 사
정에도 불구하고 기꺼이 이 책의 출간을 맡아주신 세창출판사와 편집
작업을 맡아 수고해 주신 관계자 여러분께도 깊이 감사드립니다.

2015년 8월
관악산 서재에서
이남인

# 편집자 서문

서울대학교 철학사상연구소는 동서양의 철학사상을 종합적으로 연구하고 나아가 이를 학제적으로 확장해서 탐구하기 위해 1989년에 설립되었습니다. 설립된 이후 콜로키엄과 초청강연, 학술대회 등을 통해 철학의 문제들을 탐구하면서 많은 저술과 출판을 통해 학계에 기여해 오고 있습니다.

그중에서 최근 출판된 연구업적을 소개하면 동서양의 철학자들의 마음에 대한 핵심적 논의를 정리, 소개한 『마음과 철학』 시리즈를 들 수 있습니다. 이 총서는 서양 편 2권, 유학 편과 불교 편 각 1권 등 네 권으로 이루어져 있으며, 이를 통해 고대에서부터 현대의 사상가에 이르기까지 마음에 대한 동서양 대철학자들의 통찰을 집약했습니다. 마음의 문제가 자아와 세계, 타인의 문제에 대한 철학적, 윤리적 탐구가 시작되는 지점이라고 볼 때, 본 연구소에서 출간한 『마음과 철학』 총서는 이들 철학의 문제들에 대한 대철학자들의 대답을 오늘에 되살리려는 시도라고 감히 말씀드릴 수 있을 것입니다.

이어 본 연구소에서 출간한 책이 『처음 읽는 윤리학』(2013)입니다.

최근 우리사회에서 끊이지 않고 일어나는 여러 반인륜적 사건들은 우리 사회가 얼마나 심각한 윤리적 아노미에 직면하고 있는지를 여실하게 보여 주는 징표들이라 보입니다. 나아가 이러한 문제들은 가족의 해체와 공동체 의식의 붕괴 현상과 맞물려 다른 서구사회에서보다 우리 사회에서 보다 심각한 양상을 보이고 있는 것 같습니다. 최근 한국 사회에서 『정의란 무엇인가』의 선풍적 인기도 많은 이들이 가진 이런 문제의식을 반영하고 있을 것입니다. 본 연구소에서는 이러한 문제들의 근저에 윤리적 의식의 붕괴 현상이 자리하고 있다는 판단하에, 이론윤리학과 실천윤리학의 통찰을 일반 독자들에게 이해하기 쉽게 소개하고자 했습니다.

이제 본 연구소에서는 근현대 서양의 대표적인 철학자들이 이성과 감성을 어떤 식으로 파악했는지를 살펴보는 연구서 『데카르트에서 들뢰즈까지―이성과 감성의 철학사―』를 출간하게 되었습니다. 본서는 앞의 두 책과 마찬가지로 한국의 대표적인 연구자들이 이성과 감성에 대한 근현대 서양의 대표적인 철학자들의 핵심적 통찰을 일반 독자들도 이해할 수 있도록 최대한 쉽게 소개하고 있습니다. 이성과 감성이 결국 인간의 마음을 구성하는 중심적인 요소들이기 때문에, 이 책은 『마음과 철학』에서 수행된 연구를 보완하면서 발전시켜 나가는 것이라고 할 수 있습니다.

본 연구소에서는 이러한 귀중한 저작을 금년 8월 말에 정년퇴직하시는 백종현 교수님께 헌정하는 것을 커다란 기쁨과 영광으로 생각합니다. 백종현 교수님은 평생을 칸트 연구에 전념하시면서, 지금까지 거의 모든 칸트의 저작을 한국어로 번역하신 한국 서양철학계의 대표적인 학자이십니다.

『데카르트에서 들뢰즈까지―이성과 감성의 철학사―』가 출판되기까지 여러 선생님의 헌신적인 노력이 있었습니다. 먼저 무엇보다 귀중한 원고를 집필해 주신 필진 선생님들께 심심한 사의를 표하고 싶습니다. 본서는 원래 전임소장이신 박찬국 교수님과 연구소 임원인 이석재 교수님이 기획하시고 추진하신 결과 지금의 모습으로 탄생한 것입니다. 두 분 교수님의 노력에 대해 머리 숙여 감사를 드립니다. 아울러 본서의 출판을 흔쾌히 맡아 주신 세창출판사의 이방원 사장님 이하 여러 임직원분들에게도 감사의 인사를 드립니다.

2015년 8월
서울대 철학사상연구소장
안성두

# 차 례

데카르트에서
들뢰즈까지

**데카르트**

# 정신과 물질의
# 결합으로서의 인간

이 석 재

철학자들은 오래전부터 이성과 감성에 주목해 왔다. 이는 놀라운 일이 아니다. 냉철하게 이치를 따지며 합리적인 생각을 유지해 나아가면서도 때때로 감정이나 욕구에 마음이 몹시 흔들리는 상황은 누구나 경험해 보았을 것이다. 그렇다면 우리에게는 왜 이렇게 상이한 두 가지 측면이 있는지 그리고 이 둘이 서로 어떻게 맞물려 삶에 영향을 끼치는지 등의 물음 역시 많은 사람이 자연스레 던져 보았을 것이다. 하물며 인간 존재를 궁극적으로 이해하고자 하는 철학자는 오죽하겠는가.

데카르트 역시 예외가 아니다. 그의 마지막 저술이 『정념론(Les Passions de l'Ame)』이라는 사실은 그의 관심의 정도를 이야기해 준다. 오히려 데카르트는 어떤 면에서 여타 철학자보다 이성과 감성이라는 주제에 대해 오히려 관심이 많은 편이다. 이러한 지대한 관심의 이면에는 나름의 배경과 고민이 자리하고 있다. 이 배경과 고민부터 간략하게 살펴봄으로써 데카르트에게 이성과 감성이 무엇인지를 알아보도록 하자.

## 심신이원론

데카르트는 심신이원론자이다.* '심신이원론(mind-body dualism)'이란 무엇인가? 먼저 심신이원론은 존재론 혹은 형이상학이라고 하는 철학의 한 하위 분야에서 등장하는 하나의 입장이라 규정할 수 있다. 거칠게 말해 존재론 혹은 형이상학은 참으로 존재하는 것이 무엇이냐고 묻는 질문에 답하려는 철학적 탐구이다. 예를 들어, 궁극적으로 존재하는 것이 물질이라고 주장하게 되면 유물론 혹은 물질주의라고 하는 형이상학적 입장을 취하는 꼴이다. 반면 존재하는 것은 모두 정신적인 것이라고 주장한다면 이는 관념론 혹은 유심론을 형이상학적인 입장으로 가지는 것이다. 그렇다면 이원론을 표방한다는 것은 무슨 의미일까? 이는 근본적인 존재의 종류에는 두 가지가 있다는 것이다. 다시 말해, 궁극적으로 존재하는 것들을 모두 열거하면 이 존재들은 반드시 두 가지 부류 중 하나에 속하며, 각 부류에 있는 것들은 다른 부류와 서로 섞일 수 없이 근본적으로 다르다는 주장이다. 이렇게 볼 때, 궁극적인 존재의 부류를 어떻게 설정하느냐에 따라 다양한 형태의 이원론이 원리상 가능하다는 것을 알 수 있다. 하지만 이원론 가운데서도 심신이원론이라고 할 때 이는 이 두 가지 부류가 곧 마음과 물질이라는 주장이다. 존재하는 것이면 그것은 반드시 정신적인 것이나 물질적인 것 중 하나라는 주장이 심신이원론이다.

그렇다면 자연스럽게 질문은 궁극적인 혹은 참된 존재로 옮겨 갈 것이다. 철학자들이 말하는 참된 혹은 궁극적 존재는 무엇을 의미하는가? 철학의 역사만큼이나 유서 깊은 물음인 만큼 너무 자세히 다룰

* 『인문학 명강, 서양고전』, (21세기 북스, 2014), '데카르트'편 참조.

데카르트: 정신과 물질의 결합으로서의 인간　　**003**

수는 없지만 데카르트가 이 문제에 접근했던 방식을 잠시 살펴보자. 데카르트는 자신의 형이상학의 기본 틀을 『철학의 원리』라고 하는 저술에서 체계적으로 제시하고 있는데, 1부 51절에서 궁극적 존재라는 의미에서 '실체(substance)'개념을 소개한다.* 데카르트에 따르면, 실체란 그것이 있기 위해 다른 것의 존재를 필요로 하지 않는 것을 의미하고 있다.** 말하자면, 스스로가 존재하기 위해 다른 것에 의존해야 하는 것은 궁극적인 혹은 기본적인 존재라고 보기 힘들다는 것이 데카르트의 생각이었다. 예컨대 그림자를 생각해 보자. 내가 연구실 밖에 있는 은행나무의 그림자를 보고 있다. 나무 그림자의 존재를 인정해도 그것이 궁극적 존재나 기본적인 존재라고 하기에는 무리가 따른다고 할 수 있다. 왜냐하면 나무 그림자가 존재하기 위해서는 그림자를 드리우는 은행나무가 있어야 한다. 또한 은행나무를 비추는 햇빛 역시 필요하기 때문이다. 데카르트의 이해에 따르면 그림자는 그림자를 드리우는 대상과 빛에 의존적인 존재인 까닭에 실체일 수는 없는 것이다. 그렇다면 다른 무엇이 필요하지 않는 존재, 곧 데카르트의 실체 개념을 만족시키는 것에는 무엇이 있을까?

데카르트는 엄밀한 의미에서 실체의 정의를 만족하는 대상은 신밖에 없다는 사실을 인정하고 있다. 신만이 진정한 비의존적인 존재, 완

---

* 데카르트의 저작들은 통상적으로 Adam과 Tannery가 편집한 전집을 근거로 인용한다. 이 전집을 'AT'로 약칭한 후, 권수와 쪽수를 명기한다. *Oeuvres de Descartes*, 11 volumes, (Paris: Librairie Philosophique J. Vrin, 1983).
** 『철학의 원리』, (Principia philosophiae, 1644), I §51/AT VIII 24.

전히 독립적인 존재라는 것이다. 그렇다면 신을 제외한 다른 모든 것들은 마치 그림자와 같은 존재에 불과한가? 데카르트는 이러한 의문점에 대응하기 위해 약화된 의미에서의 실체들 또한 존재한다고 주장한다. 이 약화된 실체들이 바로 이원론을 이루는 정신과 물체이다. 정신과 물체는 어떤 점에서 약화된 의미의 실체인가? 정신과 물체가 각각 신에게 의존되어 있기는 하지만, 그래서 엄밀한 의미에서 실체는 아니지만, 신에게만 의존하고 있지 다른 것에는 의존하고 있지 않기 때문에 약화된 의미에서 실체인 것이다. 달리 말해서 전통적인 기독교 교리를 따르는 데카르트는 모든 피조물이 기본적으로 신에게 의존되어 있다는 사실을 받아들인다. 정신과 물체 역시 예외는 아니나, 이들이 여전히 실체적인 측면을 가지는 이유는 신 이외에 의존하는 것은 없기 때문이다. 완전히 독립적이지는 못해도 상당히 독립적이기 때문에 정신과 물질은 나름 실체의 위상을 가진다는 생각이다.

그런데 정신과 물질이 나름 실체의 위상을 가진다는 생각은 맞는가? 특히 정신은 이러한 독립성을 가지는가? 정신이 존재하기 위해 신에게만 의존한다는 주장은 정신이 다른 것 특히 물질에 의존하지 않는다는 것을 함축한다. 그렇다면 데카르트는 물질적 기반 없이 정신이 존재할 수 있다고 생각했는가? 그렇다. 데카르트에 따르면, 뇌와 같은 물질적인 기반 없이도 사유나 다른 형태의 정신 현상이 가능하고, 이렇게 물질과 독립적으로 존재하는 정신을 '영혼(soul)'이라 지칭했다. 『제일철학에 관한 성찰』*의 제2성찰에 등장하는 유명한 '코기토(cogito)'논증이 이 사실을 확보해 주는 것으로 이해되는데, 여기서 우리가 이 논의를 자세히 살필 필요는 없다. 다만 데카르트가 정신적인 존재로서의 영혼을 하나의 실체로 보았고, 그렇게 여긴 근거에는 이러한 정신적인 존재로서의 영혼이 물질에 의존하지 않는 독립적인 존재라고 생각했다는 사실이 중요하다. 물질세계가 과연 존재하는지 의심한다고 하더라도, 이 의심의 사유 작용, 그리고 과연 물질의 세계가 존재하고 있느냐를 의심, 고민하고 있는 나, 곧 나름 어떤 생각에 골몰하고 있는 나의 존재는 확실하다는 직관이 정신의 실체성을 주장할 수 있게 되는 근거이다.

데카르트의 이원론에 대한 마지막 논의로 물질에 대한 데카르트의 생각을 짚고 넘어가도록 하자. 데카르트 이원론의 다른 축인 물질에 대해서 데카르트는 어떤 생각을 가졌는가? 물질에 대한 데카르트의 직관은 지금 우리의 상식과 크게 다르지 않다. 데카르트에 따르면 물질 역시 실체이다. 즉 물질 역시 독립적인 존재이다. 신에게만 의존하고 다른 피조물 특히 정신이나 영혼에 의존되어 있지 않고 그 자체로 존재할 수 있기 때문이다. 앞서 정신은 사유라고 하는 특성을 가진다고 밝혔다. 물질은 이에 반해 연장(extension)이라고 하는 특성을 지닌다. 물질은 공간적으로 펼쳐져 있다는 것이며 반드시 크기와 형태를 가지며 운동이나 정지 중에 있다는 것이다. 이러한 방식으로 공간적인 특성을 가지는 한에서 물질은 그 자체로서 존재하는 실체이다.

그렇다면 데카르트의 이원론을 다음과 같이 정리해 보자. 정신이

---

* *Meditationes de prima philosophia*, (1641) /AT VII 1-90.

나 영혼은 사유를 그 본질로 갖는 실체이다. 사유를 본질로 갖는다는 것은 무슨 의미일까? 정신 혹은 영혼이 존재하기 위해서는 반드시 사유를 해야 한다는 것이다. 이때 데카르트는 사유를 폭넓게 이해하고 있다. 생각하고 의심하고 욕구하고 슬퍼하고 사랑하고 감각하는 등 다양한 형태의 의식 활동이 모두 사유에 해당된다. 어떤 것이 정신 혹은 영혼이기 위해서는 이렇게 의식, 사유 활동을 해야 하지만, 이러한 의식, 사유 활동은 그 자체로 정신으로서의 존재 역시 보장한다는 것이 데카르트의 주장이다. 곧 사유라고 하는 특성 그 자체만으로 존재가 보장된다. 반면에 물질은 연장을 본질로 가진다. 즉 어떤 것이 물질이기 위해서는 공간적으로 펼쳐져 있어야 한다는 주장이다. 또한 어떤 것이 크기와 형태를 가지고 운동이나 정지 중에 있으면 그것이 이러한 공간적인 성격을 지닌다는 사실 자체가 그것을 물질로 존재하게 한다는 주장 역시 한다. 결국 데카르트의 심신이원론에 따르면 근본적인, 궁극적인 존재 방식에는 두 가지가 있다. 사유함으로써 정신으로 존재할 수 있고, 연장되어 있음으로써 물질로 존재할 수 있다.


## 능력으로서의 이성

지금까지 데카르트의 이원론 체계를 간략하게 살펴보았다. 이러한 이해를 바탕으로 데카르트가 생각하고 있는 이성과 감성에 대해 보다 구체적으로 알아보자. 이를 위해서는 우선 데카르트에게 있어 이성과 감성이 무엇인지를 밝혀야 할 것이고, 이러한 탐구는 결국 데카르트가 인간을 어떻게 이해하고 있는지에로 이어질 것이다.

우리가 사유를 하는 한 나름의 독립성을 가진 실체로 존재할 수 있다는 데카르트의 주장을 앞서 살펴보았다. 이때의 '사유'란 넓은 의미로 받아들여야 하며, 특정한 생각을 떠올리거나 어떤 의심을 품거나 혹은 어떤 것을 욕망하거나, 염려 때문에 걱정하고 슬퍼하는 등 흔히 다양한 정신 활동을 모두 포괄한다는 점 역시 강조했다. 이렇게 다양한 정신 활동이 우리에게 가능한 이유는 우리 정신에 이러한 활동을 할 수 있는 능력이 있기 때문인데, 데카르트는 이 능력을 일컬어 '이성(reason)'이라고 표현하고 있다. 데카르트에 따르면 이성은 기본적으로 어떤 능력이다. 보다 구체적으로 사유를 할 수 있는 능력, 힘이다. 이성이라는 능력은 이렇게 다양한 형태의 정신 활동을 할 수 있는 힘인 동시에 나름 또 다른 독특한 특성을 가진다. 그것은 바로 마음에서 일어나는 다양한 정신 활동을 의식할 수 있다는 점이다. 즉 나는 어떤 생각을 할 수 있을 뿐만 아니라 그 생각을 하고 있다는 사실 역시 의식할 수 있다. 예를 들어 내가 과거 제주도에 가서 보았던 한라산에 대한 기억을 지금 떠올린다고 해보자. 노력이 성공해서 한라산에 대한 기억이 떠오르면 나는 이 기억을 통해 한라산을 생각한다. 그런데 여기에 그치지 않고 나는 내가 한라산에 대해 생각을 하고 있다는 사실 자체를 알 수 있다. 생각이 이어져 제주시의 식당 이름을 기억하려고 한다고 해보자. 기억이 잘 나지 않아 기억하려고 노력하고 있을 때, 비록 그 식당의 이름을 떠올리지는 못해도 노력하고 있다는 사실은 확실히 의식할 수 있다. 그런데 주목해야 할 사실은 이때의 노력이

나의 몸이나 신체의 노력이 아니라는 점이다. 나의 정신이 애를 쓰고 있는 것이고 나는 이러한 정신의 노력을 의식하고 있는 것이다. 식당 이름을 부탁한 친구가 내가 미간에 힘을 주지 않고 눈살을 찌푸리지 않는다고 해서 내가 노력하고 있지 않다고 하면 내가 얼마나 서운하겠는가? 우리는 이렇듯 이를테면 '마음의 눈'을 가지고 정신 안에서 일어나고 있는 다양한 생각들을 볼 수 있는 능력 역시 가지는데, 이러한 자기 성찰의 독특한 능력 역시 이성에서 비롯한다. 데카르트는 내면의 정신세계를 돌아볼 수 있는 이성의 이러한 능력에 특히 주목하는데, 그 이유는 이러한 내면세계에 대한 판단이 유독 정확하기 때문이다. 시력이 나빠져서 칠판의 글씨가 잘 보이지 않는다고 치자. 칠판에 '오늘 숙제 없음'이라고 쓰여 있는지는 확실치 않을 수 있다. 그렇지만 글씨가 내게 그렇게 보인다면 칠판 글씨가 내게 그렇게 보인다는 사실에 대해서는 의심의 여지가 없다.

이성을 가진 존재에게 특이하다고 할 만한 능력이 또 있다. 칠판 글씨의 예로 돌아가 보자. 칠판에 글씨가 쓰여 있는 것이 참이라면 우리는 감각을 통해서 이를 안다. (데카르트가 감각에 대해서 가지는 생각에 대한 보다 자세한 논의는 뒤로 미룬다고 해도) 데카르트 역시 우리가 감각을 통해 우리 주변에 대한 여러 가지 사실을 알게 된다는 데 동의할 것이다. 그러나 우리가 알고 있는 사실 중에 감각이나 경험을 통하지 않고도 알 수 있는 것들이 있다. 예를 들어 "모두 짝수는 수이다"는 주장을 고려해 보자. 모든 짝수가 수인지 확인을 해보아야 이 주장이 참임을 알 수 있는가? 누군가가 이 세상의 모든 짝수를 고려해 보지 못해 이 주장이 참임을 받아들일 수 없다고 한다면, 우리는 난감하게 느낄 것이다. "현재 캐나다 밴쿠버 시에는 한국 식당이 27개이다"는 주장은 당연히 확인을 해보아야 참 거짓을 알 수 있지만, "모든 짝수는 수이다"는 주장은 확인할 필요가 없는 참이다. 이렇게 세상을 확인하지 않고도 참인지 거짓인지를 알 수 있는 능력 역시 이성에 근거한 능력이다. 재미있는 사실은 내가 생각하고 있는지 알기 위해서 감각을 통해 밖의 세상을 확인할 필요가 없다는 점을 데카르트가 강조한다는 것이다. 생각이 내 의식 속에서 일어나고 있느냐 마느냐의 여부 역시 경험을 통해 확인할 필요 없이 알 수 있는 사실이다.

데카르트는 이렇게 다양한 사고 활동을 하고, 스스로의 사고 활동 자체를 의식하고, 감각을 통해 확인하지 않고도 참임을 알 수 있는 능력이 이성적 존재들이 누리는 특권이라 주장할 것이다. 그러나 우리는 늘 수학적인 진리만을 관조하는 것이 아니며 감각도 하고 욕구도 느끼며 다양한 감정에 휩싸이기도 한다. 물론 감각, 욕구, 감정 등 역시 우리가 마음의 눈을 통해 우리가 그러한 심리적 상태에 있다는 것을 알게 된다는 점에서 이러한 상태들 역시 몸이 아닌 정신이 가지는 상태라 해야 할 것이다. 실제로 데카르트는 감각, 욕구, 감정 역시 정신적 실체가 가진 특성임을 분명히 하고 모든 정신적 상태가 그러하듯 이성이라고 하는 능력에 의존한다는 사실 역시 받아들이고 있다. 그러나 격렬한 감정에 휩싸일 때의 마음 상태는 수학적 진리들을 파악할 때의 마음 상태와는 사뭇 다르게 느껴진다. 데카르트 역시 이두 가지 정신 상태 간의 근원적인 차이를 과연 인정하는가? 그리고 인정한다면 데카르트는 이를 어떻게 설명하는가? 감성에 대한 데카르트의 생각에로 눈을 돌려 보자.

## 신체와 감성

데카르트의 철학 체계 내에서 '감성(sensibility)'이라는 용어가 명시적으로 등장하는 경우를 찾기는 쉽지 않다. 그러나 감각(sensation)이나 정념(passion)과 같은 개념들은 주목의 대상이며 비교적 상세히 논의된다. 이는 데카르트가 일반적으로 감성과 관련되어 있다고 여겨지는 문제들에 관심이 많았다는 사실을 드러내 준다. 그렇다면 데카르트는 보다 구체적으로 어떤 문제들에 관심을 가지며 감성이라는 것을 어떻게 이해하고 있을까?

감성을 이해하려고 함에 있어 한 가지 전통적인 접근 방식은 감성적인 것을 비이성적인 것이라 여기는 것이다. 행위의 주체가 이성이 없을 때 혹은 이성을 잃었을 때 감성의 지배를 받는다는 생각이다. 이러한 접근방식을 데카르트에게도 적용할 수 있을까? 감각, 욕구, 감정 등에 휩싸인 상태 역시 정신의 상태이기에 이성이라는 능력을 요청하고 또 이성에 의해 파악된다는 데카르트의 생각을 고려해 본다면, 감성은 곧 이성을 결여한 것이라는 구도가 데카르트에게 부적합하다는 것이 드러날 것이다. 이성적 능력이 없는 주체는 사유를 본질로 갖는 정신적 실체일 수 없고 정신적 실체가 아닌 것은 감각, 욕구, 감정 등의 정신적인 상태 역시 갖지 못한다는 것이 데카르트의 생각이기 때문이다.* 달리 말해, 감각, 욕구, 감정은 모두 정신적인 존재만이 가질 수 있는 마음의 상태들인데 마음의 상태를 가지기 위해서는 이성이라는 능력이 있어야 한다. 우리에게 흔히 감성적이라 여겨지는 측면이 있다면, 이는 이성이 결여되었을 때 등장하는 것으로 생각해서는 안 된다는 것이다.

그렇다면 데카르트는 우리의 감성적인 측면을 어떻게 설명하는가? 데카르트는 무엇보다 인간이 신체를 가진다는 사실, 곧 모두가 육화되어 있다는 사실에 주목한다. 감각, 욕구, 감정 등의 마음 상태가 공유하는 바가 있다면 신체의 자극과 관련되어 있다는 것이다. 인간의 감성적인 측면은 신체와의 결합에서 생겨나는 다양한 형태의 정신적 상태로, 『정념론』 2절에서 데카르트는 다음과 같이 쓰고 있다. "…나는 영혼에 연결되어 있는 신체보다 우리 영혼에 직접적으로 작용하는 주체가 없다는 사실을 발견하고, 이에 따라 영혼에서의 정념(passion)은 일반적으로 신체에서의 작용(action)임을 우리가 믿어야 한다는 사실에 주목한다. 따라서 우리의 정념에 대한 지식을 얻기 위한 가장 좋은 방법은 영혼과 신체의 차이를 검토하여 우리 안에 있는 각종 능력이 영혼과 신체 어느 것에 의한 것인지를 아는 일이다"(AT XI 328). 데카르트의 마지막 저술인 『정념론』은 이러한 탐구를 통하여 우리의 정

---

\* 데카르트에 따르면 동물은 사유의 능력, 곧 이성을 갖지 않는다. 따라서 동물은 정신들만 가질 수 있는 상태인, 감각, 욕구 등을 가지지 못한다. 동물은 물질의 덩어리, 복잡한 기계에 불과하다. 기계에게 감정이나 욕구가 있다고 생각하지 않듯이 동물에게도 감정이나 욕구가 있다고 생각해서는 안 된다는 주장이다.

념에 대한 지식을 얻으려는 데카르트의 시도를 담고 있다.

신체와의 연결 그리고 신체의 작용으로 인해 우리가 감각, 욕구, 감정을 가지게 된다는 데카르트의 주장을 오해할 소지가 있어 다시 강조하지만 정신이 신체와 연결되어야만 사유를 할 수 있는 것은 아니다. 제6성찰에 등장하는 다음의 유명한 문구를 살펴보자. "나는 내가 명석판명하게 이해하는 모든 것들은 내가 이해하는 그대로 신이 그렇게 할 수 있다는 사실을 안다. 이 이유로 해서 한 가지를 어떤 다른 것 없이 명석판명하게 이해할 수 있는 나의 능력은 이 한 가지가 그 다른 것과 다른 것임을 확실하게끔 해 준다. 왜냐하면 적어도 신에 의해서는 이 둘은 분리될 수 있기 때문이다. … 이런 이유로 해서 내가 존재한다는 것을 내가 안다는 사실로부터 그리고 동시에 내가 사유를 하는 존재라는 사실 이외에 나의 본성이나 본질에 포함되어 있는 것은 명백히 아무것도 없다는 판단을 내린다는 사실부터, 나는 나의 본질은 전적으로 내가 사유하는 존재임에 있다는 판단을 정당하게 내린다. 그리고 혹시 (아, 내가 조금 있다가 얘기하겠지만 실제로) 내게 아주 가깝게 연결되어 있는 신체가 있다고 하더라도, 한편으로는 내가 단지 사유하는 존재이고 연장되어 있지 않은 존재라는 것으로서의 나에 대한 명석판명한 관념을 가지기에 또 다른 한편으로는 신체란 단지 연장되어 있고 사유하지 않는 것인 한에서 신체에 대한 분명한 관념을 가지는 한에서, 나는 나의 신체와 실제로 구별되며, 그것 없이 존재할 수 있다"(AT VII 78).

여기서 볼 수 있듯이, 데카르트는 분명하게 주장하고 있다. 사유하는 실체로서의 영혼은 신체 없이 존재할 수 있다. 그리고 우리의 정체성은 영혼과 신체 가운데 사실 영혼에 있다는 점 역시 강조하고 있다. 사실 데카르트가 『제일철학에 관한 성찰』을 집필하게 된 주요 동기 중 하나가 사후 우리의 생존 가능성인데, 궁극적으로 우리의 정체성은 영혼에 의해 확보되며 영혼은 신체 없이 존재할 수 있다는 주장에 근거하여 사후의 생존 가능성을 확보하려고 하는 것이다. 그럼에도 불구하고, 앞서 보았듯이, 우리가 가지는 마음의 상태 가운데 많은 경우는 친밀하게 연관되어 있는 신체가 우리를 자극함으로써 생겨난다는 것이 데카르트의 생각이다. 감각, 욕구, 감정 모두가 신체와의 연결 때문에 생겨나는 것이다.

그렇다면 다음과 같은 두 가지 질문이 자연스러워진다. 첫째, 과연 영혼은 어떤 방식으로 신체와 연결되어 있는가? 둘째, 신체 없이도 존재할 수 있다면 영혼은 굳이 왜 신체와 연결되어 있는가? 이 질문들을 쫓아가며 데카르트가 감성에 대해서 가진 생각을 보다 자세히 알아보도록 하자.

데카르트는 영혼이 신체와 연결되어 있고 신체가 작용하여 영혼이 여러 형태로 영향을 받는다고 하지만 사실상 이 주장이 쉽게 납득이 가는 것은 아니다. 엘리자베스 공주가 데카르트 생전에 이미 제기한 문제이지만 영혼은 공간적으로 연장되어 있지 않고 오로지 사유만 하는 존재이고, 신체는 사유를 하지 않고 전적으로 공간적으로 연장되어 있기만 한 존재이다. 그렇다면 신체가 어떤 경로를 통해, 어떤 방식으로 영혼에 영향을 줄 수 있다는 말인가? 영혼이 어디엔가 어떤 물질적인 형태로 존재한다면 우리 신체가 충돌이나 접촉을 통하여 영향을 줄 수 있을 텐데, 누차 데카르트가 강조하듯이 영혼은 오로지 사유만을 본질로 가질 뿐, 공간적인 성질을 가지지는 않는다. 영혼을 만지거나 영혼과 접촉, 충돌할 수 있는 것 자체가 불가능해 보인다. 전적으로 상이한 두 가지의 실체 곧 영혼과 신체는 서로 인과 작용의 관계를 맺을 수 없다는 이러한 비판은 데카르트가 이원론을 주창한 이래 줄곧 제기된 문제로 이후 철학 논의에도 많을 영향을 끼치고 현재에도 심각하게 논의되는 문제라 할 수 있다. 데카르트의 이원론 체계를 받아들이는 이상, 우리의 감성적 측면이 과연 신체에 의해 촉발될 수 있는지조차 의심되는 상황이기에 데카르트 역시 이 문제를 심각하게 생각할 수밖에 없는 상황이었을 것이다.

실제 데카르트는 이 문제를 해결하기 위해 해부학에 많은 관심을 보였다고 하고 『정념론』에서 심신 간의 상호작용이 송과선(pineal gland)에서 일어난다는 입장을 개진한다.* 물론 송과선이라고 하는 뇌 기관을 명시한다고 여기서 문제가 해결되는 것은 아니다. 송과선의 미세한 흔들림과 움직임이 영혼을 자극하여 각종 감각과 정념을 불러일으킨다는 설명이 해결책으로 인정되기 위해서는 물체가 영혼에 영향을 줄 수 있다는 사실을 먼저 받아들여야 하는데, 이 사실은 쉽게 설명되지 않는 것이 문제이다. 곧 물질적인 것이 어떤 방식으로 비물질적인 대상에 영향을 미칠 수 있는지가 불분명하다는 것이 원래 비

---

* AT XI:351 참조.

판의 출발이었다. 물질은 충돌이나 접촉을 통해서만 변화를 불러일으킬 수 있는 것으로 보이는데 충돌이나 접촉의 대상이 되지 않는 영혼은 물질적 변화의 영향을 받을 수 없다는 앞선 문제 제기를 기억할 필요가 있다.

이러한 어려움에도 불구하고 데카르트는 실제 우리 영혼과 신체가 나름 독특한 관계를 맺고 있다고 생각하고 있다. 이 관계를 어떻게 묘사하고 있는지 좀 더 자세하게 살펴보자. 먼저 제6성찰에서 데카르트는 정신과 신체가 맺고 있는 관계와 대비하기 위하여 무척 재미있는 비유를 제시하고 있는데, 바로 선원과 배의 비유이다. 선원이 타고 있는 배가 파손되었을 때, 선원이 그 파손된 상태를 관찰한다고 하자. 데카르트는 선원의 상황과 우리가 몸을 다쳐 통증을 느낄 상황을 비교한다. 우리 몸이 손상을 입어 통증을 느낄 때 선원이 파손된 배를 보듯 몸을 바라보는가? 아니면 훨씬 더 친밀한 방식으로 그 고통을 나의 것으로 느끼는가? 데카르트에 따르면, 당연히 후자의 경우이다. 정신은 몸과 너무나 가깝게 결합되어 있어 그 둘이 마치 하나가 될 정도로 뒤엉켜 있다고 한다. 내가 몸을 다쳐 고통을 느낄 때 선원이 배의 파손을 바라보듯 제삼자의 눈으로 남 일 보듯 부서진 내 몸을 바라보진 않는다. 통증 가운데 느껴지는 아픔은 나의 것이지 나와 구별된 것의 파손으로 느끼는 것이 아니며, 데카르트는 이를 표현하기 위해 정신이 온몸과 뒤섞여 있으며 하나를 이룬다고 느껴질 정도로 친밀하게 연결되어 있다고 얘기하고 있다. 우리가 상식적으로 뒤돌아보더라도 나름 설득력이 있는 입장이다. 그러나 데카르트가 제시하는 영혼과 신체의 이러한 친밀한 결합은 또 다른 문제를 제기한다.

정신과 신체가 '하나'를 이룬다는 발언이 이원론 체계 자체를 흔드는 것은 아닌가? 인간이 정신과 신체로 이루어진 하나의 단일체라 한다면 정신과 신체가 각각 독립적으로 존재한다는 이원론의 주장은 어떻게 이해가 되어야 할까? 이원론은 영혼과 물체—이 경우에는 신체—가 독립적으로 각각 하나의 실체를 이룬다는 주장인데, 만약 정신과 신체가 결합해야 비로소 인간이라는 단일체가 가능하다면, 이는 이원론과는 배치되는 듯하다. 그렇다고 심신단일체와 관련된 발언들을 데카르트가 큰 의미 없이 경솔하게 한 발언이라 치부할 수도 없다. 우리가 제삼자의 입장에서 신체의 변화를 관찰하고 이를 보고하는 것이 아니라 1인칭의 시점에서 직접적으로 내 몸의 변화로 느낀다는 입장은 『제일철학에 관한 성찰』에서만 등장하는 것이 아니기 때문이다. 데카르트는 『정념론』에서의 상호작용과 더불어 앞서 언급했던 엘리자베스 공주와의 서신에서 원초적인 연합(primitive union)이라는 용어까지 사용해 가며 신체와의 밀접함을 강조하고 있는 것이다. 상충하는 듯한 발언들은 데카르트의 심신이론과 감성이론을 제대로 해석하고자 하는 우리에게 어려움을 선사한다.

두 번째의 질문으로 넘어가 보자. 신체 없이도 존재할 수 있다면 영혼은 굳이 왜 신체와 이렇게 원초적으로 연결되어 있는가? 색깔, 소리, 맛 등 여러 형태의 감각을 우리는 왜 가지게 되며, 고통, 배고픔, 목마름 등의 욕구는 왜 가지는가? 데카르트에 따르면 이러한 경험들이 우리 주변에 있는 다른 물체들의 존재를 알려 주고 이들 가운데 우리에게 유익한 것과 해로운 것을 구별할 수 있게 해 주기 때문이다. 말하자면 이 세상을 항해하는 데 도움이 되기 때문에 우리에게 신체와 관련된 감성적인 측면이 부여되었다는 것이다. 신체와의 밀접한 연결을 통해 가지게 되는 각종 감각과 욕구를 통해 주변 세계를 알게 되고 어떤 것들을 추구해야 할지 어떤 것들을 멀리할지를 알게 된다는 것이다. 데카르트는 『정념론』에서 말하고 있다. "정념의 주된 효과는 정념이 몸이 받아들이도록 적절히 준비시키는 바를 영혼이 원하도록 하는 것에 있다"(AT XI 359).

얼핏 보면 그럴듯한 설명이다. 우리에게 몸이 있어 감각을 통해 주변 물체의 존재를 알게 되고 이들 가운데 우리에게 좋은 것은 욕구의 대상이 되고 우리에게 나쁜 것은 기피의 대상이 된다는 설명이다. 데카르트는 특히 제6성찰에서 감각의 원인으로서 외부 물질세계의 존재를 증명하기 때문에 우리에게 감각이 있다는 사실은 외부 세계의 존재를 확보하는 중요한 근거가 된다. 그러나 곰곰이 따져 보면 만족스럽지 못한 설명이기도 하다. 우리에게 신체가 있다는 사실을 받아들이고 나면 신체의 건강함을 유지하기 위해 유익한 것과 해로운 것을 알 수 있게끔 하는 능력의 의미를 인정할 수 있지만, 과연 신체 자체가 있어야 하는지는 여전히 의문스럽기 때문이다. 정신이나 영혼이 존재하기 위해 신체가 필수적인 요소라면 이야기가 달라진다. 몸이 있어야만 영혼이 존재할 수 있다고 주장하는 입장에서 육화는 당연히 인간의 조건이다. 그러나 데카르트에 따르면 정신은 사유 그 자체만으로도 존재할 수 있고 물질적일 필요가 없다. 육화되어야 할 필요가 없다면 왜 우리는 육화되었는가?

아마도 데카르트에게는 추가적인 전제가 숨겨져 있었던 것으로 보인다. 정신이 존재하기 위하여 물질 곧 신체가 필요한 것은 아니지만 인간적인 이성은 그 자체로서는 부족한 면이 많다는 생각을 했던 것으로 보인다. 곧 데카르트는 우리가 신체를 가지지 않으면 물질세계에 대한 중요한 앎을 가지지 못한다는 생각을 했던 것으로 짐작된다. 신이나 천사의 경우, 탁월한 사유의 능력이 있어 감각이나 욕구, 감정 없이도 세상에 대해 알 수 있다고 한다면 인간의 정신 능력은 이보다 질적으로 떨어져 감각의 도움 없이는 물질세계에 대한 앎을 가질 수 없다는 입장인 것이다.

그렇다면 이처럼 한계가 있는 존재로서의 인간, 이성적 능력이 부족하여 신체를 가져야만 하는 인간은 어떤 방식으로 살아야 행복할 수 있는지에 대한 데카르트의 생각을 간단히 살펴보고 글을 맺도록 하자. 엘리자베스 공주에게 보낸 편지 가운데 다음 대목이 우리의 주목을 끈다.

"다음의 세 가지 조건을 존중한다면, 외부의 도움 없이 각자 스스로 만족스러움에 도달할 수 있지 않을까 생각됩니다. 첫째, 우리는 삶의 다양한 조건 속에서 해야 하는 것과 하지 말아야 하는 것을 각자가 발견하기 위해 최대한도로 마음을 쓰고 노력하는 일입니다. 둘째는 정념이나 욕구로 인해 길을 잃지 않고 이성이 권하는 바를 실행하겠다는 굳건하고 영원한 의지를 유지하는 일입니다. 제 생각에는 덕이라고 하는 것은 바로 이러한 결심을 굳건히 견지하는 것에 있다고 생각합니다. … 셋째, 이렇게 최대한으로 이성에 의거해 스스로의 삶을 영위해 가려고 할 때 얻지 못하는 좋은 것들은 모두 스스로의 힘 밖에 있음을 받아들이는 일입니다. 이를 통해 우리는 그것들을 원하지 않게 되는 것에 익숙해질 것입니다"(엘리자베스 공주와의 서신, 1645년 8월 4일, AT IV 265/CSMK 257-8).

비록 인간이 육화되어 있다고 하더라도 감정이나 욕구 등에 휩싸이지 않도록 노력하여 본연의 모습이라 할 수 있는 정신적 존재로서 충실히 살아가고자 할 때 만족스러운 삶에 도달할 수 있다는 것이 데카르트의 충고인 것이다. 결국은 인간을 근본적으로 이성적 존재, 사유하는 존재, 생각을 본질로 갖는 존재로 여기는 접근 방식이며 우리의 감성적인 면을 이성의 통제 아래에 둘 것을 충고하는 서양철학의 오랜 전통을 계승하고 있는 것으로 보인다.

## 글을 나가며

새로운 철학적 안목을 개진하는 개척자는 거칠기 마련이다. 기존의 사고방식으로부터 벗어나서 새롭게 문을 열기가 쉽지 않고 전통의 힘을 거부하기 위해 노력하는 만큼 새로 발견한 세계의 묘사는 거칠수밖에 없다. 미지의 세계를 향해 용감히 떠난 자에게 너무 많은 것을 요구할 수 없는 것과 같이 신대륙을 발견한 자에겐 그 발견 자체가 업적인 것이다.

데카르트 역시 형이상학의 바다를 항해하는 탐험가이다. 기존의 중세 아리스토텔레스주의에서 주창되었던 '질료형상설(hylomorphism)'을 거부하고 새로운 대륙을 찾아 나서 우리에게 심신이원론이라는 새로운 이해를 제시하고 있다. 질료형상설에 따르면, 인간을 포함한 우주의 만물은 질료(matter)와 형상(form)이라고 하는 두 가지의 이질적인 요소의 결합에 의해 이루어져 있다.* 질료는 물질적인 요소로 그 자체로 정리되어 있지 않은 무질서한 것인 반면 형상은 우리의 이성에 의해 파악되는 질서를 부여해 주는 요소이다. 질료형상설에 있어 무엇보다 중요한 사항은 형상과 질료라고 하는 이 두 요소가 반드시 결합해야 무엇이 실제로 존재할 수 있다는 점이다. 각각의 요소는 홀로 존재할 수 없고 둘이 같이 결합하여야만 비로소 하나의 존재로 가능하다는 것이다. 비유하자면 아무런 형체가 없는 수제비 반죽은 아직 존재한다고 하기 힘들고 뜯어내는 과정을 거쳐 반죽이 특정한 형태를 띨 때 비로소 수제비가 있다고 할 수 있듯이, 질료와 형태는 상호불가분의 관계에 있다는 것이다. 곧 만물에 물질적인 요소와 정신적인 요소가 늘 함께 있다는 세계관이요, 인간 역시 물질적 요소와 정신적 요소의 결합으로 보고 있는 것이다.

데카르트는 형상과 질료가 결합하여야만 무엇이 존재할 수 있다는 이 기본적인 구도를 깨고, 말하자면 형상과 질료를 각각 독립적으로 존재하게끔 세계를 재편한다. 데카르트에 따르면, 세계는 본질적으

---

\* 『인문학 명강, 서양고전』, (21세기 북스, 2014), '데카르트' 편 참조.

로 다른, 두 가지 존재로 이루어져 있는데, 그 하나는 물질이요, 다른 하나는 정신 혹은 영혼이라는 것이다. 그 결과 아리스토텔레스주의에서 만물이 유사하다는 그림을 제시했다면, 데카르트는 만물이 본질적으로 다른 두 가지로 이루어져 있다는 심신이원론을 새로운 세계 이해의 구도로 제시하고 있다. 나아가 데카르트는 인간을 본질적으로 정신적인 존재로 이해해야 한다는 입장 역시 새롭게 개진하고 있다.

그러나 이러한 새로운 형이상학 체계와 새로운 인간 이해는 예상치 못한 새로운 과제들을 제시한다. 이성과 감성에 대한 데카르트의 생각에서 보았듯이 우리가 본질적으로 정신적인 존재라고 하더라도 우리가 각기 신체와 밀접한 관련을 맺고 있다는 사실을 부정하기는 어렵다. 따라서 우리가 신체와 맺고 있는 관계를 설명하지 않을 수 없다. 또한 이성적이지만은 않은 우리의 감성적 측면 역시 부정할 수 없고 이성적이기만 해도 될 존재에게 왜 이렇게 감성적인 요소까지 있어야 하는 이유 역시 설명해야 할 과제로 등장하는 것이다.

지금까지 우리는 데카르트가 이러한 과제들에 대해서 나름 가지고 있었던 생각들을 살펴보았다. 시원하게 질문에 대한 궁금증이 해소되었다기보다는 뭔가 아쉬움이 남는 느낌이 컸을 것으로 짐작된다. 철학적 작업 자체가 시원하게 답을 주는 경우가 드물다는 사실을 감안하더라도 아쉬움의 정도가 크지 않을까 싶다. 그러나 앞서 밝혔듯이 시대를 여는 탐험가에게는 이러한 아쉬움이 클 수밖에 없다는 진단이 어떨까 싶다. 데카르트가 신천지를 열었다고 한다면 그의 뒤를

밟는 자들에게는 이 대륙에 무엇이 어떤 방식으로 있는지를 제대로 파악하는 일이 남겨져 있는 것이다. 실제 철학사 역시 데카르트의 체계를 보다 상세하고 면밀히 검토함으로써 그 장단점을 밝히는 방식으로 전개되었으며 우리 역시 그 연속선에서 오늘날에도 데카르트의 철학에 관심을 갖는 것이 아닐까 싶다.

데카르트, 『성찰』, 이현복 역, (문예출판사, 1997).

데카르트의 철학을 체계적으로 소개하고 있는 데카르트의 대표적인 저작 가운데 하나로 독자와 대화를 나누는 방식으로 여섯 개의 성찰을 통해 자신의 주요한 철학적 입장과 그 근거를 소개하는 수작이다.

데카르트, 『정념론: 삶의 모든 좋은 것과 나쁜 것은 오직 정념에 의존한다』, 김선영 역, (문예출판사, 2013).

데카르트의 마지막 저술로 엘리자베스 공주와의 서신에서 촉발된 감정, 욕구에 대한 스스로의 생각을 정리한 저술로 다양한 감정과 욕구의 원인과 이 정념들을 다스릴 수 있는 방법을 제시하고 있다.

서양근대철학회, 『서양근대철학』, (창작과 비평사, 2001).

서양근대철학을 소개하는 연구서로 데카르트를 포함해서 당시 주요 철학자들을 중심으로 17, 18세기 서양에서의 철학적 사유를 전반적으로 소개하고 있다.

## 라이프니츠

# 이성을 통하여 인간은
# 신과 함께 공동체를 구성한다

윤 선 구

라이프니츠는 데카르트에서 스피노자로 이어지는 근대 이성주의의 완성자이다. 그는 근본적인 문제에서 선행 철학자인 데카르트 및 스피노자와 입장을 달리한다기보다는 그들과 입장을 공유하면서 그들이 철저히 생각하지 못했던 문제나 모순되는 문제를 제거하여 이성주의 철학을 완성했다고 말할 수 있다. 데카르트는 정신과 물체 두 독립적 실체를 인정했는데 라이프니츠는 이로부터 발생하는 문제를 제거하였다고 할 수 있다. 첫 번째는 물체를 실체로 보면서 발생하는 문제이다. 라이프니츠는 연장성은 기본적인 성질이 아니고 연장된 것은 무한히 분할 가능하여 실체성을 유지할 최후의 단위가 존재하지 않기 때문에 실체일 수가 없다고 보았다. 그리고 정신적 실체의 본질적 속성을 사유라고 보면 유한한 정신은 존재하다 존재하지 않다를 반복하므로 실체의 개념에 모순된다고 보고 지각을 실체의 속성으로 간주하였다. 우리가 잠들어 있는 동안에도 사유는 하지 않지만 '미세한 지각'을 가질 수 있다고 본 것이다. 그리고 또 한 가지는 실체 간의 상호작용이다. 데카르트는 독립적인 실체인 정신과 물체 사이의 상호작용을 인정하였는데 이것도 실체의 정의에 모순된다. 스피노자는 데카르트의 상호작용설의 문제점을 제거하여 심신평행설을 제시하였지만, 그 결과 전체로서의 자연만이 실체이며 사유와 연장성은 동일한 실체의 서로 다른 속성이라고 간주하였다. 이로부터 발생하는 문제는 개체의 실체성을 설명하지 못할 뿐만 아니라 모든 자연현상이나 사유작용을 한 실체의 속성을 통하여 설명하기 때문에 이성적 존재에게서의 자유의지를 부정하게 되고 결정론에 빠진다는 문제점이 있다.

라이프니츠는 앞 선 두 철학자의 실체론이 지닌 이러한 문제점을 개선하여 영혼과 같은 모나드만을 실체라고 주장하게 되었지만, 이러한 실체개념을 통하여 설명할 수 있는 한, 이성과 감성에 대한 입장은 두 사람의 사상과 크게 차이가 없다고 할 수 있다. 이성주의라 함은 인간의 인식과 실천 영역에서 이성의 역할을 강조하는 입장이라 할 수 있는데, 그는 인간의 이성이 감각 경험의 도움 없이 사물의 존재를 인식할 수 있고, 정념이나 욕구의 실현을 위한 도구적인 역할뿐만이 아니라 그 자체로 의지를 규정할 수 있는 능력이 있다고 본다는 점에서 전형적인 이성주의의 입장을 취하고 있다. 라이프니츠의 극단적인 이성주의는 최고의 이성적 존재자이며 만물의 근원인 신의 이성을 통하여 세계를 설명하려는 것이다. 라이프니츠는 신의 창조과정을 통하여 자연법칙과 도덕법칙을 설명하려 하였다. 이것은 신의 입장에서의 선험철학(Traszendentalphiolsophie)이라고 할 수 있다. 이러한 노력이 성공한다면 우리는 이성을 통하여 모든 문제를 명쾌하게 설명할 수 있을 것이다. 그러나 인간의 이성은 유한하기 때문에 신의 이성의 작용을 원리적으로만 설명할 수 있을 뿐 구체적으로 설명할 수 없다는 문제가 발생한다. 가장 대표적인 문제는 자연필연성과 자유의지를 조화시키는 문제인데 라이프니츠 자신은 인간의 이성을 괴롭히는 양대 미로 중 하나인 이 문제를 해결했다고 주장하지만, 자유롭게 행동하는 인간의 미래 행동을 신이 어떻게 예견하는지 설명할 수 없기 때문에 결국 인간 입장에서의 선험철학인 칸트철학으로의 전환을 불가피하게 만든다고 할 수 있다.

그러나 라이프니츠가 이성주의 입장을 취한다고 해서 인간에게서 감성의 존재를 부정한다거나 감성의 역할을 아주 무시하는 것은 아니다. 오히려 그는 인간의 행동에서 4분의 3은 이성이 없는 동물처럼 행동한다고 말한다. 라이프니츠를 이성주의 철학자로 분류하는 이유는 그가 감성을 부정하고 이성만을 인정하기 때문이 아니라 인간의 이성이 감각 경험의 도움 없이 사물을 인식할 수 있을 뿐만 아니라 정념이나 욕구의 도움 없이 의욕할 수 있다고 보고 이러한 능력을 통하여 인간이 다른 동물과 구별된다고 보기 때문이다. 그렇지만 이성주의자는 감성을 인정하지 않거나 이성을 통하여 감각을 이해한다고 생각하기 쉬운데, 이렇게 라이프니츠의 입장을 오해한 대표적인 철학자가 칸트이다. 그는 『순수이성비판』의 부록 「반성개념의 모호성에 관하여」에서 라이프니츠가 감성을 지성화함으로써, 또는 현상과 물자체를 구별하지 않음으로써 물자체의 비교원리를 현상에도 적용하는 오류를 범했다고 비판한다. 칸트가 라이프니츠가 현상과 물자체를 구별하지 않았다고 오해한 이유는 라이프니츠가 감관을 오성과 독립된 별개의 인식능력으로 인정하지 않았다고 생각하기 때문이다. 따라서 이 글에서는 먼저 라이프니츠가 감성과 오성을 구별한다는 사실을 밝히고, 라이프니츠에게서 감성의 의미와 역할을 설명한 후, 라이프니츠의 이성주의적 입장을 소개하고자 한다.

## 라이프니츠에서 감성과 이성의 구별

칸트는 라이프니츠가 현상을 "지성화"하였다고 주장한다(Kant, KrV, B 327).* 즉 라이프니츠가 물자체와 현상을 구별하지 않고 현상을 물자체로 간주하였다는 것이다. 칸트에 의하면 라이프니츠가 현상을 지성화한 이유는 감성을 모호한 표상이라고 간주하였기 때문이다. 그러나 이 말이 라이프니츠가 인간에게는 오성과 구별되는 능력으로서의 감성이 존재하지 않는다고 보았다는 것인지, 감성이 존재하기는 하지만 오성과의 차이가 모호하다는 말인지, 또는 감성이 오성과 명확히 구별되는 능력이기는 하지만 인식에 있어서 감성의 역할을 인정하지 않았다는 말인지는 불분명하다. 칸트의 말의 뜻을 분명하게 하기 위해 우선 라이프니츠에게서 현상과 물자체의 존재가 모호한지부터 살펴보기로 한다. 만일 라이프니츠에게서 현상과 물자체의 존재가 명확히 구별된다면 칸트의 말은 라이프니츠가 현상과 물자체를 존재의 차원에서 구별하지 않은 것이 아니라 인식방법에서 구별하지 않았다는 의미로 이해할 수 있을 것이기 때문이다.

라이프니츠는 실체론자이기 때문에 그가 물자체를 인정했다는 것

---

* KrV, B는 『순수이성비판』 독일어판 재판을 의미한다. 이하 『순수이성비판』은 KrV, B로 표기한다.

은 의심의 여지가 없다. 실체란 우리에게 나타나는 현상이 아니라 현상의 근거가 되는 물자체를 의미하는 것이기 때문이다. 따라서 칸트의 말이 라이프니츠가 존재 차원에서 현상과 물자체를 구별하지 않았다고 주장하는지를 알아보기 위해서는 라이프니츠에게 현상의 존재가 애매한 것인지를 검토해 보기만 하면 된다. 칸트는 물자체가 있다고도 없다고도 말할 수 없다는 점에서 미정적 개념이라고 불렀는데, 라이프니츠가 현상이 이런 미정적 개념이라고 주장했다고 보기는 어렵다. 왜냐하면 물자체는 감관에 주어지지 않는 사물이지만, 현상은 감관을 통하여 존재를 확인할 수 있는 사물이기 때문이다. 따라서 칸트가 문제 삼은 것은 라이프니츠에게 있어서 현상과 물자체의 존재 여부가 아니라, 현상과 물자체를 파악하는 방식의 문제이다. 즉, 칸트는 라이프니츠가 현상과 물자체를 모두 존재하는 것이라고 보았는지에 대한 문제를 제기하는 것이 아니라, 현상과 물자체를 인식하는 방법을 구별하는지 구별하지 않는지에 대한 문제를 제기하는 것이다. 라이프니츠가 "그 표상의 모호성 때문에 현상이라고 부르기는 하지만, 현상을 물자체로 간주하였다"(Kant, KrV, B 320)는 칸트의 말은 라이프니츠가 현상의 존재를 인정하지 않았다는 말이 아니라 그것을 오성으로 파악하였다는 말로 이해해야 할 것이다. 말하자면, 칸트는 물자체가 존재한다고 말할 수는 없지만 물자체와 현상을 엄밀히 구별했는데, 라이프니츠는 현상과 물자체가 모두 존재한다고 보았으면서 인식 방식에 있어서 이들을 서로 구별하지 않았다는 것이다.

현상과 물자체의 인식방법을 구별한다는 것은 현상과 물자체를 서로 다른 인식방법 또는 인식수단을 통하여 인식한다는 말이다. 칸트가, 라이프니츠가 현상과 물자체를 구별하지 않았다고 할 때, 그 말은 라이프니츠가 동일한 인식능력을 통하여 이들을 파악하였다고 말하는 것을 의미한다. 즉 칸트에 의하면 물자체는 오성을 통해서 인식하고, 현상은 감관을 통하여 인식해야 하는데, 라이프니츠는 오성을 통하여 현상과 물자체 모두를 인식하려 했다는 것이다. 그러나 이 말은 칸트가 라이프니츠는 오성과 감성을 구별하지 않았고 정도의 차이로 보았다고 하거나 감성의 존재를 아예 부정했다고 말한다는 것과는 다르다. 칸트는 라이프니츠가 감성(Sinnlichkeit)을 단지 모호한 표상으로만 간주하고 표상의 특수한 원천으로 인정하지 않았다고 주장한다(Kant, KrV, B 326, 332 참조). 이 말은 라이프니츠가 인간은 감관을 가지고 있지 않다고 주장했다고 하는 말이 아니다. 라이프니츠가 눈에 보이는 현상을 인정하지 않았다거나, 동물에게도 존재하는 감관을 인간에게서 인정하지 않았다고 말하는 것은 매우 비상식적인 일이기 때문이다. 라이프니츠가 감각을 모호한 표상으로 간주한 것은 사실이다. 그러나 감각을 신뢰할 수 없다고 한 것과 감각을 오성 또는 이성과 별개의 인식능력으로 간주하지 않는다든가, 감관을 가지고 있지 않다고 하는 것은 다르다. 칸트는 라이프니츠가 감각을 모호한 표상으로 간주하여 독자적인 인식능력으로 인정하지 않았다고 하는데, 이 말은 칸트가, 라이프니츠가 감관의 능력 자체를 부정했다고 말한 것이 아니라, 감관이 존재하기는 하지만, 감관의 능력을 불신했다고 이해해야 할 것이다.

따라서 라이프니츠가 현상을 지성화했다고 말할 때, 우리는 칸트가, 라이프니츠는 물자체의 존재만 인정하고 현상은 부정하였다거나, 인간이 오성을 가지고 있다는 사실만 인정하고 감관을 가지고 있다는 사실을 부정하였다고 주장한 것으로 이해해서는 안 된다. 칸트는 라이프니츠가 물자체와 현상, 그리고 오성과 감성의 존재를 모두 인정하였으나, 감성의 능력을 불신함으로써 물자체뿐만 아니라 현상까지도 오성을 통하여 파악했다는 말로 이해해야 할 것이다. 오성과 감성을 구별하고, 물자체와 현상을 구별한다는 것이, 반드시 오성을 통하여 물자체를 파악하고, 감성을 통하여 현상을 파악한다는 것을 의미하지는 않는다. 오성을 통하여 현상을 파악하려 할 가능성이 존재하는 것이다. 칸트에 의하면 라이프니츠가 오성을 통하여 현상을 인식하였기 때문에, 현상으로서의 사물을 비교할 때도 물자체의 비교원리를 통하여 현상을 비교하였다는 것이다. 라이프니츠가 현상을 물자체로 간주했다는 말이나(Kant, KrV, B 320) 현상을 지성화했다는 말(Kant, KrV, B 327)은 결국 존재론적 차원에서는 현상을 물자체와 구별하였지만, 감관을 통하여 현상을 파악하지 않고, 오성을 통하여·파악함으로써, 물자체에 적용되는 오성의 비교원리를 현상에 적용하였다는 말이 되는 것이다.

우선 라이프니츠는 현상과 물자체를 명확히 구별한다. 라이프니츠에게서 물자체란 우리의 정신 외부에 존재하는 실체를 의미하고, 현상이란 실체의 내적 상태인 지각에 나타나는 사물들을 의미하기 때문이다. 물자체는 실재이지만, 현상은 실재가 아니라 단지 관념이다.

또한 그는 인간이 감각을 소유하고 있다는 사실을 인정할 뿐만 아니라 오성과 감각을 명확히 구별한다. 라이프니츠에 의하면 모든 모나드는 지각과 욕구를 가지고 있다는 점에서 공통적이다. 그러나 지각의 명석판명 정도에 따라, 세 가지 종류의 모나드를 구별할 수 있는데, 그것은 의식되지 않는 미세한 지각만을 갖는 모나드, 감각을 동반하는 모나드, 그리고 통각(apperception)을 동반하는 모나드이다(라이프니츠, 〈모나드론〉, 20~29절 참조). 통각을 동반하는 모나드는 이성을 가지고 있는 모나드인 정신에서만 가능한데, 정신에서도 항상 지각이 명석 판명한 것은 아니므로, 수면상태에 있을 때는 미세한 지각만을 가지며, 이성을 사용하지 않고 있을 때는 감각만 가지고, 이성을 사용하는 순간에만 통각을 가지게 된다. 라이프니츠는 모나드의 지각을 모나드의 등급에 따라 감각을 갖지 않는 지각, 감각에 해당하는 지각, 그리고 통각을 가지는 지각으로 구분하지만, 라이프니츠가 감각과 통각, 즉 오성을 정도의 차이로만 생각하는 것은 아니다. 라이프니츠에 의하면 이성은 우리로 하여금 필연적이고 영원한 진리를 인식하도록 함으로써 우리를 단순히 감각만 가지는 동물과 구별되도록 한다. 라이프니츠는 감각을 이성이나 오성과 대등한 인식능력으로 인정하지는 않았지만, 그렇다고 감각과 오성을 구별하지 않은 것이 결코 아니다.

이제는 라이프니츠가 칸트의 주장대로 현상을 단지 오성을 통하여 파악하였는가에 대하여 검토할 차례이다. 칸트는 라이프니츠가 어떤 텍스트에서 현상을 지성화하였는지에 대해서는 아무런 언급을 하지 않는다. 따라서 우리는 라이프니츠 철학 전체에서 현상에 대한 인식과 관련되는 부분을 검토함으로써 라이프니츠가 현상을 단지 지성화한 것만이 아니라는 사실을 밝혀 보고자 한다. 라이프니츠의 현상에 관한 이론은 두 가지로 나누어 볼 수 있다. 하나는 그가 감성의 능력을 불신하고 오성을 통하여 현상에 관한 인식을 정당화하는 이론이고, 다른 하나는 현상의 본성에 관한 철학적 해명을 하는 이론이다.

라이프니츠가 감각을 모호한 표상으로 간주했다는 칸트의 지적은 옳다. 사실 데카르트나 라이프니츠와 같은 합리론자들은 감각을 모호한 표상으로 보았고, 따라서 감각을 불신한다. 그뿐만 아니라 합리론자들은 원칙적으로 이성을 통하여 모든 자연법칙을 인식할 수 있다고 생각하였다. 그러나 그들이 자연법칙을 인식함에 있어서 감각 경험의 필요성을 배제한 것은 아니다. 이들은 인간의 이성이 유한하고 자연현상은 복잡하기 때문에 감각 경험의 도움이 필요하다고 주장한다(데카르트, 『방법서설』, 6부 참조). 즉 근대합리론에서 감각은 자연법칙의 인식에 있어서, 이미 정신 안에 잠재적인 형태의 본유관념으로 내재된 인식을 명시적인 인식으로 일깨우는 역할을 하는 것이다. 마찬가지로 라이프니츠에게서도 감각 또는 경험은 보편적인 자연법칙을 인식하는 과정에서 잠재적인 본유적 원리를 명시적인 인식으로 일깨우는 역할을 한다. 그러나 칸트의 인식론과는 달리 감각이 오성의 사유와 결합하여 대상에 관한 인식 일부를 구성하는 것은 아니다. 그렇지만 칸트의 비판과 관련하여 라이프니츠가 자연법칙을 인식하는 데 있어서 경험의 필요성을 인정한 것은 매우 중요한 의미가 있다. 이것은 라이프니츠가 감관을 오성과 독립적인 능력으로 인정하였다는 것을 입증할 뿐만 아니라, 설사 순수한 오성을 통하여 자연법칙을 인식한다고 하는 경우에도, 칸트가 라이프니츠를 비판하면서 주장하는 것과는 달리, 라이프니츠가 현상에 대하여 일상에서 감각되는 사실과 대립되는 주장을 하는 것이 아니라는 것을 의미하기 때문이다. 칸트는 라이프니츠가 현상을 지성화함으로써, 현상에서 일어나는 사건들을 감각에 나타나는 것과 다르게 본다고 주장한다. 즉 그는 라이프니츠가 서로 다른 위치에 있는 두 공간의 차이를 인정하지 않을 뿐만 아니라, 서로 다른 방향에서 한 점에 작용하는 힘이 상쇄되는 것을 인정하지 않고, 물체의 구성요소가 단순한 모나드라고 주장하고, 사물의 변화를 통하여 시간을 규정한다고 주장한다. 그러나 라이프니츠가 현상에 관하여 이렇게 감각 경험과 다른 주장을 하지 않는다는 것은, 본유관념을 통하여 자연법칙을 인식하는 경우에도, 이 인식이 경험에 의하여 검증을 받아야 한다고 주장하는 것으로 명백히 입증된다. 오성에 의한 현상에 대한 인식이 감각에 의해 검증되어야 한다는 말은, 현상에 관한 인식이 감각적 경험과 대립되지 않아야 한다는 의미이기 때문이다.

다음으로 라이프니츠가 현상을 지성화하였다고 생각할 수 있는 경우는 현상의 본성을 철학적으로, 즉 실체론적으로 설명하는 경우이다. 일반적으로 현상이란 이성이나 순수 오성을 통하여 사유만 할 수 있는 물자체에 대하여 지각 또는 감각에 나타나는 대상을 말한다. 그런데 일반적으로 물자체에 대해서는 철학 또는 반성적인 입장만이 존재하는 데 비해 현상에 대해서는 철학자의 반성적 입장과 일반인들의 자연적 입장 차이가 존재한다. 반성적 사고 없이 사물을 바라보는 일반인들의 입장에서 보면 우리의 외감에 나타나는 것은 모두 우리 정신 외부에 실재하며, 이들은 절대적인 시간과 공간 틀에 주어진 것으로 간주된다. 그러나 데카르트 이후의 근대철학자들은 현상이 실재가 아니라 정신 안에 있는 관념이라고 본다. 따라서 현상의 본성에 대해서 일반인들의 상식적 관점과 철학자들의 반성적 관점은 매우 큰 차이가 있다. 그리고 현상의 기원이나 현상을 지배하는 법칙의 기원에 관해서는 철학자들 사이에서도 매우 다양한 견해 차이가 나타난다. 칸트는 현상이 우리 정신 밖에 존재하는 실재가 아니라 관념이며, 시간과 공간은 우리의 감관 형식이고, 이 감관형식에 나타나는 것이 현상이라고 주장한다. 라이프니츠도 칸트와 전적으로 동일하지는 않지만, 현상에 대하여 일반인들의 인식과는 다른 철학적 해명을 제시한다. 그에 의하면 현상은 실체인 모나드의 내적 상태인 지각에 나타나는 것으로, 실재가 아니라 관념이다. 즉 일반인들이 보기에 현상은 우리 정신 외부에 있는 실재인 것으로 보이지만, 라이프니츠에 의하면 그것은 실재가 아니라 관념이라는 것이다. 칸트는 동일한 현상에 대하여 주관의 감관형식을 통하여 그 원리를 설명하는 반면에 라이프니츠는 실체의 속성인 내적 상태, 즉 지각을 통하여 설명하고 있는 것이다.

상식적인 관점에서는 모두 동일한 현상이지만, 이와 같이 이에 대한 철학적인 설명은 그 본성이 실재가 아니라 관념이라는 점을 제외하고는 철학자에 따라 모두 다르다. 우리는 여기서 현상에 대한 두 가지 관점의 차이를 주목해야 한다. 하나는 일반인이나 자연과학자들이 그들의 관찰이나 탐구대상으로 생각하는 현상이고, 다른 하나는 철학자들이 철학적인 반성을 통하여 생각하는 현상이다. 전자의 관점에서 현상은 시간과 공간의 규정을 가지고 있을 뿐 아니라, 정신 밖에 존재하는 실재이고, 따라서 여기서는 물체도 존재하는 것으로 지각된다. 후자의 관점에서 현상은 우리 정신 안에 있는 관념이다. 칸트가 라이프니츠가 지성화했다고 주장하는 현상은 여기서 후자의 의미의 현상이다. 칸트는 라이프니츠가 현상을 실체의 내적 상태인 지각을 통하여 설명하므로 현상을 지성화하였다고 생각하는 것이다. 칸트의 이러한 주장은 타당성을 가지고 있다. 그렇지만 이렇게 철학적인 관점에서 현상을 지성화한 것은 칸트 자신도 마찬가지이다. 즉 현상을 물체로 간주하지 않고 정신 안에 있는 관념이며, 무질서한 질료가 우리 감관의 형식인 시간과 공간에 의해 규정되어 현상이 된다고 하는 칸트의 설명 역시 지성에 의해 사고된 현상이지 감관에 나타나는 바의 현상은 아니기 때문이다.

## 라이프니츠에서 감성의 의미와 역할

칸트는 감성의 특성을 수동성으로 이성의 특성을 능동성으로 규정한다. 그리고 감성의 특성은 시간과 공간으로 규정한다. 칸트의 감성이론의 특징은 시간과 공간을 객관적 실재가 아니라 감관의 형식으로 본다는 점이다. 즉 그에 의하면 우리는 시간과 공간 속에서 지각하는 것이 아니라 오히려 지각을 통하여 시간과 공간이 규정된다고 보는 것이다. 이런 시간과 공간의 본성에 관한 입장을 제외한다면 아마 상식적인 관점에서도 이러한 이성과 감성의 차이를 부정할 사람은 없으리라 생각된다. 그러나 라이프니츠는 다른 특성과 마찬가지로 모나드의 작용을 통해서 감성과 지각을 설명하고, 모나드는 완전히 독립적인 주체로서 신을 제외하고는 어떠한 외부의 존재로부터도 영향을 받거나 자극을 받아들이지 않으므로 라이프니츠의 감성에 관한 견해는 칸트나 상식과 아주 다른 것처럼 생각된다. 라이프니츠는 모나드에서 일어나는 것이 절대적인 자발성에 의해서 일어난다고 말한다. 즉 모나드는 일종의 자동기계처럼 스스로 작동하지 외부의 영향을 통하여 수동적으로 작동되지 않는다는 것이다. 따라서 모나드에는 수동적인 것이 아무것도 존재하지 않는다고 할 수 있다. 라이프니츠에 의하면 모나드는 창이 없다. 여기서 창이란 모나드와 외부 세계 사이에 소통이 이루어질 수 있는 창구로서 통상적인 감각 기관을 의미한다고 할 수 있다. 말하자면 모나드는 감각기관을 가지고 있지 않다는 것이다. 이것은 모나드의 특성으로부터 나오는 당연한 귀결일 수 있다. 감각기관이란 수많은 세포로 이루어진 크기가 있는 기관인데, 모나드는 영혼과 비슷한 것으로 크기를 가지고 있지 않기 때문이다. 우리에게 감각기관이 없다면 이를 통해 받아들인 결과물인 지각도 생각하기가 어렵고, 감각기관의 특성인 감성도 이해할 수가 없을 것이다.

그러나 라이프니츠는 모나드에서 감각기관의 존재는 부정하지만 지각의 존재는 부정하지 않으며 오히려 지각을 모나드의 중요한 본성이라고 주장한다. 모나드는 지각과 욕구로 이루어진 존재이다. 이것은 데카르트가 정신적 실체의 본성을 사유로 규정한 것과 대립된다. 만일 라이프니츠가 모나드에서 지각의 존재를 인정하고 이것을 모나드의 본질적인 요소라고 주장한다면 우리는 감성의 본성도 지각의 특성으로부터 도출하지 않으면 안 될 것이다. 라이프니츠가 말하는 모나드의 본성으로서의 지각은 우리가 상식적으로 생각하는 지각과 다르지 않다. 우리 눈앞에는 입체영화의 스크린처럼 끊임없는 세계의 상이 스쳐 지나가고 동시에 그 세계는 소리와 냄새와 맛과 촉감을 동반하고 있다. 우리는 이런 것을 지각이라고 한다. 라이프니츠의 지각도 이와 다르지 않다. 모나드는 크기를 가지고 있지 않지만 우리가 방금 위에서 서술한 것과 똑같은 지각을 가지고 있다는 것이다. 그의 지각 이론과 우리가 생각하는 지각의 차이는 기원에 관한 것뿐이다. 즉 감각기관으로부터 그때그때 수시로 받아들인다고 생각되는 상식적인 의미에서의 지각과 달리 모나드에는 감각기관이 없으므로 지각은 외부에서 모나드 내부로 들어온 것일 수 없다. 따라서 라이프니츠에게서 지각은 모나드 내부에 선천적으로 내장되어 있었던 것으로 설명하지 않으면 안 된다.

라이프니츠는 모나드의 모든 지각이 모나드가 창조될 때 이미 잠재적인 형태로 모나드 안에 내재되어 있다고 말한다. 우리는 어떻게 크기가 없는 모나드 안에 무수히 많은 지각이 내재해 있을 수 있는지 의

아해할 수 있다. 그러나 이것은 지각이 물질이 아니라 관념이기 때문에 가능한 것이다. 라이프니츠는 마치 데카르트가 모든 본유관념이 정신 안에 잠재적인 형태로 선천적으로 내재되어 있다가 우연한 계기에 현실화된다고 주장하듯이 모나드의 지각도 마찬가지라고 한다. 라이프니츠에게서 모든 지각은 일종의 잠재적인 본유관념이다. 그리고 이 잠재적인 지각이 연속적인 질서에 따라 현실화되는 것이 지각이다. 그러나 지각 자체는 자신을 현실화할 수 있는 힘이 없기 때문에 이를 현실화할 수 있는 능동적인 힘이 필요한데 이 힘이 바로 욕구이다. 지각과 함께 모나드의 본질적 특성으로 간주되는 욕구는 지각처럼 상식적인 의미에서의 욕구와 유사한 측면도 있지만 동일한 것은 아니다. 이것은 본능적인 욕구와 이성적인 의지를 포함할 뿐만 아니라 무의식적인 내적 상태 변화의 원동력까지 포함하는 포괄적인 개념이다. 이런 욕구를 통하여 이미 잠재적으로 전체가 모나드 안에 내재되어 있다가 순차적으로 현실화되는 지각은 영사기나 녹화테이프의 재생과정과 유사하다. 녹화테이프의 영상은 실시간 중계하는 CCTV의 영상과 달리 모든 영상이 이미 테이프 안에 잠재적으로 내재되어 있다가 테이프를 회전시키는 모터에 의해 순차적으로 풀리면서 현실화되어 모니터에 영상으로 나타난다. 이와 유사하게 모나드의 지각도 모나드 안에 잠재적으로 내재되어 있던 가능적 지각이 욕구에 의해 순차적으로 현실화되어 나타난다.

그렇다면 우리는 이러한 지각이론을 토대로 라이프니츠에게서 감성, 즉 지각의 수용성을 어떻게 설명할 수 있을까? 우선 감성의 수용적 측면을 먼저 살펴보기로 한다. 라이프니츠에 의하면 지각은 외부에서 수용되는 것이 아니다. 이 점에서 그의 감성이론은 상식적 관점 및 칸트의 입장과 근본적으로 차이가 있다고 할 수 있다. 그러나 그렇다고 라이프니츠의 지각이 전적으로 실체에 의해서 능동적으로 생성되는 것은 아니다. 이 점은 이성의 작용인 통각이나 사유와 비교할 때 좀 더 분명히 드러난다. 라이프니츠는 〈모나드론〉 14절에서 지각(perception)의 특성을 절대적인 능동성을 갖는 통각(apperception)과 대비시킴으로써 설명하고 있다. 의식이나 사유도 그 내용과 작용으로 구분해 생각해 볼 수는 있다. 그러나 실제로 사유의 내용은 사유의 작용과 분리될 수 없다. 사유는 내용이 있는 작용이다. 즉 사유의 작용 자체가 내용을 산출한다. 그러나 지각과 지각을 변화시키는 작용으로서의 욕구는 서로 분리되어 있다. 이것은 녹화테이프 자체와 이것을 회전시키는 모터의 동력이 분리된 것과 같은 구조라고 생각할 수 있다. 이렇게 지각은 그 자체로 변화하지 못하며 욕구의 작용을 통해서만 잠재적인 지각이 현실화할 수 있으므로 잠재적인 지각이 욕구, 즉 타자를 통하여 현실화되는 과정은 수동적이고 지각의 수용성을 나타낸다고 할 수 있다.

그렇다면 라이프니츠에게서 지각은 어떻게 세계를 반영하게 되는 것일까? 모나드의 내부에 잠재된 지각은 외부세계를 수용하지 않기 때문에 외부세계를 부정하거나, 외부세계의 존재를 인정한다면 지각과 외부세계가 어떻게 상응하는지 설명해야 한다. 라이프니츠는 모나드를 세계, 즉 우주를 반영하는 거울이라고 말한다. 그러나 이것은 정확한 표현이 아니다. 거울이 이미 존재하는 사물을 반영하듯이 모나드가 이미 존재하는 외부세계를 반영하는 것은 아니다. 그렇게 되려면 외부세계의 표상을 받아들이는 창이 있어야 하기 때문이다. 라이프니츠에 의하면 세계가 먼저 있고 이것을 반영한 모나드의 지각이 생겨나는 것이 아니라 모나드의 지각이 먼저 존재하고 이에 상응하는 세계가 존재하게 된다. 즉 모나드의 지각이 세계를 구성하는 설계도 역할을 하는 것이다. 이 과정을 설명하는 것이 라이프니츠의 창조론이다. 신은 근원적인 모나드이므로 지각을 가지고 있고, 그는 자신의 형상에 따라 무수히 많은 파생적인 모나드, 즉 피조물을 창조한다. 창조된 모나드도 모나드이기 때문에 지각과 욕구를 가지고 있고, 이 지각은 신의 지각과 내용이 동일하다. 다만 완전성, 즉 지각의 판명성에 있어서만 차이가 있다. 신의 지각은 모든 부분이 판명하지만, 창조된 모나드의 지각은 한 지점만 판명하고 그 지점으로부터 멀어질수록 모호해진다. 그러나 아무리 모호하다 할지라도 피조물로서의 모나드가 가지고 있는 지각도 전체 우주의 지각이다. 모든 피조물로서의 모나드는 무수히 많지만 그들 중 어느 하나도 동일하지 않은 개체이므로 각각의 모나드는 지각의 판명성의 정도와 판명한 부분에서 차이가 존재하지 않으면 안 된다. 라이프니츠는 이를 서로 다른 위치에서 동일한 도시를 조망하는 사람들의 지각에 비유한다. 여러 사람이 산 위에 올라 같은 도시를 바라보면 전체적으로 같은 내용의 지각을 갖지만, 서 있는 사람의 위치에 따라 판명한 부분이 달라진다는 것이다. 신은 이렇게 동일한 지각을 가지고 있으면서 지각의 판명한 부분을 달리하는 모나드들을 결합하여 하나의 통일된 우주로서 가능한 세계를 구성한다. 이때, 신은 특정 순간의 단면적 지각만을 고려하는 것이 아니라 전지한 예견을 통하여 미래에 전개될 모든 지각을 고려하여 서로 조화될 수 있도록 모나드를 배열하고 이렇게 구성된 가능한 세계 중에서 질서가 가장 단순하고 내용물은 가장 풍부한 세계를 선택하여 존재를 부여함으로써 세계를 창조한다고 한다. 이처럼 모나드의 지각은 외부세계를 수용하는 것이 아니지만 신이 모나드의 지각을 예견하고 모나드의 배열을 통하여 이러한 지각과 상응하도록 세계를 창조한다고 봄으로써 지각과 세계가 상응하는 현상을 설명하는 것이다.

라이프니츠의 지각은 이성의 작용인 통각과 비교할 때는 수동성을 가진다고 할 수 있지만 절대적인 관점에서는 능동적인 것이 사실이다. 이 점이 라이프니츠 감성 개념의 특징이라고 할 수 있다. 우리는 여기서 지각의 중요한 특징인 시간성과 공간성을 어떻게 설명할 것인가를 검토하지 않으면 안 된다. 라이프니츠에게서도 지각은 상식적인 입장이나 칸트의 견해와 마찬가지로 시간적 규정과 공간적 규정을 가지고 있기 때문이다. 상식적인 입장에서는 절대적인 시간과 공간에 의해 감각의 질료들이 이미 규정되어 있고 우리의 감성은 이를 단순히 받아들이기만 하는 것으로 이해한다. 이에 반해 칸트는 감각의 질료가 그 자체로 아무런 시공간의 규정을 내포하지 않으며, 우리의 감관에 의해 수용될 때 우리 주관에 의해 시간과 공간의 규정을 받게 된다고 설명한다. 라이프니츠는 시공간이 실체가 아니라 관념이라고 보는 점에서 칸트와 유사하다. 그러나 단순히 주관의 감관형식이 아니라 실체의 속성이나 관계를 통하여 설명한다는 점에서 칸트와 다르다. 라이프니츠는 지각의 계기를 통하여 시간을 설명한다. 라이프니츠에 의하면 실체인 모나드의 지각은 시간 속에서 순차적으로 변화하는 것이 아니다. 오히려 거꾸로 모나드의 지각이 순차적으로 변화함으로써 우리는 시간의 관념을 갖게 된다. 시간적인 질서란 지각의 변화 순서에 다름 아니다. 라이프니츠는 모나드의 배열을 통하여 공간을 설명한다. 그는 공간의 절대성을 부정한다. 모나드와 관계없이 공간이 존재하고 그 공간 안에서 모나드가 배열되는 것이 아니라 모나드가 서로 중첩되지 않게 배열됨으로써 비로소 공간이 존재한다고 본다. 그의 시간 개념과 달리 이러한 공간의 본성에 대한 설명은 약간의 문제가 있다. 왜냐하면 라이프니츠에게서는 모나드의 지각이 모나드 자체의 배열보다 논리적으로 우선하기 때문이다. 즉 모나드의 배열을 통하여 공간이 형성되기 전에도 개별 모나드 안에는 지각이 존재하는 것이 사실이고 이 지각은 공간성을 함유하고 있는데 모나드의 배열을 통해서는 이러한 공간성을 설명할 수 없기 때문이다.

그러면 라이프니츠의 철학에서 감성의 의의는 무엇일까? 우리는 감성 내지 지각의 의의를 크게 두 가지 측면에서 생각해 볼 수 있다. 첫 번째는 지각이 개체성의 원리가 된다는 점이다. 라이프니츠 실체론의 특징은 실체를 개별적 실체로 규정한다는 점이다. 데카르트와 스피노자처럼 본질적 특성을 실체의 속성으로 규정하면 개체성의 원리를 설명하기 어렵다. 보편적인 속성을 갖는 존재는 보편자로 인식되기 때문이다. 그러나 라이프니츠는 모든 실체가 본질적인 속성으로 지각과 욕구를 갖는 비물질적 존재라는 점에서는 공통적이지만 지각의 내용이 모나드마다 각각 다르기 때문에 모든 모나드는 서로 구별되는 존재가 된다고 한다. 라이프니츠는 모나드의 지각이 동일한 우주를 '반영'한다고 봄으로써 서로 다른 모나드의 지각 차이를 판명한 부분들의 차이로 환원하였다. 그러나 이러한 개체성의 설명이 우주의 구성과정을 설명하는 데는 충분하다 하더라도 개체의 감정이나 성격의 차별성을 충분히 설명하지는 못한다는 단점도 있다고 할 수 있다. 감성의 두 번째 의의는 인간의 정신 안에 잠재적으로 내재해 있는 본유관념과 본유적 인식을 현실화한다는 것이다. 라이프니츠에 의하면 모나드로서의 정신 안에 선천적으로 보편적 인식인 자연법칙이 내재해 있다. 그러나 이러한 잠재적인 인식은 자연현상을 경험함으로써 현실화되는데, 라이프니츠에 의하면 우리는 경험을 통하여 비로소 사물의 관념을 얻거나 귀납추리를 통하여 자연에 관한 보편적 인식을 얻는 것이 아니라, 잠재적으로 내재해 있던 사물의 관념이나 자연법칙에 대한 인식이 경험을 계기로 현실화되는 것이다. 이에 대한 자세한 내용은 다음 장 마지막 부분에서 다시 설명할 것이다.

## 라이프니츠의 이성주의적 입장

라이프니츠는 인간에게 있어서 감성 능력을 부정한 것이 아니다. 오히려 실체의 본성을 사유라고 주장하는 데카르트를 비판하고 지각과 욕구라고 주장하는 점에서 데카르트보다 명확하게 감성의 존재와 역할을 인정했다고 할 수 있다. 라이프니츠는 인식에 있어서도 감각적 인식의 존재를 부정하지 않았다. 그는 인간 행동의 4분의 3은 이성에 의지하지 않고 동물처럼 감각이나 기억에 의지한다고 주장한다. 이렇게 감각과 기억에 의해 사물을 인식하는 것은 명석한 인식에 해당한다. 이러한 인식의 예는 실습만 하고 이론은 가지고 있지 않은 경험적 의사의 경우를 들을 수 있다. 약과 질병의 특징을 모르면서도 오랜 경험을 통하여 특정 증상에 특정 약재를 처방하는 의사의 인식이 바로 이러한 인식이다. 라이프니츠는 우리 인간이 이러한 인식을 가지고 있고 사용한다는 것을 부정하는 것이 아니라 감각 경험에 의지하지 않으며 순수한 이성만으로 사물을 인식할 수 있다는 사실을 인정하고 이러한 인식을 높이 평가한다.

그러나 라이프니츠는 인간의 이성을 절대화하지는 않았다. 인간의 이성은 불완전하다. 신의 이성만이 완전한 이성이다. 따라서 라이프니츠는 모든 존재나 인식의 원리를 신의 입장에서 서술한다. 이것이 그를 최고의 이성주의라 부를 수 있는 이유이다. 라이프니츠가 모든 존재나 인식 심지어 도덕법칙 근원까지도 신을 통해서 설명하는 것을 그가 아직 전근대적 사고에서 벗어나지 못한 것으로 간주하려는 사람들이 있다. 그러나 이러한 생각은 옳다고 할 수 없다. 전근대적 사고란 신이 명령하는 것은 무조건 옳다고 생각하는 무비판적인 태도이지 모든 존재와 현상의 원리를 최고의 이성적 존재를 통하여 설명하려는 태도가 아니다. 라이프니츠는 신이 필요하면 수시로 끌어들이는 '데우스 엑스 마키나(deus ex machina)'가 아니라고 주장한다. 데우스 엑스 마키나는 원래 비극에서 전혀 예기치 않은 순간에 문제의 해결사로 등장하는 신을 말한다. 이성적으로 설명하기 어려운 현상이 있을 때 "모든 것을 신이 그렇게 만들었다"라고 설명한다면 이것이 데우스 엑스 마키나를 끌어들이는 것이다. 그러나 라이프니츠는 이 세계를 가장 이성적으로 설명하기 위해 최고의 이성적 존재를 통하여 설명하려는 것이다.

그가 이렇게 신을 통하여 세계의 존재와 변화의 원리를 설명할 수 있었던 데에는 신의 이성과 인간 이성 사이의 동일성에 대한 신념 때문이다. 라이프니츠에 의하면 인간의 이성과 신의 이성은 동일하며 단지 완전성의 정도에서만 차이가 있다. 이 말에는 좀 더 부연설명이 필요하다. 신의 이성과 인간의 이성이 동일하다는 말은 양자의 이성이 동일한 사유법칙을 따른다는 의미로 이해할 수 있다. 라이프니츠는 이성의 사유법칙으로 모순율과 충족이유율을 든다. 모순율이란 모순을 포함하는 것은 생각할 수 없다는 원칙을 말한다. 모순이란 어떤 것을 긍정하면서 동시에 부정하는 것을 의미한다. 예를 들어 'A를 A가 아니다'라고 하면 모순이 되는 것이다. 모순율은 이러한 사고를 배제한다. 데카르트는 신의 전지성을 강조함으로써 신이 모순되는 것도 사유할 수 있다고 주장하였지만, 라이프니츠는 아무리 전능한 신일지라도 모순되는 것은 사유할 수 없다고 하면서 극단적인 주지주의 입장을 취하였다. 그는 초기에 주어의 유한한 분석을 통하여 술어가 주어 안에 포함되어 있음을 증명할 수 있는 이성진리와 주어의 분석을 통하여 주어의 분석이 무한히 계속되므로 술어가 주어 안에 포함되어 있음을 증명할 수 없는 사실진리 사이의 구별이 단지 유한한 인간의 이성에서만 구별될 뿐 신에게서는 구별되지 않는다고 보았다. 그러나 후에는 신도 술어가 주어 안에 포함되어 있음을 통찰할 수는 있지만 실제로 주어를 분석하여 술어가 주어 안에 포함되어 있음을 증명할 수는 없다고 생각하였다. 따라서 이성진리와 사실진리의 구별은 인간이나 신에게 공통적인 것이다. 결론적으로 말하면, 신이 이성적으로 판단한 것은 인간의 이성을 통해서 파악한 것과 동일하다는 것이다.

또한 모든 이성의 작용은 충족이유율에 따른다. 충족이유율이란 존재하는 모든 것은 그것이 존재하기 위한 충분한 이유가 있어야 하고, 변화하는 것도 변화하는 충분한 이유가 있어야 한다는 법칙이다. 그러나 존재나 사건에만 충분한 이유가 있어야 하는 것이 아니고 이성의 사유나 진리에도 충분한 이유가 있어야 한다는 것이다. 충분한 이유 없이 자의적으로 판단하거나 행동하는 것은 전능한 존재의 위상에 걸맞은 행동이 아니라 오히려 전능한 존재를 독재자로 만드는 것이다. 라이프니츠에 의하면 신은 독재자가 아니다. 신의 명성은 독재적인 능력에 있는 것이 아니라 가장 합리적으로 행동하는 데에 있다는 것이다.

신의 이성과 인간 이성의 차이는 정도에 있다. 이 정도의 차이는 마치 우수한 학생과 열등한 학생의 지적 능력 차이와 비슷하다. 우수한 학생과 열등한 학생의 지적 능력은 문제를 얼마나 빨리 이해하고 해결 방안을 빨리 찾아내는가 하는 데에서는 차이가 있지만 이해의 내용이나 해결방안의 원리는 동일하다. 좀 더 구체적으로 설명하자면 암산의 천재나 암산 능력이 떨어져 일일이 연습장을 통하여 계산해야 답을 알 수 있는 학생이나 결과는 동일하다. 하지만 암산의 천재는 계산과정을 머리 속에서 수행함으로써 답을 구할 수 있다. 신의 이성과 인간의 이성 사이에 정도의 차이에 해당하는 예를 들자면 인간은 자기가 있는 주변의 일부에 대해서만 명석판명한 지각을 가질 수 있지만, 신은 전 우주에 대해서 명석판명한 지각을 가진다. 그리고 신은 모든 인식을 선천적으로 소유한다. 즉 분석판단에 해당하는 이성진리뿐만 아니라 종합판단에 해당하는 사실진리조차도 경험을 통하여 비로소 획득하는 것이 아니라 경험 이전에 이미 가지고 있다는 것이다. 신은 세계가 창조되고 나서 경험적으로 세계를 인식하는 것이 아니라 세계 창조 이전에 이미 세계에 대한 표상을 가지고 있었고 이러한 인식을 통해서 세계를 창조하는 것이다. 신은 세계를 창조하고 나서 그 세계를 새로 경험함으로써 세계에 대한 지식을 얻는 것이 아니다. 신의 세계 창조과정은 동시에 세계에 대한 인식과정이다. 라이프니츠는 이렇게 대상에 관한 인식이면서도 대상에 대한 경험을 통해서 얻은 지식이 아니라 오히려 대상을 가능하게 하는 인식을 몰리나주의자들의 용어를 따라서 '중간지'라고 부른다. 이 중간지는 칸트의 '선험적 인식(transzendentale Erkenntnis)'에 해당한다. 말하자면 라이프니츠의 철학은 신의 입장에서의 선험철학이다.

라이프니츠는 실제로 신이 이 세상을 어떻게 창조하였는지를 밝히는 모나드 창조론을 통하여 인식과 자유의 원리를 설명한다. 그의 창조론은 초기의 이론과 후기의 이론으로 나누어진다. 초기이론은 신이 사유의 알파벳이라 불리는 단순개념을 통하여 모나드를 구성하였다고 주장하는 이론이다. 단순 개념이란 내포의 양은 단순하고 외연은 무한한 개념으로 최고 유개념, 즉 일종의 카테고리이다. 그러나 라이프니츠가 말하는 단순개념은 일반 논리학에서 말하는 단순개념이 아니라 신의 오성에 있는 사유의 알파벳, 즉 모든 사유의 단위가 되는 개념이다. 그는 언어를 분석하면 낱말이 되고 낱말을 분석하면 알파벳이 되어 결국 언어가 알파벳으로 구성되듯이 복잡한 사상도 개념으로 구성되고 복합개념들은 더 분해하면 단순개념들로 구성된다고 보았다. 신 안에는 이러한 단순개념들이 무수히 많이 존재하며 이러한 개념 중 서로 모순이 되지 않는 개념들은 결합하여 복합개념을 형성할 수 있다. 또한 단순 개념을 중복되지 않을 때까지 무한히 복합하면 내포의 양이 무한히 많아지고 외연의 양은 하나만 존재하게 되는 완전개념이 된다고 생각한다. 이 완전개념이란 그 외연이 하나밖에 존재하지 않으므로 개체개념이라고도 불린다. 이러한 완전개념에 존재를 부여하면 모나드가 된다는 것이다. 단순개념들이 모두 모순되지 않으면 완전개념은 하나밖에 만들 수 없지만, 서로 모순되어 결합할 수 없는 단순 개념들이 무수히 많이 존재하면 완전개념도 무수히 많이 존재할 수 있다. 이때 단순 개념이나 서로 모순되는 단순 개념의 수가 무한하다는 것은 자연수가 정수보다 수적으로는 적지만 둘 다 무한한 수가 존재하는 것과 마찬가지이다. 양에 있어서는 단순개념이 가장 많고, 그다음이 서로 모순되는 단순 개념의 수, 그리고 완전개념의 수이지만, 단순 개념의 수와 서로 모순이 되는 단순개념의 수, 그리고 단순개념을 완전히 결합한 완전개념의 수 모두 무한히 많이 존재한다. 이들 완전개념 중에서 서로 모순 없이 조화될 수 있는 완전개념들을 결합하면 하나의 가능한 세계가 된다. 신의 오성 안에는 이러한 가능한 세계의 수 또한 무한히 많이 존재하며 신은 이 중에서 가장 완전한 세계를 선택하여 존재를 부여한다.

이러한 창조론은 세계의 창조과정이나 인식의 원리에 대해서는 나름대로 명확한 설명이 될 수 있으나, 신이 사유의 알파벳으로 모나드의 내부 지각뿐만 아니라 사유과정까지도 구성하는 것으로 설명해야 하므로 자유의지를 부정해야 하는 문제가 있다. 따라서 라이프니츠는 모나드의 창조론을 수정한다. 라이프니츠는 초기에 스피노자주의에 빠져 결정론적인 입장을 취하고 있었다고 고백한다. 스피노자에 따르면 가능한 것은 모두 현실적이고, 현실적인 것은 모두 필연적이다. 그러나 라이프니츠는 가능한 것 중에 현실적이지 않은 것이 있다는 생각을 하면서 그의 창조론을 수정한다. 즉 신의 오성 안에 단지 하나의 가능한 세계만 있다면 그 세계를 선택하는 것은 필연적이지만, 가능한 세계가 무수히 많이 존재한다면 신은 그중 하나의 세계를 선택한 것이므로 신의 세계 창조행위는 필연적이 아니라 자유로운 행위라 할 수 있다. 그리고 신의 자유가 가능하면, 신의 형상을 따라 창조된 인간의 자유 또한 가능하다고 볼 수 있으므로 라이프니츠는 자유의지가 가능하게 되는 방식으로 창조론을 수정하여 제시한다.

새로운 창조론에 의하면 모나드는 사유의 알파벳을 조합하여 구성되는 것이 아니라 신의 모습을 모방하여 창조된다고 주장한다. 신 자신이 근원적 모나드이므로 지각과 욕구를 가지고 있고, 신은 자신의 지각과 욕구를 완전성의 정도에 있어서 차이를 갖도록 다양한 모나드를 생각할 수 있다는 것이다. 이로부터 이성을 가진 모나드와 이성이 없고 감각을 갖는 모나드, 감각이 없는 모나드 등 다양한 등급의 모나드를 창조하는 원리를 제시하고, 동일한 등급의 모나드들 간에는 지각의 명석한 부분을 제각각 달리하도록 모방하였다고 봄으로써 개체성의 원리를 설명한다. 이성을 가진 창조된 모나드는 자유의지를 가진 신 자신의 모습을 정도에 있어서만 덜 완전하도록 모방하여 창조한 것이므로 역시 자유의지를 가진다고 보는 것이다. 신의 자유와 인간의 자유는 정도에 있어서만 차이가 있다. 즉 신은 항상 자유롭게 행동하지만, 인간은 항상 자유롭게 행동하는 것은 아니며 많은 경우 욕망에 따라 행동하지만 이성의 판단에 따라 행동하는 것이 가능하다는 것이다.

인간은 많은 경우 감각 경험을 통하여 사물을 인식하는 것으로 생각되지만, 사실은 지각과 마찬가지로 모든 세계에 대한 인식이 태어나면서부터 정신 안에 잠재적으로 내재되어 있다. 신과 인간의 차이는 신에게는 모든 인식이 명시적으로 내재해 있지만, 유한한 이성적 존재인 인간에게는 대부분의 경우 잠재적으로 내재해 있다. 그리고 이렇게 잠재적으로 내재한 본유적 인식이 명시적인 인식으로 바뀌는 계기를 제공하는 것이 감각 경험의 역할이다. 라이프니츠는 이 점에서 전형적인 플라톤주의의 입장을 계승한다. 플라톤은 인간의 정신이 태어나기 전에 이데아의 세계에 머물면서 이데아를 인식하고 있다가 태어나는 순간 망각해서 이것을 다시 상기하기 위해서는 감각 경험이 필요하다고 보았는데, 태어나기 전에 인식을 가지고 있었다는 주장이 선재설이다. 라이프니츠는 플라톤의 이데아론과 선재설을 받아들이지 않지만, 상기설만은 받아들이는 셈이다. 라이프니츠는 선재설 대신 신이 모나드를 창조할 때 이미 모든 인식을 잠재적인 형태로 각인했다는 창조설을 주장한다. 따라서 보편적인 자연법칙의 인식에 있어서도 귀납을 인정하지 않는다. 즉 자연법칙은 감각 경험을 통하여 귀납적으로 추리해서 인식하는 것이 아니라 모든 자연법칙에 대한 인식이 이미 본유적 인식으로 잠재적 형태로 정신 안에 들어 있었고, 감각 경험은 단지 이러한 잠재적인 인식을 명시적인 인식으로 일깨우는 역할만 한다고 보는 것이다. 이 점에 있어 라이프니츠는 데카르트의 입장을 따르고 있다고 볼 수 있다.

라이프니츠, 〈모나드론〉, 『형이상학논고』, 윤선구 옮김, (아카넷, 2010), pp.249~298.
〈모나드론〉 7-60절에서 라이프니츠는 창 없는 모나드에게서 어떻게 지각
이 가능한지, 그리고 감각을 통한 추론과 이성적 추론의 차이에 대해서 설
명한다. 또한 이성적 추리의 원리 및 신에 의한 세계 창조 과정과 신과 인간
의 관계에 대해 설명한다.

윤선구, 「현상세계의 형이상학적 근거」, 『철학』 제57집, (1998).
본 논문에서는 라이프니츠가 모나드의 내부지각으로서 현상의 본질을 어
떻게 형이상학적으로 해명하고 있는지를 살피고, 감각에 의한 판단의 한계
와 자연에 관한 인식에서 이성의 역할에 대하여 고찰한다.

윤선구, 「〈순수이성비판〉 반성개념 장에서 칸트의 라이프니츠 비판에 관한 연구 (1)
-비판의 요점과 현상을 물자체와 구별하지 않았다는 비판에 대하여-」, 『철학』
제93집, (2007).
본 논문에서는 라이프니츠가 현상의 지성화했다는 칸트의 비판을 고찰하
고 라이프니츠에게서 현상과 물자체가 어떻게 구별되는지, 그리고 감성적
판단과 이성적 판단이 어떻게 구별되는지를 고찰한다.

흠

# 이성은 정념의 노예이고
# 노예여야만 한다

양 선 이

이성과 감성에 관한 연구는 서양의 지적전통에서 아주 중요한 문제로 다루어져 왔다. 서양 근대철학자들은 이성과 감정을 대립 관계에 있는 것으로 보고 이 둘의 대결을 주인과 노예 관계에 비유하곤 했다. 많은 사람은 칸트가 이성을 주인으로 감정을 노예로 보았으며 흄은 감정을 주인으로 이성을 노예로 보고 있다고 해석한다. 이 글에서 우리는 이와 같은 단순한 이분법이 잘못된 것이라는 사실을 알게 될 것이다. 흄은 우리가 행위를 하는 데 있어 이성과 감정이 상호의존적이며 상호보완적으로 그 역할을 한다고 보았다. 흄에게 '주인과 노예의 메타포'는 도덕에 있어 이성이 우위를 차지한다고 주장한 흄 이전의 도덕이성주의자들을 비판하기 위한 것이다. 이하 우리는 이성과 감성의 관계에 관한 흄의 논의를 살펴보고 흄의 정념론과 도덕감정론이 현대 철학에 어떤 영향을 미쳤는지를 짚어 볼 것이다. 우리는 이를 현대 도덕심리학, 현대 흄주의 동기이론, 신-감성주의와 덕윤리의 순서로 고찰하게 될 것이다.

## 흄의 정념론의 현대적 의의

흄이 정념을 연구한 이유는 행위와 도덕에 관한 무대를 설정하기 위해서이다. 그의 주저작인 『인성론(*A Treatise of Human Nature*)』의 제1권의 주제는 '오성에 관하여'이며, 여기서 그는 우리가 무엇을 알고 있는가 하는 인식론적 문제에 초점을 맞추고 있다. 반면 『인성론』 제2권의 주제는 우리가 어떻게 느끼는가 하는 감정의 문제이다. 흄은 제1권의 형이상학적, 인식론적 논의에서 제2권의 정념에 관한 논의로 전회함으로써 서서히 실천 철학의 영역으로 옮겨 간다. 제1권의 주제인 그의 관념이론과 믿음에 대한 분석은 행위를 위한 어떤 함축도 가지지 않는 반면, 정념론은 실천적 함축을 가진다.

흄은 『인성론』 제1권에서 그의 경험론의 제1원리로서 "우리의 관념들은 인상에서 유래하며, 인상들은 관념에 대응하며, 관념들은 인상을 재현한다"고 하는 소위 '모사원리(copy principle)'를 제시한다. 흄은 이 '모사원리'에 따라 대표적인 철학적 문제로 꼽히는 '인과관계', '외부세계의 존재', '자아의 존재' 문제를 다룬다. 잘 알려졌다시피, 이 각각의 문제들은 회의주의로 귀결된다. 즉 인과관계의 경우, 흄은 '인과적 힘' 또는 '인과관계의 필연성' 관념에 대응되는 인상을 발견할 수 없다는 이유로, 그리고 '외부세계의 존재' 문제의 경우는 '지속적, 독립적 존재 관념'에 대한 인상을 발견할 수 없다는 이유로 회의주의를 주장한다. 나아가 나 자신의 자아에 대한 관념에 대해서도 나 자신의 관념에 대응하는 인상을 발견할 수 없다는 이유로 '자아의 관념'을 부정한다.

흄은 『인성론』 제1권에서 우리가 형이상학적 관점에서 원인과 결과 관념 간의 '필연적 연결'을 발견하고자 하거나, 외부 세계 존재들에 관해 '지속적·독립적 존재' 관념을 발견하고자 한다면 그리고 자아로 간주되는 '지각 다발들 간의 실제적 연결(real connection) 관념'을 통해 자아를 설명하고자 한다면 회의주의로 귀결될 수밖에 없다고 결론 내린다. 그런 후 그는 제2권에서 상식적이고 현실적 관점에서 우선 자아의 문제를 다루고자 한다. 이를 위해 흄은 『인성론』 제1권의 주요 개념이었던 '사고'와 앞으로 다루게 될 제2권의 주제인 '감정' 그리고 '행위' 사이의 적절한 균형을 잡고자 시도한다. 흄은 『인성론』 제1권의 '인격의 동일성에 관하여'라는 장의 맨 끝 부분에서 "우리의 구별되는 지각들로 하여금 서로 영향을 미칠 수 있게 함으로써" 그리고 "우리의 과거와 미래의 고통과 쾌락에 대한 현재의 관심을 우리에게 제시함으로써" 정념들이 어떻게 상상의 작용을 "강화하는가"를 강조하면서 2권에서 정념과 관련하여 자아의 문제를 다룰 것을 암시하고 있다. 그가 『인성론』 제2권 〈정념론〉의 제1부 첫 장에서 '**자부심**'이라는 정념을 통해 이 정념이 지향하는 대상으로서 '나 자신(myself)에 대한 관념'이 필요하다고 주장한 이유가 이러한 의미에서이다.

『인성론』 제1권에서 흄은 마음 그 자체를 탐구의 대상으로 삼고, 신체와 결부된 그리고 다른 사람과 관계 맺는 생물학적·사회적 의미의 자아는 제2권의 탐구 대상으로 연기하고 있다. 『인성론』 제1권에서 부정한 지각들 간의 '실제적 연결(the real connection)'은 사회적 공간에서 다른 사람들과의 '생물학적인 실제적 연결(the biological connection)'을 통해서 찾을 수 있다. 다시 말하면 '나'라는 것이 사회 속에서 생물학적으로 다른 사람들과 연결되어 있다는 말은 나라는 존재가 살아 있는 육체를 가지고서 나의 부모와 조상들과 생물학적으로 연결되어 있다는 것이다. 또한 사회적 자아라는 말은 나라는 존재는 다른 사람들이 지켜보는 가운데 존재하고, 나와 그들이 고통에 대해서는 서로 위로하고 쾌락에 대해서는 그것이 유지되기를 바라며 어떤 자율성과 독립성을 얻기를 요구하는 존재라는 말이다.

정념들은 우리의 느낌이고 이러한 느낌 중 어떤 것은 행위를 산출하는 데 있어 필수적인 것이다. 왜냐하면 우리는 어떤 것들에는 끌리고 어떤 것들은 회피하게 되는데 이러한 방식으로 마음의 끌림과 회피가 행위의 궁극적인 원인이 되기 때문이다. 즉 어떤 것에 대해 좋고 싫음이 우리로 하여금 즉각적으로 행위를 하도록 촉구한다. 우리는 쾌락을 야기하는 것들을 선호하고 고통을 야기하는 것들을 회피하려는 자연적 성향이 있기 때문에 쾌와 불쾌에 대한 직접적인 반응으로부터 일어나는 정념들을 갖게 되었을 때 그 대상으로 향하거나 그것을 회피하는 동기를 갖게 된다. 흄은 이러한 정념을 '직접정념'들이라 불렀으며 이와 같은 '직접정념'이 행위의 동기가 된다. **욕망**, **혐오**, **슬픔**, **기쁨**, **희망**, **공포**, **절망**, 그리고 **안심** 등이 이러한 정념들에 해당한다. 이와 같이 정념들은 행위의 원인이 되며 우리는 이를 동기라 부른다. 이 때문에 흄의 동기이론이 『인성론』 제2권의 〈정념론〉의 주된 주제 중 하나가 된다. 나아가 『인성론』 제3권의 〈도덕에 관하여〉에서는 행위의 규범을 다루지만 행위의 주된 동기가 정념이고 도덕판단의 토대가 정념이기 때문에 도덕에 있어서도 정념이 중요하다. 만일 모든 행위가 동기에서 시작되고 동기들이 정념들이라면, 행위를 규제하는 도덕규범들도 우리의 정념에 영향을 받아야만 할 것이다.

행위의 주된 동기가 정념이라면 흄 이전의 철학자들이 행위의 동기에 있어 핵심적 요소로 간주했던 의지의 역할은 무엇인가? 흄에 따르면 의지는 정념으로서의 '반성인상'이다. 의지가 반성인상이라 함은 첫째, 그것이 감각 인상처럼 외부로부터 감각을 통해 얻게 된 것이 아니라 우리 내부에서 근원적(original)으로 일어나는 것임을 의미한다. 또한 그것은 모든 인상이 그러하듯이 독립적 힘을 갖거나 능동적인 제 3의 능력을 갖는 것을 의미하지 않는다. 흄은 감각 인상에는 외부 대상으로부터 감각을 통해 갖게 된 모든 인상과 육체적 쾌락과 고통이 포함될 수 있고, 반성 인상에는 근원적 존재(original existence)로부터 비롯된 정념들과 감정들이 포함될 수 있다고 하면서 아래와 같이 반성 인상에 관해 더 세부적인 구분을 제시한다.

반성 인상들은 일상적으로 차분하거나(calm), 격렬한(violent) 형태로 나타난다. 일단 **차분한 정념들**(calm passions)은 '부드럽게' 느껴지며 통제하는 방식으로 생기는 것이기에 마음에 어떤 감정적(emotional) 동요도 일으키지 않는 것이다. 따라서 흄은 사람들이 종종 이러한 정념을 '이성'이라고 착각하게 된다고 말한다. 그와 같은 예로서 흄은 **미적 감각**, **도덕감**, **자비심**, **삶에 대한 애착**, 그리고 **아이들에 대한 사랑** 등을 들고 있는데 이러한 것은 선에 대한 일반적인 욕구와 악에 대한 혐오에 의해서 생기는 것이다. **격렬한 정념들**(violent passions)은 대단한 힘과 강도로 우리를 엄습하는 것으로서 **분노**와 **증오** 같은 것이라 할 수 있는데 이와 같은 것은 감정적 동요(emotional turbulence)나 불안을 야기하는 것이다. 예를 들어 연쇄 살인범의 잔악함에 대해 생각할 때 우리가 느끼게 되는 분노나 증오심 같은 것이 여기에 속한다고 할 수 있겠다.

직접정념이 있다면 간접정념이란 어떤 것인가? 이 정념들 각각은 특별히 어떤 대상을 필요로 한다. 여기서 정념이 '간접적'이라 함은 그 정념이 어떤 매개적 대상을 필요로 한다는 말이다. 흄은 간접적 정념의 예로 **자부심**과 **수치심**, 그리고 **사랑**과 **증오**를 들고 있다. 즉 자부심과 수치심의 경우에는 자기 자신의 **자아**와 그리고 사랑과 미움의 경우에는 **다른 사람**의 자아가 필요하다. 나 자신이 자부심의 대상이라고 말할 때 흄이 말하고자 한 바는 자부심이라는 감정은 언제 어디서나 **나 자신이라는 관념**을 수반하는 것이다. 우리가 자부심을 느낄 때, 우리는 우리 자신에 대해 의식하고 있는 것이다. 그리고 이때 이 정념들의 원인과 대상 간의 차이는 그 정념들을 촉발하는 관념과 그것들이 촉발되었을 때 그 감정이 지향하는 관념과의 차이이다.

이제 또 다른 간접정념인 사랑과 증오에 관해 살펴보자. 자부심과 수치심의 경우와는 달리 **사랑**과 **증오**는 그 대상이 **다른 사람**이란 점에서 앞의 정념들과 다르다. 우리는 직접적으로 다른 사람들의 생각과 감각에 대해 의식하지 못하지만 그들이 가지고 있는 재치나 유머, 유덕함, 지식, 미모, 재산, 유산 등에 대해 **어떤 느낌**을 가질 수 있다. 즉 이러한 것들에 대해 **사랑**의 감정을 느끼곤 한다. 그와 반대로 그 반대 성향, 즉 둔함, 천박함, 흉함, 가난함 등에 대해 **혐오감**을 느끼기도 한다. 흄에 따르면 사랑과 혐오를 확장하면 존경이나 멸시의 감정으로 확대된다.

내 친구의 친절하고 착한 성격은 쾌락을 제공하고, 그 쾌락에 대한 '반성'에서 비롯되는 느낌이 '사랑'이라는 감정이다. 그와 같은 사랑의 감정은 그 친구와 관련된 기질과 그 기질이 나에게 준 쾌락을 통해 일어난다. 즉 그와 같은 기질과 그 기질이 제공한 쾌락은 그 사람을 대상으로 갖는 사랑이란 정념을 일으킨다. **미움**의 경우는 반대로 생각하면 될 것이다. 그러나 여기서 우리가 주목해야 할 점은 자부심과 수치심의 경우와 동일하게 간접정념으로 분류한 사랑과 미움은 또 다른 정념으로 발전될 수 있다는 것이다. 즉 사랑은 사랑하는 사람의 행복에 대한 '욕망'과 그의 불행에 대한 '혐오'를 동반할 때 **자비심**(benevolence)으로 발전한다. 이에 반해 그가 싫어하는 사람이 불행해지기를 '바라고' 그가 행복한 것을 '혐오'할 때 '미움'이라는 정념에서 **분노**(resentment)라는 감정으로 발전하게 된다. 여기서 우리는 자부심과 수치심, 그리고 사랑과 미움이라는 간접정념 그 자체가 행위를 위한 동기는 될 수 없지만, 이들이 '욕망'과 '혐오'를 동반함으로써 발전된 **자비심과 분노**는 행위를 할 동기가 된다는 사실에 주목할 필요가 있다. 즉 우리는 자비심 때문에 누군가를 돕기 위한 행동을 할 수 있으며, 분노 때문에 대상을 향해 어떤 행동을 취하게 된다.

현대 흄주의자(Humean)들은 흄이 말한 **자비심과 분노**가 도덕적 옳고 그름을 설명하는 데 있어 중요한 감정이라고 본다. 예컨대, 스트로슨(P.F. Strawson)은 흄이 말한 **자비심과 분노**를 감사, 분개, 공분과 승인, 수치심과 죄책감, 후회와 용서 그리고 **자부심과 사랑** 등으로 세분화하여 이를 '반향적 태도(reactive attitude)'라고 부른다[P.F. Strawson(1968), "Freedom and Resentment", pp.71~96]. 그와 같은 태도는 사람들이 상호작용할 때 서로를 어떻게 대우하고 배려하는지에 대해 민감함을 말해 줄 뿐만 아니라 그와 같이 대우하고 생각하는 것이 기본적으로 선한의지와 관련된다는 점에서 규범적 요구를 반영한다. 스트로슨이 말하듯이, 우리는 사람들이 서로 교류할 때 선한 의지를 드러내는지, 사랑을 표시하는지, 존경을 표시하는지, 아니면 경멸을 표하는지, 무관심을 표하는지 악의를 표하는지에 대해 엄청나게 신경 쓴다. 그리고 우리는 우리 자신이 그와 같이 대접을 받는지도 신경 쓴다. 예컨대, 어떤 사람이 부당하게 비참이 대우받고 있다면 **공분**(indignation)을 느끼게 될 것이다. 우리는 타인들이 그와 같은 대우의 수혜자이고 우리가 가해자이면 수치심과 **죄책감**(guilt)을 느끼는 경향이 있다.

우리는 칭찬, 비난, 처벌과 보상과 같은 '반향적 태도'를 통해 타인의 행위에 개입함으로써 결과적으로 그들이 자신의 행위나 태도에 대해 "책임질 수 있는 행위자"가 되게끔 한다. 스트로슨에 따르면, "반향적 태도는 사람들이 서로에게 가지는 선한 의지 또는 나쁜 의지 또는 무관심에 대한 태도로서 본질적으로 자연적인 인간 반응이다." 스트로슨은 반향적 태도를 "개인적(personal), 남을 대신한(vicarious) 그리고 자기 자신에 대한 반향적(self-reactive) 태도"라는 세 가지 범주로 구분하면서, 도덕적 반향적 태도를 개인적 또는 자기 자신에 대한 반향적 태도가 아니라 남을 대신해서 갖는 태도(vicarious reactive attitude), 즉 **도덕적 의분**(indignation)이나 불승인과 같은 것이라고 생각한다. 도덕적 의분은 타인에게 가해진 악한 행위에 대한 반응으로서 우리가 느낄 수 있는 태도이다. 의분은 부정의를 대하는 감정이다.

또 다른 현대의 대표적 흄주의자인 앨런 기버드(A. Gibbard)는 죄책감과 분노라는 '반향적 감정'을 통해 도덕적인 옳고 그름을 설명하고자 한다. 그에 따르면 도덕적으로 옳음이란 "행위자가 그가 행위를 한 것에 대해 죄책감을 느끼고, 타인들이 그에게 분노를 느끼는 것이 타당한 그러한 상황"을 말한다(Allan Gibbard, *Wise Choices, Apt Feelings*, 1990, p.53). 왜냐하면 우리는 타인들이 우리를 향해 화내는 것이 정당화되는 많은 상황에서 죄책감을 느끼기 때문이다. 기버드에 따르면, "죄책감은 분노를 달래기를 목표하며 그것은 분노를 통제하는 규범과 동일한 규범을 통해 지배된다는 점"(Gibbard, *Wise Choices, Apt Feelings*, 1990, p.139)에서 죄책감과 분노는 대응적인 감정이다. 기버드의 입장을 이렇게 이해했을 때, 죄책은 역사적으로 분노에 대한 적응반응이었던 기제를 말한다. 그것은 갈등 대신에 사회집단 내에서 개인들 간의 상호조정을 통해 화해하게 만든다. 적대적 반응을 하는 동물들과 달리 인간은 화해라는 결과를 가져오기 위해 타인의 분노를 달래고자 한다. 죄책감은 이와 같은 방식으로 진화해 왔다. 이와 같이 흄의 정념론은 현대 진화론에 근거한 도덕 심리학에 토대를 제공했다.

## 흄의 행위이론에서 이성과 감성의 대결: 주인과 노예의 메타포의 함축

지금까지 우리는 흄의 정념론이 현대 도덕 심리학에 미친 영향에 대해 살펴보았다. 이제 흄에게 있어 특이한 정념의 한 형태인 욕망에 관해 좀 더 자세히 살펴보기로 하자. 현대 행위이론에 따르면 믿음(belief)과 욕망(desire)은 행위의 원인(cause)과 이유(reason)로 기능한다. 현대 흄주의자들은 행위의 원인과 이유인 믿음과 욕망 중 주된 것을 욕망이라고 보고 있는데, 우리는 이와 같은 생각을 흄의 동기부여 이론(the Theory of Motivation) 속에서 아주 분명하게 알 수 있다. 흄은 욕망이 행위의 주된 인과적 선행 요건이라고 말하기 위해 '이성의 비동기성 논변', '이성의 무력함(inertness) 논증', '주인과 노예의 메타포', '제정신이 아닌 사람의 선호 논증'이라는 네 가지 논증을 제시하고 있다. 아래에서 이를 자세히 살펴보기로 하자.

## 이성 홀로는 행위의 동기가 될 수 없다: 이성의 비동기성 논증

왜 이성 홀로는 행위를 위한 동기가 될 수 없는가? 흄은 이에 답하기 위해 먼저 이성의 역할과 정념의 역할이 구분된다고 주장한다. 그에 따르면 이성이란 증명, 연역 또는 인과 추론에 관계하는 능력이다. 연역 추론은 관념들의 관계를 통한 추론이다. 예컨대, '2+3=5'라든지, '사각형은 원이 아니다'와 같은 관념들이 어떻게 연관되는지에 관한 것이다. 하지만 행위는 우리의 의도에 의해서 촉발되고, 우리의 의도는 세계가 어떤 식으로 존재하건 내가 원하는 바대로 행위하고자 하는 것과 관련되기 때문에 관념들의 관계를 따지는 문제와는 무관하다. 그러나 관념들의 관계에 관여하면서도 행위와 연결될 수 있는 경우도 있다. 예컨대 관념들의 관계를 따지는 수학을 때때로 현실적 활동에 적용하는 경우를 살펴보자. 즉 기술자나 상인은 그들이 작업하고 있는 문제를 풀기 위해 수학을 세계에 적용한다. 그러나 이때 그들이 어떤 목적이나 목표를 부과하지 않고 수학적 진리를 아는 것만으로는 행위를 위한 어떤 동기를 유발할 수 없다. 그렇다면 어떤 목적이나 목표를 부과하는 것은 무엇인가? 흄에 따르면 우리가 행위하는 데 있어 목표를 설정하고 이를 위해 동기 유발되는 것은 우리의 욕망이다.

연역추론이 행위를 위한 어떤 동기 유발도 할 수 없다고 할지라도 귀납추론, 즉 인과 추론 그 자체가 행위를 유발할 수 있는가? 흄에 따르면 인과추론은 사실의 문제(matter of fact)에 관여하는 것으로서 세계속에 있다고 여겨지는 원인과 결과의 연결 문제를 따지며, 우리는 이로부터 세계가 존재하는 방식에 대한 믿음을 형성하게 된다. 흄은 여기서 이성이 우리에게 인과관계에 관한 정보를 제공함으로써 행위를 위한 수단적 역할을 하지만 그 자체는 실천적 영향력을 행사할 수 없다고 주장한다. 예컨대, 이성을 통해 얻게 된 '오늘 오후에 비가 올 것이다'라는 정보에 대한 나의 **믿음**은 내가 비 맞기를 원하지 않는다는 **욕망**을 만족시키기 위해 필요한 수단이다. 즉 오늘 오후에 비가 오리라는 것을 믿는다는 것은 (비를 맞지 않고자 하는 나의 욕망을 만족시키기 위해 우산을 준비하는 것이 한 가지 방법이라는) 정보를 제공하는 수단이지 그자체가 목적이 될 수는 없다. 비 맞지 않는 한 가지 방법이 우산을 가지고 나가는 것이라는 그와 같은 정보에도 불구하고 나는 비 맞지 않기 위한 나의 욕망을 채우기 위해 다른 수단, 즉 오늘 오후의 약속을 취소하고 밖에 나가지 않고 집에 머무는 것을 택할 수도 있다. 또 한 가지 예를 들자면, 이성을 통해 런던과 서울 간에 8시간의 시차가 있다는 인과적 믿음을 가진다고 할지라도 런던에 갈 일이 없다든지 런던과 관련된 활동을 할 일이 없을 경우, 즉 런던이 나의 이해관계와 무관할 경우 그와 같은 정보는 나의 실천적 삶에 영향을 미치지 못한다.

## 이성과 정념은 행위로 이끄는데 있어 서로 대립되지 않는다:
## 이성의 무력함 논증

전통적인 견해에 따르면 이성과 정념은 서로 대립되는 능력이며 합리적 행위를 하기 위해서는 이성이 정념을 통제하거나 다스려야 한다. 그러나 흄에 따르면 이성과 정념은 대립되는 직능이 아니다. 앞서 살펴본 바에 의하면 흄에게 있어 동기를 유발하는 것은 정념, 즉 욕망이므로 이성이 정념과 대립되는 직능이라면 정념과 반대 방향으로 동기를 유발해야 한다. 그러나 위에서 살펴본 바와 같이 흄에 따르면 이성은 결코 동기를 유발할 수 없다. 흄은 '이성의 무력함 테제'를 통해 이를 논증하고 있다. '이성의 무력함 테제'는 소위 '논증적, 인과적 논증(Demonstrative & Causal Argument)'이라 불리는 것을 통해 도출된다. 이에 대해 좀 더 상세히 살펴보기로 하자.

"나는 첫 번째 종류의, 즉 논증적인 이성적 추론이 독자적으로 어떠한 행위의 원인이 될 수 있다고 믿지 않는다. 그것의 고유한 영역은 관념들의 세계인데, 의지는 언제나 우리들을 실제들의 영역에 자리 잡게 하기 때문에, 논증과 의욕은 그러한 설명에 따르면 완전히 서로 분리된 것처럼 보인다"(D. Hume, *A Treatise of Human Nature*, 1978, p.413).

이상에서 흄이 주장하고자 하는 바는 논증적 추론들이 그 자체만으로는 결코 행위를 산출할 수 없고, 단지 우리의 판단들의 방향이 행위와 관련된 적절한 인과적 관계로 향하게 만드는 역할을 할 수 있다는 것이다. 즉 의도나 목적이 없다면 논증적 추론만으로는 결코 행위를 산출할 수 없다는 것이다. 예를 들어 엄청나게 많은 수학적 정리들과 공식들을 다 알고 있지만 당면한 현실적인 시장 현장에서는 그저 머릿속으로 수학적 공식들만 되뇔 뿐 정작 아무런 구체적인 경제 행위를 하지 못하는 수리 경제학자의 경우를 상상할 수 있다. 이 경우 우리는 관념들의 관계에 관한 논증적 추론만으로는 행위를 일으키지 못한다는 것을 알 수 있다. 흄은 관념들의 관계에 관여하는 논증적 추론뿐만 아니라 사실의 문제에 관여하는 인과추론도 그것만으로는 행위를 산출할 수 없다고 주장한다.

"고통 또는 쾌락의 전망으로부터 어떤 대상을 향한 기피 또는 호감이 일어나는 것은 분명하다. 그리고 이러한 감정들은 그 대상들의 원인들과 결과들이 이성과 경험에 의해 우리들에게 지적될 때, 자신을 그 대상의 원인들과 결과들에 확장해 나간다. 만약 우리가 원인들과 결과들 양자에 무관심하다면, 그 대상은 이러한 대상들이 원인들이고 저러한 대상들이 결과들이라는 점을 아는 데에 우리가 관심을 두게 할 수는 없다. 대상들 자체들이 우리들에게 감흥을 주지 않는 곳에서는, 그것들의 연결도 결코 어떠한 영향도 주지 않는다. 그리고 이성은 이러한 연결을 발견하는 것일 뿐이기 때문에, 그 자체 수단으로는 대상들이 우리에게 영향을 줄 수 있는 여지가 없다"(D. Hume, *A Treatise of Human Nature*, 1978, p.414).

여기서 흄은 우리가 어떤 행위를 산출하는 과정을 묘사하고 있다. 즉 어떤 대상이 우리에게 쾌락이나 고통을 가져다준다는 전망을 하게 되면, 우리는 그 대상에 호감을 느끼거나 기피하게 된다. 이때 호감이나 기피의 대상이 우리 행위의 목표나 목적이 될 것이며, 인과적 추론은 바로 이러한 목표나 목적을 달성하기 위한 수단을 제공하기 위하여 동원된다. 말하자면 인과적 추론은 행위 산출에 있어서 목표를 달성하기 위한 수단을 제공하는 역할만을 담당한다는 것이다. 이렇게 흄은 논증적 추론과 인과적 추론이 행위를 산출하는 데 수단적 역할만 할 수 있다는 것을 보여 줌으로써 '이성의 무력함 테제'를 도출한 후 『인성론』 458쪽에서 소위 '표상논증'이라는 것을 통해 '이성의 무력함 테제'를 강화하고 있다. 흄은 다음과 같이 말한다.

"이성은 참과 거짓의 발견이다. 참 또는 거짓은 실제적인 관념들의 관계들 또는 실제적인 사실들의 존재와 사실들의 문제에 대한 일치 또는 불일치에 있다. 그러므로 이러한 일치 또는 불일치가 가능하지 않은 그 무엇도 참이나 거짓일 수 없으며, 우리들의 이성의 대상일 수가 없다. 그런데 우리들의 정념들과 의욕들은 원초적 'original' 사실들과 실제들이며, 그 자체로 완결적이며, 다른 어떤 것에 대한 지칭도 함축하지 않는다. 그러므로 그것들은 [즉 정념들, 의욕들은] 어떠한 일치나 불일치가 있을 수 없다. 그것들은 참 또는 거짓으로 선언될 수 없으며, 이성에 반대되거나 일치할 수도 없다"(D. Hume, *A Treatise of Human Nature*, 1978, p.458).

여기서 흄은 정념이 이성에 대립될 수 있는 방식이 어떤 것인지를 묻는다. 이성은 우리로 하여금 인지적 내용을 갖는 정신적 상태에 있게 한다. 즉 세계가 존재하는 방식을 표상하고 그에 관한 정보를 제공해 줌으로써 우리에게 그와 같은 것에 관한 믿음을 형성하게 해 준다. 따라서 정념이 이성과 대립되는 직능을 수행하기 위해서는 그것 또한 이성과 같이 인지적인 내용을 가져야 할 것이다. 그러나 흄에 따르면, 정념은 표상에 관계하지 않으며, 그 자신은 우리 속에서 일어나는 근원적 존재(original existence)이기에 인지적인 어떤 것이 아니다. 예컨대 내가 배고픔이나 갈증, 그리고 분노 등을 느낄 때 그에 관한 표상을 떠올리려고 해도 그와 같은 표상을 가질 수 없다. 이처럼 이성이 제공한 표상에 대한 믿음에 대해서 우리는 참, 거짓을 따질 수 있지만 정념은 표상을 갖지 않기에 이에 대해서 참, 거짓을 따질 수 없으며 따라서 이 둘은 대립되는 능력이 아니다. 나아가 흄은 우리의 믿음에 대해서는 합리적 또는 비합리적이라는 말을 붙일 수 있지만 정념은 합리적이거나 비합리적일 수 없다고 한다. 그는 어떤 정념이 비합리적으로 보일 때는 그 정념이 잘못된 믿음을 동반할 때라고 말한다. 예를 들어 어린이가 동화책에서 유니콘을 보고 그것을 보여 주기를 원할 때, 이때 어린이가 갖는 '희망'이라는 정념이 비합리적인 것이 아니라 그 어린이가 가진 '존재에 대한 잘못된 믿음'을 동반한 정념이 비합리적이라 할 수 있다. 혹자는 이에 대해 다음과 같이 반론을 제기할지도 모르겠다. 즉 우리의 행위 중 많은 것은 이성에 근거한 믿음이 정념을 조종함으로써 가능하다고 말할지도 모르겠다. 예컨대, 내가 특별히 좋아하는 키위 생과일주스를 마시고 싶어 구내매점에 가서 그것을 주문했다고 해보자. 그러나 점원이 말하기를 "오늘은 키위가 없어 키위 주스를 만들 수 없다"고 한다. 그래서 나는 하는 수 없이 대안으로 딸기 주스를 샀다. 반 흄주의 노선에 있는 사람들은 이 경우 나의 대안적 선택은 점원으로부터 정보를 입수한 나의 이성이 딸기 주스를 선택하도록 명령해서라고 말할 것이다. 그러나 흄에 따르면 이러한 대안적 선택도 나의 '또 다른 욕망'에 근거한 것이다. 즉 딸기 주스라는 나의 대안적 선택은 음식에 대한 나의 **일반적 욕구**(general appetite), 즉 '**갈증**' 때문이다.

### 이성은 정념의 노예이고 노예여만한다: 주인과 노예의 메타포

이렇게 본다면 행위를 위한 추진력은 항상 정념에서 비롯된다고 할 수 있다. 따라서 흄에 따르면 행위에 관한 한 다음과 같이 말할 수 있다.

"우리가 정념과 이성의 대결을 말할 때 우리는 엄밀하게 그리고 철학적으로 말하고 있는 것이 아니다. 이성은 정념들의 노예이고, 또한 노예이어야만 하고, 정념을 위해 봉사하고 복종하는 일 외에는 할 일이 없다"(D. Hume, *A Treatise of Human Nature*, 1978, p.415).

결국 행위의 동기부여력과 관련하여 이성은 '도구적 역할'만 할 뿐이다. 그것은 욕구하는 것을 성취할 수 있는 방법을 알 수 있게끔 사실적인 믿음만을 제공한다. 노예의 비유에 대한 일반적 해석은 이 비유의 이름이 이미 암시하고 있는 것처럼 이성이 행위의 산출과정에서 보조적인 역할을 담당하고, 정념은 주된 역할을 담당한다는 것이다. 여기서 주된 역할과 보조역할은 무엇인가 하면, 정념이 행위의 목표를 설정하는 데 반하여 이성은 오직 논증적 추론과 인과적 추론을 통해서 행위의 방향만을 조정할 수 있다는 것과, 정념이 행위를 산출하는 충동을 유발하는 데 반하여 이성은 그렇지 못하다는 것을 의미한다.

반 흄주의자들은 이와 같은 흄의 행위 이론이 장기적 타산과 관련된 합리적 행위를 설명할 수 없다고 비판한다. 왜냐하면 미래와 관련하여 장기적 타산을 고려하는 것은 숙고적 행위가 포함된 것으로서 여기에는 이성의 역할이 중요하기 때문이다. 그러나 흄은 이와 같은 맥락에서 현실적인 인간들은 '합리적인' 행위 기계가 아니라고 주장한다.

**내 손가락에 생채기가 나는 것보다 전 세계의 멸망을 선호하는 것은 이성에 대립되는 것이 아니다: 제정신이 아닌 사람의 선호 논변**

흄은 소위 〈제정신이 아닌 선호(mad man's preference) 논변〉이라고 불리는 데에서 다음과 같은 구절을 통해 우리 인간들이 행위 A가 목표

G를 달성할 수 있다는 진정한 믿음을 가지고 있다고 해도 행위 A를 수행하지 않을 수도 있다는 것을 주장한다.

"내 손가락의 긁힘보다 전 세계의 멸망을 더 선호하는 것은 이성에 반대되지 않는다. 인디언 또는 나에게 전혀 알려지지 않은 어떤 사람의 최소한의 불편함을 방지하는 것보다 나 자신의 완전한 파멸을 더 선호하는 것은 이성에 반대되지 않는다. … 결국 정념이 비이성적이기 위해서는 어떤 잘못된 판단에 동반되어야만 한다. 그리고 그때조차도 비이성적인 것은 정념이 아니라 판단이다"(D. Hume, *A Treatise of Human Nature*, 1978, p.416).

위 인용 구절에서 흄이 의미한 바는 내 손가락의 생채기보다 세계의 멸망을 선호하는 것이 나쁘지 않다는 것을 의미하는 것이 아니라 이와 같은 행위가 이성에 의해 평가될 수 있는 것이 아니라는 것이다. 행위에 관한 이유, 즉 행위의 합리성, 합리화는 실천 이성을 통해서 설명될 수 있는 것이 아니며 이러한 것은 어디까지나 선호(preference)의 문제이다. 그리고 이와 같은 선호는 욕망 또는 의욕(volition)에 의해 발생한다.

이상에서 살펴본 바와 같이 정념론에서 욕망에 관한 논의는 현대 행위 이론에서 동기 이론과 이유 설명에 관한 소위 흄주의라는 노선을 형성하게 하였으며 현재까지 활발하게 논의되고 있다. 또 한 가지 주목할 만한 점은 흄의 정념론이 다른 경험론자들과 달리 도덕 철학에 지대한 영향을 미쳤다는 점이다. 이제 아래에서 흄의 도덕감정론이 현대 신-감성주의와 덕윤리에 미친 영향에 대해 살펴보기로 하자.

## 흄의 도덕감정론에서 공감(sympathy)의 역할

흄과 애덤 스미스를 포함하여 전통적인 감성주의 전통에서는 도덕판단을 하는 데 공감을 핵심적인 것으로 본다. 흄이 생각하기에 우리가 도덕판단을 하게 될 때 공감이 중요한 이유는 도덕은 느낌의 문제이기 때문이다. 그는 이를 지지하기 위해 도덕판단이 이성에서 비롯된다는 도덕 이성주의를 비판한다. 흄은 도덕이성주의를 비판하기 위해 도덕적 판단은 증명을 허용하지 않으며, 추론적 사실도 아니라는 것을 보이고자 한다. 먼저 흄은 '도덕은 증명을 허용하지 않는다'고 주장하기 위해 부모 살해에 해당하는 예를 들어 자신의 논증을 강화하고자 한다. 부모 살해가 부조화적인 것이라면 동일한 관계가 유지되는 모든 경우, 예컨대 결과(자식)가 원인(부모)을 죽이는 모든 경우에 적용되어야 할 것이다. 예컨대 오크 나무 씨앗으로부터 배양된 어린 나무가 크게 자라 어미나무보다 키가 더 커서 빛을 가려 어미나무를 죽게 하였다면 그 나무는 부모 살해라는 부도덕을 범한 것이 될 것이다. 그러나 그 나무에 대해 이렇게 평가하는 것은 불합리하다. 이 논증이 함축하는 바는 만일 도덕이 오직 관념들의 관계 속에만 존재한다면, 부모 살해를 특징짓는 일반적인 관계들에 관한 한, 인간의 경우와 인간이 아닌 경우 사이에 아무런 차이가 없다는 것이다. 따라서 부모 살해의 사악함에 관한 우리의 판단이 오직 관념들의 관계에만 기초하고 있다면, 우리는 마땅히 어린나무가 사악한 짓을 했다고 생각해야만 한다. 그러나 우리는 그렇게 생각하지 않는다. 그러므로 우리의 도덕적 판단은 관념들의 관계를 따지는 증명에 의해 도달되지 못한다는 것이 흄의 결론이다. 흄은 도덕에 관한 반이성주의 사상을 주장하기 위해 이성의 두 번째 기능인 인과추론에서 도덕이 비롯되는지를 검토한다. 예컨대 고의적인 살인에 관해 우리가 알고 있는 모든 사실의 목록을 작성할 수 있다. 즉 그것은 미리 계획된 것이고, 악의로부터 행해진 것이며, 목요일, 11시 45분에 칼을 가지고 범행을 저지른 것이며, 피해자는 상처로 고통받으며 피를 흘리다가 죽었다 등등으로 인과 관계가 있는 사실들을 열거해 볼 수 있다. 그러나 흄에 따르면 "대상(사실)을 고려할 때 대상자체(사실자체)에서 당신은 악덕을 완전히 포착할 수 없다."

도덕적 판단이 이성의 증명이나 추론을 통해 가능한 것이 아니라는 것을 보인 후, 악덕이란 어떤 행위에 대해 당신의 내부를 들여다볼 때 당신 속에서 일어나는 '불승인의 감정'이라고 흄은 주장한다. 여기도 '사실의 문제(matter of fact)'는 존재한다. 그러나 그와 같은 사실이란 이성의 평가대상이 아니라 감정의 평가대상이다. 흄에 따르면 그와 같은 사실은 대상 속에 있는 것이 아니라 당신 자신 속에 있다(D. Hume, *A Treatise of Human Nature*, 1978, pp.468~469).

흄은 도덕적 사실을 우리 마음속에 있는 것으로 보면서 도덕판단을 '도덕감(moral sense)'이라 본다. 즉 도덕감이란 타인에게서 보이는 특정 종류의 행위나 품성들에 대해 마음의 받아들임을 느끼거나 물리침을 느낌이라 할 수 있다. 우리는 어떤 행위자의 성격에 대하여 유덕하거나 부덕하다고 도덕적 평가를 하는데, 이는 그 행위자의 성격이 우리에게 쾌락이나 고통을 주고 그에 따라 우리가 승인이나 불승인의 감정을 느낀다는 것을 의미한다. 따라서 행위자로부터 느끼게 되는 모든 쾌락과 고통의 감정 가운데, 특히 이 행위자의 성격에 대하여 우리가 느끼는 쾌락과 고통의 감정이 곧 도덕감인 것이다. 그렇다면 이제 제기되는 문제는 이러한 개인적인 느낌이 어떻게 **보편적인 도덕 판단을 가능**하게 하는가이다. 여기서 흄은 도덕감의 첫 번째 원리로서 '공감'을 제시한다.

흄에 따르면, 모든 인간의 정신은 비슷한 방식으로 느끼고 작동하게 되어 있다. 그리고 하나의 현이 울리면 같은 음을 내는 다른 현들도 이에 공명하는 것처럼, 인간의 감정 역시 타인이 느끼는 감정이 나에게 쉽게 전달되고, 그래서 나는 '공감'을 통해 타인의 감정을 나의 감정처럼 느끼게 되는 것이다. 우리는 나 자신의 이익(self interest)과 직결되는 것에 대해서는 직접 쾌락과 고통의 감정을 느끼지만, 공감을 통해서 나 자신의 이익과 직결되지 않는 타인의 행복이나 사회의 선에 대해서도 쾌락과 고통의 감정을 느낄 수 있다.

우리는 도덕적 평가가 그 평가 대상에 상관없이 일관되기를 기대하는데, 멀리 있는 사람보다 가까이 있는 사람에게, 낯선 사람보다는 잘 아는 사람에게, 또 외국인보다는 동포에게 더 공감한다(D. Hume, *A Treatise of Human Nature*, 1978, p.581). 즉, 시·공간상의 근접성이나 인과관계에 의존하여 공감하게 되고 유사성에 의존하여 느끼게 되는 공감은 편파적이기 때문에 보편성을 요구하는 도덕의 원리로 작동할 수 없다. 이와 같은 반론에 대한 답변으로 흄은 도덕감의 두 번째 산출원리를 제시한다. 흄이 제시하는 도덕감의 두 번째 산출원리는 **반성**(reflexion)**이나 상상**을 통하여 공감으로부터 생겨난 감정을 교정하여, 자신의 이익(self interest)에서 벗어난 확고하고 **일반적인 관점**(general point of view)을 견지하는 것이다.

## 도덕판단의 보편성을 위한 '일반적 관점'과 '반성'의 역할

흄에 따르면 도덕판단은 "일반적 관점"을 포함해야 한다. 우리가 어떤 성격에 대해 그 장점을 평가할 때 우리의 특수한 이해관계나 애착을 제쳐 두고 상상력을 동원해 "그들이 처해 있는 특수한 상황에 우리 자신을 놓아야만 한다"(D. Hume, *A Treatise of Human Nature*, 1978, p.582). 여기서 일반적 관점을 갖는다는 것은 나 자신의 이익과 상관없이 평가의 대상이 되는 행위자와 아주 친밀한 느낌을 갖는 것을 생각해 보는 것이다. 이 때문에 이처럼 일반적 관점에 따라 공감하는 것은 행위자와 가설적으로 연관된 가설적 쾌락이나 고통과 관련된다. 예를 들어, 자신의 어머니를 살해한 네로(Nero)에 관해 도덕적 판단을 내린다고 가정해 보자. 우리는 그의 성품에 대해 비난하게 될 것이고 불승인의 감정을 갖게 될 것이다. 이때 우리는 실제의 감정을 느끼는 것이 아닌데, 왜냐하면 그와 같은 일은 먼 옛날, 먼 장소에서 일어난 것이기 때문이다. 우리가 네로의 폭정 하에 살았더라면 네로의 그와 같은 잔인함에 대해 혐오감을 느꼈을 것이라고 '**상상**'해 보는 것이다.

이렇게 반성을 통해 갖게 된 '일반적 관점'에 따라 느끼는 공감은 특수한 상황에서의 이해관계에 국한되지 않는다. 예를 들어 일반적 관점에 따라 역사 속의 인물에 대해 공감하게 된다는 말은 우리가 그 사람이 처해 있던 상황을 상상해 봄으로써, 그 사람이 한 행위에 대해 현시대의 우리 이웃의 어떤 사람이 한 행위만큼 강한 승인 내지 불승인의 감정을 느낄 수 있다는 것이다(D. Hume, *A Treatise of Human Nature*, 1978, p.584; 참조, p.582). 따라서 우리는 가설적 시나리오에 대해 '**반성**' 또는 '**상상**'해 볼 수 있는 능력 때문에 보편적인 도덕적 판단을 할 수 있다. 즉 우리는 이와 같은 반성 능력 탓에 우리 자신과 가깝고 이해관계가 있는 사람들에게 국한시킬 수 있는 '제한된 공감(limited sympathy)'을 '확장(extend)'할 수 있다고 흄은 말한다(D. Hume, *A Treatise of Human Nature*, 1978, p.586).

우리는 도덕적 반성을 통해 멀리 떨어진 사람들에 대해서도 **말하는**(또는 생각하는) 방식을 바꿀 수도 있다. 하지만 그와 같은 반성을 통해 그들에 대해 우리가 **느끼는** 방식을 크게 바꿀 수는 없다(D. Hume, *A Treatise of Human Nature*, 1978, p.603). 왜냐하면 반성이나 상상을 통해 갖게 된 느낌은 우리와 직접적으로 연관되거나 이해관계가 있다고 진짜로 믿을 때 일어나는 느낌보다 상당히 약하기 때문이다(D. Hume, *A Treatise of Human Nature*, 1978, pp.583~584; 591). 그렇기 때문에 흄은 특수한 상황에서 이해관계에 따라 느끼게 되는 공감이 더욱 강력하며, 이러한 편파적인 공감을 확장하기 위해서는 공감의 교정이 필요하다고 주장한다. 공감의 교정 문제에 관해서는 다음 절에서 살펴보기로 하고 우선 흄이 공감할 때 따라야 할 기준으로 제시한 '일반적 관점'에 대해 좀더 자세히 살펴보기로 하자.

흄이 '일반적 관점'을 취하라고 할 때 '이상적 관망자'의 입장을 취하라는 것을 의미하지 않는다. 그렇다면 이상적 관망자 입장을 취하는 것과 일반적 관점을 취하는 것의 차이는 무엇인가? 이상적 관망자 이론은 색 속성과 도덕적 성질을 비교할 때 많이 활용된다. 하지만 이들 사이에는 중요한 차이가 있다. 색에 대한 설명에서 언급된 정상적인, 혹은 표준적인 지각자는 일상적인 지각자를 이상화한 것이다. 하지만 도덕적 속성에 대한 이상적 관망자 이론에서의 이상적 관망자는 일상적으로 도덕적인 판단을 내리는 사람을 이상화한 것이 아니다. 일상인과 이상적 관찰자의 차이는 일상인들은 도덕적 추론을 할 때 도덕 원리에 호소하는 것을 매우 중요시하는 반면, 이상적 관찰자는 도덕적 원리에 호소할 필요가 없다는 것이다. 왜냐하면 이상적 관찰자는 모든 것을 마음속에 갖추고 반응하기 때문이다. 이는 마치 색을 지각하기 위해 색의 지각자가 스펙트럼 이론에 호소하거나, 음악 애호가가 화음의 원리로부터 첫 악장에 대한 감상을 연역할 필요가 없는 것과 마찬가지다. 즉 미학에서는 좋고 나쁨을 구분할 미학적 원리를 찾을 필요 없이, 단순히 어떤 멜로디가 좋고, 다른 멜로디는 진부하다고 말할 수 있지만, 우리는 어떤 도덕 판단을 옹호할 때 어떤 원리에 호소한다. 이러한 원리란 유사한 경우들을 분별하게 하며, 이러한 원리에 근거하여 우리는 상이한 판단을 내리게 된다. 즉 색 지각이나 음악 감상에서 원리들이 역할을 하지 못하는 것과는 달리, 도덕에서는 원리들이 일정한 역할을 한다. 흄은 이러한 도덕 원리들을 '일반적 관점(general point of view)'이라고 말하고 있으며, 이러한 일반적 관점은 '사회적 효용'에 대한 일반화에 의해 얻어진다. 흄은 공감의 다양성에서 비롯되는 갈등을 해소하기 위해 충분히 다의적이면서도, 견고하고 접근 가능하며, 모든 사람들이 일반적으로 접근할 수 있는 정보에 의존하는 그런 관점이 필요하다고 보았다.

### 흄의 '감성' 개념이 현대 덕윤리에 미친 영향

흄은 우리의 공감이 그 당시의 사회 관습에 부합하지 않는다면, 그와 같은 감정이 교정을 요구받게 된다고 말한다(D. Hume, *Enquiry Concerning Morals*, 1975, p.151). 흄은 감정이 교정되기 어려운 이유를 착시 현상과의 유비를 통해 설명한다. 우리는 물속에서 막대기가 굽어 보이거나, 한쪽 눈을 눌렀다가 뗐을 경우 여러 개로 보이는 경우를 경험한다(Hume, *A Treatise of Human Nature*, 1978, p.585). 우리는 이와 유사한 경우를 뮐러-라이어 착시의 경우에도 볼 수 있다. 즉 뮐러-라이어 착시는 길이가 같지만 화살표의 방향에 따라 안쪽 화살표보다 바깥쪽 방향의 화살표를 가진 선이 더 길어 보이는 현상이다. 우리는 이 두 선이 같은 길이라는 것을 알면서도 시각적으로는 계속 달리 보이는 것을 경험할 수 있다. 설령 그와 같은 상황에서 경험 주체가 그의 상황을 반성해 보고 그가 착각하고 있었다는 사실을 인정하더라도 그와 같은 사실이 그렇게 보이는 현상을 바꿀 수는 없다. 흄은 왜곡된 감정을 교정하는 일도 이와 유사하기 때문에 감정을 교정하기가 아주 힘들다고 주장한다. 만일 감정을 교정할 수 있다면 "이성"의 작동에 의해 가능할 텐데, 앞서 살펴본 바와 같이 흄의 반이성주의 논변에 의하면, 행위와 관련하여 이성은 무력하며 단지 도구적인 수단에 불과하다. 왜냐하면 이성의 역할은 증명 또는 추론의 참, 거짓을 발견하는 것이며, 참 또는 거짓은 흄이 관념들의 관계(relations of ideas)로 분류한 반면, 정념이 개입하는 사실의 문제는 관념들 간의 일치 불일치를 따지는 것과 무관하기 때문에 이성이 개입할 여지가 없다(Hume, *A Treatise of Human Nature*, 1978, p.458).

따라서 흄은 우리가 느끼는 공감이 그 당시의 사회 관습에 부합하지 않을 때, 교정이 요구되지만 감정의 교정은 쉽지 않기 때문에 차선책으로 '언어의 교정'을 제안했다. 인간에게는 다른 동물과 달리 언어를 구사하는 능력이 있다. 인간 고유의 특징인 이 언어는 단지 쾌락과 고통을 기록하는 수단이 아니다. 아리스토텔레스가 말했듯이 언어는 무엇이 공정하고 무엇이 불공정한지 선언하고 옳고 그름을 구별한다. 우리는 이러한 것들을 소리 없이 파악하지 않고 말로 표현한다. 즉 언어는 선을 식별하고 고민하는 매체이다(Aristotle, *The Politics*, Book I, chap.ii [1253a]). 아리스토텔레스의 이와 같은 주장을 받아들이면, 흄이 말한 언어의 교정을 다음과 같이 이해할 수 있다. 즉 우리의 공감이 그 당시의 사회 관습과 맞지 않을 때 우리는 말을 통해, 즉 대화, 담론, 교육 등을 통해 보다 넓은 서클로 확장함으로써 교정된 '감성(sentiment)'을 갖게 될 수 있다. 흄이 사용한 이 '감성(sentiment)' 개념은 현대 덕윤리학자들이 말하는 '민감성(sensitivity)'과 유사하다. 덕윤리학자들에 따르면 어떤 경우에는 행위자가 행위를 할 이유에 대해 '민감한 것'이 '지적'으로 그 이유를 아는 것보다 훨씬 낫다. 덕윤리학자들은 이 '민감성'을 감정이 가진 특성이라고 주장한다. 흄이 허치슨에게서 물려받은 이 '감성'은 습관과 훈련을 통해 갖게 되는 것이다.

흄의 감성 개념은 규범성에 관한 자연화에 영향을 미쳤을 뿐만 아니라 최근 덕윤리자들이 규범적 합리성에 관한 새로운 개념을 제시하는 데도 토대를 제공해 준다. 최근 덕윤리자들이 제시하는 행위의 규범적 합리성에 대한 새로운 개념은 '합리적 지침에의 전념'이라는 것이다. '합리적 지침에의 전념'이란 우리가 한 행위에 대해 자기 관찰(self-monitoring)을 통해 반성적 습관의 지속적 함양(cultivation)과 훈련에 전념하는 것이다. 흄의 '감성' 개념은 지속적으로 함양되고 훈련된 자기감시 능력으로서 행위자는 이것을 통해 '일반적 관점'을 따를 것인지를 결정하여 자신의 공감에 대해 승인하거나 불승인하게 된다. 행위자가 갖춘 자기 감시능력은 지속적으로 형성되어 온 하나의 성격적 성향이다.

결국 흄에 따르면, 도덕 공동체 내에서 행위자의 성품과 관찰자의 도덕감의 상호작용을 통해 행위자로 하여금 그 도덕 공동체에 적합한 인간이 되게끔 교육하고 양육하는 것이 중요하며 이와 같은 바탕에서 우리는 도덕적 책임을 귀속시킬 수 있다. 끝으로 흄에 따르면 반성적 자기감시와 **교육**에 의해서든, **칭찬과 비난** 그리고 **처벌과 보상**에 의해서든, 우리의 본성을 바꿀 기회는 열려 있으므로, 교정 가능한 기회가 있었는데도 불구하고 교정하지 않았거나 계속된 행위에 대해서 우리는 도덕적 책임을 져야 한다. 이런 의미에서 흄은 우리 정신의 지속적인 성질들에 대해 우리가 책임을 져야 한다고 주장한 것이다.

**더 읽을거리**

David Hume, *A Treatise of Human Nature*, L.A. Selby-Bigge. ed. 2nd edition, Oxford: Oxford University Press, 1978.
- Book 2, Part I, Sec. I~III, pp. 413~417.
- Book 3, Part I, Sec. I & II, pp. 275~281, pp. 455~476, pp. 574~591.

**양선이, 「흄의 도덕감정론에 나타난 반성개념의 역할과 도덕감정의 합리성 문제」, 『철학』, (2014), pp.55~87.**

흄의 철학에서 이성과 감정의 서로 다른 역할에 관해 잘 소개하고 있다. 나아가 도덕판단의 보편성을 위해 공감을 확장할 때 취하게 되는 '반성'이 이성과 어떤 점에서 다르며 '감성'과 같은 의미라고 보면서 '감성의 역할'을 잘 해명하고 있다.

**양선이, 「흄의 도덕이론의 덕윤리적 조명: 감정과 행위 그리고 아크라시아 문제를 중심으로」, 『철학』, (2015), pp.47~69.**

흄의 동기이론에서 이성의 비동기성과 정념의 역할을 잘 보여 주고 있다. 나아가 '감성'이 습관과 훈련을 통해 형성된 성격적 성향이라는 점을 강조함으로써 현대 덕윤리와의 연관성을 잘 밝히고 있다.

# 칸트

## 『순수이성비판』
## ─ 감성과 이성의 협력

안 윤 기

IMMANUEL KANT

## 들어가면서

칸트의 명저 『순수이성비판』은 내용상 인식론적 성격이 매우 강한 작품이다. 인식론이란 지식의 문제 전반을 다루는 철학의 한 분과로서, 지식의 기원과 방법, 범위와 한계 등을 다룬다. 고대와 중세 철학에서 이런 문제들을 다루지 않았던 것은 아니지만, 인식론은 특히 근대에 와서 가장 뜨거운 논쟁거리가 되어 거의 모든 근대철학자가 이 주제에 관해 자신의 견해를 밝혀야만 했으며, 칸트 역시도 먼저 본인의 독특한 인식 모델을 수립한 후, 이를 기초로 전통적인 철학의 문제들에 답하려 했다.

인식론에서 가장 중요하고 예민한 논란거리는 인식능력(Vermögen)을 명확히 규정하는 일이다. 철학자들은 오래전부터 우리의 모든 행위가 우리가 본래 가진 능력의 결과물이라고 생각해 왔고, 따라서 인식을 인식능력이 원인이 되어 생산된 산물로 간주하였다. 우리가 도대체 뭔가를 알 수 있는 것은 우리에게 인식능력이 있기 때문이다. 만일 인간에게 아무런 인식능력도 없었더라면 우리는 그 어떤 지식도 소유할 수 없었을 것이다. 그리고 우리에게 있는 여러 인식능력 중 가장 중요한 것으로 자고이래 광범위하게 인정받았던 것은 이성(理性, Vernunft)이었다. 이성은 ―매우 다양한 뜻으로 사용되지만, 이 단어의 근원적인, 그리고 가장 넓은 의미에서 본다면— '이치 혹은 원리(理)를 파악하는 능력(性)'으로서,* 지혜를 추구하는 철학의 이념에 가장 잘 어울리는 능력으로 여겨졌다. 그렇기 때문에 시대를 막론하고 대다수 철학자는 이성(V1)을 통한 지식 획득을 강조해 왔다.

그런데 이성이 여러 사람에 의해 강조되고 널리 쓰이다보니 그 표현의 의미가 보다 명확하게 규정될 필요가 생겼고, 이와 더불어 용어의 다의성, 그러니까 '이성'이란 단어를 어떤 이는 이런 뜻으로, 어떤 이는 다른 뜻으로, 또 한 사람이 동일한 단어를 여러 의미로 사용하는 일이 나타났는데, 그중 가장 주목할 만한 개념 규정은 기원전 5, 6세기 파르메니데스와 플라톤 이후 본격화된 '이성과 감성의 구별', 곧 '감성과는 구별되는 이성'(V2)이었다. 우리는 감성(感性, Sinnlichkeit), 그러니까 '감각을 통해 사태를 포착하는 능력'도 갖고 있지만, 그것은 사태의 본질 또는 실재를 정확히 파악하는 것이 아니라 그저 존재하지도 않는 외양과 그림자만 일시적으로 붙잡는 것이기에, 진정한 인식을 추구하는 자라면 감성에 현혹되지 말고 그것과 대조되는 이성 활동에 착념하라는 주장을 파르메니데스와 플라톤은 펼쳤다. 감성은 그저 사

---

* 여타 철학자들에게서도 흔히 발견되는 문제겠지만, 칸트 역시도 '이성'이란 단어를 한 가지 뜻으로 일관되게 사용하지 않았다. 『순수이성비판』에서만 최소 세 가지 뜻으로 '이성'이란 단어를 사용하고 있는데, 혼란을 방지하기 위해 이를 구별하여 V1, V2, V3 로 칭하려 한다. V1 이성은 인간에게 부여된 '이치 파악의 능력', 곧 인식능력 전부를 총칭하며, V2는 '사고를 통해 이치를 파악하는 능력'으로서 감성과 대립한다. V3는 '사고를 하되, 감성과 무관하게, 혹은 감각경험의 한계를 뛰어넘어 전체성을 추구하는 이념 능력'으로서 지성과 대립한다.

막의 신기루 같은 겉보기 현상만 우리에게 보여 줄 뿐이고 실재의 참 모습에 육박하지 못하지만, 감성과 확연히 구별되는 이성은 우리에게 참된 지식, 곧 실재의 진리를 알게 해 준다는 것이다.

이처럼 이성은 우리가 가진 능력 중 어느 한 부분을 부정적으로 평가하면서, 그와 구별되는 다른 부분을 부각시키는 방식으로 조금 더 자세히 규정되었는데, 이에 따르면 이성은 감성이 아니기에, 감각이 아닌 '생각으로 이치를 파악하는 능력', 곧 사고능력으로 이해된다. 생각은 눈이나 귀, 코나 입으로 하는 것이 아니다. 생각은 두뇌 같은 물질적 신체 기관이 하는 것도 아니고 비물질적, 비감각적인 마음, 곧 이성이 하는 것이다. 철학자들은 이러한 사고 활동의 전형적 사례를 논리학의 기본 공식들이나 수학에서 발견했다. 예컨대 '직각삼각형에서 빗변 길이의 제곱은 나머지 두 변 길이 제곱의 합과 같다'는 피타고라스의 정리를 증명할 때, 우리는 보통 칠판에 직각삼각형을 그리며 논의한다. 그러나 그렇게 그려진 삼각형이 완벽한 직각삼각형일 리도 만무하고, 혹여 누가 그 길이를 재서 실제로 셈을 해보았는데 그 결과가 예상과 다르다 하더라도 아무도 그런 감각에 기초한 계산을 믿지 않는다. 설혹 감각이 육체의 눈을 현혹할지라도 우리는 여전히 마음의 눈으로 직각삼각형을 보고, 선분의 길이를 제곱해서 더하는 정신적 조작을 하는데, 그 이유는 이때 우리가 감성이 아닌 이성을 진리 파악의 능력으로 신뢰하기 때문이다. 그러니까 수학, 논리학에서 사태에 대한 정확한 인식은 감성의 감각 작용 결과가 아니라 이성의 사고 작용에 의해 가능한 것이라고 믿는다. 여기서는 감성을 통해 들어온 감각 정보는 되도록 무시하는 것이 오히려 진리 인식을 위해 바람직할 것이다.* 이처럼 플라톤은 순전한 사고능력인 이성만을 인식에 있어 가치 있는 것으로 보고, 감성은 무가치하거나 오히려 진리 파악에 방해되는 것으로 배제하려 했던 반면에, 아리스토텔레스는 플라톤의 감성 저평가에 반발하여 감성 또한 인식에 있어 막중한 역할을 하는 매우 의미 있는 능력임을 강조했다. 그러나 아리스토텔레스 조차도 사고능력이 인식 문제에 있어서 보다 우월하고 핵심적인 능력이라는 것에 대해서는 추호도 의심하지 않았다.

요컨대 서양철학의 주류 전통에서는 우리가 가진 인식능력을 상위 능력과 하위 능력으로 구분하고, 전자에는 이성이, 후자에는 감성이 각각 대응하는 것으로 보았다. 그리고 이 두 능력이 어떤 식으로든 인식활동에 관여하되, 각 능력이 차지하는 비중에 대한 의견 차이에 따라 여러 인식모델이 생겨난 것이다. 거친 단정이기는 하나, 대체로 상위능력인 이성이 인식에 관해 갖는 권위에 대해서는 별반 의문이 제기되지 않았고,** 다만 하위능력인 감성을 인식에 전혀 도움이 되지 않는 무가치한 것, 또는 도리어 진리 획득에 훼방만 될 뿐인 부정적인

---

* 플라톤은 『국가』에서 '선분의 비유'를 통해 이성과 감성 이분법을 더 세분하기도 했다. 곧 사유능력에는 직관적 사유(noesis)와 추론적 사유(dianoia)가 있고, 감성적 사태 파악으로는 믿음(pistis)과 추측(eikasia)이 있는데, 전자로 올라갈수록 실재에 대한 보다 정확한 인식이 이루어지는 것이고, 후자로 내려갈수록 허상에 사로잡히는 것으로 보았다.

** 그런데 칸트는 『순수이성비판』 중 〈초월적 변증학〉에서 오히려 상위능력인 이성에 오류와 망상의 원인이 놓여 있을 수 있다는 획기적인 제안을 하였다.

것으로 보느냐, 아니면 인식 형성에 있어 결코 빠져서는 안 될 필수불가결한 요소로 보느냐 여부가 언제나 첨예한 논란거리였다.*

이성과 감성을 둘러싼 논란은 근대철학에 와서도 여전했다. 데카르트, 스피노자 등으로 대표되는 근대 이성주의 진영에서는 인식 문제에 있어 이성이 가진 권위와 가치가 재확인된 반면에, 중세 말기의 로저 베이컨 이래 경험주의 전통이 뿌리 깊게 자리 잡은 영국에서는 경험, 곧 감성을 통한 인식 재료 확보의 절대적 필요성을 매우 강조했다. 칸트는 『순수이성비판』 말미의 〈순수 이성의 역사〉를 논하는 맥락에서 아리스토텔레스, 로크를 중심으로 하는 경험주의자들과 플라톤, 라이프니츠를 중심으로 한 이성주의자들의 입장을 대립시키며 이두 입장과 구별된 독자적 대안 제시를 모색하였다. 칸트 자신은 이성주의의 토양 위에서 성장했지만, 로크와 흄이 내세운 경험주의의 강한 도전을 목도하고 일정 부분 이들의 주장에 수긍했다. 그러면서도 경험주의와 이성주의가 각기 갖는 근본적 한계가 무엇인지를 단숨에 파악했다. 그래서 칸트는 이성주의와 경험주의의 두 극단 사이를 지나가는 중간 길, 곧 이성과 감성의 협력을 통한 새로운 인식 모델을 수립했으며, 그것이 바로 『순수이성비판』에서 제시된 인식론이었다.

---

* 감성의 감각 작용이 이성의 사고 활동보다 더 근원적이고 중요하다는 혁신적 발상은 17~18세기 영국 경험주의자들의 '본유관념 비판'에서 전조를 보이다가, 19세기 독일의 초기 낭만주의나 포이어바흐의 감각주의, 밀의 심리학주의에 가서 본격적으로 제기되었다.

## 인식의 두 줄기

칸트 인식론의 핵심은 『순수이성비판』 재판 〈서론〉 첫머리에 기록된 다음 구절에 가장 잘 드러나 있다.[*]

"우리의 모든 인식이 경험과 함께 (mit) 시작된다는 것은 전혀 의심할 여지가 없다. … 그러나 우리의 모든 인식이 경험과 함께 시작된다 할지라도, 그렇다고 해서 우리의 인식 모두가 바로 경험으로부터 (aus) 생겨나는 것은 아니다"(B1).

인식과 감각 경험의 관계를 다룬 위 인용문에서 칸트는 두 개의 전치사를 정교히 구별하고 있다. 인용문 첫 부분에서 우리가 가진 모든 '실질적' 인식, 그러니까 논리학에서 다루는 형식적 인식이 아닌 여타 대다수 인식은 경험이 있을 때만 시작될 수 있다 함으로써, 칸트는 감각경험을 매우 낮게 평가한 이성주의를 비판하고 경험주의의 손을 들어 준다. 그런데 곧바로 뒷부분에서 우리의 인식 모두가 경험으로부터 생겨나는 것은 아니라고 하면서 자신의 입장을 결코 경험주의로 오해하지 말 것을 경고한다. 경험주의에서는 우리의 모든 인식

---

[*] 칸트의 『순수이성비판』을 인용할 때는 원전의 초판(1781)과 재판(1787)을 기본으로 하여, 이를 각기 A와 B로 표기하고, 쪽수를 머리말의 경우 로마 숫자로, 그 밖의 본문은 아라비아 숫자로 표기한다. 본고에서는 독일어 원전 I. Kant, Kritik der reinen Vernunft, ed. J. Timmermann (Hamburg: Felix Meiner Verlag, 1998)을 참고로 하여, 백종현의 번역(『순수이성비판』 1, 2, 서울: 아카넷, 2006)을 이용했음을 밝힌다.

이 경험에서 유래하며, 경험 이전 마음의 상태는 백지와 같다고 주장하지만, 칸트는 이런 입장에 전적으로 공감할 수는 없었다. 감각 경험이 가능해지려면 우리 심성 중에 '감성'이란 능력이 있어야 하는데, 그것이 그저 백지처럼 잡다한 감각표상의 수용성에 불과하다면, 우리는 예컨대 '1+1=2'같이 간단한 수학적 진리의 보편성, 필연성조차도 결코 확보할 수 없을 것이다. 왜냐하면 경험을 통해 수용된 감각자료들은 일회성과 우연성을 특징으로 갖기 때문이다. 우리 지식의 원천이 오직 경험뿐이라면, 지금 내가 볼 때 하나에 또 다른 하나를 더하니 어쩌다가 우연히 둘이 되었다 해도, 이런 셈이 1만 년 전에도 타당했으리라고 믿을 근거는 전혀 없고, 또 내년에는 '1+1=5'가 되지 말란 법이 어디 있겠는가? 게다가 칸트가 볼 때 제대로 된 인식은 수동적 수용능력인 감성만 가지고 될 수 있는 것이 아니라, 능동적 사고능력인 이성의 도움이 절실하다. 감성을 통해 우리 내면에 받아들여진 감각 표상들은 단편적이고 잡다하다. "구슬이 서 말이라도 꿰어야 보물"이라는 우리 속담이 있듯이, 잡다한 표상들은 하나의 개념 혹은 판단으로 종합되어야 온전한 의미의 인식이 된다. 이러한 사고능력, 곧 이성이 인식을 가능하게 하는 궁극적인 능력인데, 이것은 칸트가 볼 때 —경험주의자들이 주장하는 것처럼— 경험의 결과물로 생길 수 있는 것이 아니라, 도리어 경험에 앞서서 이미 우리가 갖추어야 하는 선험적 조건이다. 요컨대 위의 인용문이 뜻하는 바는, 경험을 통해 들어오는 표상들, 곧 질료가 우리의 실질적 인식 형성을 위해 필수적이지만 그것만으로는 충분하지 않고, 경험 이전에 우리가 갖고 있던 선험적 형식들, 곧 우리에게 있는 두 가지 인식능력인 감성과 이성의 형식이 아울러 동원되어야 제대로 된 인식이 가능하다는 것이다.

따라서 칸트의 인식론은 '인식 = 질료 + 형식'이라는 공식으로 정리될 수 있다. 질료는 경험과 함께 우리 안에 들어오는 것이고, 형식은 우리가 가진 양대 인식능력인 감성과 이성이 각기 갖추고 있는 선험적인 틀로서 그저 잡다하고 일회적이고 우연적인 질료에 통일성, 보편성, 필연성을 투여해 제대로 된 인식을 형성하는 막중한 역할을 수행한다. 칸트는 다음과 같이 말한다.

"경험에서 감각 인상은 그 개념들과 관련해서 전 인식능력이 발동하고, 그 경험이 성립하도록 하는 최초의 계기를 제공한다. 경험은 전혀 다른 두 종류의 요소, 곧 감각[기관]으로부터 유래하는 인식을 위한 질료와, 이 질료를 정리하는 순수한 직관과 사고의 내적 원천으로부터 유래하는 일정한 형식을 포함하고 있으며, 직관과 사고의 형식은 질료를 기연으로 해서 작동하게 되고, 개념을 산출한다"(A86/B118).

따라서 칸트는 감성과 이성(또는 지성)을 일컬어 "인간 인식의 두 줄기"(B29)라고 불렀다. 칸트에 따르면, "우리 인식은 마음의 두 원천으로부터 유래한다. 그 가운데 첫 번째 원천은 표상들을 받아들이는 능력(곧, 인상들의 수용성)이고, 두 번째 원천은 이 표상들을 통해 하나의 대상을 인식하는 능력(즉, 개념들의 자발성)이다"(A50/B75). 여기서 표상들을 받아들이는 수용 능력이라 한 것이 바로 감성이고, 이렇게 받아들인 표상들을 생각해서 참된 인식에까지 이르게 하는 자발적 능력이 바로 이성(또는 지성)이다. 지식은 이 두 가지 요소의 협력에 의해서만 생긴다. 무엇 하나라도 결여된다면 인식이 성립할 수 없다. 감성이 없다면 우리에겐 아무런 대상도 주어지지 않을 것이고, 이성이 없다면 아무런 대상도 생각되지 않을 것이다. 칸트의 말처럼 "내용 없는 사상들은 공허하고, 개념들 없는 직관들은 맹목적"(A51/B75)인데, 공허한 개념, 맹목적 직관은 온전한 의미의 인식이라 할 수 없다.

이러한 칸트의 인식론을 이전의 양대 전통(이성주의, 경험주의)과 연관 지어 이해해 본다면, 칸트는 두 전통의 절충 형태라 할 수 있는 '감각경험과 이성의 협력' 모델을 제시한 셈이다. 칸트는 개념들을 감성화하는 일, 그러니까 개념들에게 직관에서 대상을 부가하는 일과 직관들을 지성화하는 일, 다시 말해, 직관을 개념 아래로 가져가는 일이 인식에 있어 똑같이 필수적이라고 보았다. 또한 감성과 이성은 그 기능을 서로 바꿀 수도 없다. 이성은 아무것도 직관할 수 없으며, 감성은 아무것도 사고할 수 없다. 오직 이 양자가 각각 자기 할 바를 다하며 협력해야만 인식이 생길 수 있다.

칸트는 『순수이성비판』 중 〈초월적 요소론〉에서 인식 형성의 요소가 되는 선험적 조건들, 곧 감성 규칙들 일반과 이성 규칙들 일반을 구별하고 이 두 능력을 차례로 고찰하였다. 이제 우리도 칸트를 따라서 이 능력들을 하나씩 검토해 보도록 하자.

## 감성

인식은 큰 틀에서 보면 결국 '주체와 객체의 관계 맺음'이라 할 수 있다. 이때 둘 사이의 만남이 어떤 중간 매개도 거치지 않고 직접 일어난다면 우리는 그것을 '직관(直觀, Anschauung)'이라 부를 것이다. 그런데 직관은 결코 우리가 능동적으로 할 수 있는 것이 아니고 오직 우리에게 대상이 주어질 때만 생긴다고, 따라서 우리는 직관에 있어 전적으로 수동적일 수밖에 없다고 『순수이성비판』의 칸트는 역설한다. 대상이 우리 마음에 직접 주어지는 것을 칸트는 '촉발'이라고 불렀는데, 요컨대 우리는 외부의 대상이 마음을 촉발해 우리 안에 '감각'을 결과물로 남길 때만 대상을 직관할 수 있다. 이런 일은 우리에게 이에 어울리는 인식능력이 있기 때문에 가능했으며, 이처럼 우리가 대상들에 의해 촉발되는 방식으로 표상을 얻는 수용 능력을 일컬어 칸트는 '감성'이라 했다.

감성이 있기에 대상들은 우리에게 직접 주어진다. 감성 촉발을 통해 생겨난 감각이 곧 대상에 대한 직관인데, 이때 그 직관 대상은 아직 인식에 이를 정도로 온전히 규정된 것은 아니며, 그저 외부에서 우리 내면으로 들어오기만 한 것이다. 온전한 경험 인식에 이르는 중간 단계와 같은 이러한 직관 대상을 일컬어 칸트는 '현상'(E1)이라 했다.*

---

* '현상(現象, Erscheinung)' 역시 매우 중요한 단어이지만 『순수이성비판』에서 애매하게 사용된 대표적 사례이다. 우리는 이것을 각각 E1과 E2로 칭할 수 있겠다. E1으로서의 현상은 감성에 직관된 감각대상이다. 여기서 그 대상은 감성적 규정, 곧 공간과 시간

현상에는 질료가 들어있다. 질료는 매우 잡다하고 단편적이라는 특징을 가진다. 그런데 현상에는 잡다한 질료가 일정한 관계에서 질서 지어질 수 있도록 만드는 형식 또한 들어 있다. 예컨대 무엇이 무엇 옆에(neben einander), 혹은 무엇이 무엇 다음에(nach einander) 같은 질서, 요컨대 공간과 시간 형식이다. 질료는 경험을 통해 우리에게 주어지지만, 형식은 밖에서 들어오는 것이 아니니, 촉발되기에 앞서 감성은 미리 이런 형식을 예비하고 있어야 한다.

칸트의 초월철학은 이러한 선험적 형식에 관심을 둔다. 초월철학은 지식의 가능근거를 묻는 학문이다. 이 학문이 추구하는 것도 역시 지식이지만, 그 지식은 우리가 일상적으로 접하는 지식과는 차원이 다르다. 예컨대 "오늘 날씨가 화창하다"는 문장은 우리가 경험할 수 있는 하나의 지식을 말해 주는데, 초월철학에서는 우리가 이런 지식을 어떻게 해서 가질 수 있는지 알기 위해 경험을 넘어선 선험적 차원에서 지식의 가능조건을 탐색한다. 현상을 대상으로 하는 감성적 직관의 경우, 질료를 질서 지우는 감성의 선험적 형식이 관심거리이다. 칸트는 이것을 〈초월적 감성학〉이라는 제목으로 집중적으로 분석하

---

이라는 감성 형식에 따라 어느 정도 질서는 갖고 있으나, 아직 이성적 규정, 그러니까 범주를 통한 규정을 받아 온전한 지식에 이르지는 못한 단계에 머물러 있다. 이런 의미에서의 '현상'은 '경험', 내지는 '지식'과 대립되는 식으로 사용된다. 반면에 E2로서의 현상은 범주적 규정까지도 이루어진 본격적인 경험적 인식의 대상인데, 이런 것이 가능해지려면 일단 감성의 촉발 및 감성 형식을 통해 정리됨이 있어야 하고 이와 더불어 지성의 개념적 파악이 이루어져야 하므로, 혹시 있을지도 모를 우리 외부의 사물 자체, 그러니까 생각 가능한 어떤 것(可想, noumenon)과 구별되는 의미에서 '현상'이라 부른다.

는데, 여기서 논의가 되는 것이 바로 '공간'과 '시간'이다. 이 두 가지야 말로 일체의 감각이 그 틀 안에서 이루어지는 선험적 형식이기 때문이다.

그런데 칸트가 감성 형식으로 공간과 시간, 두 가지를 드는 이유는 우리 감성이 '외감'과 '내감'의 두 종류로 나뉘기 때문이다. 칸트에 따르면 "외감을 매개로 우리는 대상들을 우리 밖에 있는 것으로, 다시 말해 이것들을 모두 공간상에 표상하는" 반면, 내감은 "그것을 매개로 마음이 자기 자신 또는 자기의 내적 상태를 직관하는"(A22/B37) 능력이다. 내감에서는 우리의 "사고 내용, 감정, 성향 또는 결심"(A358) 등 내적 심리상태가 표상된다. 반면 우리가 외감에서 직관하는 것은 "안정성, 불가투입성, 상호연관성, 운동성"(A358) 같이 공간상에 존재하는 물리적 사물의 특징들이다. 칸트는 이 두 영역의 평행관계를 이야기한다. 그리고 외적 현상은 공간 형식에, 내적 현상은 시간 형식에 맞춰 우리 감성에 수용된다고 말하기도 했다.

그렇지만 내감/외감 평행모델은 고스란히 받아들이기 어렵다. 예컨대 누구나 익히 경험하는 외부 사물의 위치 변화, 즉 운동을 생각해보자. 이것은 분명 외부세계에 대한 지각인데, 시간에 대한 고려 없이 이런 경험을 이해할 수 있을까? 불가능하다. '운동'이라는 것 자체가 이미 그 정의상 공간에 위치한 사물의 시간적 규정이기 때문이다. 시간을 오직 내감의 형식으로만 보고, 외감 형식은 오직 공간뿐이라고 한다면, 그래서 외감과 내감의 대상이 철저히 구별된다고 주장한다면, 우리가 늘상 경험하는 외적 현상의 시간성을 설명할 길이 막히고 만다. 게다가 칸트는 "시간이 모든 현상 일반의 선험적인 형식적 조건"(A 34/B 50)이라는 의외의 발언을 남기기도 했다.

시간이 모든 현상의 형식이라는 칸트의 발언은 우리로 하여금 외감/내감 관계를 다시 생각하도록 만드는데, 이렇게 되면 시간 형식의 지배가 내적 현상에 국한되지 않고, 외부세계의 현상에까지 뻗치기 때문이다. 우리가 이 발언을 충실히 받아들인다면, 이제 외감은 내감과 평행 관계로 병치, 대립되는 것이 아니라 도리어 내감에 종속된다. 즉 평행모델이 아니라 종속모델이 더 설득력 있게 된다. 내적 직관의 형식인 시간이 외적 현상을 규정하는 데도 참여하기 때문이다. 대표적인 예로 앞서 든 '운동'을 들 수 있다. 그것은 외부세계에서 지각되는 현상이지만 분명 시간 형식의 지배 또한 받는다.

칸트 감성 이론의 가장 큰 난제인 공간과 시간의 관계 설정은 다음과 같이 조정될 수 있을 것이다. 일단 외감의 형식이 공간, 내감의 형식이 시간이라는 일대일 대응 관계는 그대로 받아들일 수 있다. 문제는 시간 형식이 외부 물리세계에 대해서도 적용된다는 점인데, 설혹 외부 현상일지라도, 그것이 감각적으로 직관된 것인 한 그것은 동시에 심리현상이기에 결국 시간 형식에 종속될 수밖에 없을 것이다.* 즉 외적 직관은 일종의 내적 현상으로도 볼 수 있는데, 그것들이 그저 표상일 뿐이기 때문에, 그러니까 인간이 주관적으로 내면에 소유한 것

---

* 이 해석은 주석가 파이힝어의 제안에 따른 것이다. Hans Vaihinger, Commentar zu Kants Critik der reinen Vernunft, Vol. II, ed. Raymund Schmidt, Aalen, p.396 참조.

이기에 그러하다는 것이다. 그러니까 모든 인식은 그것이 외부 세계를 내용으로 하는 것일지라도 여전히 심리적 사건이며, 그런 한에서 내감에 속하는 것으로 볼 수도 있다. 이렇게 볼 때 외부 현상을 내용으로 하는 표상은 심리 현상 전체의 부분집합에 지나지 않게 된다. 감성의 모든 현상은 내 안에 들어온 것이기에 내감에 속하며, 따라서 시간 형식에 종속된다. 그리고 일부 표상만 내감 외에 외감에도 속하며, 공간 형식을 따르는 것이다.

## 지 성

지식의 양대 원천으로 감성과 더불어 중요한 역할을 수행해야 하는 이성은 『순수이성비판』의 〈초월적 논리학〉에서 논의된다. 그런데 칸트는 사고능력인 이성(V2)을 더 세분화하여 지성(知性, Verstand)과 협의의 이성(V3)으로 나누고 이 둘을 각기 〈초월적 분석학〉과 〈초월적 변증학〉이라는 제목으로 구별해 다룬다. 두 능력 모두 논변적(diskursiv) 사고, 즉 잡다한 것들을 종합해 하나의 통일체 형성을 추구한다는 점에서는 공통되지만, 지성은 감성이 제공하는 잡다한 현상들을 종합해 인식 가치가 있는 개념(Begriff)을 만드는 것인 반면에, 이성은 지성이 이룩한 여러 지식을 종합해 더 큰 전체적 통일을 이루려 하나 이를 위해 감성이 제공한 현상의 한계를 넘어서는 이념(Idee)을 만들고 만다. 칸트에 따르면 이념은 진상이 아닌 가상(假象, Schein)으로서 참된 인식의 대상이 아니라, 도리어 오류의 근원이 된다. 따라서 우리도 칸트의 구분법에 따라서 지성과 이성(V3)을 구별해 차례로 살피는 것이 좋을 것이다. 먼저 지성이 지식 형성에서 담당하는 역할을 잘 보여 주는 인용문 하나를 보도록 하자.

"우리 인식은 마음의 두 원천으로부터 유래한다. 그 가운데 첫 번째 원천은 표상들을 받아들이는 능력(곧, 인상들의 수용성)이고, 두 번째 원천은 이 표상들을 통해 하나의 대상을 인식하는 능력(즉, 개념들의 자발성)이다. 전자에 의해 한 대상이 우리에게 주어지고, 후자에 의해 이 대상이 (마음의 순전한 규정인) 저 표상과 관련하여 사고된다. 그러므로 직관과 개념들은 우리 인식의 모든 요소를 이룬다. 그렇기에 그것들에 어떤 방식으로 대응하는 직관이 없이는 어떠한 개념들도, 또한 개념들이 없이는 어떠한 직관도 인식을 제공할 수가 없다"(A50/B74).

여기서도 분명히 밝히고 있듯이 칸트는 두 가지 인식능력, 곧 감성과 지성 모두가 동원되어야 비로소 우리가 온전한 인식을 하는 것이 가능하다고 생각했다. 이때 지성은 수동적 수용능력인 감성과는 달리 자발적으로 대상을 생각하고 인식하는 능력이다. 지성은 직관의 능력이 아니며, 오직 개념을 매개로 한 논변적 인식을 할 뿐이다. 칸트에 따르면 우리 인간에게는 플라톤이나 데카르트가 중시한 지성적 직관(noesis), 곧 감성에 구애받지 않는 이성의 힘으로 대번에 사태 자체를 파악하는 일은 불가능하다. 직관은 오직 대상이 우리 감성을 촉발할 때만 단편적으로 가능할 뿐이고, 그렇게 우리 안에 들어온 잡다한 현상을 지성은 개념이라는 하나의 공통 표상 아래서 종합하고 정돈하는 통일 작용만을 할 뿐이다. 지성이 행하는 사고(思考)란 이런 결합 내지 종합작용과 다르지 않다.*

그런데 결합에는 세 가지 요소가 있다. 결합되어야 할 잡다한 표상이 있어야 하고, 그것들을 결합시키는 작용이 별도로 있어야 하며, 결합에 방향성을 주어 그런 일이 일어나게끔 해 주는 통일성 역시도 결코 없어서는 안 될 요소이다. 이 중 가장 주목할 만한 것이 세 번째 요소인데, 이것은 감성이 경험을 통해 외부로부터 수용할 수 있는 것이 아니다. 이것은 종합작용을 할 지성 자신이 선험적으로 갖추고 있어야 할 핵심 조건으로서, 칸트는 이를 별도로 '내가 사고한다(Ich denke)', 혹은 '통각(統覺, Apperzeption)'이라고 불렀다. 지성이 잡다한 표상을 능동적으로 종합할 때 그 작용은 '생각하는 나'를 의미하는 통각의 지도를 받는다. 잡다의 통일은 '나'라고 하는 인식 주체가 자기에게 주어지는 잡다한 표상들을 일관되게 의식하고, 그것들을 하나의 객체와 일정하게 관계 맺어 종합함으로써만 가능하기 때문이다. 그러므로 통각의 종합적 통일은 순전히 주관적인 지성활동이면서 동시에 모든 인식의 객관적 조건이 된다. 무릇 "나에 대해 객체가 되기 위해서는 어떤 직관도 이 조건 아래에 종속해야 한다"(B138).

통각의 통일이 직관에 주어진 모든 잡다를 '객체(Objekt)'라는 개념

---

* 이런 통찰은 이미 오래전 아우구스티누스에 의해 부각된 바 있다. 그는 '생각하다(cogitare)'와 '모으다, 추리하다(colligere)'가 어원상 '결합하다(cogere)'에서 유래했음을 자신의 『고백록』와 『삼위일체론』 등의 저서에서 보여 주었다.

에서 합일되게 해 주기 때문에 이 통일은 객관성을 얻는다. 만일 그저 표상들의 연합에 의한 경험적 통일이라면 그것은 전적으로 우연적이고 한낱 주관적 타당성만을 가졌을 것인데, 통각의 통일에 의해 직관들의 종합이 이루어진 것이라면 표상들은 필연적으로 서로 소속하며 객관적 타당성을 얻게 된다. 예컨대 "이 책은 무겁다"는 문장은 "이 책을 들어보니 무겁게 느껴졌다"와는 전혀 다른 객관성과 필연성을 지니고 있다. 어떤 물체가 무겁다고 판단할 때 우리는 우리의 지각 상태에 대해 말하는 것이 아니라, '물체'와 '무거움'이라는 두 표상이 주관 상태와 무관하게 객관적으로 결합되어 있음을 말하고 있는 것이다. 이런 객관적 결합은 통각의 초월적 통일에 의해서만 가능하다.

통각의 인도함을 받는 지성의 종합이 진행될 때 그 활동은 일정한 형식을 지니게 되는데, 그것이 바로 순수지성개념, 곧 범주이다. 칸트는 『순수이성비판』에서 12개의 범주를 소개하고 있으며, 이런 범주 형식에 맞게 감성적 직관의 잡다가 결합됨으로써 감성을 촉발한 대상은 현상의 단계를 벗어나 지성적으로도 규정되어 비로소 인식된다. 그러니까 순수 지성개념들이 감성에 나타난 현상(E1)을 규정함으로써 미지의 대상은 우리에게 하나의 인식대상(E2)으로 나타나는 것이다.

그렇지만 범주는 오용될 소지도 있다. 예컨대 "페가수스는 날개를 가지고 있다"는 문장에서 '실체'와 '속성'이라는 범주가 엄연히 사용되어 표상들의 종합이 이루어졌지만, 그 결과물은 결코 인식이라 할 수 없다. 범주를 페가수스처럼 경험할 수 없는 대상에 대해 사용하고 있기 때문이다. 바로 여기에 지성과 이성(V3)의 갈림길이 있다. 사고의 진행 방식인 범주는 감성적 직관을 넘어서까지도 그 사용 반경을 넓히려 한다. 범주들은 객체가 주어질 수 있는 감성이라는 특수한 방식을 돌보지 않고서도 객체 일반과 관계를 맺을 수 있으니 말이다. 그러나 우리가 가진 감성적 직관 너머까지 범주의 사용을 확장하는 것은 그저 공허한 개념만을 낳을 뿐이고, 순수 지성개념에 진정한 의미를 줄 수 있는 것은 경험적으로 직관된 것, 즉 시공간 상에 직접 현실적으로, 즉 감각에 의해 표상된 것뿐이다.

칸트는 이를 위해 범주의 도식화를 주장한다. 도식(圖式, Schema)은 초월적 시간 규정으로서 순수지성개념인 범주가 현상(E1)에 적용되는 것을 가능하게 한다. 범주가 현상에 적용되려면 순수한 지성개념 상태에 머물러 있어서는 안 되며, 지성 기능 외에도 감성, 특히 내감의 형식적 조건인 시간과 결합해야만 한다. 요컨대 범주는 내감의 형식인 시간과 결합된 형태로서만 현상에 적용되어 온전한 인식을 산출할 수 있으며, 도식화되지 않은 순수한 형태의 지성개념에 머물러서는 그저 사고 가능성, 결합 가능성만을 표현할 뿐이다.

이제 지성은 도식화된 범주를 매개로 감성적으로 직관된 잡다를 종합해 하나의 대상을 인식한다. 이러한 인식의 형성 과정은 곧 거기서 인식된 대상 그 자체의 규정 과정이라 할 수도 있다. 이렇게 볼 때, 경험을 가능하게 하는 주관적 조건들이 동시에 경험된 대상도 가능하게 하는 것이다. 우리 앞에 존재하는 대상은 우리가 그것을 그러그러하게 인식하는 한에서만 그러그러하게 규정된 존재자이다. 결국 사물 인식의 원리가 그 사물의 존재 원리이기도 한 것이니, 『순수이성비판』에서 제시된 칸트의 인식론은 곧 존재론이라 할 수 있겠다. 다만, 여기서 말하는 존재자는 우리의 인식세계 밖에 있을지도 모르는 사물 자체가 아니라, 우리의 세계 안에 들어온 현상(E2)으로서의 존재자뿐이다.

## 이 성

칸트는 『순수이성비판』의 이성(V2) 논의를 둘로 나누어, 하나는 '지성'이라는 이름으로 이성이 대상 인식에 적극적으로 기여하는 바를 분석했으며(《초월적 분석학》), 또 다른 하나는 협의의 이성(V3)이 도식화되지 않은 개념을 동원하여 초월적 가상을 낳는 면모를 추적하였다 (《초월적 변증학》). 초월적 가상이란 거짓된 표상이며, 우리의 주관적 원칙에서 비롯한 것이면서도 객관적인 것처럼 행세하는 환상인데, 그럼에도 불구하고 칸트는 이런 가상이 우리 인간에게 본성적으로 자연스럽고도 불가피하게 떠오른다고 하였다.

본래 이성(V2)은 사고 작용으로서, 다수를 종합해 하나의 개념, 하나의 원리 아래 종속시키려는 본성적 관심을 갖고 있다. 그래서 지성은 감성이 제공하는 잡다한 직관을 종합해 통일성 있는 인식에 도달하기도 한 것이다. 그런데 이러한 이성의 관심은 현상 세계 속에서 일정한 지식을 얻고, 지식의 대상을 형성하는 것에서 그치지 않는다. 이성은 그렇게 획득한 다수의 지식을 또다시 종합하여 더 큰 통일 개념과 원리에 도달하려 한다. 지칠 줄 모르는 이성의 관심은 '전체성

(Totalität)'이라고 하는 궁극의 무조건적인 통일에 도달해야 비로소 만족을 얻을 것인데, 이러한 '궁극의 무조건적인 통일'은 초월적 이념, 그러니까 더 이상 경험 중의 한 대상으로 나타날 수 없는, 경험의 한계를 넘어서는 것이다.

칸트에 따르면 인식은 주체와 객체의 관계이니, 거기서 이성의 본성적 관심에 의해 생겨나는 이념에는 세 가지가 있다. 인식주체에 있어서 우리가 생각할 수 있는 궁극의 주체, 궁극적 통일은 '영혼'이라는 이념에서 드러난다. 현상 세계라는 객체에서 우리가 생각할 수 있는 궁극적 통일은 '세계'라는 이념에서 드러난다. 이 세계는 지성의 범주 중 하나인 인과관계에 의해 완벽히 규정되어, 그 시작과 끝, 그 최소 단위 및 한계 등이 완벽히 알려져야 할 것이다. 그리고 주체와 객체를 총망라해서 우리가 생각할 수 있는 존재자 모두의 궁극적 원인이 되는 절대적 통일은 '신'이라는 이념에 드러나고 있다.

이상의 세 가지 이념, 곧 영혼, 우주, 신은 전통 형이상학에서 매우 중요하게 여겨, 이에 대한 지식을 얻기 위해 수많은 사람이 오랜 시간 심혈을 기울였던 주제이기도 하다. 그런데 칸트에 따르면 그것들은 애초부터 지식의 대상이 될 수 없었다. 왜냐하면 이성이 대상을 규정할 때 사용하는 사고 형식인 범주들, 또 그것이 도식화되어 수립된 원칙들은, 비록 그 자체로서는 선험적인 표상들이지만, 오로지 현상 세계의 인식에서만 형식으로서 기능할 권리를 갖는 것이지, 경험의 한계를 넘어선 영역에서는 그 타당성을 잃기 때문이다. 요컨대 인류는 그간 한낱 환상에 사로잡혀 헛수고를 기울인 셈이다. 따라서 전통 형이상학에서 비중 있는 자리를 차지했던 영혼론, 우주론, 신학 같은 것은 학문의 지위를 박탈당하고, 오직 이성을 경험의 한계 내에서 사용한 자연과학만이 그 정당성을 입증 받게 된다. 칸트는 과격하고 다소 파괴적인 이런 주장을 이성의 오용을 추적한 〈초월적 변증학〉에서 펼쳤다.

그러나 그것이 전부인 것은 아니다. 이념 중 하나인 '세계'를 논의하는 맥락에서 칸트는 초월적 이념이 부정적인 측면만 가진 것이 아님을 이야기한다. 비록 칸트는 이념이 대상 세계를 구성하는 적극적 의미는 갖지 못할지라도, 대상 세계에 대한 인식을 계속할 자극을 준다는 점에서 소극적이지만 어느 정도 긍정적인 의미는 가질 수 있다고 보았다. 예컨대 완벽히 규정된 세계 전체라는 이념은 현실적으로 가능한 것이 아니지만, 세계를 알고자 연구하는 지성을 위해 하나의 '규칙'으로서 얼마든지 긍정적인 의미를 가질 수 있다. 아직 도달하지는 못했지만 우리가 그런 이념을 갖고 있기에 우리는 세계를 더욱 깊이 연구하고, 세계 내 조건들의 계열에서 지속적으로 소급해 보다 상위의 원인을 규명하려 노력할 것이기 때문이다. 이념은 일종의 규칙이되어 우리에게 더 깊이, 더 넓게 세계를 파헤치라 지시하며, 중도에 머무는 것을 허용하지 않는다. 이념은 끝없는 연구의 자극을 우리에게 제공하는 것이다.

요컨대 이성이 만들어낸 이념은 그것을 경험의 조건으로 인식 대상을 구성하는 원리로 오해한다면 오류와 망상의 원인이 될 뿐이겠지만, 그것을 일종의 규제적 원리로 이해한다면 지식능력인 지성을 끝

없이 앞에서 이끄는 긍정적인 역할을 수행할 수 있는 것이다. 거기에 초월적 이념이 가진 인식론적 의의가 있다.

## 맺으면서

『순수이성비판』에 전개된 칸트의 감성과 이성 논의는 이전 철학자들의 여러 입장을 모두 수용하면서도 그것들의 한계를 극복한 획기적 사건이요, 또 철학사의 일보 전진이었다. 칸트가 이러한 성과를 거둘수 있었던 것은 '이성 비판'이라는 그의 기획이 적중했기 때문이다. 교조적인 형이상학 이론들이 난무하고, 서로 권위만 내세우며 치고받는 혈투를 거듭하던 시대를 겪은 근대인들은 어떤 단적인 주장을 내세우기 전에 먼저 우리가 무엇을 얼마만큼 알 수 있는지를 따져 보려 했으며, 칸트는 그 일환으로 인식능력인 이성(V1)을 비판하고 상세히 검토하였다. 이성 비판의 결과, 칸트는 우리가 가진 실질적 인식은 감성과 이성(V2)의 협력을 통해서만 가능하며, 감성의 한계를 벗어난 이성(V3) 사용은 걷잡을 수 없는 오류와 환상으로 치닫는 첩경임을 발견했는데, 오류의 원인을 감성이 아닌 이성에서 찾은 것도 철학사 전체를 놓고 보았을 때 상당히 독특한 경우였다.

결론적으로 『순수이성비판』이 긍정한 인식 형태는 수학과 자연과학, 특히 뉴턴 물리학이었으며, 전통적으로 학문의 여왕이라 불리며 높은 권위를 인정받았던 형이상학(영혼론, 우주론, 신학)은 고귀한 권좌에서 끌어내려져 학문으로서의 지위도 인정받지 못하는 비참한 신세로 전락하고 말았다. 이처럼 이성 비판을 통해 여러 학문의 운명이 바뀌고 희비가 교차하게 되었는데, 관건은 우리에게 주어진 인식 능력을 제대로 사용했느냐, 아니면 부당하게 사용했느냐에 달려 있었다. 칸트는 감성과 이성을 과소평가하지도, 과대평가하지도 않았다. 이두 능력은 제각기 해야 할 역할이 있으며, 그것들 각각이 잘 이루어져두 능력이 조화와 협력을 할 때 우리에게 온전한 인식이 가능하다고 주장했다. 반면에 경험주의자들처럼 내내 감성만 강조하면 자연과학 같은 보편성, 필연성을 갖춘 학문의 지위에 오르지 못하며, 이성주의자들처럼 감성의 한계를 넘어선 이성의 활약을 기대하면 전통 형이상학처럼 초월적 가상과 오류에 빠져 헤어 나오지 못할 것을 경고했다.

인간에게 주어진 제반 능력들에 대한 적절한 평가, 그것들의 조화로운 발휘와 협력을 강조해 새롭게 일어난 근대 자연과학에 날개를 달아 준 것에서 칸트 인식론의 의미를 발견할 수 있다.

**더 읽을거리**

**칸트, 『순수이성비판』 1, 2권, 백종현 역, (아카넷, 2006).**
칸트의 명실상부한 주저로서, 그의 인식론과 감성 및 이성에 관한 논의가
심도 있게 진행되고 있다. 특히 번역본 1권에 실린 〈초월적 감성학〉과 〈초
월적 분석학〉이 칸트 철학의 독창적, 적극적인 전모를 보여 주는 핵심을 담
고 있다.

**바움가르트너, 『칸트의 순수이성비판 읽기』, 임혁재 역, (철학과현실사, 2004).**
칸트의 방대한 저작 『순수이성비판』을 가장 간결하게 요약해 보여 주는 해
설서.

**Johannes Haag, 'Faculties in Kant and Idealism', *The Faculties*, (Oxford
University Press, 2015).**
이 책은 철학의 핵심 개념을 연구한 옥스퍼드 시리즈 제2권으로서, 포츠담
대학 교수인 요하네스 하악(Johannes Haag)이 'Faculties in Kant and Idealism'을
집필했다.

# 칸 트

## 『윤리형이상학 정초』
– 선하고자 하는 의지는
순수한 실천이성으로부터 유래한다

손 성 우

칸트는 자신의 전 생애를 통해 "내 위에 있는 별이 빛나는 하늘과 내 마음 속의 도덕법칙"이 자신을 지속해서 감탄시켰다고 했다. 이 상징적인 비유를 통해 그가 가장 심혈을 기울여 탐구했던 두 가지 주제를 알 수 있는데, 이는 바로 존재 및 인식에 관한 연구와 인간 행위를 규정하는 원칙에 대한 성찰이었다. 존재와 그에 대한 인식은 『순수이성비판』에서 제시한 비판철학을 통해 체계적으로 고찰됐다. 『순수이성비판』은 사실 본격적인 초월철학을 위한 예비학에 불과한 셈인데, 칸트는 이를 지금까지 전통적 형이상학이 독단적으로 전개한 교설을 비판하기 위해서, 그리고 객관적 학문의 가능성을 의심하는 회의주의를 지양하기 위해서 반드시 필요한 하나의 과정으로 간주하고 있다. 그는 여기서 이성능력을 비판하여 그것의 한계를 밝히고자 했고, 또한 그것의 올바른 사용을 밝혀 학문으로서 형이상학을 위한 기초를 닦으려 했다. 사변적 이성의 월권을 경계하며 감성과 지성의 형식이 사용될 수 있는 영역을 어디까지나 경험에만 제한하고자 했는데, 이것을 강조한 또 다른 이유는 비경험적이고 예지적인 영역, 즉 초월적 대상에 대한 형이상학을 올바른 기초 위에 정립하려는 데에 있었다. 이제까지 밝혀낸 객관적인 인식의 조건과 원칙은 선이나 종교에 대한 연구에는 적절하지 않은 것이다. 존재와 인식이 자연의 세계라면 당위의 세계에 해당하는 윤리와 도덕에 대한 이해는 그런 경험적인 조건에 의해서 규정될 수 없다는 것이 칸트의 확신이었다. 당위의 세계에서는 자연의 인과적 법칙이 더 이상 타당하지 않고 인간 의지의 자유가 기본 원칙이 되는 만큼 그에 맞는 이론과 인간의 인격성 및 선의 본질을 드러낼 수 있는 반성이 필요하다는 것이다.

이를 위해 칸트는 우선 1785년에 『윤리형이상학 정초』를 내놓는다. 인식론과 존재론에서도 본격적인 자연 형이상학을 전개하기 이전에 그 토대를 비판적 작업을 통해 탐구했듯이, 윤리 형이상학에서도 그것을 위한 기초를 우선 확보하는 작업을 선행했다. 여기서 칸트는 실천적인 영역에서 인간 이성이 스스로 법칙을 수립하는 능력인 자기활동성, 즉 자율성이 자유의지의 본성이라고 밝혔고, 이를 도덕의 거점으로 삼아 윤리 형이상학을 정초하려 하였다. 1788년에 내놓은 두 번째 비판서 『실천이성비판』에서는 『순수이성비판』에서와 같이 순수실천이성의 기능을 분별하여 순수한 윤리적 행위를 가능하게 하는 원리들과 그 원리들의 적용 범위 및 한계를 규정하는 과제를 수행했는데, 그 결과는 『순수이성비판』과는 대조적인 경고가 되었다. 즉 상술한 대로 인식론에서는 순수사변이성의 원리들이 경험적인 영역을 초월하는 것을 금지하고 경계했다면, 『실천이성비판』에서는 경험적으로 조건 지어진 이성이 거꾸로 초험적인 영역에 대해서까지 월권적으로 개입하는 것을 방지하고자 한 것이다. 여기서는 오로지 경험적인 조건들로부터 자유로운 순수 실천이성만이 의지를 규정할 수 있다는 것을 밝힘으로써 도덕에 대한 형이상학의 가능성을 정초하고자 했다. 칸트 말년(1797)에 출판된 『윤리형이상학』은 앞선 책들과는 달리

순수 윤리학이 아니라 경험적 주제들에 대한 윤리학을 전개하고 있는
데, 윤리학적 개념에 대한 추상적인 정의나 이론적 작업보다는 인간
의 삶에서 맞닥뜨릴 수 있는 실제 문제들에 대해 순수 윤리학의 원리
들이 어떻게 응용·적용될 수 있는지를 고찰하고 있다. 칸트 윤리학의
3대 저서라고 불리는 이 이론서들은 하나같이 자연주의, 행복주의,
공리주의에 반대되는 방향성을 갖고 있으며 오늘날 형식주의, 법칙주
의라고도 불리는 의무론적 도덕론을 잘 나타내고 있다. 칸트는 여기
서 선, 당위, 자유 등 도덕의 가장 본질적인 주제를 다루고 있고, 도덕
에 관한 객관적이고도 보편적인 기준을 제시하는 데에 주력하고 있
다. 칸트의 도덕이론은 선과 도덕의 순수한 본질을 밝히는 가장 중요
한 도덕철학으로 평가받고 있으며, 선험적인 원리에 의해 도덕적 행
위의 기준을 제시하려는 시도 중 가장 전형적인 예로 받아들여지고
있다.

그의 도덕철학은 우리가 일반적으로 선과 도덕에 대해 갖는 상식적
인 관념과 느낌을 체계적으로 분석하여 그것의 본질을 이론적으로 구
성해 낸 것이며, 그럼으로써 고전적인 도덕성의 개념을 확립해 준 사
상이라고 볼 수 있다. 하지만 현대의 윤리학적 논쟁에서도, 특히 자연
주의와 관련된 논의를 다룰 때 빠짐없이 등장하는 여전히 중요한 이
론이기도 하다. 가치를 과연 사실로 환원할 수 있느냐는 문제는 그동
안 비자연주의(무어), 비인식주의(스티븐슨), 규정주의(헤어), 기술주의
(푸트) 등에 의해 지속해서 논의돼 왔는데, 가치판단에 대한 표준과 원
리에 관한 칸트의 전통적인 입장은 (동의하건 반대하건 간에) 항상 논쟁

의 중심점에 서 있었다.

또한 칸트의 윤리학은 규범 윤리학뿐 아니라 응용 윤리학에서도 필요 불가결한 입장을 대변하고 있다. 안락사, 유전자 조작 등의 생명의료윤리 문제는 의료기술을 비롯한 각종 기술이 첨예하게 발달한 21세기 현대사회에서 새롭게 대두되는 중요한 주제들인데, 여기에서 칸트의 입장은 무엇보다 분명한 목소리를 내고 있다. 생명연명치료, 배아줄기세포 연구 등의 구체적인 문제를 고려함에 있어서도 도덕적 원칙과 그에 근거한 도덕적 추론을 우회할 수 없기에, 생명과 인간의 가치에 관한 칸트의 뚜렷한 이론과 제안은 그 중요성이 더욱 커지고 있다.

칸트 윤리학은 오늘날 많이 논의되는 사회·정치 영역에서도 큰 영향을 끼치고 있다. 사회적 정의를 본격적으로 다룬 롤스의 사회정의론과 칸트의 의무론적 이론 사이의 공통점에 관한 이미 오래 된 논의는 차치하고라도, 공동체로서의 사회가 지향하는 보편적 가치와 원리에 대해 물음을 던지는 모든 사회적 이론이 칸트의 생각을 배제할 수는 없을 것이다. 『영구평화론』 등에서 제시된 칸트의 정치적 이론은 그의 윤리학을 정치철학적으로 응용한 것이기 때문에, 이런 점에서도 그의 도덕이론에 대한 재조명이 활발히 이루어지고 있다.

## 도덕 '형이상학'?

맹자는 어린아이가 우물에 빠진 것을 보면 생각할 겨를도 없이 우물 속으로 몸을 던지는 어미의 마음을 가리켜 측은지심(惻隱之心)이라고 표현했다. 타인의 곤경을 보고 불쌍히 여기는 마음은 아마도 도덕성을 설명하는 가장 일반적인 예일 것이다. 이 측은한 마음은 아무래도 인간의 감정에 가까운 것으로 보이는데, 전통적으로 선하다거나 도덕적이라는 표현은 사람의 특수한 감성을 그 대상으로 하고 있는 것으로 볼 수 있다.

흄 또한 인간의 정서에 도덕의 근원을 두고 있는데, 심지어 인간 행위에서 도덕적 구별의 기준은 이성이 아닌 감정이 제공한다고 보고 있다. 선이나 덕과 같은 것은 그에 대한 사람들의 정서를 잣대로 가늠할 수 있다고 보았다. "덕은 보는 이에게 기쁘게 시인하는 감정을 주는 심리적 행위 내지 성질이며, 악은 그 반대이다"라는 그의 말처럼 우리는 일반적으로 좋다는 느낌과 감정을 기반으로 그것의 정당성을 끄집어내곤 한다. 이러한 윤리적 정서주의는 무엇보다 도덕에 대한 직관적인 설명을 제공해 주고 있고, 인간의 자연적인 본성에 적합한 이론이라는 점에서 우리에게 더 친숙한 생각으로 보인다.

반면 칸트의 선험적 도덕이론은 그저 이상적이면서 추상적인 사변에 불과하다는 비판을 적지 않게 받아 왔으며, 실제로 그의 형식주의에 대한 이의는 지속해서 제기돼 왔다. 인식에 관한 성찰에서 이미 경험적 기원으로부터 유래하지 않은 순수한 선험적 원리를 중요하게 생각한 칸트가 역시 도덕에서도 이성의 역할을 크게 강조하는 것은 어쩌면 쉽게 추측 가능할 일일지도 모르겠다. 윤리학적 교수법을 위해 칸트가 제안하는 도덕적 문답법의 다음 구절을 보면 칸트가 도덕에서 이성을 얼마나 중요하게 생각하는지 잘 알 수 있다.

"그런데 자네가 행복에 참여하고, 또한 행복을 누릴 만한 품격이 없지 않기 위해서 어떻게 해야 하는가를 알기 위한 규칙과 교시는 전적으로 오로지 자네의 **이성**에 있네"(『윤리형이상학』, IV481).

칸트는 삶의 중요한 목적이자 실천적인 목표인 행복 추구에 있어서조차 단지 경향성이나 애착에 의존하지 말고, 오히려 이성으로 이 자연적 욕구를 제한하는 것이 올바른 방향이라고 말하고 있다. 이렇게만 보면 칸트의 도덕이론은 얼핏 딱딱하고 엄격한 윤리적 교설을 표방한다는 비난에서 벗어나기 힘든 것처럼 보인다.

우선 무엇보다도 칸트가 자신의 윤리학을 빈번히 도덕 '형이상학'이라고 불렀다는 점에서 그러한 오해가 불가피해졌다. 여기서 형이상학이란 경험적인 요소가 섞여 있지 않은 선험적인 원리에 의한 학문을 의미한다. 따라서 그의 윤리학이 다분히 이성적인 학문이기를 지향한다는 점은 분명해 보인다. 게다가 칸트의 도덕이론은 실생활에서 발견되는 다양하고 구체적인 도덕적 상황과 현상을 다루려 하지 않고(1797년의 『윤리형이상학』은 그중 예외라 할 수 있다), 우선적으로 도덕의 본질을 밝히려는 의도가 있다는 점 또한 이런 시각에 부합하는 것처럼 보인다. 왜 우리가 도덕적으로 행위를 해야 하는지, 어떤 행위가 옳고 그른지, 그리고 그 객관적인 기준과 근거는 무엇인지 묻는 것이 윤리학의 본질이라고 본 것이다. 반면 흄과 같이 경험론적 전통에 서 있는 도덕이론은 이에 대한 답을 찾는 것 자체가 불가능하다고(혹은 무의미하다고) 보았기에 처음부터 이러한 물음에는 관심을 두지 않았고, 인간의 근원적인 자연적 본성으로부터 출발한 경험적 이론을 구성하는 데에 주력했다.

하지만 칸트의 도덕철학이 도덕의 본질을 밝히는 선험적인 학문이라고 해서 그의 도덕이론을 단순히 무미건조한 이성적 도덕 교설들의 나열로 간주할 수는 없다. 사실 칸트의 윤리학은 인간의 감성 및 자연적인 본성까지 고려한 실천적이고 생동적인 학문이고, 이성뿐 아니라 감성도 진지하게 다루는 포괄적인 이론이다. 이를 밝히기 위해 우리는 칸트의 윤리학을 이성과 감성이라는 요소를 통해 다시 이해할 필요가 있고, 아래에서 칸트의 도덕 이론을 특히 감성과 이성이 담당하는 역할과 의미를 중심으로 설명하고자 한다. 인식의 경우 감성과 이성은 둘 다 중요하고 적극적으로 해명되어야 할 인식능력들로 이해된다. 무엇보다 칸트의 인식론은 이성을 감성과 지성으로 구분하고 종합한 것에 큰 의의가 있고, 이는 칸트 인식론의 고유한 특징이다. 이때 감성이란 우리 외부로부터 주어지는 것을 받아들이는 이성의 능력을 의미하고 지성이란 감성이 수용한 직관을 규정하는 판단능력을 의미한다. 이성은 이 두 능력을 통칭하고자 할 때 사용되기도 하고, 규정적인 기능이 아닌 규제적인 판단을 하는 특수한 측면을 언급하고 싶을 때 등장하기도 한다. 도덕적 행위의 경우 이와 같은 개념으로 이성과 지성, 그리고 감성을 쉽게 구분하기는 힘들지만, 간략하게 경험적인 부분과 관계하는 측면을 (감정을 포함하여) 감성이라 하고 선험적인 면을 부각하고자 할 때 이성이라고 나누는 것은 가능할 것이다. 이제 이런 구분을 유념하며 칸트의 윤리학을 살펴보면, 칸트의 윤리학을 이해하는 데에 일반적인 선입견과는 달리 이성적인 측면뿐 아니라 감성적인 측면 또한 중요함을 밝혀낼 수 있을 것이다.

## 선의지

복합적인 내용과 구조를 가진 칸트의 도덕이론을 이해하는 첫 번째 열쇠는 선의지에 대한 그의 설명이다. 칸트는 우선 어떤 행위가 선하다는 것이 도대체 무슨 의미인지, 그리고 선한 행위를 선하게 만드는 것이 무엇인지에 대해 성찰한다. 잘 알려진 어느 친절한 상점 주인의 예를 들어 보자. 상점을 방문하는 고객들에게 친절한 주인이 있다고 할 때, 그의 친절한 모습을 보고 누구나 그가 선한 사람이며 선하게 손님을 대한다고 여길 것이다. 하지만 그가 친절하게 했을 때 손님의 호감을 사서 결국 더 많은 구매고객을, 그리고 더 많은 매출을 달성하리라 예상하고 그렇게 행한 경우에는 어떠한가? 이 경우엔 누구도 그의 행위가 선하다고 하지 않을 것이며, 오히려 계산적이라고 할 것이다. 누군가가 친절하더라도 그렇게 하는 것이 옳다고 생각하고 그 행위의 결과가 어떤 경제적 이득을 가져올지 고려하지 않고 행한다면 이는 선한 행위라고 인정받을 수 있겠지만, 특정한 목적을 갖고 행하는 친절은 선함의 범주에 속하지 못할 것이 분명하다. 칸트는 이와 같이 선에 대한 일반적인 관념을 분석하여 어떤 행위를 진정으로 선하게 만드는 것은 그 행위를 하기로 했을 때 갖는 마음에 있다고 본다.

어떤 행위가 물질적 목적이나 개인적 관심을 달성하기를 지향한다면 이는 그 목적을 위한 수단적인 행위에 불과할 것이고, 오직 선한 것을 행하려는 목적을 갖는 경우에만 진정으로 선하다고 할 수 있다는 것이다. 이 경우 그 행위는 자연적이거나 물질적인 것에 얽매여 있지 않기 때문에 무조건적이며 제한 없이 선한 것이다. 이런 선하고자 하는 의지는 그것을 의욕 하는 그 자체로 선한 것이다.

그런데 이제 누가 어떤 행위를 그것이 옳다는 이유만으로 택했다는 것은 그가 이미 어떤 것이 옳다거나 선하다는 판단을 내렸다는 것을 의미한다. 즉 옳음과 선함에 대한 이해를 갖고 있어야 이를 추구하는 행위를 하기로 결심할 수 있다. 그리고 칸트는 우리가 이 개념을 경험으로부터 얻을 수 없다고 말한다. 이는 순수이성의 이념으로서 경험 이전에, 즉 선험적으로 "이미 자연적인 건전한 지성에 내재해 있으며, 가르쳐질 필요는 없고, 단지 계발될 필요만 있는 것이다"(『윤리형이상학 정초』, IV397). 따라서 인간의 도덕적 행위의 유일한 목적인 선이 무엇인지는 오직 이성만이 알 수 있고 경험적인 요소나 이를 포함하는 감성은 선에 대한 앎에 있어서는 아무런 역할을 하지 못하게 된다. 칸트의 도덕철학이 이성만을 중시하는 이론이라는 평가는 바로 여기에서 비롯된다.

반면 인식에 대한 칸트의 설명은 감성을 이성(지성)과 동등하게 놓고 있으며, 감성과 지성이 통일될 때 의미 있는 인식이 형성된다고 보고 있다. "이 성질들 중 어느 것도 다른 것에 우선할 수 없다. 감성이 없다면 우리에겐 아무런 대상도 주어지지 않을 터이고, 지성이 없다면 아무런 대상도 사고되지 않을 터이다. 내용 없는 사상들은 공허하고, 개념들 없는 직관들은 맹목적이다"(『순수이성비판』, A51/B75). 따라서 감성의 역할은 적어도 인식에 있어서는 지성과 동등한 것처럼 묘사되고 있고, 감성은 이성으로 대체될 수 없는 고유한 능력으로 간주되고 있다. 감성의 역할은 그저 인식의 질료를 제공하는 수준에 그치는 것이 아니라, 여기서 한 걸음 더 나아가 공간적·시간적으로 감각의 자료들을 수용하는 기능까지 수행하고 있다. 물론 여기서 감성이 지성의 자발성처럼 적극적이고 능동적으로 감각의 질료를 공간적·시간적 형식을 띤 직관(형식적 직관)으로 만드는 것은 아니고, 공간과 시간이라는 직관의 형식을 지니고 있다는 데에 그친다고 볼 수도 있겠지만, 인식의 질료인 직관에게 공간적·시간적 질서가 부여되는 장소가 감성이라는 것은 분명해 보인다(『순수이성비판』, B161 하단의 주 참조). 따라서 감성은 인식에 있어서 지성만큼이나 중요하고, 이는 또한 칸트의 결론적 주장, 즉 우리가 인식할 수 있는 대상은 사물 그 자체가 아니라 공간과 시간을 통해 감성에게 주어질 수 있는 대상인 현상이라는 점에서도 다시 한 번 잘 드러난다.

하지만 선의 개념에 대한 파악의 경우, 칸트는 (앞서 살펴본 바와 같이) 이를 오로지 이성의 몫으로 생각하고 있다. 이는 칸트가 선의 이념을 선험적으로만 생각할 수 있는 초월적 개념으로 보았기 때문이다. 감성은 경험을 다루는 능력이니 초월적 이념인 선과 직접적인 관계가 없다는 것을 자연스럽게 생각할 수 있겠고, 또한 칸트의 도덕이론이 자연의 세계와 당위의 세계와의 엄격한 구분에 기반하고 있다는 것을 상기한다면 이는 그리 새로운 사실이 아닐 것이다. 인식을 목적으로 하는 이성은 감성에 주어진 것을 대상으로 삼지만, 선한 행위를 지향하는 실천적 이성은 감성에 주어질 수 없는 것을 목적으로 삼는 셈이다.

그렇다면 우리는 감성이 선을 향한 의지작용에서 인식의 경우와는 달리 아무런 역할을 하지 못한다고 생각해야 하는가? 심지어 감성은 도덕적 행위를 실천하는 데에 있어서 걸림돌이 될 뿐이라고 보아야 하는가? 이 질문에 대답하기 위해서 우선 인식과 행위의 차이에 주목해 보기로 하자. 인식은 (비록 감성적인 기원으로부터 출발하지만) 일반적으로 어떤 대상을 규정하고 이해하는 지적인 과정을 의미하기 때문에 어디까지나 이론적 영역(사변)에 속한다고 볼 수 있다. 하지만 인간의 행위는 어떤 목적에 대한 생각이나 무언가를 결심하는 정신적인 활동에 그치지 않는다. 특정한 대상을 욕구하는 것이나 이를 실천으로 옮기는 것까지 포함해야 하고, 이를 조건 짓는 경험적인 요소와 현실적 소여를 함께 생각할 수밖에 없다. 어떤 구체적인 대상을 원하는 마음을 갖게 되는 근거는 대부분 우리의 육체적·사회적 조건으로부터 형성되기 마련이고, 이 조건들은 물론 경험적, 다시 말해 감성적인 성격의 것이기 때문이다. 칸트도 이런 측면을 고려하여 인간은 자연적 경향성을 따르려는 본성을 갖고 있다고 말한다. 선을 이해하고 판단하는 것은 이성의 영역에서 발생하겠지만 그것의 실천은 육체를 포함한 감성의 영역으로 확장되는 것이다. 선을 바라보고 욕구하여 이를 행위의 목적으로 삼고자 하는 의지는 이성에 선험적으로 내재해 있지만, 이제 이를 경험적 행위로 실천하고자 할 때는 감성적 차원과 관계할 수밖에 없다. 칸트가 이성을 중시하고 감성을 배제했던 것은 어디까지나 선에 대한 개념을 갖고 이해하는 데에서였고, 이제 이를 실천하고자 할 때는 전혀 다른 사정이 펼쳐지는 셈이다.

실제로 인간의 행위를 보면 선을 행하고자 하는 의지에 의해서 발생하는 행위만 존재하는 것이 아니라 본능, 충동, 감정 등으로 표출되는 자연적 경향성에 의해 야기되는 행위 또한 발생한다. 이때 자연적 경향성에 속하는 인간의 본성을 감성이라는 명칭으로 포섭해 본다면, 이런 자연적 목적과 근거에 의해서 발생하는 행위는 순수이성이 선을 지향해서 발생하는 행위와는 다르게 감성에 의해 유도되는 행위라고 대조적으로 규정해 볼 수 있을 것이다. 인간이 가진 두 가지 종류의 행위에 대한 이 가능성이 바로 도덕의 의미를 형성한다고 할 수 있다. 선에 대해 이성적으로 파악하고 판단하여 이를 그대로 실천하는 것만이 가능하다면 오히려 도덕이라는 개념이 불필요해질 것이다. 왜냐하면 만약 이성적 원리에 의한 행위만 가능하다면 인간은 항상 선을 지향한 행위, 즉 선한 행위만을 하는 존재자가 될 것인데, 이렇게 인간이 어차피 선을 지향하는 것만 가능하다면 도덕성을 언급하는 것은 의미가 없을 테고, 도대체 어떤 행위를 선하다고 부를 수 있을지도 모를 일이다. 인간은 선험적으로 선이 무엇인지 아는 이성의 능력으로 인해 선을 지향할 수 있는 가능성을 갖기도 하고, 또한 이와 반대되는 행위, 즉 자연적 본성과 감성적 원리에 의한 행위를 할 수도 있기 때문에 이 둘 사이에서 하나를 고를 수 있는 능력, 다시 말해 선택의 자유를 갖게 된다. 앞서 우리는 선이 무엇인지 알고 이를 욕구하는 것은 이성의 몫이라고 했다. 선을 이해하고 오직 그것이 옳다는 이유만으로 지향하고자 하는 선의지가 선을 향한 근원적인 의지라면, 이성적 근거와 감성적 근거라는 선택지 사이에서 어떤 것을 결정할 수 있는 능력을 선택적 자유의지라고 부를 수 있을 것이다. 전자는 오직 이성적 영역에서 유래하는 순수한 선험적 판단이고, 후자는 감성적 조건을 고려하며 발생하는 현상이다. 비록 선험적이고도 필연적인 근원적 선의지가 인간의 행위에서 도덕성의 원천이지만, 흥미롭게도 도덕이라는 것은 이 선의지와 감성적인 근거에 의한 동기가 공존 혹은 대립할 때에야 비로소 존재하는 것이다.

## 의무

한편으로 인간은 자연적 경향성의 영향 아래에 있고, 또 다른 한편으로는 선을 추구하려는 순수 실천이성의 근원적인 의지를 갖고 있어서 끊임없이 도덕적인 갈등을 겪게 된다. 하지만 이 대립을 통해 선의 본성이 무엇인지 밝혀지며, 인간이 이를 행하는 것이 가능한지를 본격적으로 반성할 수 있는 것이다. 앞서 언급한 바와 같이 인간이 오직 선을 지향하는 행위만을 할 수 있다면 누구나 선한 행위를 할 수 있거나, 혹은 아무도 선한 행위를 할 수 없을 것이다(이 경우 선이라는 개념 자체가 무의미해지기 때문에). 그러나 이제 선이 무엇인지 선험적으로 누구나 알고(이해하고)는 있지만 누구나 그리고 언제나 그것을 실천하지 않는 것이고, 역설적으로 바로 이 사실이 선의 성격을 잘 드러내 준다. 그 자체로 선하고 가치 있는 선을 항상 실천하거나 지향하지 않는 이유는 물론 인간의 자연적인 경향성이 그만큼 강하다는 데에 있다. 하루 일과로 지친 저녁 시간의 지하철이나 버스에서 내 앞에 서 있는 노인게 다행히 발견한 빈자리를 양보하는 것이 그렇게 자연스러운 일만은 아닐 것이고, 특히 내 신체의 피곤함의 정도가 심한 경우 그 내적 갈등은 더 심할 것이다. 그런데 양보를 하지 않는 경우에도 누구나 양보하는 것이 옳다고 생각할 것이고, 또한 반대로 이 사실을 아무리 잘 알고 있다 하더라도 늘 양보하지는 않는 것이다. 이러한 모순적인 상황은 우리에게 선이라는 것이 비록 그 자체로 추구할 가치가 있고 옳은 것이지만 자연적 조건을 자동으로 무화시킬 정도로 무제한적인 것은 아니라는 것을 잘 보여 준다. 그것이 경험적인 기원을 갖지 않는다는 점에서는 무조건적이지만 인간의 본능과 충동을 늘 쉽게 극복할수 있다는 의미로서 절대적, 즉 신적인 것은 아니다. 이런 제한적인 선에 해당하는 개념이 곧 의무이다. 의무란 내가 반드시 해야 하는 어떤 것이라는 의미인데, 실질적으로 양심이라는 방식을 통해 나타나는 선이라는 이념은 내가 반드시 행해야 하는 것으로 느껴지고, 때에 따라서는 그렇게 하라고 나를 괴롭히기 마련이다. 그럼에도 불구하고 자연적 경향성이라는 또 다른 제약에 의해서 누구나 그것을 자동으로 따르고 행하지는 않는 것이다. 의무라는 것의 성격 자체에 이미 어떤 충동과 욕구가 있지만 그와는 다르게 행하는 것이 옳다고 나를 강제하는 이중성이 내포돼 있기 때문이다.

이와 같은 갈등과 대립의 결과로 우리에게 선택의 자유가 주어지는 것인데, 문제는 행해야 한다고 의식하면서도 행하지 않을 수도 있는 선을 과연 어떨 때, 또 어떤 근거와 원리로 행할 수 있는가이다. 의무로 다가오는 선을 행하지 않는 경우는 직관적으로 비교적 쉽게 이해될 수 있을 것이다. 단적으로 자신의 자연적 경향성과 욕구를 도덕적 의무보다 더 상위에 두어 그에 따르는 것이 바로 이 경우에 해당할 것이다. 그렇다면 마찬가지로 반대의 경우도 자연적 본능보다 도덕적 의무를 더 우위에 놓고 그에 따르는 것으로 생각해 볼 수 있을 텐데, 충동과 욕구는 '자연스럽게' 우리가 어떤 것을 행하게 하는 반면, 도덕적 의무는 반드시 그렇지 않다는 점을 주목해야 한다. 우리는 이성적으로 그것이 의무라는 것을 알 뿐이지 그로부터 그것을 곧바로 행하고자 하는 마음이 생겨나는 것은 아니기 때문이다. 그래서 선한 행위를 선택하는 근거와 이유를 설명해야 하는데 칸트는 이를 법칙에 대한 존경 때문이라고 말하고 있다.

하지만 본격적으로 도덕법칙에 대한 설명에 들어가기에 앞서 의무에 대한 감성과 이성의 관계를 살펴봐야 할 것이다. 일단 선에 대한 앎과 그것이 의무라는 것에 대한 지적인 직관은 이성의 몫인 것이 분명하다. 그리고 이에 저항하고 때때로 선의 발동을 제한하는 자연적 본성은 감성의 영역에 해당한다고 볼 수 있으니, 의무와 관련해서 감성은 아무런 역할도 하지 못하는지, 심지어는 방해가 되는지를 물을 수 있다. 물론 감성을 육체적 정욕이나 감각적 쾌락이라는 좁은 의미로 바라보자면 맞는 말이겠지만, 무엇보다 선이라는 것이 양심의 형태로 나타난다는 것을 보면 감성이라는 요소가 도덕에서 반드시 부정적인 역할만 하는 것은 아님을 알 수 있다. 양심을 사회적인 교육과 훈련의 결과라고 본 프로이트나 니체와는 달리 칸트는 양심 또한 모든 인간에게 선험적으로 있는 본성, 혹은 소질이라고 보았는데, 이에 의해서 우리는 어떤 것이 마땅히 해야 할 일인지를 알게 된다. 이때 안다는 의미는 다분히 (순수 실천)이성적인 뜻이겠지만, 칸트는 일반적으로 양심이라는 표상에 속한다고 간주되는 도덕적 느낌, 다시 말해 어떤 것을 그저 어렴풋이 의무와 같은 것으로 느끼는 현상 또한 도덕적 행위에 일조하는 것으로 생각했다. 앞서 언급한 맹자의 측은지심과 같이 타인과 함께 괴로워하거나 기뻐하는 것이 비록 의무가 아니고 보편적인 도덕법칙도 될 수는 없겠지만, 칸트는 이를 "능동적이고 이성적인 호의의 촉진을 위한 수단으로 사용하는" 것이 조건적으로나마 "인간성이라는 이름 아래의 특별한 의무"(『윤리형이상학』, VI456)라고 간주했다. 이를 통해 우리는 공감하는 감정들을 개발하고 그 감정들을 도덕 원칙들을 위한 수단으로 이용할 수 있기 때문이다. 심지어 "이것은 의무 표상 그것만으로는 이루지 못할 것을 하기 위해 자연이 우리 안에 넣어 준 충동"(『윤리형이상학』, VI457)이라고 보기도 했다. 이렇게 볼 때 우리에게 의무로서 나타나는 선은 단순히 이성적인 판단과 그에 대한 본질적 표상으로만 확보되는 것이 아니라 우리의 도덕적 감수성, 즉 타인과 함께 즐거워하고 괴로워하는 공감 능력을 통해 보완될 수도 있는 것이다. 또한 선이라는 것은 어느 정도는 감성적인 방식으로도 그 본성이 우리에게 알려진다고 볼 수 있을 것이다(예를 들어 양심이라는 경로를 통해 의무'감'을 갖는 것을 볼 때). 물론 그것이 최종적으로 보편적인 도덕법칙으로 확립되는 데에는 이성의 보편적 판단이 결정적인 역할을 맡을 것이지만 말이다.

## 도덕법칙

선이 우리에게 드러나는 일반적인 형태인 의무를 더 자세히 들여다보면, 그것은 동시에 강제성을 지닌 필연적인 명령임을 알 수 있다. 옳다고 여겨지는 어떤 것은 나로 하여금 그것을 반드시 하라고 강요하는 것이지, 나의 선호와 지금의 상태 및 조건에 따라 그 강제성의 강도가 변하는 것이 아니다. 즉 명령과도 같이 나를 옭아매는 것이고, 이를 따르지 않으면 안 된다는 필연성을 지니고 있다. 따라서 이제 관건은 내가 이를 따를지, 아니면 따르지 않을지 결정하는 것일 뿐이지, 도덕적 의무 자체는 나에게 무조건적으로 자신을 따르기를 요구할 따름이다.

이는 의무 개념 자체에서도 드러나지만 명령이라는 개념으로 이해하면 그 필연성은 더욱 잘 나타난다. 그리고 '반드시', '무조건' 따라야 하는 이 의무는 한 걸음 더 나아가 비단 나 자신 개인에게만 해당하는 것이 아니라 모든 사람에게 다 그러한 어떤 것으로 성격이 규정돼야 한다. 왜냐하면 이렇게 파악된 선의 본성은, 앞서 언급한 문제, 즉 우리가 자연적 경향성에도 불구하고 의무, 그리고 명령으로 다가오는 선의 이념을 어떻게 따를 수 있을지에 대한 결정적인 단서를 제공해주기 때문이다. 즉 우리는 이 도덕적 의무와 명령을 마치 보편적인 자연법칙과도 같은 성격을 가진 행위의 원칙, 즉 도덕법칙으로 인정할 때에야 비로소 이에 의거해 도덕적으로 자유롭게 행위할 가능성을 획득할 수 있는 것이다.

물론 어떤 이들은 본래 온유한 성품을 갖고 있어서 이러한 법칙적인 사고를 거치기도 전에 큰 갈등 없이 의무로 다가오는 것을 행할 수 있을지도 모른다. 하지만 칸트의 관점에서 보면 이런 '법 없이도 살 사람'들은 엄밀하게 보아 아직 자율적인 도덕적 존재자가 아니고 그저 자연적인 성정에 따라 행위 한 사람에 불과하다. 단지 이 자연적인 본성이 유순하고 결과적으로 선한 행위와 다를 바 없는 모습을 보인다고 해서 그것이 곧 선한 행위는 아닌 것이다.

선한 행위를 하게 되는 결정적인 근거는 어떤 행위의 표준(준칙)을 모든 이들이 마치 법칙처럼 마땅히 따라야 하는 것처럼 인정하는 데에 있다고 볼 수 있다. 이런 보편적인 도덕법칙의 위상으로 승격된 원리만이 자연적인 경향성에 대해서 도덕적인 정당성을 주장할 수 있고, 또한 행위자가 이를 마땅히 따라야 하는 보편적인 법칙으로 존중할 때만 자신의 자연적인 경향성에 반하는 행위를 선택할 수 있게 된다. 앞서 인간은 선을 목적으로 하는 행위를 할지, 아니면 자연적 경향성을 따르는 행위를 할지 선택할 수 있는 자유가 있다고 했는데, 이 기로에서 인간은 선을 추구하는 행위의 원리를 마치 보편성과 필연성을 갖는 법칙과도 같은 것으로 간주하고 수용할 때, 다시 말해 존중할 때 자신의 모든 경향성에서 자유로울 수 있고 비로소 진정으로, 능동적으로 도덕적인 행위를 선택할 수 있는 것이다.

여기서는 의심의 여지없이 이성의 보편적 판단이 결정적으로 작용하는데, 나 자신이 고민하고 있는 행위와 의욕의 원리인 특정한 준칙을 과연 모든 사람이 예외 없이 따를 만한 그런 보편적 규칙, 다시 말해 법칙으로 볼 수 있는지를 가늠하는 과정이 필요하기 때문이다. 지금까지 살펴본 의무와 명령으로서의 선의 본성에 이어 이 보편화 가능성은 선한 행위를 규정하는 중요한 기준이 된다. 특히 이 점에서 칸트의 이론을 형식주의, 법칙주의라고 칭하는데, 그만큼 인간 행위의 윤리적 기준을 형식적인 면에 두고 있으며 이성이 무엇보다 중요한 역할을 하기 때문이다. 이성적 존재자는 선험적으로 도덕 법칙을 의식하고, 오직 보편적인 법칙이 될 만한 원칙들만이 도덕적으로 정당한 원칙이 될 수 있는 것이다.

"너의 의지의 준칙이 항상 동시에 보편적 법칙 수립의 원리로서 타당할 수 있도록, 그렇게 행위를 하라"(『실천이성비판』, VV30).

"그 준칙이 보편적 법칙이 될 것을, 그 준칙을 통해 네가 동시에 의욕할 수 있는, 오직 그런 준칙에 따라서만 행위를 하라"(『윤리형이상학정초』, IV421).

그런데 칸트는 이 원칙이 복잡한 추론을 통해 발견되거나 논리적으로 구성해 낸 성격의 것이 아니라, 오히려 순수이성의 유일한 사실(Fakrum)로서 주어져 있다고 한다. 보편적 법칙의 성격은 비록 의무와 명령에 대한 분석과 성찰을 통해 알게 되는 것이지만, 선의 본성을 의식할 수 있는 이성적인 존재자는 그것이 결국 법칙의 성격을 지녔다는 것을 선험적으로 알고 있고 확신할 수 있다는 의미이다. 어떻게 보면, 선의 개념, 당위와 의무의 개념으로부터 필연적으로 명령과 법칙의 개념에 다다를 수밖에 없다는 것을 뜻한다고 할 수도 있고, 또한 동일한 사태를 다른 관점에서 살펴본 결과라고 말할 수도 있겠다. 따라서 정언명령과 도덕법칙에 관한 논의에서 중요한 것은 선한 행위의 원칙이 지녀야 할 기준인 보편화 가능성의 의미를 그저 어떤 행위가 정당한 행위인지를 계산해 내는 방법론적 수단으로서 해석하는 것이 아니라, 선과 의무 개념의 본성을 보편적인 도덕법칙으로 확장해 주는 중요한 성찰로 바라보는 것이다.

## 자유와 인간의 존엄성

이렇게 보면 결국 인간이 도덕적 행위를 하게 되는 가능성이 지금까지 살펴본 선, 당위, 의무, 정언명령, 도덕법칙 일체에 대한 의식과 수용에 달려 있다고 할 수 있다. 이 과정은 선에 대한 순수 실천이성의 선험적인 의식으로부터 출발했지만, 감성적인 조건과 경향성 또한 염두에 두고 이로부터 자유로울 수 있는 가능성을 고려하면서 그 성격이 구체화되었고, 결국 그것이 보편적이고 필연적인 법칙이라고 존중하게 되면서 실천적인 도덕적 행위로 나타나게 되었다. 그러므로 비록 칸트의 도덕이론은 선험적인 도덕 형이상학을 지향하고 있지만, 선험적인 원칙과 자연적인 경향성 아래에서 이성과 감성을 모두 고려한 종합적인 성격의 윤리학이라고 할 수 있을 것이다.

칸트의 도덕철학에서 무엇보다 가장 중요한 개념인 자율로서의 자유는 이성과 감성 두 영역의 갈등과 구분 위에 근거하는 개념이다. 자연적인 경향성을 지닌 인간이 보편적이고 필연적인 정언명령의 정식들을 선택하는 데에서 자유가 성립되는데, 이때 인간의 의지는 자연적인 경향성에 따를 수도, 아니면 의무의 정언명령을 따를 수도 있다. 앞서 말한 근원적인 선의지가 선택적 자유의지를 통해 선한 행위로 실천되는 방식은, 양심을 통해 나타나는 의무로서의 선을 지향하는 것이 인간에게는 마치 법칙과도 같이 보편적이고 필연적이라고 인정하는 데에 있다.

하지만 인간은 그렇게 하지 않고 자연적으로 주어진 본능과 그에 의거한 욕구를 좇아 행할 수도 있다. 칸트도 인간은 그 본성상 악하다고 할 정도로 인간에게 이기적인 자기보존 본능은 구조적이다. 하지만 인간이 선하게, 혹은 악하게 행할 수 있는 자유를 가졌다는 사실은 오히려 도덕법칙 존재의 근거가 된다. 이제 인간이 이 자유의 능력을 발휘하고 자신의 자연적인 경향성에 대항하여 이기적인 자기애를 제어할 때 인간은 존경의 대상이 된다. 양심을 통해 들려오는 선의 목소리, 즉 의무를 법칙인 양 존중하여 따르고, 이를 통해 자연적 욕구를 극복하는 데에서 바로 인간의 존엄성과 가치가 성립되는 것이다.

칸트는 여기서 무엇보다도 자연적 경향성을 가진 자기 자신에 대한 지배가 필요하다고 보았다. 단순히 자기의 감정이나 경향성에 지배받지 말라는 소극적인 금지명령만으로는 도덕적 행위를 할 수 있는 가능성을 온전히 확보할 수 없다는 의미이기도 하다. 인간의 자연적인 경향성은 그 뿌리가 깊고 치밀한 방향으로 전개되기에 자연적인 충동이나 열정에 의해 행동하는 원칙을 쉽게 자기의 준칙으로 삼게 한다. 이때 인간의 악으로의 경향성은 본격적인 악, 즉 진짜 패악으로 치닫는다. 이에 이성이 자기의 감정들과 경향성들을 그의 지배력 아래 놓으라는, 다시 말해 자기 자신을 지배하라는 지시명령을 내릴 때야 비로소 그것들을 지배하고 통제할 수 있는 것이다. 자기 자신에 대한 이성의 이러한 적극적인 지배와 지시명령에 의해서야 인간은 이성적인 원칙을 수용하고 따를 수 있고 자연적 경향성을 극복할 수 있게 된다. 이렇게 볼 때 감정과 열정을 포함한 감성에 대한 이성의 지배가 결정적인 계기를 구성하는 것을 알 수 있다. 따라서 칸트 윤리학에서 감성은 그 자체로는 도덕성을 구성하는 중요한 요소이지만, 그 최종적인 단계인 자율의 가능성을 위해서는 결국 이성의 지배 아래 놓여 있어야 하는 것으로 규정되고 있다. 하지만 최초의 선의지에 대한 분석에서부터 도덕의 본질과 인간의 선한 행위의 가능성을 밝혀내는 데에서까지 항상 이성적인 원칙에 동반하는 또 다른 본질적인 원리임에는 변함이 없는 것이다. 인간의 본성은 도덕(자유)법칙뿐 아니라 자연법칙에도 종속되는 이중적인 것이고, 이러한 이원적 존재자로서의 인간이 어떻게 선한 행위를 할 수 있는지에 대한 성찰은 이성과 함께 감성에 대한 성찰을 필요로 하기 때문이다.

**칸트, 『윤리형이상학 정초』, 백종현 역, (아카넷, 2014).**

칸트가 인간의 도덕적 행위에 대한 성찰을 선험적 학문으로 격상시키고자 내놓은 첫 번째 윤리학 저서이다. 일반적인 선의지 개념에 대한 분석에서부터 시작해 정언명령과 도덕법칙에까지 이르는 길을 밝혀 주고 있다.

**박찬국, 『칸트의 『도덕윤리형이상학 정초』 읽기』, (세창미디어, 2014).**

위에서 추천한 칸트 원전에 대한 해설서이다. 현대 독자들에게는 칸트의 언어가 다소 어렵고 사변적으로 느껴질 수 있는데, 이를 이해하기 쉽고 친절하게 설명해 주면서 칸트 윤리형이상학의 윤곽을 잘 드러내고 있다.

**강영안, 『도덕은 무엇으로부터 오는가』, (소나무, 2000).**

칸트의 도덕철학을 전반적으로 잘 설명해 주는 책이다. 특히 도덕의 본성과 기원에 대한 칸트의 입장을 분명하게 나타내 주면서 도덕에 대한 칸트의 고유한 선험적 이해를 강조하고 있다.

# 셸 링

# 이성과 감성의 조화

박 진

FRIEDRICH WILHELM JOSEPH
VON SCHELLING

독일 이상주의를 대표하는 철학자 셸링의 시대를 특징짓는 정신사적 사조는 낭만주의다. 따라서 이 글에서는 독일 이상주의 철학과 낭만주의 미학의 연관성을 중심으로 셸링의 사유를 조명해 보고자 한다. 특히 슐레겔, 횔덜린, 노발리스 등 독일 낭만주의 예술가들에 의한 피히테 철학의 비판적 수용을 고찰함으로써 셸링의 철학적 문제의식과의 공통적인 유대를 해명하고, 셸링 전기 사유를 중심으로 이성과 감성, 정신과 자연, 자유와 필연의 조화를 추구한 그의 철학적 지향을 살펴보고자 한다.

## 낭만주의
### – 근대적 이분법과 분열의 극복

낭만주의는 19세기 초에 유럽을 휩쓴 예술상의 사조 및 그 운동으로 고전주의와 합리주의에 반대하고 개성과 감정을 중시한 정신사조라고 이해되어 왔다. 낭만주의라는 용어는 원래 중세 기독교문화에서 기사들의 영웅적인 모험과 사랑 이야기를 뜻하는 프랑스어 '로망(roman)'에서 유래했다. 영어 '로맨틱(romantic)'이나 '로맨스(romance)', 또는 독일어 '로만틱(romantik)'이라는 말도 프랑스어 로망의 형용사인 '로망띠끄(romantique)'에서 기원을 찾을 수 있다. 따라서 신비와 환상, 모험과 사랑이 가득한 '소설(romance) 같은'이라는 어원적 의미를 갖는 '낭만주의(romanticism)'는 모든 것을 관통하는 '사랑'의 힘과 무한한 상상력으로 숨겨진 아름다운 의미를 재발견하고 인간과 세계를 살아 있는 예술작품으로 재창조해 나가려는 강렬한 열망을 지닌 정신적 태도를 말한다. 과학혁명 이후 계몽주의는 이성 중심의 과학 만능 문화를 배태했고 기계적 세계관이 지배하는 근대의 본질을 형성했다. 이에 대한 반발로부터 출발한 낭만주의는 죽은 기계적 자연이 아니라 살아 있는 자연의 산출력과 신의 세계 창조를 예술적 천재의 창조력과 연결지어 이해한다. 따라서 계몽주의가 일면적으로 이성을 강조한 데 반해, 낭만주의는 예술적 감성과 정서의 복권을 꾀하며 지적 교육에 주력한 계몽이 소홀히 한 미적 교육을 통해 전인격 회복을 도모한다. 데카르트로부터 피히테에 이르기까지 계몽주의 시대는 이성적 주체인 자아에 근거한 관념론 철학이 지배적이었다. 이에 맞서 셸링은 칸트와 피히테로부터 독립한 자립적인 사상을 모색하면서 그 반대 극에 있는 자연에 관한 철학적 탐구를 시도했다. '자연철학'으로 대변되는 이런 초기 셸링의 사상적 지향은 초기 낭만주의의 선구자 역할을 수행했다.

그런데 계몽주의에 대한 반발인 '질풍노도(Strum und Drang)'운동과 '경건주의(Pietismus)'를 모태로 한 낭만주의는 단순히 반계몽적 반이성주의로만 규정할 수 없다. 그것은 근대의 핵심인 계몽주의와의 연속성과 함께 탈근대적이며 계몽주의를 넘어서는 이중성을 지닌다. 낭만주의는 자연과 인간을 수단화하는 기계적 세계관과 욕망의 도구가 된 계몽주의의 추론적 이성을 비판적으로 교정하고 극복하고자 한 노력이며, 살아 있는 아름다움을 파악하는 능력을 고양해 인간과 사회, 문화를 진보적으로 변혁하고자 한 "계몽의 계몽" 운동이라는 평가가 가능하기 때문이다. 당시 유럽의 사회적 삶에 가장 큰 영향을 미친 프랑스혁명은 사람들의 마음에 이율배반적 감정을 일으켰다. 1) 계몽주의의 최대 성과는 이성에 의한 과학기술의 혁신, 비합리적인 정치체제의 타파였지만, 보편적 **과학지식의 발달**과 **자유, 평등, 박애라는 이상의 추구** 이면에, 2) 기계적 세계관에 의한 **종교 도덕의 붕괴, 자연의 파괴, 인간 소외**, 혁명을 통해 드러난 인간의 이기적인 욕망과 취약한 어두운 그림자는 혁명에 환호했던 사람들에게 절망을 안겨 주었다. 이렇듯 모든 원리가 붕괴되는 폐허 위에 종교와 과학, 이상과 현실, 정신과 자연, 이성과 감성, 주관과 객관, 자유와 필연, 예술과 학문 등 모든 이분법적 대립과 분열을 통합, 극복하고 새롭게 인간 본성에 맞는 문화를 창조하려고 한 것이 낭만주의 정신이다.

따라서 셸링이 근대 과학의 기계적인 자연관에 반대하고 살아 있는 유기적 자연과 예술적 감수성을 중요시한 낭만주의 철학자라고 해서 그의 사상을 단지 이성에 대한 반대 극인 감성이나 감정만을 중시한 비합리적인 사상이라고 속단해서는 안 된다. 즉 낭만주의 시대를 대표하는 셸링의 사상은 자연철학 이후 피히테의 '자아'와 그와 대립한 '자연'을 예술에 의해 통합하고자 하는 '초월적 관념론 체계'를 거쳐 정신과 자연, 양자의 근거에 있어 동일성을 확립하는 동일철학의 체계로 발전된다. 따라서 동일철학에 이르기까지 셸링의 사상적 지향은 전체적으로 볼 때 이성과 감성의 조화, 정신과 자연의 조화, 자유와 필연의 조화로 특징지을 수 있다. 셸링은 정신과 자연의 동일성을 아름다운 예술로서 직관하고, 이념을 감각적으로 표현하는 예술이 이러한 동일성의 기록이며 증거자료라고 해석함으로써 낭만주의의 철학적 기초를 제공했다.

## 낭만주의와 독일이상주의
– 슐레겔과 피히테 그리고 셸링

이렇게 셸링이 낭만주의에 철학적 기초를 제공하기 이전에 이미 낭만주의 진영에서 독일 이상주의 철학에 호감을 표시했다고 보인다. 그렇다면 왜 낭만주의는 독일 이상주의에 먼저 손을 내밀었나? 낭만주의자들이 칸트, 피히테의 사상을 긍정한 것은 그들의 철학이 자유의 정신을 대변했기 때문이다. 초기 슐레겔 사유에서 낭만주의의 이론적 모델은 피히테의 『학문론』으로부터 찾을 수 있다. 즉 자아의 자기정립과 비아의 정립을, '너는 너와 세계를 변혁하고 창조하라!'는 예술 창조의 당위적 명령이자 요청으로 수용한 것이다. 이는 프랑스혁명에 대한 지지와도 연결된다. 오늘날의 시각에서 볼 때, 칸트가 『순수이성비판』에서 시도한 "사고방식의 혁명"은 "프랑스혁명"에 비견되는 데, 슐레겔은 피히테의 『학문론』이 이 혁명을 완성한 것으로 보았다. 슐레겔의 "미적 혁명", "예술의 자율성"에 대한 요구는 도덕적, 정치적 자유에 대한 은유로 해석될 수 있다. 당대의 낭만주의를 주도하는 슐레겔의 눈에 칸트는 철학의 기초를 제공했고, 『순수이성비판』은 『학문론』의 체계를 '예비'한 입문서로 평가한다. 슐레겔이 보기에 라인홀트(K. L. Reinhold, 1758~1823)가 칸트의 세 비판서를 비로소 하나의 원리로 결합하고자 '시도'했고, 피히테야말로 초월철학의 체계를 '전개'한 최초의 선구자였다.

셸링의 '체계'에 대한 추구 역시 이런 맥락에서 이해돼야 한다. 초기 자연철학 이후 피히테의 '자아'와 그와 대립한 '자연'을 예술에 의해 통합하고자 하는 '초월적 관념론 체계'를 거쳐 정신과 자연, 양자의 근거에 있어 동일성을 확립하는 동일철학의 체계로의 발전은 당시 낭만주의 시대 정신의 한 축을 반영하고 있다고 평가될 수 있다. 그런데 피히테의 『학문론』 '체계'에 대한 낭만주의의 관점은 양면적 긴장 관계 속에 있다. '체계'는 그에 다가가야 하지만 결코 도달할 수 없는 이상이기 때문이다.

이렇듯 낭만주의 미학의 토대를 마련하고자 했던 슐레겔이 피히테의 사상적 계승자임을 자처했음에도 불구하고, 막상 피히테 자신은 미학적 문제에 관해 어떤 관점도 표명하지 않았다. 피히테의 관심은 주로 자신의 체계를 건축하려는 목표에 "제한되어" 있었다. 따라서 슐레겔은 다음과 같이 불만을 토로한다.

"학문론은 너무 좁다. 예술도 마찬가지 권리를 지니며 또한 여기에서 이끌어 내어져야 한다"(『슐레겔 전집』 17권, p.32).

피히테에게 있어 미학의 결여는 슐레겔에게 하나의 결함으로 여겨졌고, 그는 이 부족함을 채우고자 시도한다. 그뿐만 아니라 자아라는 제1원리로부터 증명된 완전한 "체계"라는 학문론의 이상은 낭만주의자의 눈에는 객관적 지식의 구성적 원리가 아니라 결코 완전히 도달할 수 없지만 무한히 추구해 나가야 할 주관의 규제적 이상으로 보였다. 따라서 피히테의 주관적 관념론 체계는 객관적 타당성이 증명될 수 없는 하나의 소설 작품에 비견된다. 실러(J. C. F. von Schiller, 1759~1805)는 피히테철학을 공 던지는 아이에 비유하여, "자아는 자신의 표상을 통해 창조적이며 모든 현실은 오직 자아 안에 있다. 이런 자아에게 세계는 하나의 공이며 자아는 그 공을 던지고 성찰하면서 다시 받아 낸다"고 평한다. 노발리스는 피히테를 학자라기보다 "발명가(Erfinder)"라고 부르고 "누군가 피히테식으로 사유한다면 놀라운 예술작품이 만들어질 수도 있을 것"이라고 말한다.

슐레겔이 역사성과 실재성을 결여한 『학문론』의 체계 대신 주목했던 것은 피히테의 『지식인의 사명(Einige Vorlesungen über die Bestimmung des Gelehrten)』 속에 나타난 역사철학이었다. 슐레겔이 피히테의 『지식인의 사명』을 읽고 큰 감동을 받았다는 것은 1795년 8월에 형에게 쓴 편지에서도 나타난다(『슐레겔 편지』, pp.235~236). 양자의 연관성을 보여 주는 중요한 부분은 『지식인의 사명』 5번째 강의 속에서 발견된다. 여기서 피히테는 학문과 예술이 인류의 번영에 미치는 영향에 대한 루소의 주장에 반박한다. 루소가 "예술의 진보가 인간 타락의 원인"이라는 전제로부터 "자연상태"로의 회귀를 최종적인 목표로 주장하는 데 반해, 피히테는 우리가 추구해야 할 과제로서 우리 앞에 놓인 것이 결코 이미 지나가 버린 과거의 "자연상태"일 수 없다고 비판한다. 피히테는 루소의 생각을 두 가지 관점에서 비판한다. 첫째, 인류가 현재 상태에 이르게 된 것은, 『성서』가 말해 주고 있듯, 수고로운 노력에 의한 것인데, 루소는 노동의 가치를 간과했다는 것이다. 둘째, 인간의 본질은 동물과 달리 자연상태에 머무름에서 찾아지는 것이 아니라, 이성과 도덕적 품성의 도야에서 찾아지며, 만일 이것이 도외시된다면 인간이 아닌 "비이성적인 동물"에 지나지 않을 것이란 점이다. 피히테는 이런 관점에서 파라다이스를 잃어버린 과거로의 회귀를 통해 찾기보다, 오히려 자신의 노력으로 새롭게 창조해야 한다고 말한다. 또한 역사란 변증법적으로 발전하며, 이를 이끄는 주도적 힘은 "자유"라는 점을 강조한다.

슐레겔의 경우에도 피히테의 관점과 유사한 구조를 발견할 수 있다. 슐레겔은 자연적인 고대 그리스 문화에 열광하고 이를 예술의 최종적인 범형으로 간주하는 당시 회귀적인 태도나 루소의 일방적인 생각에 반대한다. 황금시대는 우리 뒤에 놓인 과거가 아니라 우리 앞에 놓인 **과제**이며, 역사란 변증법적 **발전**을 보여 주고 있다는 것이다. 그는 피히테의 역사철학적 사유를 미학의 영역에 적용하면서, 다른 한편 피히테의 주관적 관념론과 계몽적 이성을 넘어서려고 시도한다. 그 대표적인 시도가 1795년에 출간된 『그리스 시의 연구에 대하여』라는 글이다. 여기서 슐레겔은 "미의 역사"를 1) '미의 자연 상태'라고 특징지을 수 있는 그리스 로마의 예술과, 2) '자유로운 개성과 독창성의 발휘'로 특징지어지는 근대의 예술, 3) **자연**과 **자유**의 **대립의 극복**'과 재통합을 모색하는 "**낭만주의**" 예술로의 이행이라는 3단계로 구분한다.

그런데 자연과 자유의 대립의 극복이라는 낭만주의 예술의 과제는 또한 셸링 철학의 과제이기도 하다. 근대성은 무엇보다 통일의 상실과 분열, 소외를 통해 특징지어진다. 시대를 새롭게 창조하기 위해 슐레겔이 **낭만주의** 미학에 제시한 과제는 이런 **분리와 분열의 극복**에 있다. 그런데 슐레겔, 노발리스, 셸링 등 낭만주의자들은 피히테의 이성적 사유 주체 안에서의 주관적 통합만으로는 일면적이며 불충분하다고 보았다. 그렇다고 자유가 고양되지 못한 고대 그리스의 자연적 통일로 돌아갈 수는 없었다.

이때 자유와 자연의 근원적 **통일**의 추구라는 낭만주의의 정체성과 목표에 깊은 영감을 준 것은 **그리스도교**의 '**사랑**'의 힘의 재발견이었다. 낭만주의는 계몽주의와 이성주의 전통에 의해 억압되고 망각되고 무시되어 온 인간과 문화의 중요한 원천인 사랑의 힘을 기억하고 되찾아 부활시키고자 했다. 슐레겔은 사랑의 정신이 낭만주의 예술의 모든 곳에서 "보이지 않게 보여야" 한다고 말한다. **예술가는 사랑의 힘을 통해서만 정신과 자연을 낭만화할 수 있고, 세계의 잃어버린 신비와 아름다움을 느끼고 재발견하며 재창조할 수 있다. 사랑을 통해서 우리는 소외되고 분열된 자아 내부의 힘들인 영혼과 육체, 이성과 감정은 물론 자연 및 타인과의 진실한 교제를 회복할 수 있고, 세계와 다시 하나가 될 수 있다.** 슐레겔에 의하면 "오직 사랑과 사랑의 의식을 통해 인간은 인간이 되며" 세계를 낭만화할 수 있다. 사랑은 모든 대립과 갈등을 화해시키고 통일하는 **열쇠**다. 슐레겔은 자연을 분석하여 재구성하는 "기계적 정신"인 계몽주의의 '지성'과 프랑스혁명처럼 우연적이고 돌발적인 결합을 뜻하는 "화학적 정신"인 '위트'를 넘고 모든 분열을 극복하여 조화로운 전체를 직관하는 살아 있는 **'천재'**의 정신을 "유기적 정신"이라고 부르는데, 이는 **사랑의 힘**에 기초한다. 이런 관점에서 낭만주의는 계몽과 이성의 부정인 비합리주의가 아니라 계몽적 이성의 일면성에 대한 비판이며 이성의 교정이자 확장을 통해 전인격의 완성을 목표로 하는 "계몽의 계몽"이라는 평가가 가능하다.

> **"낭만적인 시**(die romantische Poesie)는 **진보적인 보편시**(eine progressive Univer-alpoesie)다. 그 사명은 단순히 모든 분리된 시의 종류들을 다시 결합하고 시와 철학과 수사학을 연결하는 데만 있는 것이 아니다. 낭만적인 시의 사명은 시와 **산문**을, **창작**과 **비평**을 … 때로는 혼합하고 때로는 융합하는 데 있고 시를 생기 있고 사회적으로 만들고, **삶**과 **사회**를 시적으로 만들며, **위트**를 시적으로 만들고, **예술**의 형식을 모든 종류의 품위 있는 **교양**적인 소재로 채우고 **유머**에 의해 생명력을 불어넣는 데 있다. 그것은 시적인 모든 것을 포괄한다. … 가장 큰 예술의 **체계**에서부터 시를 짓는 아이가 꾸밈없는 노래 속에 내뿜는 **한숨**, **입맞춤**까지 포함한다"(『슐레겔 전집』 2권, p.182).

슐레겔은 자신이 구상한 "**낭만적인 시**"를 "**초월시**(Transzendentalpoesie)"

라고도 명명했다. 낭만주의는 현실과 분리된 이상만을 동경하는 것이 아니라 1) 이상과 현실의 **차이**를 직시하되, 2) **대립**과 갈등, 긴장 속에서도, 3) **통일**과 화해, 조화를 모색한다.

"그것에 있어 하나이자 모든 것은 이상과 현실의 관계인 시가 존재한다. 이는 철학적인 예술언어로 비유해서 표현한다면 **초월시**(Transzendentalpoesie)라고 불려져야 할 것이다. 이 시는 이상과 현실의 절대적인 **차이**(absolute Verschiedenheit)와 함께 풍자시(Satire)로 시작해서, 비가(Elegie)로서 양자의 사이에서(im Mitte) 동요하며, 그리고 마침내 양자의 절대적인 **동일성**(abosolute Identität)과 더불어 목가(Idylle)로서 끝난다"(『슐레겔 전집』 2권, p.161).

슐레겔은 계몽의 편협한 이성을 확장하는 "**진보적인 보편시**"로서 '계몽의 계몽'을 추구했고, '시와 철학을 결합'하여 인간과 사회를 교육하고 변혁시키고자 하는 낭만주의의 프로그램을 〈아테네움(Athenäum)〉 속에서 전개했다. 슐레겔은 이미 이 잡지를 창간하기 전인 1797년에 다음과 같은 구상을 제시한다.

"모든 예술(Kunst)은 학문(Wissenschaft)이 되어야 하고, 모든 학문은 예술이 되어야 한다.: 시(Poesie)와 철학(Philosophie)은 결합되어야 한다"(『슐레겔 전집』 2권, p.161).

## 낭만적인 시와 새로운 신화

### – 노발리스, 횔덜린, 셸링의 낭만주의 최초 기획

앞에서 언급한 학문과 예술의 통합에 관한 슐레겔의 계획은 자신의 친구였던 **노발리스**나 횔덜린과도 공유된 생각으로 보인다. 노발리스도 학문 간의 분리는 **천재성**의 결여에 기인한 것이고, **시**를 통해 이런 **분리가 극복**될 수 있다고 보았다. **횔덜린**은 "시는 학문(철학)의 시작이자 끝이다. 주피터의 머리에서 나온 미네르바처럼 그것은 무한한 신적 존재의 시(창조력)에서 솟아난다"(『횔덜린 전집』 3권, p.81)고 말한다. **낭만적인 시**를 통해 상이한 학문들 사이에 은폐된 연관성이 밝혀진다면, **보편적인 학문**이 성립할 수 있다고 생각했다. 이런 슐레겔과 노발리스, 횔덜린의 낭만주의적 학문관은 근대 계몽주의와 20세기 논리실증주의를 계승한 윌슨의 통일과학 이념인 오늘날 '통섭(consillience)'의 일방적인 시각을 교정한다. 슐레겔은 모든 **학문**을 "**시적**으로 만들고자 하는(poetisieren)" 계획을 세웠고(『노발리스 전집』 4권, p.252), **노발리스**는 이런 생각을 자신의 **낭만주의 철학**의 주도 원리로서 삼았다. 이런 계획 속에서 노발리스는 슐레겔과 마찬가지로 자신을 피히테의 계승자로 이해했다. 관념론의 역사에 있어, 사랑의 정신에 의해 세계의 신비한 의미를 재발견하는 자신의 입장을 스스로 "**신비로운 관념론**(magischer Idealismus)"(『노발리스 전집』 2권, p.605)이라고 명명했던 노발리스는 이것이 피히테의 체계에 왕관을 수여하는 일이 될 것이라고 생각했다. 피히테의 업적은 하나의 학문, 즉 철학을 보편적인 학문으로 고양하고,

나머지 학문들을 그 변양으로서 포섭했다는 점이다. 노발리스는 피히테의 철학에서의 시도를, 낭만적인 예술로 전환해 모든 예술과 학문, 사회로까지 확장하고 모든 인류 문화를 예술작품으로 재창조하고자 시도했다. 노발리스는 **사랑의 힘**으로 분열을 극복하고 개인의 자유와 타자와의 평등이 실현된 사회를 아름다운 "**시적인 국가**"라는 이상으로 제시한다. 궁극적으로 그는 슐레겔과 마찬가지로 분리된 개별 학문, 문화의 경계를 넘어 "**세계를 낭만화**"하여 '예술작품으로 창조하라!'는 모토 아래 인간과 자연, 사회의 모든 영역에서 잃어버린 통일을 회복하고 "**새로운 신화**"를 창조하고자 했다.

독일 낭만주의 최초의 기획이라고 할 수 있는 "독일 이상주의의 가장 오래된 체계기획(Das älteste Systemprogramm des deutschen Idealismus)"(작자 미상, 셸링의 작품이라고 추정됨)에서, 정신적 이념을 미적으로 감성화하고 신화를 감성적으로 만드는 예술의 힘에 의해 대중을 미적 공동체로 형성해 나가는 새 신화, 새 종교의 도래를 예감하고 있다("Das älteste Systemprogramm des deutschen Idealismus," 『자료집』, pp.110~112). 셸링에게 있어 예술은 신화와 계시 내용을 가장 중요한 소재로 삼는다는 점에서 이미 초기 낭만주의 체계 기획과 예술철학 속에는 후기 신화와 계시 철학의 싹이 잠재되어 있음을 엿볼 수 있다.

1) 이런 "낭만적인 시"의 정신은 **정신의 창조성과 자유**에 주목한 칸트와 피히테의 **초월철학**과 독일 이상주의의 **변증법**적 사유로부터 그 이론적 기초를 차용한 것이다. 낭만주의자인 슐레겔과 노발리스가 추구한 새로운 미학은 피히테의 철학을 미학의 영역으로 확장한 것이

라고 볼 수 있다. 이 점에서 낭만주의 미학 이론가인 슐레겔과 노발리스가 스스로 명명했듯이 "피히테의 제자"로서 자신의 위치를 설정하고 있음을 보여 주며, 피히테가 제시한 싹을 꽃피워 낭만주의의 프로그램을 발전시키고자 했음을 드러내 준다. 2) 그러나 앞서 보았듯 낭만주의와 피히테 철학의 관계를 전적으로 긍정적인 수용의 측면만으로 이해하는 것은 일면적이다. 즉 슐레겔과 노발리스 등 낭만주의 예술가에게 완결적 체계를 추구하는 피히테의 관념론은 그에 대한 관심이 불가피함에도 불구하고 유한한 인간이 결코 완성할 수 없는 과제임을 인정하지 않을 수 없었다. 슐레겔은 이런 이율배반적 상황을 "정신이 체계를 갖는 것과 갖지 않는 것 모두 오류다. 따라서 정신은 양자를 통일시키기로 결심해야 한다"고 말한다. 즉 낭만주의자에게 피히테의 『학문론』은 절대와 완전을 추구하지만 결코 도달할 수 없는 유한한 인간의 열망을 표현하는 '아이러니'한 문학작품으로 해석되고 읽힐 수 있었다. 노발리스는 예나 대학 시절부터 정신의 창조성과 자유를 강조하는 피히테의 자아철학에 강하게 매력을 느꼈지만, 다른 한편 보편적 원리로부터 모든 것을 논리적으로 체계화하는 경직된 사유를 낭만주의 예술가에게 피가 통하지 않는 회색빛 추상적 사변처럼 여겼다. 즉 낭만주의는 피히테와 달리 이성의 직관과 추론보다 **미적 직관**과 **사랑의 체험**을 통해 근원과 만날 수 있다고 보았다. **꿈과 무의식, 동화, 환상, 생동하는 자연, 죽음의 의미에 대한 깊은 관심이나 아이러니, 위트, 비유적 표현방식의 선호, 개성과 다양성의 존중, 타자와의 공존 추구, 반토대주의적 성격** 등은 근대의 관념론과는 다른 **탈근대성**을 선취하는 측면이다. 노발리스에게는 사랑하던 약혼자 조피의 죽음(1797)과 아우 에라스무스의 죽음을 계기로 정신과 자연, 자아와 영원한 것과의 사랑에 의한 신비적 일치가 평생의 과제가 되었다. 죽음과의 대결을 통해서 죽음의 의미를 영원한 고향, 근원적 삶으로의 회귀로까지 승화시켜 이해한 노발리스는 『밤의 찬가』와 같은 대표작에서 삶과 죽음을 초극하는 낭만주의적 세계관을 보여 주고 있다. 이런 죽음과 영원한 삶의 신비를 계시하는 것은 사랑의 힘으로, 모든 것의 신성한 아름다운 의미를 재발견해 내는 낭만적인 시(Poesie)의 창조적 특징이다. "세계를 낭만화(romantisiern)"한다는 것은 세계를 "질적으로 강화(eine qualitative Potenzierung)"하여 세계의 신비와 경이를 깨닫게 하는 것이다. 그것은 "평범한 것에 고귀한 의미(einen hohen Sinn)를, 일상적인 것에 신비한 모습(ein geheimnisvolles Ansehen)을, 알려진 것에 미지의 위엄(die Würde des Unbekannten)을, 유한한 것에 무한자의 환상(einen unendlichen Schein)을 부여"하여 새롭게 볼 수 있도록 인간을 교육하는 것이다.

이렇듯 낭만주의자들과 피히테철학의 이중적 관계는 셸링의 전기 및 후기철학의 관계와도 유사성을 보여 준다. 이성적인 체계 완성에 대한 추구로서의 '소극철학(negative philosophie)'과 이를 넘어선 절대자의 자유와 실존 그리고 역사에 대한 탐구인 '적극철학(positive philosophie)'이라는 상반된 두 방향의 전, 후기 셸링의 철학은 전후기 사상을 가르는 이정표인 저작 『자유론』(1809)에서 과제로 제시했던 '자유의 체계'라는 모순적인 말로 요약될 수 있다. 이는 앞서 언급한 슐레겔의 말, "정신이 체계를 갖는 것과 갖지 않는 것 모두 오류다. 따라서 정신은 양자를 통일시키기로 결심해야 한다"는 생각과 연속성을 보여 준다.

『자유론』 이후 후기의 셸링은 사랑하던 아내 카롤리네의 죽음을 계기로 인간의 유한성과 악의 심각성에 대한 깊은 고뇌와 실존적인 체험을 하게 된다. 이를 계기로 유한한 인간의 힘만으로는 무한과 유한의 단절과 간극을 극복할 수 없다는 깊은 통찰에 도달한다. 이로부터 그는 모든 합리적인 체계 사유를 비판하고 무한자로부터 유한자의 구원과 실존적 만남을 동경하는 후기 낭만주의 사조를 열어 놓는다. 후기 셸링의 체계비판 정신은 그의 말년의 베를린 대학강의를 청강했던 사람 중 하나였던 키르케고르가 헤겔을 비판함에 직접 영향을 주었고 현대 실존주의로 나아가는 내면적인 동기를 부여해 주었다. 그가 '소극[부정]철학'이라고 부른 전기의 동일성 체계와 달리 '적극[긍정]철학'이라고 부른 후기의 역사철학 내지 종교철학은 계몽주의의 이성 체계를 비판하고 절대자의 '현실성'을 직접 경험하고 '계시'를 해석하는 '더 높은 경험론'이라고 불린다.

이런 셸링의 후기 사유는 낭만주의 천재 시인 노발리스의 사상적 지향과도 연속성을 보여 준다. 셸링(1775~1854)은 자신의 전기와 후기 철학적 사유의 특징을 각각 '소극철학'과 '적극철학'으로 구분 짓는다. 피히테와 헤겔을 매개하는 위치에 놓인 셸링의 전기 사유는 독일 이상주의 '체계'에 관심 있는 사람들에게 주목받는다. 그러나 '신화'와 '계시'를 주제화하는 후기사유에서 보이는 '이념'과 '체계'를 넘어선 '실존'과 '자유', '역사'에 대한 관심은 정신분석, 실존철학의 길을 연 선구로 평가받고 있다. 『자유론』 이후 후기 셸링은 피히테의 『학문론』, 헤겔의 『논리학』과 같은 이성에 의한 이념적인 '체계' 시도를 '소극 철학'이라고 비판하고, 생동하는 신의 실존, 자유와 사랑을 적극적으로 만나고자 하는 '적극 철학'을 주창한다. 인간의 도구가 아닌 '자연' 자체의 근원에 대한 초기 관심은 생철학과 오늘날 자연 친화적 환경사상과도 연관을 맺는다. 그런데 셸링의 소극, 적극 철학의 구분이 양자의 완전한 단절 내지 분리로 오해되어서는 안 된다. 즉 후기 사유를 초기의 체계적 사유에 대한 철저한 폐기라기보다는 그 비판적 극복과 보완으로 이해할 필요가 있다. '체계'에 관한 셸링의 태도는 앞서 낭만주의자들과 마찬가지로 양면성을 드러낸다. 그는 낭만주의자처럼 정신과 자연, 자유와 필연, 이념과 실재, 주체와 객체 등 모든 대립적인 요소의 분열을 체계적으로 통합하고자 끝없이 노력했지만 다른 한편으로 체계의 완결에 도달하는 것은 불가능하다고 보고 개성과 다양성, 독창성을 존중하며 이념으로 가둘 수 없는 타자성을 인정하여, 헤겔과 달리 체계의 미완성을 고백해야 했다. 이런 셸링과 낭만주의자들의 '체계'에 대한 이중적 태도는, 비판철학자 칸트가 이념을 이성의 본성상 "불가피하게 필연적"으로 추구할 수밖에 없으며 모든 탐구를 이끄는 목표점인 '규제적 원리'로서 인정되어야 한다고 보았지만, 완결적인 지식 '구성 원리'로 인정하지 않았고 '사물자체'를 인식 불가능한 타자로 남겨 두었던 것과 일맥상통한다.

이상에서 필자는 거시적으로 셸링 사유를 당시 낭만주의 정신의 흐름 속에 정위하기 위해 당시 낭만주의 시대사조 속에서 배태된 슐레겔, 횔덜린, 노발리스 등 낭만주의 예술가들과 셸링의 철학적 문제의식의 공유지점을 고찰하였다. 이하에서는 셸링의 전기 사상 중에서 자연철학과 예술철학 속에서 이성과 감성, 이념과 실재, 정신과 자연, 자유와 필연의 갈등과 대립 문제가 어떻게 화해에 도달하는가 하는 문제의식에 초점을 맞춰 셸링 사상의 면모를 보다 구체적으로 조망해 보고자 한다.

## 유기체적 목적론적 세계관의 복권
### - 정신과 물질의 조화

"순수 관념론(피히테)의 신은 순수 실재론(스피노자)의 신과 마찬가지로 비인격적인 것으로 배제된다. … 신 자체는 체계가 아니라 생명이다"(『자유론』, pp.339~343).

셸링은 낭만주의 자연철학의 창시자로 평가된다. 그의 자연철학의 특징은 자연을 하나의 거대한 유기체로 이해했다는 점이다. 자연의 어떤 산물도 단지 죽은 도구나 부품으로 간주되어서는 안 된다. 정신(+A=B)과 자연(A=+B)은 동일한 절대자(A=A)의 산물인 한, 단지 양적인 차이를 지닐 뿐 질적으로는 동일한 살아 있는 원리에 의해 형성된 조직이다. 따라서 물질의 기계적 운동 속에 인력과 척력이라는 대립된 힘의 균형은 인간정신 속 이성과 감성의 조화와 유비적이다. 그는 생명의 살아 있는 조직이나 기관들을 포함한 보편적인 유기체를 설명하기 위해 '고차적인 자연학'의 가설로서 고대 형이상학에서 제시된

'세계영혼'을 다시 상정한다. 이로써 고대 이래 신비적인 자연 형이상학이 근대에 다시 등장하게 된다. 이런 근대 물리학의 기계적인 자연관에 맞선 유기적인 옛 자연관의 복권은 유기체적 생명에 깊은 관심을 지녔던 괴테를 비롯한 낭만주의자들에게 반향을 불러일으켰다.

칸트에게 있어 단지 주관의 반성적 판단 원리였던 '자연의 합목적성'은 낭만주의자들과 칸트 이후의 독일이상주의 철학자들에게는 자연 자체, 사물 자체의 원리가 된다.

셸링에 의하면 합목적적인 자연 속에서 형식과 질료, 개념과 직관이 서로 삼투한다. 이런 매개와 조화는 그 속에서 관념적인 것과 실재적인 것이 절대적으로 통일되는 정신의 성격이다. 따라서 모든 조직 속에는 상징적인 것이 존재하며 모든 유기체는 정신의 유사물이다. "자연은 눈에 보이는 정신이요, 정신은 눈에 보이지 않는 자연이어야 한다." 자연의 단계들과 다양한 형태들은 무의식적인 정신이 자기의식에 도달하기 위해 걸어온 노정이다. 셸링에 의하면 외부세계는 정신의 역사가 그 안에서 재발견되도록 하기 위해 우리 앞에 펼쳐져 있다. 자연의 모든 산물은 보편적인 형성충동(Bildungstrieb)에 의한 것이며, 이런 창조적인 힘은 정신의 힘이다. 따라서 자연의 사물들을 정신의 단계들과 함께 발생되고 형성되는 과정을 기술하는 것이 자연 철학의 이념이다. 여기서 자연의 체계와 정신의 체계는 분리되지 않으며, 발생적 경험과 이성적 사변은 분리되지 않는다.

셸링과 낭만주의의 공통점은 근대적 분열인 관념론과 실재론, 정신과 자연, 주체와 객체의 이원성, 즉 피히테와 스피노자의 대립을 극복하려는 노력에서 출발한다는 점이다. 이런 근본적 대립은 피히테 자신이 정식화한 것이다. 그에 따르면 철학의 '체계'는 '관념론'과 '실재론' 둘뿐이다. 전자는 '자아'를 절대자로 보고 자연을 그 산물로 보며, 후자는 '자연'을 절대자로 보고 자아를 그 산물로 본다. 피히테는 절대자의 위치를 주체 안에 두는 전자를 '비판론', 주체 밖에 두는 후자를 '독단론'이라 불렀다. 횔덜린은 양자의 양립 불가능함을 다음과 같이 표현한다. "우리는 **자아**를 모든 것으로 그리고 세계를 무로 만들면서 동시에 **세계**를 모든 것으로 그리고 자아를 무로 만들 수는 없다." 셸링은 이 딜레마를 주체 안에만 또는 밖에만 있는 것이 아니라 유한자를 초월하면서도 내재하는 '절대자'를 통해 해결하려 했다. 정신과 자연의 살아 있는 생생한 연관 속에 존재하는 신은 유한한 주체 안의 자유(피히테)나 죽은 기계적 자연의 필연성(스피노자)으로 환원되어 설명될 수 없다.

"스피노자주의는 그 견고성에 있어 마치 피그말리온의 입상들처럼 간주될 수 있다. 그것에는 뜨거운 입김으로 영혼을 불어넣어야 한다. … 관념론의 원리에 의해 활성화된(본질적 관점에서 변형된) 스피노자주의의 근본개념은 … 자연철학이 성장할 생동하는 기반을 포함한다"(『자유론』, p.294).

스피노자의 범신론이 생동성과 자유를 결여한 기계적 필연성 때문에 비판받는다면, 피히테의 이른바 주관적 관념론은 자연을 단지 주관의 자유로운 활동의 부산물로 간주한 채, "지아만이 모든 것"이라고 주장하는 한, 일면적이라고 비판된다.

> "'활동성과 생과 자유만이 현실적인 것'이라고 주장하는 주관적 관념론 … 만으로는 불충분하다. … 요구되는 것은 오히려 그 반대로 '현실적인 것(자연, 사물의 세계)도 활동성과 생과 자유를 근거로 갖는다'는 것을 지적하는 것이다. 또는 피히테의 표현을 빌리면 오직 자아만이 모든 것이 아니라, 반대로 모든 것이 자아라는 것을 지적하는 것이다. 관념론의 개념은 우리 시대의 **더 높은 철학, 더 높은 실재론**을 위한 참된 영감이다"(『자유론』, p.295).

셸링은 '절대자'가 이상과 현실, 주체와 객체의 대립을 넘어선 무한자여야 한다고 보았다. 따라서 자아를 출발점으로 삼는 피히테 철학과 생명력을 불어넣은 스피노자의 자연관을 통일함으로써 피히테의 체계를 보완하고자 시도한다.

근대 이후 생각을 지배하는 두 축은 인간중심주의와 과학적 세계관이며, 이것이 철학에서는 관념론과 실재론의 대립으로 나타난다. 그러나 근대적인 분열을 극복하고자 하는 낭만주의자 셸링에게 대립을 통일하는 '총체적 현실'의 원리인 '절대자'는 이념과 실재, 주체와 객체의 대립을 넘어선 무한자여야 한다고 보았다. 따라서 자아를 출발점으로 삼는 피히테 철학과 생명력을 불어넣은 스피노자의 자연관을 통일함으로써 체계를 보완하고자 시도한다. 셸링에게 최초로 영감을 준 것은 '신의 형상'인 인간 이성의 '자의식' 구조다. "신은 자기 자신에 의해 긍정되는 자다"(『전집』 VI, p.157). "이성은 신의 자기인식과 동일한 것이다"(『전집』 VI, p.172). 우리는 여기서 정신의 활동성과 관련된 서구 형이상학의 오랜 전통과 조우한다. 즉 플라톤에게 있어 최고의 인식작용인 '관조(noein)', 아리스토텔레스에서 순수 현실성인 신의 '자기사유(noesis noeseos)', 칸트가 유한한 인간 이성에게 허용하지 않았지만 이성적 존재 일반에게 그 가능성을 부정하지 않은 '근원적 직관(intuitio originaria)', 피히테가 신의 자기의식과 유비시킨 인간의 '자의식'의 활동성이 그것이다.

신의 동일성은 1) 의식된 자와, 2) 의식하는 자의, 3) 일치에 반영되어 있고 이 '내용'을 직접 직관하는 것이 **지적 직관**이다. 자의식은 내용상 동일한 하나이지만 '형식'은 세 개의 '계기'로 나타난다. 이런 자의식의 '형식' 내지 '포텐츠(Potenz)'의 삼위일체 구조가 셸링에 의해 1) 정립, 2) 반정립, 3) 종합이라는 '절대자'의 **변증법**적 운동 원리로 체계화된다. 독일어 '포텐츠(Potenz)'는 힘, 능력을 뜻하는데, 셸링에 있어서는 단지 물리적 변화와 운동의 힘만을 말하는 것이 아니라 살아있는 절대자의 자유로운 사랑의 힘이 자연, 예술, 역사 속 다양한 규정들 안에 정립된 것으로 '통일성', '계기', '형식'이라고도 불린다. 철학의 과제는 포텐츠 전체를 드러내는 것이다. 신의 창조, 즉 변증법적 운동은 전개과정인 **자연**, 즉 실재세계 (1) 물질, 2) 빛, 3) 유기체)와 복귀과정인 **정신** 즉 이념세계(1) 인식, 2) 실천, 3) 예술)를 관통한다.

따라서 셸링은 체계의 완성을 1) 실재론도, 2) 관념론도 아닌, 3) '실재-관념론(Real-Idealismus)', 또는 '더높은 실재론'이라고 부른다. 그의 전 철학을 특징짓는 1) 자연과, 2) 정신의, 3) **무차별성**, 즉 동일철학 역시 대립의 통일을 '내용'적으로 직접 포착하는 '지적 직관'과 '형식'을 반성하는 변증법적 사고에 기초한 것이다. 절대자는 본성상 1) 긍정하는 자(정신)와, 2) 긍정된 자(자연)의, 3) 영원한 동일성인 데 반해, 이를 파악하고자 하는 인간에게는 순서가 전도되어 1) 정립된 자(자연)와, 2) 정립하는 자(정신), 3) 양자의 무차별성이라는 세 형식의 순서로 절대자의 전개와 복귀과정이 이해된다. 때문에 자연철학이 정신철학보다 우선적 탐구영역이 된다.

그런데 '지적 직관'은 경험적으로 실증될 수 없는 사변적 성격의 것이다. 따라서 셸링은 사변적인 '지적 직관'의 객관화, 경험적 실재와의 연관을 추구한다. 이때 이성의 '지적 직관'을 객관화, 구체화한 것이 '미적 직관'이다. 피히테나 헤겔이 객관적 실재나 구체적 경험보다이념적 체계 구성에 치중한 데 반해, 셸링은 선험적 추론이 경험적 실증을 요한다고 보았다. 따라서 전기에는 자연의 경험이, 후기 종교철학에서도 역사적 경험이 중시되고 있다. 셸링의 동일철학은 경험을 무시한 체계만을 강조하는 사상이 아니라 대립하는 실재와 이념, 감성과 이성, 자연과 정신의 살아 있는 연관을 보려는 사상이다. 따라서모든 대립하는 힘과 요소들의 살아 있는 연관과 조화를 실재적으로체험하는 '미적 직관'이 중요하게 여겨진다. '미적 직관'을 통해 접근하는 '예술철학'은 초기 자연철학은 물론 신화와 계시를 해석하고 있는후기 종교철학에 이르기까지 셸링철학의 모든 영역을 매개하며 활력을 불어넣는다.

## 미적 직관과 상상력
– 이성과 감성의 조화

낭만주의자 셸링은 피히테가 인간 주체의 자유로부터 객체인 자연조차 연역함으로써 자연을 소외시키고 인간의 실천만 강조하는 위험을 드러냈다고 평가한다. 또한 스피노자는 죽은 기계적 자연의 필연성 체계 안에 모든 것을 편입시켜 주체인 정신을 소외시킨 숙명론의 위험을 초래했다고 본다. 이렇듯 철저히 대립하는 관념론과 실재론이라는 두 체계는 모두 이성적인 사고로부터 추론된 회색빛 체계이며, 순수 이성의 이율배반을 잘 보여 준다. 그런데 **낭만주의가 추구하는 세계는 주체의 사변적 직관이나 객체인 죽은 기계로부터 추론된 회색빛 체계가 아니라 자유로운 사랑의 힘으로 정신과 자연의 살아 있는 아름다움을 포착(미적 직관)하는 체계, 관념론과 실재론의 일면성과 대립을 극복하는 살아 있는 조화의 체계다.** 이는 추상적 개념들의 체계가 아니라 **도식과 알레고리, 상징으로 표현 가능한 예술적 체계다.**

낭만주의자에게 실재적인 자연세계와 이념적인 정신세계를 꿰뚫고 있는 하나의 원리인 "자유"는 관찰과 계산, 개념 분석을 도구로 파악될 수 없다. 셸링은 『초월적 관념론 체계(System des transzendentalen Idealismus)』(1800) 속에서 이미 절대자에 이르는 구체적인 통로를 예술가의 "미적 직관"에서 찾는다. 셸링과 낭만주의의 '미적 직관'이란 피히테도 인정했던 '지적 직관'의 객관화, 구체화라고 볼 수 있다. 즉 '지적 직관'은 이성적 주체가 스스로 활동한다는 직접적 의식이며, 직관하는 것과 직관된 것의 동일성의 직접적 의식이다. 그러나 이는 단지 이성이 보이지 않는 자기를 희미하게 비춰 보는 자각이며 이를 명료하게 객관화시킬 수 없다. 반면 예술가의 '미적 직관' 속에서 천재(Genie)는 유한자 속에 무한자를 바라보며 이를 객관화하여 구체적으로 형상화한다. 미적 직관 속에서 의식과 무의식, 자유와 필연, 이념과 실재, 정신과 자연, 주체와 객체는 조화롭게 통일된다. 이러한 무차별적 동일성, 참된 무한성에 대한 심미적인 직관을 구체적으로 표현하는 것이 예술창작의 과정이다. 이 때문에 셸링은 이러한 예술의 본질을 탐구하는 **예술철학**을 절대자의 진리를 포착하고자 하는 **철학의 "참된 기관**(das wahre Organ)"(『초월적 관념론 체계』, p.20)이자 철학 체계 건축의 **"마감돌**(Schlußstein)"로 간주한다. 여기서 예술은 철학자에게 지극히 신성한 것을 계시해 주는 최고의 것임이 드러난다. 예술의 내면적 본질은 절대적 자유의 통찰이라는 철학적 의미를 지닌다. 여기서 예술이 과학이 알 수 없는 절대적 진리를 통찰할 수 있고 과학보다 더 위대하다는 낭만주의적 진리관을 엿볼 수 있다.

셸링은 예술에서 감성과 이성, 자연과 정신, 무의식과 의식, 필연과 자유가 통일되어 있기 때문에 예술이 두 영역 사이를 매개한다고 생각했다. 예술창작은 신의 창조과정과 유비적이다. 창조의 과정 안에는 빛 안으로의 확장에 대립하여 내면화하려는 끊임없는 대립과 갈망이 존재한다. 창조하는 자는 스스로를 상반된 운동성에 따라 더 높은 상승으로 이끌어 간다. 자연성과 정신성은 아직 전개되지 않은 절대자 속에 가라앉아 있는 무차별의 원초 상태에서 출현하여 물질과 빛, 양자의 통일인 유기체적 자연으로 창조되며, 인간의 인식과 실천, 양자의 통일인 예술로 점점 더 높은 수준의 연속 단계들을 거치면서 정신으로 귀환한다. 셸링의 자연철학은 초월적 관념론의 체계 속에서 정점에 도달한다. 정신과 자연, 자유와 필연은 동일한 절대자의 상반된 굴절작용이다. 정신과 자연은 발전과정 속에서 서로 연결되며 살아 있는 하나의 긴장된 통일을 이룬다. 셸링 철학의 특징은 예술적이다. 왜냐하면 그의 체계 속에서 세계의 창조과정은 예술가의 창작 과정과 유사하게 무의식적 필연과 의식적 자유가, 재료와 형식이, 물질과 정신이 함께 살아 있는 조화를 이루며 창조되는 것으로 그려지기 때문이다. 예술은 자유와 필연의 완전한 조화이며, 미는 유한자 속에서 무한자를 반영한다. 절대적 자유를 원리로 하는 『초월적 관념론 체계』의 마지막 제6부는 철학의 "보편적 기관"인 "예술"에 대한 연역이다. 여기서 셸링은 예술의 객관적 실재성을 입증하기 위해 살아 있는 자연과 비교한다.

(1) 예술과 유기적 자연: 예술적 직관의 산물인 예술작품과 유기적 자연의 산물인 유기체는 무의식과 의식, 물질과 정신, 자연과 자유, 객관과 주관의 통일이라는 점에서 공통적이다. 그러나 유기체가 무의식의 맹목적 활동으로부터 시작하여 의식적 활동으로 나아간다면, 예술은 주관의 의식적 활동으로부터 출발해서 객관적인 무의식적 활동으로 끝난다. 예컨대 씨앗으로부터 꽃이 피고 열매를 맺는 식물을

관찰하면 씨앗 속에 목적을 지향하는 의식을 발견할 수 없음에도 불구하고 그 결실은 마치 의도적인 목적을 지향한 듯한 느낌을 준다. 역으로 천재적인 예술가는 미지의 힘에 대항하여 고뇌하고 싸우며 의지적 노력으로 작업에 임하지만, 작품은 억지로 만든 인위적인 것이 아닌 지극히 자연스러운 느낌을 준다. 예술에서 자연과 정신의 모순과 대립, 투쟁과 갈등은 지양되고 통일되어 일치와 화해로 귀결된다(『초월적 관념론 체계』, p.286). 모든 미적 생산, "예술창작은 모순, 대립의 충동이나 활동을 느낌에서 출발"하지만, 예술가와 그들의 감동을 공유하는 모든 사람이 고백하듯이 "무한한 조화의 느낌에서 끝난다"(『초월적 관념론 체계』, p.288). 완성에 동반되는 이 느낌은 "격정(Rührung)"이라고 불리는데, 예술가는 자신의 예술작품에서 이루어진 모순의 완전한 해결을 바라보며 그 공을 자기에게 돌리지 않고 "은혜", 즉 무의식과 의식의 완전한 일치로 돌린다. 그 때문에 옛사람들은 이런 상태를 "신에 사로잡힘(pati Deum)"이라 불렀다. 따라서 예술은 "유일하고 영원하게 존재하는 **계시**(Offenbarung)이며, 단 한 번만이라도 현존한다면 우리로 하여금 최고 존재의 절대적 실재성을 확신하도록 만드는 **기적이다**." 미적 생산, 예술창작에 의해 분리되어 있는 무의식과 의식이 유한하게 통일되는 데서 아름다움이 성립한다. 즉 "아름다움(美)이란 유한하게 표현된 무한이다"(『초월적 관념론 체계』, p.291). 따라서 예술은 자연 안에서 정신을, 유한 속에서 무한을 발견하고 표현하는 "천재의 산물(Genieprodukt)"이다.

(2) 예술미와 자연미: 셸링에 의하면 예술미와 자연미의 차이는 다

음과 같다. 예술작품이 무한한 모순과 분리를 전제로 통일과 화해를 표현하는 데 반해, 자연의 유기적 생산은 무한한 모순이나 분리를 전제로 하지 않는 미분화된 통일을 표현한다. 따라서 예술미는 원리상 자기 안의 고유한 최고의 내적 모순으로부터 유래하며 외적 목적으로부터 독립적인 절대적으로 자유로운 창조이자 순수하고 신성한 필연적 아름다움을 낳는 데 반해, 자연미는 자기 밖의 객관에 의해 유발되며 외적 목적에 적합한 우연적인 아름다움을 느끼게 한다. 예술미가 활짝 핀 꽃과 같다면, 자연미는 꽃봉오리와 같다. 자연은 말하자면 "비밀스럽고 놀라운 활자 안에 폐쇄되어 있는 시"요, 이 수수께끼를 벗겨낼 수 있다면 정신의 여정(서사시 Odyssee)을 발견하게 될 것이라고 셸링은 말한다. 이것이 예술의 임무다.

(3) 미와 숭고: 미와 숭고의 차이는 다음과 같다. 양자는 모두 모순에서 출발하지만, 미는 객체 자체에서 모순이 지양되는 데 반해, 숭고는 높이 고양되어 주체의 직관에서 모순이 지양된다. 즉 숭고의 체험 속에서는 무의식의 활동을 통해 의식적 활동이 수용할 수 없는 무한한 크기가 수용되며 나 자신과의 투쟁에 빠지게 되는데, 갈등과 긴장은 오직 미적 직관 속에서만 해소되며 조화를 이룬다. 따라서 셸링은 숭고가 미와 대립하는 듯한 경향이 있지만, "양자 사이에 참된 객관적 대립은 존재하지 않는다"고 말한다. "참되고 절대적인 것은 항상 또한 숭고하며, 숭고한 것은 (참으로 숭고하다면) 또한 아름답다"(『초월적 관념론 체계』, p.292).

천재의 예술적 직관 속에서 모든 대립과 모순, 갈등과 긴장의 변증법적 지양과 조화로운 통일을 모색하고 있는 셸링의 반성내용은 라이프니츠가 우주의 다양한 모나드들—물질을 구성하는 무의식의 잠자는 모나드로부터 정신을 구성하는 깨어난 자각적인 모나드에 이르는 존재의 대연쇄—의 조화로운 질서를 신적 모나드의 "예정조화"로 해명하고자 했던 것이나, 칸트가 "반성적 판단력"의 "합목적성 원리"로 자연과 자유, 이론과 실천, 기계론과 목적론을 반성 속에 체계적으로 조화시키고자 했던 것과 연속성을 지닌다. 셸링에 의하면 서로 대립하는 듯 보이는 예술과 학문은 절대자를 파악하고자 하는 동일한 과제를 지닌다. 이 과제는 학문에서 항상 무한한 과제로 남아 있지만, 예술은 "천재를 통해" 다른 어떤 것을 통해서도 해결할 수 없는 무한한 모순을 절대적으로 지양함으로써 단번에 이 과제를 해결한다. 따라서 예술은 학문의 모범이자 완성이다. 예술은 "기적을 통해" 절대자를 예술작품 속에 반영한다. 따라서 예술가의 미적 직관과 창조를 통해 "철학의 제1원리와 철학이 출발점으로 삼는 제1직관뿐만 아니라 철학이 도출하는 메커니즘 전체, 철학 자체가 근거로 삼는 메커니즘 전체가 비로소 객관화된다"(『초월적 관념론 체계』, p.296). 따라서 미적 직관은 "지적 직관의 객관화"이며, 예술은 "절대적인 동일자"를 파악하고자 하는 "철학의 유일하게 참되며 영원한 기관"이자 "기록된 증거자료"(Dokument)가 된다(『초월적 관념론 체계』, p.299). 예술적 직관은 모든 대립과 모순을 통합해야 한다. 이때 미적 직관 속에서 이상과 현실, 주체와 객체 등 무한한 "모순을 생각하고 통합할 수 있는 유일한 능력"이 "상상력"이다.

셀링의 **예술철학**은 인간의 예술창작 과정을 **신**의 **창조**와 유비적으로 이해하고 있으며, 그 때문에 그에게는 **천재**나 **상상력** 개념이 중요한 것으로 등장한다. 칸트에게서 상상력은 주로 감각과 사유, 감성과 지성을 인식론적으로, 심미적으로 매개하고 조화시키는 역할에 무게가 쏠리지만, 셸링에게 있어 상상력은 자연(Natur)과 정신(Geist)의 "근원적 활동성"으로서 존재론적으로 변형되며, **형이상학적 의미**에서 자연과 정신, 객체와 주체, 인식과 행위, 필연과 자유, 실재와 이념, 무의식과 의식 등 모든 대립 항들을 생동하는 전체에 대한 직관 속에서 통일하는 힘으로 이해된다. 그런데 이런 상상력의 확대된 기능에 대한 통찰은 칸트의 『형이상학강의』 영혼론 속에 나타난 **투영**(Gegenbildung)능력과 이념을 산출하는 **완성**(Ausbildung)의 능력 속에 그 싹을 지니고 있는 것이다(『형이상학강의』, p.141). 이런 상상력의 형이상학적 의미는 슐레겔, 노발리스, 횔덜린 등 낭만주의자들에게 계승되며 이제 상상력은 자연과 정신, 이론과 실천, 이를 매개하는 인간의 예술 안에서 스스로 현시하는 창조적인 사랑의 힘 자체와 동일시된다. 따라서 "자연, 예술 그리고 인간의 인식"은 모두 "창조성의 형식들"로 현시된다. 상상력은 유한자가 무한자의 "**상징**(Symbol)"이 되는 방식으로 무한자를 유한자 속에서 표현하는 능력이다. 셸링의 예술철학은 낭만주의적 세계관 속에서 예술과 철학이 상상력을 핵심으로 공유하고 있고, **상상력을 매개로 예술과 철학이 합일될 수 있음**을 보여 준다.

"예술은 무한자(das Absolute)의 표현으로서 **철학**과 같은 높이에 선다. 철학이 절대자를 **근원상**(das Urbild) 속에서 [이념적으로] 표현한다면, **예술**은 절대자를 **투영상**(das Gegenbild) 속에서 [실재적으로] 표현한다"(『예술철학』, p.13).

오늘날의 학문적 논의 속에서 '상상력'이 더 이상 주도적으로 취급되고 있지 못하고 있는 것과는 달리 상상력 개념은 독일 이상주의와 낭만주의 속에서 중요한 역할을 수행했다. 예술이나 종교, 신화의 영역은 물론 칸트, 피히테, 셸링, 헤겔로 이어지는 독일 이상주의의 전개에 있어서, 상상력 개념은 사상과 철학을 형성하는 데 중요한 기능과 의미를 지니는 핵심적인 위치를 차지했다. 그러나 오늘날 소홀히 다뤄지고 있는 상상력 개념은 18~19C의 철학적 논의 속에서 부여된 중요한 역할과 풍부한 의미 가운데 많은 부분을 상실한 채, 그 의미 중 일부만이 남아 있다고 보인다. 이런 변화를 겪게 된 배경 가운데 하나를, 헤겔의 후기 사유 속에서 상상력 개념이 더 이상 그의 체계에서 중심적 위치를 차지하지 못하고 주변에 불과한 심리학의 영역 속에서 다뤄지게 된 데서도 찾아볼 수 있다.

초기 사유에 있어 헤겔은 칸트의 '생산적 상상력' 개념을 "참된 사변적 이념(eine wahre spekulative Idee)"(『헤겔 전집』 1권, p.299)으로 높이 평가했고, 이성이 상상력을 통해 "가장 생생하게" 드러나는 것으로 이해하고 있다. 그런데 1820년 이후 헤겔은, 철학 체계 안에서 예술과 상상력에 가장 중요한 핵심적인 위치를 부여한 셸링의 입장에 반대하고, 오히려 역사철학 속에서 형성(einbilden)이라는 단어를 자주 사용하고 있다. 그는 셸링의 동일철학에서 사용된 상상력 개념을 "감각적인 표현"이라고 비판한다. 1830년 『철학강요』에서 상상력은 "주관적 정신"의 철학, 제3부인 "심리학"에 그 체계적인 위치를 부여받게 된다. 여기서 상상력은 단지 이론적인 능력 속에 자리매김하며, 직관과 사유의 매개적 중심으로서 간주된다. 셸링에 대해 비판적 관점을 표명하고 있는 중기 이후 헤겔의 사유 속에서 사변철학의 핵심적 의미로부터 "이성"과도 동일시되었던 "상상력" 개념은 역할이 축소되어 "상기(Erinnerung)" 내지 "기억(Gedächtnis)" 작용과의 연관 속에 경험 심리학적 주제로 그 의미와 기능이 격하되어 취급된다. 이후 상상력 개념은 기초 학문의 체계적 논의나 인류 문화의 영역에서 중요한 의미와 기능이 부각되고 주제화되기보다는 단지 기계적 연상작용이나 기억술과 연관 지어 그 기능과 풍부한 의미가 축소되어 다뤄지고 있다. 그러나 예술가의 영감이나 천재의 창의적 예술창작 과정에 대한 깊은 관심과 연구는 앞으로도 중요한 과제로 남아 있을 것이다. 필자는 셸링과 낭만주의 속에서 보이는 상상력의 중요한 기능과 풍부한 의미들이 오늘날의 관점에서 다시 재조명되고 종교, 철학, 예술, 문화의 전 영역에서 그 의의가 재발견될 필요가 있다고 본다.

프리드리히 W. J. 셸링, 『초월적 관념론 체계(System des transzendentalen Idealismus)』, 전대호 역, (이제이북스, 2008).

총 6부로 구성되어 있는 체계적 저술로 1부 초월적 관념론의 원리, 2부 초월적 관념론의 일반연역, 3부 이론철학, 4부 실천철학, 5부 목적론, 6부 예술철학으로 구성되어 있다. 피히테의 주관적 관념론의 입장을 극복하고 자연과 정신, 실재와 이념, 이론과 실천의 대립이 예술가의 천재적인 미적 직관 속에서 조화롭게 통일될 수 있음을 체계적으로 서술하고 있는 셸링 전기 사유를 대표하는 저술 중의 하나다.

프리드리히 W. J. 셸링, 『예술철학(Philosophie der Kunst)』, 김혜숙 역, (지만지, 2013).

이성과 감성, 정신과 자연, 자유와 필연 등의 모든 대립과 분열이 아름답고 숭고한 예술 속에서 화해에 도달할 수 있으며, 따라서 '예술'에 대한 성찰이 철학 체계의 정점에 위치한다는 점을 잘 보여 주는 작품이다. 예술의 본질이 절대자를 투영상 속에서 실재적으로 표현한다는 점에서, 절대자를 근원상 속에서 이념적으로 표현하는 철학과 같은 높이에 위치할 뿐만 아니라, 철학의 구체적 객관화이자 실현임을 역설한다. 또한 예술의 소재로서 신화에 대해 고찰하고, 예술의 형식과 관련한 숭고와 미의 대립, 실러가 구분한 소박문학과 감상문학의 대립, 스타일과 작품의 대립 등을 다룬다. 나아가 실재적 예술인 조형예술과 이념적 예술인 언어예술의 특수한 형식들을 고찰한다.

바움가르트너 외, 『셸링』, 이용주 역, (동연, 2013).

이 책은 셸링의 생애와 전후기 사상, 나아가 후대 사상에의 영향에 이르는

방대한 사유여정을 충실하고 세밀하게 정리하여 소개하고 있는 입문서이
자 해설서다. 총 3부로 이루어져 있는 이 책에서 특히 1부, '절대자의 철학:
자연과 정신'은 전기 사유를 충실히 소개하고 있어 셸링 철학을 이해하는
데 밑거름이 될 것으로 보인다.

# 헤 겔

## 직관을 지양한 개념

강 순 전

GEORG WILHELM FRIEDRICH
HEGEL

아리스토텔레스의 철학이 플라톤 철학에 밀착해 있듯이 헤겔 철학은 칸트 철학과 매우 밀접한 연관을 맺고 있다. 외관상 헤겔은 칸트 철학을 비판하고 있지만, 헤겔 철학의 내면을 좀 더 깊이 들여다보면 그것은 칸트 철학에 매우 많은 것을 빚지고 있다. 헤겔 철학이 칸트 철학을 비판하고 그와 대비되는 자신의 고유한 철학적 패러다임을 제시한다고 해도, 그가 수행하는 비판의 방식은 헤겔 철학에 고유한 지양(aufheben)이라는 방식이다. 지양이 비판의 대상을 부정하면서도 그 결과 속에 계기로서 보존하는 독특한 부정의 방식인 것처럼, 헤겔 철학의 고유성을 이해하기 위해서는 헤겔이 비판한 칸트 철학이 그의 철학 속에 어떻게 들어 있는지를 파악해야 한다. 따라서 칸트 철학에 대한 이해 없이는 헤겔 철학의 단서들을 이해할 수 없다고 할 수 있다. 반면 헤겔과 헤겔 연구자들은 칸트 철학의 이원론적 성격이 수미

---

* 참고한 문헌들과 각 문헌의 약자 표기는 아래와 같다.

칸트, 『순수이성비판』, 백종현 역, 아카넷(Kritik der reinen Vernunft, KrV로 생략하여 독일어판에 따라 인용), 칸트, 『형이상학서설』, 백종현 역, 아카넷(Prolegomena zu einer jeden künftigen Metaphysik, Kant's Gesammelte Schriften Bd. 4, Prol로 생략하여 독일어판에 따라 인용), 칸트, 『판단력비판』, 백종현 역, 아카넷(Kritik der Urteilskraft, KU로 생략하여 독일어판에 따라 인용), 헤겔, 『대논리학』, 임석진 역, 지식산업사(Wissenschaft der Logik I, II, Theorie Werkausgabe, Werke in zwanzig Bänden, Bd. 5, 6, WL로 생략하여 독일어판에 따라 인용), 헤겔, 『철학강요』, 서동익 역, 을유문화사(Enzyklopädie der philosophischen Wissenschaften I, II, III, Theorie Werkausgabe, Werke in zwanzig Bänden, Bd. 8, 9, 10, Enz로 생략하여 독일어판에 따라 인용).

일관하지 못하며 보다 수미일관하게 체계화될 필요가 있다고 생각한다. 이러한 필요에 부응해서 칸트 철학을 발전시킨다면, 그러한 발전의 가장 설득력 있는 형태 중 하나가 헤겔 철학과 같은 것이 될 것이다. 따라서 헤겔 철학의 특성을 이해하기 위해 칸트 철학에 대한 이해가 요구되는 것처럼, 칸트 철학의 보완을 통해 보다 수미일관한 칸트 철학의 상을 그리기 위해서는 헤겔 철학에 대한 이해가 필요하다.

감성과 이성은 철학의 전 분야를 관통하는 핵심적인 문제다. 이 두 개념에 대한 탐구는 칸트에게도 세 비판서 모두를 관통하는 칸트 철학의 핵심 주제다. 경험론자들은 주로 감성을 중시하지만 이성론자들은 감성의 실재성을 이성으로 환원한다. 경험론과 합리론을 종합한 철학으로 간주되는 칸트 철학은 궁극적으로 양자 사이에서 어느 쪽으로도 치우치지 않고 균형을 잡으려고 노력한다. 하지만 이러한 이원론은 내적인 일관성을 가지고 유지될 수 없다. 이미 야코비가 칸트의 물자체 개념을 비판한 이후로 독일관념론 철학은 물자체를 폐기하는 일원론적 입장으로 발전해 갔다. 헤겔도 이러한 노선에 서서 초월론적 객관이라고 할 수 있는 물자체를 부정하며, 초월론적 객관에 기초하는 감성적 직관과 초월론적 주관에 기초하는 오성의 개념을 결합하는 칸트의 시도가 외적이고 기계적인 것이라고 비판한다. 헤겔은 존재의 실재성이 감성에 놓여 있는 것이 아니라 개념에 놓여 있다고 보면서, 칸트의 인식비판이 고수했던 개념에 대한 감성의 제약으로부터 개념을 해방한다. 이로써 헤겔 철학은 다시 칸트의 인식비판이 비난했던 형이상학적 독단에 떨어지는 것처럼 보인다. 헤겔은 도야되었다고 자처하면서 형이상학이 없는 민족은 성체가 없는 사원과도 같이 희한한 것이라고 말하면서 공공연히 형이상학의 필요성을 주장한다. 또한 안셀무스의 존재론적 신존재증명에 대한 칸트의 비판을 재반박하면서 안셀무스의 편을 들기도 한다. 헤겔의 이러한 입장은 명백히 칸트의 인식비판의 입장을 부정하는 것이다. 그렇다면 헤겔은 칸트가 비판하는 독단적 형이상학의 입장으로 회귀하는 것인가? 헤겔은 칸트가 비판하는 형이상학의 입장이 칸트가 말하는 이유와는 다른 이유에서 타당하지 못하다고 주장한다. 또한 칸트의 인식비판은 유지될 수 없으며, 그것이 수미일관하고자 한다면 자신이 주장하는 형이상학으로 발전해 나가야 한다고 주장한다.

헤겔이 이렇게 주장하는 근저에는 칸트의 인식비판의 입장이 불충분하다는 헤겔의 확신이 놓여 있다. 감성과 이성의 관계를 특정한 방식으로 규정하고 있는 칸트의 인식비판은 어떤 문제점들을 지니고 있는가? 이에 대한 비판으로부터 제시되는 헤겔의 감성과 이성의 관계에 대한 새로운 규정은 칸트의 인식비판에 대립함에도 불구하고 타당성을 지니는 형이상학을 제시할 수 있는가? 그것이 가능하다면 어떤 점에서 그런가? 이 글은 헤겔이 어떻게 감성과 이성에 대한 칸트의 견해 속에 숨겨진 단서를 칸트의 인식비판에 반하는 방향으로 발전시키면서 자신의 고유한 입장을 형성하는가를 해명할 것이다.

## 칸트의 범주의 연역에 나타난
## 직관과 개념의 관계와 그에 대한 헤겔의 평가

칸트는 감성과 오성, 직관과 개념을 "두 가지 완전히 상이한 인식 원천"으로 간주한다(KrV, B327). 칸트에 따르면 **감성**의 수용성은 대상의 촉발을 필요로 한다. 따라서 감성이 제공하는 **직관**도 "우리에게 대상이 주어지고", "대상이 마음을 촉발함으로써만 가능하다"(KrV A19, B33). "대상에 의해 촉발"되어 표상에 나타난 "결과가 **감각**"이다(KrV A19, B34). 여기서 우리의 마음을 촉발하는 대상이란 무엇인가? 우리는 "사물 자체가 우리의 감성을 촉발"하여 감각이 생긴다고 생각한다. 하지만 칸트는 사물 자체가 감성을 촉발한다는 표현을 사용하지 않는다. 사물 자체가 감성을 촉발한다면, 사물 자체는 촉발된 감각과 그로 인해 생기는 현상의 원인이 된다. 하지만 현상의 사건들에만 적용되는 원인과 결과의 관계 범주를 현상과 물자체 사이에 적용한다면 물자체가 우리에게 주어지는 현상이 되고 말기 때문에 모순에 빠진다. 그럼에도 불구하고 현상이라는 개념은 그것에 "그 자신 현상이 아닌 어떤 것이 대응해야만 한다는" 사실을 전제한다. "왜냐하면 현상은" 그 말이 의미하듯이 무엇에 대한 현상이므로 "감성에 독립적인 … 어떤 것과의 관계를 지시해야 하기 때문이다"(KrV, A251f.). 우리 인간의 인식이 물자체에 대해서 아무 것도 알 수 없다면, 우리는 사실 현상과 물자체의 관계에 대해서 얘기할 수 없어야 한다. 하지만 현상이 사물 자체의 현상이 아니라면, 그것은 객관 타당한 경험이 아니라 한갓된

꿈이나 주관적 몽상과 구별될 수 없는 것이 되고 만다. 그렇기 때문에 칸트는 『순수이성비판』 초판에서 현상과 물자체의 관계에 대해 적극적으로 서술한다. "현상들은 사물들 그 자체가 아니고, 그 자신 한낱 표상들이며, 이 표상들은 다시금 대상을 가진다." 칸트는 이 대상을 "초월적 대상=X"라고 부른다. "이 초월적 대상"이라는 개념은 "우리의 모든 경험적 개념들"이 "대상과 관계" 맺고 있다는 사실, 즉 우리의 경험의 "객관적 실재성을 제공해 줄 수 있는 것이다"(KrV, A109).

야코비는 『순수이성비판』 초판의 이러한 주장에 대해 "사물 자체라는 개념 없이는 칸트의 순수이성비판에 발을 들여놓을 수 없지만, 사물 자체의 개념을 가지고서는 순수이성비판의 체계에 머물 수가 없다"고 비판한다. 이 말이 의미하는 것은 물자체 없이는 비판의 관점이 획득될 수 없고, 물자체와 더불어서는 비판의 관점이 주장될 수 없다는 것이다. 현상이 가능하기 위해서는 물자체가 상정되어야 한다. 하지만 칸트가 주장하는 방식대로 우리가 현상만을 인식할 수 있다면 물자체에 대해서는 아무것도 얘기될 수 없다. 그럼에도 불구하고 물자체를 얘기하는 『순수이성비판』의 주장은 이 저술이 제시하는 현상에 대한 주장을 침해한다. 칸트는 우리 인간의 인식이 현상에 대해서만 알 수 있다고 하면서도 물자체에 대해서 이러한 한계를 넘어서는 언급을 하는 것이다. 실로 칸트는 물자체 개념이 "감성의 참월을 제한하기 위한 **한계개념**"으로서 "소극적"으로 "사용"되어야만 한다고 말한다(KrV, A255, B311). 그는 물자체 개념을 "모순을 함유하지 않고, 주어진 개념들의 한계를 정해주는 것으로서 다른 인식들과 연관을 가지면서도, 그 개념의 객관적 실재성이 결코 인식될 수 없는 개념"이라고 하면서, 이러한 개념을 "문제성 있는 개념"이라고 부른다(KrV, A254, B310). 여기서 "문제성 있다(problematisch)"는 말의 의미는 미정적이라는 의미다. 칸트에게서 사물 자체는 우리에게 알려질 수 없는 어떤 것으로서 문제성 있는 개념이지만 "감성을 제한하는 개념으로서 불가피한 것"이다(KrV, A256, B311). 하지만 칸트는 다른 한편으로 "초월론적 객관"을 "현상의 근거"(A277, B333)라고 표현한다. 우리는 여기서 초월론적 객관인 사물 자체가 초월론적 주관인 통각의 통일과 함께 칸트의 현상을 가능케 하는 두 가지 근거 중 하나로서 작용하고 있음을 확인할 수 있다. 실로 "근거"라는 용어는 "원인"과는 달리 범주에 속하는 현상의 질서는 아니다. 하지만 "개념들이 경험 가능성의 객관적 근거를 제공한다"고 말할 때나(KrV, A94, B126), "통각의 통일이 경험 속에 있는 모든 현상들의 필연적 합법칙성의 초월론적 근거"라고 말할 때(KrV, A127) 혹은 "인과의 원칙"이 "경험의 가능성의 근거"라고 말할 때(KrV, A202, B247), **근거**라는 말이 의미하는 것은 사물 자체가 현상의 **근거**라고 말할 때의 의미와 같은 것일 수는 없다. 물자체는 현상에 대한 구성적 역할을 할 수 없기 때문에 전자의 의미에서 근거가 될 수 없다. 이런 의미에서 근거로서의 물자체는 −통상적 의미로− 문제 있는(problematisch) 개념이다.

야코비는 칸트의 물자체 개념이 그의 현상의 관념론적 주장과 양립할 수 없음을 주장하면서, 관념론을 포기하고 물자체를 채택하여 실재론을 주장한다. 그는 사물 자체는 개념이 아닌 믿음에 의해 파악되어야 한다고 주장한다. 하지만 헤겔은 물자체와 현상의 구분이 유효하지 않다는 야코비의 주장을 따르면서도 야코비와는 반대로 칸트의 '개념을 통한 매개적 인식'을 계승, 발전시킨다. 헤겔에게 개념은 칸트에게서처럼 단지 현상에만 관계하는 것이 아니라, 사물 자체를 파악하는 것이다. 사물 자체는 공허한 추상이나 사유에 외적인 것이 아니라 이성적인 것이며 개념적인 것이다. 이렇게 볼 때 헤겔에 따르면 "사물 자체가 무엇인지 알지 못한다는 말을 그렇게도 자주 반복해서 읽을 때 이상한 느낌이 들지 않을 수 없다. 사물 자체가 무엇인지를 아는 것보다 더 쉬운 것은 없다"(Enz I, § 44, p.121). 이러한 통찰은 단순한 확언으로서 주장되는 것이 아니라, 칸트의 오성개념에 대한 비판적 계승을 통해 논증된다. 야코비가 칸트 철학의 문제를 물자체와 관념론의 모순으로 보았다면, 같은 맥락이지만 헤겔은 감성과 오성, 직관과 개념의 분리에서 본다. 야코비와 헤겔 모두에게 칸트 철학의 문제점은 그것이 갖는 "이원론 체계에 있어서의 근본 결함"에 있다. 말하자면 칸트 철학은 "자립적이어서 결합할 수 없는" 것처럼 보였던 것들을 "결합시키려" 하지만, 이것들을 "결합하는 능력이 전연 없다"는 것이다(Enz I, § 60, p.143). 칸트는 감성과 오성, 직관과 개념을 "두 가지 완전히 상이한 인식원천"(KrV, B327) 혹은 "두 가지 완전히 이종적인 부분"(KU, B340)이라고 간주한다. 그러면서도 그는 이 두 가지가 "오직 결합되어서만 사물들에 대해 객관적으로 타당한 판단을 내릴 수 있다"고 한다(KrV, B327). 하지만 이러한 결합의 온전한 수행은 칸트의 이원론적인 체계에서는 불가능하다.

그럼에도 불구하고 헤겔에 따르면 범주의 연역에 대한 칸트의 서술은 직관과 개념, 감성과 오성의 진정한 통일을 위한 하나의 단초를 포함한다. 칸트는 순수 오성**개념**인 **범주**의 연역, 즉 범주의 경험적 사용의 권리를 증명하는 작업, 혹은 범주가 선험적인 객관적 타당성을 지닌다는 사실을 증명하는 작업을 범주에 의해서만 "직관의 통일이 가능하고"(KrV, B143), 직관의 잡다가 범주를 통해서 "자기의식의 필연적 통일에 속한다"(KrV, B144)는 사실을 보여 줌으로써 수행한다. 『순수이성비판』의 범주의 연역 § 20의 제목이 말해 주듯이 "범주"는 "직관의 잡다가 한 의식 안에 모일 수 있는 조건"이다(KrV, B143). 이렇게 볼 때 직관과 개념의 통일에 의해 이루어지는 인식은 개념이 직관을 자신의 질서에 통합하여 인식 대상의 실재성을 형성하는 방식으로 성취된다고 할 수 있다. 칸트는 "객체의 개념 속에 주어진 직관의 잡다가 **통일되어** 있다"(KrV, B137)는 언급을 통해 개념 속에서의 개념과 직관의 통일을 주장하고 있는 것처럼 보인다. 이러한 언급들에서 우리는 개념의 **자발성**에 대한 칸트의 거침없는 서술을 보는 듯하다. 헤겔은 개념에 대한 칸트의 이러한 통찰에서 개념이 직관을 통합하여 있고, 개념이 대상의 실재성을 형성한다는 자신의 사상의 단초를 확인한다. 헤겔은 개념이 직관에 통일성을 부여하여 객관적 대상으로 성립시킨다는 개념의 객관타당성에 대한 칸트의 논증을 "사변적인 발전을 위한 가장 깊이 있는 원리들 중의 하나"이며, "개념의 본성을 참되게 파악하기 위한 시작을 포함한다"(WL II, 260f.)고 평가한다. 헤겔에 따르면 "개념의 선험적 **종합**에서 칸트는 둘을 하나 속에서 인식할 수 있는, 그럼으로써 진리를 위해 요구되는 것을 인식할 수 있는 최고의 원리를 가졌다"(WL II, p.267).

하지만 그는 이어서 "칸트에게 감각적 소재, 직관의 잡다가 너무나 강해서 그것으로부터 벗어나서 개념과 범주를 **그 자체로** 고찰하고 사변철학에로 나아갈 수 없었다"(WL II, p.267)고 비판함으로써, 칸트의 범주의 연역과 통각의 통일에 대한 자신의 긍정적 평가를 제한한다. 칸트에 따르면 한편으로 직관의 잡다를 의식에서 통일하여 객관으로 성립시키는 것은 개념이다. 하지만 다른 한편 오성은 단지 추론적(diskursiv)으로만 사용되어야 하기 때문에, 개념의 자발성도 직관이 주어지는 한에서만 그것에 객관을 형성시키는 통일성을 부여하는 것이다. 개념의 **자발성**에 대한 칸트의 거침없는 서술에서는 마치 대상의 **실재성**을 형성하는 것이 개념인 것처럼 생각되었다. 하지만 칸트는 이제 대상의 실재성을 결정하는 데 있어서 오성에 대한 감성의 우위를 말한다. "범주들은 그것들에서 … 직관을 제거한다면, 저 순수한 감성의 형식들보다도 더 의미가 없을 수도 있다. 감성 형식을 통해서는 적어도 객관이 주어지지만, 우리의 오성에 고유한 잡다를 결합하는 방식은 … 직관이 덧붙여지지 않는다면 전혀 아무런 의미도 없다"(KrV, B306). 헤겔이 보기에 칸트 철학의 문제점은 그것이 갖는 "이원론 체계에 있어서의 근본 결함"에 있다. 말하자면 칸트 철학은 "자립적이어서 결합할 수 없는" 것처럼 보였던 것들을 "결합시키려" 하지만, 이것들을 "결합하는 능력이 전연 없다"는 것이다(Enz I, § 60, p.143). 칸트는 감성과 오성, 직관과 개념을 인식의 "두 가지 완전히 상이한 원천"(KrV,

B327) 혹은 "두 가지 완전히 이종적인 부분"(KU, B340)이라고 간주한다. 그러면서도 그는 이 두 가지가 "오직 결합되어서만 사물들에 대해 객관적으로 타당한 판단을 내릴 수 있다"고 한다(KrV, B327). 하지만 헤겔에 따르면 이러한 결합의 온전한 수행은 칸트의 이원론적인 체계에서는 불가능하다.

감성과 오성의 독립성과 관계에 관한 칸트의 서술은 실제로 모호하다. 오성에 대한 감성의 독립성을 강조할 때, 칸트는 "대상들이 오성의 기능과 반드시 관계 맺지 않고도 … 현상할 수 있다"고 말한다(KrV, A89, B122). "왜냐하면 현상들은 오성의 기능 없이도 직관에 주어질 수 있기 때문이다"(KrV, A90, B122). 다른 한편 칸트는 현상들이 "범주들의 통일에 따라서만 사고되는 한에서만" 현상체로서의 현상일 수 있다고 한다(KrV, A248f.). 여기서 우리는 분명히 앞에서 말한 대로 직관이 현상으로서 주어질 가능성을 개념이 결정한다는 개념과 직관의 매개를 확인할 수 있다. 이런 관점에서 볼 때, 전자의 현상, 즉 감각의 대상으로서의 현상은 성립할 수 없다. 왜냐하면 수용성 속에서도 이미 자발성이 매개되어 있기 때문이다. 칸트는 『형이상학서설』에서 지각판단과 경험판단을 구별한다. 지각판단이란 "방이 따뜻하다, 설탕이 달다"와 같이 **"단지 주관적으로만 타당한** 경험적 판단"을 말하는 반면, 경험판단은 보편적이고 필연적인, 따라서 **"객관 타당성을 가지는"** 경험적 판단을 말한다. 칸트에 따르면 지각판단은 "순수오성개념을 필요로 하지 않고, 단지 사고하는 주관에서 지각들의 논리적 연결만을 필요로 한다." 하지만 경험판단은 "감성적 직관의 표상들 위에" 순수오성개념들 "또한 필요로 하며, 이 개념들이 바로 경험판단을 객관적으로 타당하게 만든다"(Prol, p.298). 칸트는 "태양이 돌을 비추면 돌이 따뜻하게 된다"는 판단은 주관적으로 그렇게 지각되는 지각판단이라고 한다. 반면 "태양이 돌을 따뜻하게 만든다"는 판단은 태양의 햇볕이 원인이 되어 돌의 열을 결과로 산출하는 인과관계를 통해 필연적으로 지각이 결합되는 경험판단이다(Prol, p.301 주). 하지만 이러한 지각판단과 경험판단의 구별은 『순수이성비판』의 재판에서는 해체되어 버린다. 거기서 칸트는 "포착[혹은 각지(Apprehension)]의 종합"을 "경험적 직관에서의 잡다의 합성"이라고 하면서(KrV, B160), "잡다의 종합의 **통일도** … 모든 포착의 종합의 조건으로서 이 직관들과 함께 **이미 동시에** 주어진다"고 한다. 이 통일을 제공하는 능력은 순수오성개념이므로, "따라서 지각조차도 그에 의해 가능하게 되는 모든 종합은 **범주**들 아래에 종속한다"(KrV, B161, 강조는 나의 것). 이로써 주어진 잡다를 통일하는 직관의 작용 속에서도 이미 범주가 작용하고 있음을 확인할 수 있다. 따라서 『형이상학서설』에서 말하는 지각판단에서 "단지 사고하는 주관에서 지각들의 논리적 연결"(Prol, p.298)만이 이루어질 때도 범주가 작용하지 않을 수 없다. 『순수이성비판』의 통찰에 따르면 판단이 논리적 형식을 가지고 의식의 객관적 통일로 형성되는 한에서 모든 판단은 **객관적**이다. 판단은 그것이 주관적으로 타당하든 객관적으로 타당하든 논리적 기능을 갖기 때문에, 그런 한에서 판단을 통한 표상의 결합은 주관적인 특정한 '심정상태'에 머물러 있는 것이 아니라 그것을 넘어서 **객관화 가능한** 사고로 변환되어야 한다. 따라서 오성 작용을 통해 인식이 이루어진다는 『순수이성비판』의 맥락에서 볼 때, **개념이 매개되지 않은 직관의 소여로서의 현상은 불가능하다.**

이렇게 볼 때 칸트의 범주의 연역과 통각의 통일의 사상은 이미 개념이 직관을 관통하고 있다는 헤겔의 사변적 통찰의 단초를 포함하고 있다고 할 수 있다. 하지만 헤겔의 지적대로 칸트 철학은 다른 한편으로 항상 감성의 제약에 묶여 있기 때문에, 이 단초를 헤겔의 사변철학에까지 전개하지 못한다. 직관과 개념을 인식의 "두 가지 완전히 상이한 원천" 혹은 "이종적인 부분들"로 보는 칸트의 이원론적 체계에서 직관은 개념의 외부에서 **주어지는 것**이어야 하며, 개념은 감성적 직관이 주어지는 한에서만 거기에 **적용**되는 **추론적**(diskursiv) 사용만을 갖는 것이어야 한다. 그렇기 때문에 인식에서 그것의 결합은 외적인 방식으로 이루어질 수밖에 없다. 현상의 근거로서 생각되는 물자체의 문제, 개념이 매개되지 않은 직접적으로 소여된 현상의 문제는 모두 이러한 인식의 두 요소 사이의 **외적인 결합**의 문제로 소급된다. 실로 칸트는 오성의 종합을 통해 개념의 자발성의 사상을 충분히 역설하였다. 헤겔이 보기에 이러한 사변철학의 단초가 더 이상 전개되지 못한 이유는 칸트의 감성과 오성, 직관과 개념의 결합이 갖는 외적인 성격 때문이다. 헤겔의 비판적 지적대로 "**종합**이라는 표현은 다시금 쉽게 **외적인 통일**이라는 표상으로, 절대적으로 분리된 것들의 **한갓된 결합**이라는 표상으로 이끌린다"(WL II, p. 261). "종합"은 본래 유기적인 결합이 아니라 기계적이고 외적인 결합을 나타내는 용어다. 감성과 오성, 직관과 개념을 인식의 두 가지 서로 상이한 원천으로 간주하는 칸트 인식론의 이원론적 특성은 그것들의 결합을 단지 기계적인 결합의 특성을 지닌 "종합"으로서 규정한다. 그렇기 때문에 한편으로 개념의 자발성과 객관성이 주장되지만, 다른 한편 개념은 감성적 직관을 통해서만 실재적으로 될 수 있는 한갓 주관적인 것이라는 상반된 주장이 동시에 제기된다. 헤겔은 이러한 이원론적 분리를 개념의 자발성과 객관성을 수미일관하게 전개하는 일원론을 통해 지양하고, 이원론에 기초한 외적이고 기계적인 결합을 내적이고 유기적인 결합으로 만듦으로써 칸트의 범주의 연역이 포함하고 있는 사변적 단초를 발전시켜 나간다.

## 헤겔의 직관을 통합한 혹은 지양한 개념

헤겔에 따르면 칸트의 범주의 연역이 보여 주는 핵심적 사상은 "대상이 **개념** 속에서 객관성을 가진다"는 것이다(WL II, p.255). 대상의 객관성을 형성하는 것이 개념임에도 불구하고 칸트의 경우 감성적 직관이 개념에 선행하기 때문에 개념은 주관적이고 형식적인 것이 되고 만다. 칸트가 말하는 인식에서는 "감각적 **소재**, 직관의 잡다가 우선 **그자체로 현존**하고 그다음에 오성이 거기에 **부가되어** 소재에 **통일성**을 부여"하는데, 오성이 소재에 통일성을 주는 작업은 "소재를 **보편성**의 형식으로 **추상**하는" 개념화에 다름 아니다(WL II, p.258). 칸트에게 개념은 추상적인 보편이다. 그에 따르면 개념은 "다른 사물들로부터 추상하여 모든 것에 공통된 것만을 취하여" 갖게 되는 "특성"이다. 헤겔에 따르면 이렇게 개념이 "감각적 소재를 **추상**"한다는 것은 "감각적 소재를 개념에 불필요한 것으로 **배제하는**" 것이다. 다른 한편 칸트의 개념은 "감각적 소재의 **주어진** 내용에 의해서만 실재성을 얻는다." 따라서 이러한 개념은 "공허한 **형식**"일 뿐이다. 헤겔에 따르면 칸트의 경우 "개념이 독립적인 것, 선행하는 소재에 대해 본질적이고 참된 것이 아니며", "실재성이 개념으로부터 얻어지는 것"이 아니라 "소재가 실재성 자체"인 것이다(WL II, p.258).

헤겔에 따르면 "추상작용"이란 "구체적인 것으로부터 오직 우리의 주관을 위해 이러저러한 특성을 끄집어내는 것"이다(WL II, p.258). 이 때 "대상의 많은 다른 **속성들**이 제거되면서 속성들의 어떤 **가치와 위엄**도 손상되지 않고", 오히려 "다른 한편에 여전히 온전히 타당한 것으로서 남겨진다." 따라서 추상작용은 "그러한 풍부함을 파악하지 못하는 오성의 **무능함**"을 말해 준다. 여기서는 "주어진 직관의 소재가" 추상적 보편인 "개념에 반해 실재적인 것"으로서 취해진다(WL II, p.259). 결국 범주의 연역에 나타난 개념의 자발성과 객관성에 대한 칸트의 거침없는 주장에도 불구하고 이원론에 기초한 직관과 개념의 외적인 결합을 분석해 보면, 범주의 연역에서와는 정반대로 개념은 추상적인 형식에 불과하고 감각적 직관에 실재성이 놓이게 된다. 이에 반해 헤겔은 "실재성이 개념 자체의 본성을 추적하는 가운데 생겨나야 한다"고 주장한다. 그에 따르면 "학문적인 요구"는 "실재성이 개념 자체로부터 도출되어야 한다"는 것이다(WL II, p.258). 이러한 요구로부터 직관과 개념을 결합하면, 직관은 개념의 "생성의 조건이 되는 한에서만" 개념에 선행한다(WL II, p.258). 감각적 직관의 소재는 그 자체가 독자적이고 실재적인 것처럼 보이지만, 그것의 독자성은 그것에 내재한 변증법에 의해 부정되어 무실한(nichtig) 것으로 밝혀진다. 그리하여 직관의 "무실함"으로부터 "그것의 근거로서" 개념이 드러나는 것이다(WL II, p.259). 이런 의미에서 "직관이나 존재는 자연에 따라서 볼 때 첫 번째 것 혹은 개념을 위한 조건이라고 할 것이지만, … 개념 속에서 그것의 실재성이 지양되는" 것이다(WL II, p.260). 감각적 직관의 "잡다"가 "개념 속에서 지양"되면서, "대상은 개념을 통해 자신의 우연적이지 않은 본질성으로 소급해 간다." 이것은 "본질성이 현상하는 것"에 다름 아닌데, "현상이란 한갓 비본질적인 것이 아니라, 본질의 현시", 즉 개념이 드러나는 것이다(WL II, p.263).

헤겔은 직관과 개념이 결합하는 이 과정을 "대상에 대한 개념파악(Begreifen)"이라고도 한다. "직관 속에 있는 대상"은 "아직 **외면적이고 낯선 것이다**". "개념파악을 통해" 그것은 "**정립된 존재로 변환된다**." 이것은 개념을 가지고 사유하는 자아가 "대상을 자신의 것으로 만드는 것, 그것을 관통하여 **자신의 고유한 형식인 보편성**"으로 만드는 것이다. "사유는 대상이 우리 앞에 나타날 때 지니는 **직접성**을 지양하여 대상을 **정립된 존재**로 만드는데, 이 정립된 존재가 … 대상의 **객관성**이다"(WL II, p.255). 인식이 마주치는 대상은 주관과 개념에 외면적이고 낯선 것으로 나타나기 때문에, 그것은 우선 주관에게 "어둠(Dunkelheit)"이다. 인식이 외면적 대상을 정립한다는 것은 그것을 개념적으로 변환하는 것인데, 대상은 이로써 개념과 같은 형식으로 되기 때문에 대상이 가졌던 어둠은 "자기 자신을 투시하는 선명함으로(zur sich selbst durchsichtigen Klarheit)"된다(WL II, p.252). 헤겔에게 감각적인 것은 개념에 의해 관통되는 투시성(Durchsichtigkeit)으로 간주된다. 감각적인 것 자체는 실재성이 아니라 무실성(Nichtigkeit)을 지닐 뿐이다. 감각적인 것은 이미 개념적인 것에 의해 매개되어 있기 때문에 인식을 통해 개념적인 것으로 변환된다. 만일 감각적인 외면성 중에 내면화되지 않는 것이 있다면, 그것은 개념적이고 이성적인 것 바깥에 있는 무의미한 우연성일 것이다.

『정신현상학』의 감각적 확신 장에서 헤겔은 가장 빈약한 지식인 감각적 확신의 대상으로서 "이것"이라고 지칭될 수밖에 없는 가장 직접적인 것, 따라서 단순한 것, 개별적인 것에 관해 얘기한다. 헤겔이 여기서 말하고자 하는 것은 감각적으로 "이것"이라고 지시되는 가장 단순하고 개별적인 대상도 그것이 언표될 때 보편자로 전환되어야 하는데, 개별적인 것으로 사념된(meinen) 것은 언표될 수 없다는 사실, 즉 비트겐슈타인의 사적 언어 불가능성의 논증만이 아니다. 헤겔은 또한 "이것"을 지시하는 행위(Aufzeigen)를 통해 이성적인 파악이 의도될 때, 이러한 지시를 통해 "이것"이 보편자로서 경험된다는 사실을 논증함으로써, 언어적 차원의 규범성을 넘어서 실제 세계와 의식의 관계를 고려하고 있다. 감각적 확신 이후의 의식 형태들은 모두 보편자로서 개념에 의해 매개되어 있다. 또 그것들의 대상들은 이전의 의식에 의해 매개된 것이고, 지에 의해 대상으로 정립된 것들이다. 하지만 최초의 의식 형태인 감각적 확신은 우선 개념과 전혀 매개되지 않은 것처럼 보이는 실제 세계의 존재와 마주하고 있다. 감각적 확신에서 지와 대상의 관계는 러셀이 말하는 감각자료와 그에 상응하는 직접지 (knowledge by acquaintance)의 관계처럼 보인다. 하지만 헤겔에 따르면 감각적 확신의 대상을 포함하여 어떤 대상도 감각자료와 같이 인식에 독립적인 것으로서 **주어지지** 않는다. 보편적으로 언표되지 않고 그저 지시될 뿐인 "이것"도 이미 이성적인 보편이 매개되어 있다. 이런 의미에서 "이것"에는 이미 개념이 매개되어 있으며, 개념적으로 포착할 수 없는 "이것"의 우연적 외면성은 인식될 수 없고, 따라서 무의미하다.

지와 대상의 분리를 본성으로 하는 의식에 관한 철학인 『정신현상학』은 헤겔의 고유한 인식론이라고 할 수 있다. 특히 이 저서의 의식 장은 『순수이성비판』의 주관-객관의 문제가 다루어지고 있다. 하지만 여기서 개념에 선행하는 직관은 고려되고 있지 않다. 『정신현상학』에 등장하는 인식의 대상들은 모두 이미 개념에 의해 매개된 것들이다. 하지만 헤겔은 정신철학의 주관정신 부분의 심리학 장에서 이론적 정신인 지성(Intelligenz)의 활동으로서 인식을 주제화하면서 직관에 대해 다루고 있다. 개별자로서의 인간의 정신을 지시하는 주관정신은 감각적 개별성 속에서 대상을 접하고 감각적 상징과 기호에 의존하여 시간 속에서 사상을 발전시켜 가는 유한한 존재다. 주관정신은 아직 자연과 미분화된 상태의 **혼**, 지와 대상의 분리를 본성으로 하는 **의식**, 주관과 객관, 개념과 실재성의 **통일**에 대한 앎인 **정신**으로 분류된다. 여기서 정신은 낯선 대상을 받아들이는 것이 아니라, 오직 자기 자신만을 발견하며 대상을 자신의 방식으로 정립하는 행위다. 헤겔은 인식을 정신의 활동으로 봄으로써, 대상에 대한 참된 인식은 주어진 제약에 묶여 있는 것이 아니라 이 제약들을 자기 자신으로부터 산출하는 정신에 의해 가능하다고 보는 것이다. 이론적 정신으로서 지성의 인식은 칸트에게서처럼 직관으로부터 시작한다. 하지만 헤겔에게 직관은 칸트에게서처럼 단순히 시공간 안에 주어지는 대상을 수용하는 것이 아니라, 감각, 주의 및 직관의 단계적인 방식으로 대상을 형성하는 **능동적인** 활동이다. 헤겔은 직관 속에서 지성은 "**자기 자신**이 그러하게 규정되어 있음을 **발견**(sich selbst so bestimmt findet)"한다고 한다 (Enz Ⅲ, § 446, p.246). 여기서 발견은 물론 순수한 자신으로부터의 산출이 아니라 외면적인 것에 의해 촉발된 상태를 말한다. 그래서 헤겔은 인식의 최초 단계인 감각을 "**규정된** 촉발(eine bestimmte Affektion)"이라고 표현한다(Enz Ⅲ, § 447, p.247). 감각적 소재가 이미 규정되어 있다는 것은 그것이 순수하게 외부로부터 주어진다는 것이 아니라, "소재는 이미 정신에 내재하는 것으로서 **정립되어** 있다"는 것이다. (강조는 나의 것) 헤겔에게 감각은 칸트에게서처럼 의식 일반에, 즉 누구에게나 동일한 방식으로 주어지는 수동적인 것이 아니라, 정신의 도야에 따라 상이하게 소재를 파악하는 활동이다. "도야된 정신"만이 "도야된 참된 감각"을 가질 수 있다(Enz Ⅲ, § 447A, p.247). 따라서 감각 속에 들어오는 것, 감각의 형식을 얻게 되는 것은 이미 "교정된 소재(der berichtigter Stoff)"다 (Enz Ⅲ, § 447A, p.248). 헤겔이 "지성이 규정되어 있는 자신을 직접적으로 발견함(das unmittelbare Bestimmt-sich-Finden der Intelligenz)"이라고 표현하는 직관은 소여를 수용하는 순수한 감성적 직관이 아니다(Enz Ⅲ, § 451A, p.257). 헤겔이 말하는 직관은 정신의 능동적인 작용으로서 지적인 직관의 특징을 포함한다. 헤겔은 자신이 말하는 직관이 셸링의 지적 직관과도 유사한 것이라고 말한다. 그것은 "한갓 감성적이고 대상에 외면적으로 머물러 있는 의식"으로서의 "정신을 결여한 직관"이 아니다. 이와 반대로 그것은 "대상의 순전한 실체를 파악"하는 "정신으로 가득 찬 참된 직관"이다. 그 예로서 헤겔은 재능 있는 역사가가 서술해야 하는 상황과 사건 전체를 생동감 있는 직관 속에서 파악하는 반면에, 역사 서술에 재능 없는 사람은 개별성에 머물러 그것을 넘어서는 실체성을 파악하지 못한다고 말한다(Enz III, § 449Z, p.254).

이같이 헤겔은 직관을 단순한 수용성으로서가 아니라 정신의 능동적 활동으로 간주하지만, 그에게 직관은 심리학에 속하는 것이다. 칸트와 달리 그는 개념이 직관에 의해 제약되어서는 안 된다고 생각한다. 오히려 개념은 직관과 독립적인 것으로서 직관을 규정하는 것이다. 이런 의미에서 헤겔은 칸트가 자신의 초월론적 논리학을 심리학으로부터 구별하려고 했음에도 불구하고 그것이 여전히 심리학에 떨어졌다고 주장한다. 헤겔에 따르면 칸트의 순수이성비판은 "사유규정들의 상호관계를 그 자체로 다루지 않고 그것들을 주관성과 객관성의 대립에 따라서 고찰한다". 하지만 "경험 전체, 즉 주관성과 객관성이라는 두 요소는 모두 주관성에만 귀속되면서 주관성의 맞은편에는 물자체만 남게 된다. 선험적인 것, 즉 사유의 형식들이 그것의 객관성에도 불구하고 주관적인 활동으로만 간주되기 때문에, 이 형식들은 **심리학적**이고 사실적인 기초에 입각한 체계화로 나타날 뿐이다"(Enz I, § 41, 113f., 강조는 나의 것). 칸트는 개념을 인식론적으로, 즉 직관의 제약하에서 사용될 때만 유의미한 것으로 다루었기 때문에, 개념은 감성으로부터 자유롭지 못하고 심리학적인 것이 되고 말았다. 칸트는 그의 인간학에서 "지성적 인식 능력"을 "논리학(오성의 규칙체계)에 속하는 활동"으로 보는 반면, "표상에 의해 … 촉발되는" "감관"을 "심리학"에 속하는 것으로 규정한다(Kant, 『실용적 관점에서 본 인간학』, p.41). 오성 개념은 감성적 직관이 주어지는 한에서만 유의미하게 사용된다는 칸트의 주장에 따라서 볼 때, 개념은 심리학적으로만, 적어도 심리학적으로 제약되어서만 유의미하게 사용된다고 할 수 있다. 칸트는 흄의 관념연합과 같은 심리학으로부터 독립되어 그러한 표상들의 결합을 가능케 하는 보편적이고 필연적인 개념에 관한 초월론적 논리학을 기획하였다. 하지만 헤겔은 이 개념이 여전히 직관이라는 경험적 요소에 제약된 심리학적인 것이라고 비판하면서, 순수한 개념에 대한 고찰로 나아갈 것을 요구한다. 칸트 역시 범주표를 다루는 자리에서 순수오성개념의 초월론적 사용, 즉 경험을 가능케 하는 개념으로서 범주를 고찰하는 것 이외에도 범주표의 세분화를 통해 완성될 수 있을 "순수이성의 체계"를 암시하고 있다(KrV, B108, p.109). 헤겔은 자신의 『논리의 학』에서 칸트의 이러한 기획을 실현하고 있는 것이다. 이를 위해 헤겔은 칸트의 개념을 직관의 제약으로부터 해방시키며, 자기구별을 통해 세분화되는 개념들의 체계를 제시한다.

칸트는 직관 없는 개념은 공허하다고 한다. 하지만 헤겔은 개념이 감성적 직관에서 해방되어야 하고, 직관 없는 개념도 공허하지 않을 수 있다고 주장한다. 보다 정확히 말하면, 칸트에게서 직관이 표방하는 실재성을 개념이 포함할 수 있다는 것이다. 따라서 헤겔의 개념은 직관을 지양하여 통합하고 있는 개념이라고 할 수 있다. 개념은 외부로부터 직관을 받아들여야 하는 것이 아니라 자기 자신 속에서 자기 자신으로부터 직관이 표방하는 실재성을 산출해야 한다. "개념 밖에 개념에 앞서서 현상하는 경험적 소재는 진리를 갖지 않으며, 그것의 진리는 그것의 관념성 혹은 개념과의 동일성 속에서만 존재한다." 반면에 이를 통해 우리는 "개념의 절대성"을 확인할 수 있다. 개념은 절대적인 것이기 때문에 칸트에게서처럼 외부로부터의 감각적 소재를 받아들임으로써 실재성을 지니게 되는 것이 아니라, "실재적인 것을 자신으로부터 **도출해 내는 것**"이다. 이러한 도출은 "개념이 … 자신 속에 확립된 변증법을 통해 실재성으로 이행함으로써 개념이 자기 자신으로부터 실재성을 산출하는 것"을 말한다(WL II, p.264). 따라서 "개념은 모든 유한한 규정성과 잡다의 근원이고 원천이다"(WL II, p.261).

개념이 유한한 규정성들로 구별되는 실재성을 산출해 낸다는 의미에서, 직관을 통합한 개념은 진리로서 "직관하는 오성의 이념"에 상응하는 것이라고 헤겔은 말한다(WL II, p.266). 칸트는 『순수이성비판』에서 인간의 추론적(diskursiv) 오성의 특징을 규명하기 위해 그것과 대조되는 직관적 오성의 특징을 여러 차례 언급한다. 칸트에 따르면 인간의 오성은 감각적 직관을 수용하여 거기에 개념을 적용하는 추론적오성인 반면에, 직관적 오성은 "대상을 표상함으로써 대상 자체가 동시에 주어지거나 야기되는" 신적인 오성이다(KrV, B145). 헤겔은 직관과 개념의 분리와 외적인 결합을 전제하는 추론적 오성에 반대하면서 양자를 통합하는 직관적 오성의 이념에 동조한다. 헤겔의 직관을 통합한 개념은 자기 자신으로부터 대상의 유한한 규정성, 즉 대상의 실재성을 산출한다는 점에서 **모종의 방식으로 대상을 산출**하는 것이다. 헤겔 역시 인간 정신과 그것의 개념이 감각적 소재 자체를 창조하지 못한다고 생각한다. 유한한 인간 정신은 감각적 개별성의 형태를 띤 외면적인 것으로서 대상을 접해야 한다. 하지만 감각적 개별성이 개념적으로 변환될 수 있는 한, 감각적 대상의 규정성은 온전히 개념에 의해 산출되는 것이다. 인식을 통해 감각적 대상을 개념적으로 변환한다는 것은 **정신**이 **물질적인 것**을 산출한다는 것도, **물질적인 것**을 **정신적인 것**으로 변형시킨다는 것도 아니다. 그것은 다만 물질적인 것 속에 있는 개념적인 규정을 파악함으로써 물질적인 것이 그 본질에 있어서 개념적인 것임을 밝히는 것이다. 감각적 대상이 지니는 규정성들은 우선 서로 자립적인 개별성, 즉 오성적 규정으로 나타난다. 인식은 단순히 이것을 받아들여 보편적 개념에 포섭하여 추상하는 것이 아니라, 오성적 규정들 속에 있는 변증법을 통해 그것들의 자립성을 해체하여 그것들을 개념적인 연관 속으로 가져가는 것, 그것들의 개념적 연관을 해명하는 것이다. 이로써 물질적인 것 —헤겔은 그것의 본질적 특성을 자기 외적인 존재(Außersichsein)라고 한다— 이 지닌 서로에게 외적인 자립적 규정들이 개념의 내재적 연관으로 변환된다. 개념으로 변환되는 것은 물질 자체가 아니라 개념 질서와는 달리 상호 외적인 것으로 보이는 물질적인 것의 규정성들이다. 감각 대상을 개념 파악함으로써 개념에 외적인 것으로 보이는 물질적인 것의 가상이 지양되고 개념적 질서가 대상의 구조로 드러난다. 이 과정은 개념이 대상에 대상성을 부여하는 활동에 다름 아니다.

## 자기 구별을 통해 실재성을 산출하는 개념

칸트는 이성을 두 가지로, 즉 감각적 직관에 적용되어 객관적 인식을 산출하는 **오성**과 직관에 관계하지 않고 추리하는 능력일 뿐인 **이성**으로 분류한다. 하지만 철학자들은 전통적으로 이성을 단지 추리의 능력이 아니라 사물의 본성을 직관하는 능력으로도 보았다. 헤겔은 이러한 전통을 따르면서, 오성만이 인식에서 구성적으로 사용될 수 있으며 이성은 단지 규제적으로 사용되어야 한다는 칸트식의 구별을 부정한다. 칸트는 구성적으로 사용되는 이성을 사변적이라고 표현하면서 그 안에 독단적이라는 부정적 의미를 포함한다. 하지만 헤겔은 이성이 마땅히 구성적으로 사용되어야 한다고 주장하면서 사변적 이성을 학문성의 표본으로 제시한다. 헤겔은 이러한 이성 개념 안에 개념과 실재성 같은 **대립자들의 통일**을 사유하는 자신의 사변철학의 내용을 포함시킨다. 헤겔은 "사변적인 것"의 의미를 "대립자를 그것의 통일 속에서 파악하는 것 혹은 부정적인 것 속에서 긍정적인 것을 파악하는 것"(WL I, p.52)이라고 규정하고, 이것이 "본래적인 형이상학"이며 "학문"의 본질이라고 주장한다(WL I, p.16). 헤겔에 따르면 이성은 사변적인 것이며, 이성이 개념의 능력이라고 한다면 개념은 사변적인 성질을 갖는 것이다. 따라서 헤겔은 칸트의 오성개념도 그것이 개념인 한 이미 이성적인 것이라고 하면서 사변적으로 파악되어야 할 것을 요구한다. 왜냐하면 "개념"은 그 자체로 "이성적인 것"이기 때문이다(WL Ⅱ, p.320).

　이러한 요구에 따라 헤겔은 직관에 적용되는 칸트의 오성적 개념을 직관을 통합한 이성적 개념으로 고양한다. 직관을 통합한 개념은 칸트의 직관이 표방하는 실재성을 자기 자신으로부터 산출해야 한다. 대상의 규정성 혹은 그것을 규정하는 개념의 구별은 개념이 자기 자신을 구별함으로써 산출되어야 한다. 이러한 개념의 특성을 해명하기 위해서는 우선 그것과 존재 및 본질 규정과의 차이를 이해해야 한다. 헤겔은 자신의 『논리의 학』에서 존재 및 본질 규정들을 다루는 객관논리 부분에서 칸트가 범주표의 세분화를 통해 기획했던 "순수이성의 체계"에 해당하는 내용을 서술한다. 칸트의 범주표에서와 같이 객관논리의 규정들은 한 사물이나 그것들의 관계를 구성하는 계기로서의 논리적 규정들을 다룬다. 존재의 논리에서 '어떤 것'이 '타자'에 제약되어 있고, 본질 논리에서 '본질'이 '현상'에, '원인'이 '결과'에 제약되어 있듯이, 객관논리의 규정들은 그 자체로 전체가 아니라 전체를 구성하는 한 계기로서 다른 계기에 의해 제약되어 있어서 자유롭지 못하다. 반면 헤겔은 "개념"을 "자유로운 것"이라고 규정한다(WL Ⅱ, 274; Enz I, § 160, p.307). 주지하다시피 헤겔에게서 자유의 의미는 타자와 관계하면서도 자기 자신을 상실하지 않고 '타자 속에서 자기 자신에 머무는 것'이다. 보편자로서의 개념은 자신을 구별하여 "규정성으로 정립하지만 그러는 가운데에서도 자기 자신인 바의 것으로 **머문**

다". 따라서 그것은 "구체적인 것 안에 내재하는 구체적인 것의 **영혼**이며, 잡다와 상이성 속에서 방해받지 않고 자기와 동등한 것으로 존재한다." 이같이 개념이 대상의 잡다한 특수성 속에서도 "자신을 지속하며", 그것에 휩쓸리지 않고 "자신을 유지한다는 것"은 보편적인 개념이 바로 그러한 특수성으로 **된다**는 것이다(WL II, p.276).

보편자로서의 개념은 자기 자신을 구별하여 특수자가 된다. 하지만 이 특수자 역시 개념이다. 개념은 타자에 제한되는 부분적 계기가 아니라 전체다. 개념은 자신을 구별하여 자신의 계기를 산출하지만, 이 계기 역시 자신과 마찬가지로 개념이기 때문에 전체다. 개념의 계기가 전체라는 것은 객관논리에서는 볼 수 없었던 주관논리의 자유로운 전개를 특징짓는다. 개념으로부터 구별된 계기는 개념이 "자신을 밀쳐내어 분리된 것"이다. 개념은 이렇게 "자신을 분리시키는 가운데 긍정적인 관계로 있는 것"이다(WL II, p.300). 개념은 자기를 자기로부터 구별하여 타자가 되지만 이 타자 속에서 자기 자신과 동등하게 존재한다. 헤겔은 이러한 개념의 특징을 "보편이 … 자신의 타자를 포괄한다(greift über sein Anderes über)"고도 말한다(WL II, 277, p.281). 이때 포괄한다(übergreifen)는 말은 경계를 넘어 침투한다거나 경계를 넘어 아우른다는 의미를 지닌다. 따라서 보편이 자신의 타자인 특수를 포괄한다는 것은 보편이 방해받지 않고 특수를 관통하는 "자유로운 힘"(WL II, p.277)을 가진다는 것이다. 이것은 잡다의 특수성을 외부로부터 받아들이는 것이 아니라 개념 자신이 산출하는 것이기 때문에 가능하다. 보편자로서의 개념은 자신을 구별하여 특수자가 된다. 헤겔은 이러한 내적 전개를 위해 보편자가 "자신을 특수화한다(besondert sich)"는 조어를 고안해 낸다(WL II, p.417, 519). 이 조어는 보편자가 자신을 구별하여 특수자로 된다는 의미를 드러내기 위한 것이다.

이러한 보편은 구체적 보편이다. 칸트의 개념이 직관을 포섭하고 추상하는 방식으로 직관과 외적으로 결합하는 **추상적 보편**이라면, 헤겔은 칸트의 범주의 연역의 사상이 의도했던 것을 보다 수미일관하게 수행하는 **구체적 보편**으로서의 개념을 고안해 낸다. 이제 구체적인 특수성은 외부로부터 주어지는 것이 아니라 보편적인 개념의 자기 구별을 통해 형성된다. 이런 의미에서 헤겔의 개념은 자신 안에 특수성을 가진 구체적인 보편이다. 칸트의 개념이 추상적 보편에 머물 수밖에 없던 이유는 개념의 종합이 **기계적**이기 때문이다. 칸트의 『순수이성비판』에서 인식의 규칙을 형성하는 개념과 원칙은 뉴턴 역학에 기초한 물리학적 질서로 짜여 있다. 따라서 칸트에 따르면 개념은 대상의 특수한 잡다를 산출하는 것이 아니라, 추론적(diskursiv)으로 사용될 뿐이어서 감성적 직관과 함께 인식을 형성하는 **부분**이며, 직관에 적용되어 산출된 결과도 **부분적인** 것일 뿐이다. 칸트의 인식은 부분에 부분을 덧붙여 전체를 사유하는 기계적인 것이다. 하지만 이러한 기계적 결합을 특징으로 하는 인식 방식으로는 물리적 질서는 인식하지만 생명체의 유기적 질서를 설명하지 못한다. 칸트는 『판단력비판』에서 생명의 "이념에 따라 나오는 결과(산물 그 자체)", 즉 유기체는 "자연 가운데 주어져" 있지만(KU, B345), 생명의 이념은 경험에 주어질 수 없고 인식되지 않는다고 주장한다. 칸트는 생명을 이념으로 간주하지만 칸트에게 이념은 인식될 수 없기 때문에, 칸트에 따르면 우리는 생명에 관해서는 설명할 수 없고 단지 기계적 설명을 위한 발견법적인(heuristisch) 안내만을 제공할 수 있을 뿐이다. 칸트의 이러한 태도는 생명현상에 대한 설명을 자연에 대한 객관적인 설명으로서 주장하는 생물학자에게는 불만스러운 것이다. 생물학자 마이어는 칸트가 순수 기계론적 설명만을 유일하게 정당한 설명으로 간주하면서, 목적론적인 생명현상에 대한 설명이 인간에게는 가능하지 않다고 생각했으며, 유기체를 마치 설계된 것처럼 다루라는 실천적 방법만을 제공하고 있다고 비판한다(E. Mayr, *Evolution und die Vielfalt des Lebens*, Berlin, 1979, p.225). 칸트와는 달리 헤겔은 "생명이 있는 유기체나 예술미가 **현재한다는**(Gegenwart) 사실은 감각이나 직관에 대해서도 **이상의 현실성**을 보여주고 있다"(Enz I, § 55A, p.140)고 말하면서 유기체에 대한 설명 가능성을 주장한다. 칸트에게서처럼 헤겔에게서도 생명은 이념이다. 칸트에게 이념이 **이성개념**인 것처럼, 헤겔에게 개념이 이미 모두 이성적인 것이라는 의미에서 이념은 **이성적인 개념**이다. 따라서 생명으로서의 이념은 개념적으로 구조지어져 있다. 유기체는 우리의 "경험에 주어지지만" 우리 인간이 그것을 물질적 덩어리로서가 아니라 생명적 질서로서는 인식하지 못하고, 설명할 수 없다는 칸트의 주장은(KU, B344f.), 헤겔에게는 물자체를 인식할 수 없다는 것이나 이념을 단지 규제적으로만 사유해야 한다는 말처럼 기이하게 들린다. 헤겔에 따르면 생명의 이념은 바로 개념의 구조를 가지고 있기 때문에, 개념의 논리를 통해 인식되고 설명될 수 있다.

칸트에 따르면 "자연목적으로 간주되는 사물"로서 유기체의 산출, 가령 자기보존을 위해 각 부분이 서로를 산출하는 행위는 상호 인과적이다. 『순수이성비판』에서 제시되는 개념과 원칙에 따라 우리는 한 방향으로만 향하는 기계적 인과관계에 의해 지배되는 현상만을 인식할 수 있을 뿐, 상호적으로 작용하는 목적 인과성은 인식할 수 없다. 따라서 목적 인과성이 지배하는 유기적 현상은 "규정적 판단력에 대하여 구성적인(konstitutiv) 것이 아니라, 반성적 판단력에 대하여 단지 규제적인(regulativ) 것이다"(KU, B330f.). 하지만 생명현상의 인식에 대한 이러한 제한은 사물 세계를 규정하는 개념적 질서를 기계적인 것으로만 국한한 칸트 인식론의 한계에서 말미암은 것이다. 개념을 직관을 포섭하는 추상적 보편으로서가 아니라 직관을 통합하는 구체적 보편으로 사유한다면, 인식은 개념을 통해 직관의 잡다를 ─그것이 물리적 현상이든 생명현상이든─ 관통함으로써 구체적인 규정성들을 파악할 수 있다. 자기 구별을 통해 특수가 되는 보편의 논리는 전체가 분지를 산출하는 생명의 논리를 나타낸다. 마찬가지로 생명체에서 산출된 계기로서의 분지는 전체로서의 생명이다. 자기 구별을 통해 산출된 잡다의 특수가 보편을 통해서만 규정되듯이, 생명체의 분지는 기계적 부분과 달리 전체를 통해서만 가능한 것이다. 헤겔은 자기의 분지를 포괄하는(übergreifen) 생명과 같이 개념이 자기 구별을 통해 특수로 세분화되면서 이 특수한 구체성 속으로 침투해 가는(übergreifen) 유기적 방식으로 사태를 파악할 것을 요구한다. 이러한 논리는 칸트처럼 부분에 부분을 덧붙여 전체를 사유하는 기계적인 것이 아니라, 전체로부터 부분을 도출하고 전체 속에서 부분을 규정하는 유기적인 것이다.

하지만 이것이 대상에 대한 구체적 경험을 통해 획득되는 경험과학의 내용을 무시하고 개념의 관념성을 세계의 질서로서 천명하라는 요구는 아니다. 헤겔에 따르면 철학은 "경험"을 "출발점"으로 삼아, "감성적 의식을 초월"하여 "경험 현상의 보편적 본질이라는 이념에 도달한다". 하지만 이 "이념은 다소 추상적임을 면치 못하기" 때문에 "경험과학"의 "풍부한 내용"을 필요로 한다. 사유는 경험과학의 "직접적"이고 "잡다하게 나열된 것"으로 "주어진" 내용과 규정들을 수용하여 "근원적 사유가 정한 대로 자유로이, 사물 자체의 필연성에 따라 나타나는 형태를 내용에 부여하는 것이다"(Enz I, § 12, 55f.).

### 개념비판을 통한 이성비판

칸트의 『순수이성비판』에서 범주의 연역은 서로 상충하는 두 가지 측면을 가지고 있다. 거기서 감성과 오성, 직관과 개념은 한편으로 '두 가지 완전히 **상이한** 인식원천'으로 간주된다. 하지만 다른 한편으로 범주의 객관 타당성을 증명하는 연역은 개념 속에 직관이 **통일**됨으로써 객관이 형성되고, 개념이 실재성을 형성한다고 주장한다. 또한편으로 직관의 잡다에 통일성을 부여하는 오성의 종합은 **직관을 통합하는 개념**의 상을 제시한다. 하지만 다른 한편 칸트의 이원론적 전제는 직관과 개념의 결합을 절대적으로 분리된 것들의 **외적인 결합**으로 사유할 수밖에 없다. 이렇게 대립한 관점 사이에서 직관과 개념의 관계에 대한 칸트의 파악은 동요하고 있다. 칸트가 개념의 자발성을 감성적 직관에 의해 제한하는 방식으로 인간 인식의 유한성을 설정하려고 할 때, 개념이 직관에 미치는 (객관)타당성을 제한할 실질적인 대상성의 내용이 직관에 남겨져야 한다. 하지만 그 내용이 무엇인지 개념 밖에서는 말해질 수 없다. 또한 칸트가 주장하고 있는 것처럼 개념이 직관이 주어질 가능성을 결정한다면, 헤겔이 주장하듯이 직관은 개념에 의해 이미 지양되어 이원론의 한 축을 견지할 자립적인 존립을 지닐 수 없다. 헤겔은 이러한 논리적 귀결에 따라 직관과 개념의 이원론, 더 근원적으로는 물자체와 현상의 이원론을 부정하고 직관을 통합하는 개념이라는 연역의 정신을 계승, 발전시킨다. 이러한 정신에서 볼 때, 현상과 물자체, 직관과 개념의 분리에 기초하는 칸트의 인식 비판은 성립할 수 없다. 그것은 주관과 객관을 모두 주관성 안에, 그럼으로써 사물 자체의 밖에 위치시킴으로써, 또한 개념을 감성적 직관을 통해 제약함으로써 객관에 대한 학문적 고찰을 심리학으로 만들어 버렸다. 헤겔은 개념을 직관으로부터 해방시킴으로써 논리학을 심리학적인 것으로부터 순화한다. 헤겔에게 개념은 직관 없이도 공허하지 않으며, 직관이 표방하는 실재성을 산출하는 실질적인 것이다. 이런 의미에서 헤겔의 개념은 직관을 **지양한** 개념이다.

이제 개념은 직관에 의해 인식 비판적으로 제약되지 않으면서 비판철학의 관점을 떠나 형이상학의 관점으로 되돌아간다. 하지만 헤겔의 관점은 기존의 형이상학과 달리 개념비판에 기초한 형이상학이다. 헤겔은 존재가 개념의 내용이 아니라는 칸트의 안셀무스의 존재론적 신존재증명에 대한 비판에 반박한다. 왜냐하면 칸트의 비판은 직관과 개념의 분리라는 비판철학의 입장을 전제하고 있기 때문이다. 오히려 헤겔은 안셀무스와 함께 개념이 이미 감성적 직관이 표방하는 **존재**를 항상 포함해야 한다고 주장한다. 하지만 이러한 주장을 통해 헤겔이 안셀무스의 **논증**에 수긍하는 것은 아니며, 이러한 식으로 **신의 존재**가 증명되었다고 생각하는 것도 아니다. 헤겔은 안셀무스가 말하는 신 개념이 자신이 생각하는 개념의 특성을 보이고 있다고 생각하는 것일 뿐이며, 존재와 개념의 통일도 개념이 실재성을 산출하는 방식으로 논증한다. 헤겔은 전통 형이상학이 객관적 현실로부터 유리된 개념에 대한 숙고를 도모했다고 비판한다. 그는 인식비판의 입장을 떠나 새로운 형이상학을 전개하지만, 그의 형이상학은 칸트의 인식비판의 정신에 따라 객관적 현실을 이성적 **개념비판**을 통해 파악하는 **논리의 학**인 것이다.

헤겔은 칸트의 이원론에 기초한 인식비판이 기계적인 세계상만을 제시할 뿐이며, 생명체의 유기적 구조를 포함하여 구체적인 사태를 규정할 수 없다고 생각한다. 그는 개념의 자기 구별을 통해 마련한 세분화된 규정을 통해 감성적 대상의 구체적인 잡다를 파악할 수 있는 구체적 보편을 사유한다. 결국 헤겔은 이원론에 기초한 **인식비판이 이성비판**의 기능을 수행할 수 없다는 판단에서, 감성의 외면성을 지양하고 감성적 잡다를 속속들이 관통하는 개념의 일원론을 기획함으로써 **개념비판을 통한 이성비판**을 시도하는 것이다.

**더 읽을거리**

헤겔, 『대논리학』 제3권 개념론, 임석진 역, (지학사, 1982).
개념론의 서론 격에 해당하는 "개념 일반에 관하여"와 제1장 "개념"은 본
고에서 다룬 직관을 지양한 개념이라는 헤겔의 고유한 개념관을 제시하고
있다.

헤겔, 『철학강요』, 서동익 역, (을유문화사, 1998).
제1부 논리의 학의 서론(Vorbegriff)의 두 번째 부분인 "객관성에 대한 사고의
두 번째 태도"에서 "비판철학" 부분은 칸트의 비판철학이 갖는 이원론적 특
성을 헤겔이 어떤 방식으로 지양하는지가 나타나 있다.

강순전, 「칸트와 헤겔에 있어서 감성과 이성」, 『시대와 철학』 26집 1호, (2015).
이 글의 내용을 칸트 부분을 보완하여 서술한 나의 논문이다. 이 글보다 상
세한 주석이 포함되어 있으므로 이 주제에 관해 보다 학술적인 논증을 필요
로 하는 독자는 이 논문을 읽어 볼 것을 권한다.

# 니 체

## 이성과 감성의 분리를 넘어
### -도취라는 미적 체험

백 승 영

이성 그리고 감성. 분명하게 들리지만 그리 분명치 않은 개념들이다. '이성이 무엇이고, 감성은 또 무엇인가?'라는 질문에 어떤 답이 나오는지를 보면 알 수 있다. 우리는 감성이라는 개념으로 감각, 감정, 상상력, 감성적 지각능력, 직관, 정서, 느낌 등 다양한 사항을 떠올린다. 반면 이성이라는 개념은 감성보다는 조금은 구체화하기 쉽다는 생각이 든다. 그것이 '사유능력'이라는 대표적 성질을 갖기 때문이다. 하지만 '이성' 역시 불분명하기는 마찬가지다. '생각하는 능력'이라는 단어 자체가 해명이 필요하기 때문이다. 이런 상황은 이성과 감성의 '관계'를 묻게 되면 더욱 복잡해지고, 거기에 이성과 감성이 우리의 '육체성'과 어떤 관계를 맺느냐는 문제까지 추가되면 총체적 난국이 되어 버린다. 철학이 하는 일 중의 하나는 바로 이 총체적 난국에 아리아드네의 실을 제시하는 것이다. 이성과 감성 그리고 육체와의 관계를 보여 주는 것이 철학의 주요 과제가 되는 것은 당연하며, 이것은 철학이 바로 인간의 문제를 해명하는 학문이라는 점에 대한 증거이기도 하다.

우리는 이성과 감성 그리고 육체가 조화롭게 관계하기를 바란다. 일상에서도 그렇고 철학에서도 마찬가지다. 그런데 그것처럼 당연한 사태도 없지만, 그것처럼 어려운 일도 없다. 이 어려운 작업을 니체가 시도한다. 그의 작업은 칸트에게서처럼 인식의 영역이나 예술과 미의 영역에서 그 빛을 발한다. 물론 니체는 칸트의 선험주의와 이성주의 대신 관점주의(Perspektivismus)와 자연주의(Naturalismus) 노선을 밟는다. 이 노선을 이끌어 가는 주요 기제는 바로 '생리학(Physiologie)적 고찰방식'이다. 니체는 '힘에의 의지의 철학'을 구상하면서 당대의 자연과학이나 자연철학의 지식을 수용하고 활용했으며, 특히 생리학과 생물학에 주목한다. 그래서 그가 선택한 '생리학' 혹은 '생리'라는 개념도 그 영향 관계에서 자유롭지 않다. 하지만 니체의 개념은 정신적-심리적 사태와 동물적-생물적 사태를 모두 포함하는 넓은 의미의 것으로, "힘에의 의지의 생리학"(『유고』 KGW VIII 3 13[2], p.4)이라는 구체적인 명칭을 갖게 된다. 그 속에서 인간의 자연 본성은 곧 힘을 추구하는 의지라는 것, 이성과 감성과 육체와 관계된 모든 사태는 그 자연 본성의 활동을 통해 형성된다는 것, 그래서 우리의 인식적 체험과 미적 체험 역시 그 과정의 결과라는 것이 가시화된다. 니체의 이런 작업은 인간이 유기체라는 점, 그것도 "기적 중의 기적"(『유고』 KGW VII 3 37[4], p.303) 같은 신체(Leib) 유기체라는 점을 전제하고 진행된다. 신체 개념은 인간을 해명하는 이성-감성 및 정신-육체라는 철학적 이원론을 일원론으로 대체하는 것이자, 동시에 의지의 역할을 강조하는 시도이며, 인간을 총체적으로 고찰하는 방식이라고 할 수 있다. 이런 시도를 전제하고 인간의 미적 체험을 해명해 주는 니체의 후기 미학이 '예술생리학(Kunst der Physiologie)'이라는 이름을 얻고, 그것이 힘에의 의지의 생리학의 일환으로 구상되어 "미학은 응용생리학에 불과하다"(『바그너의 경우』, 〈내가 반박하는 곳〉: KGW VI 3, p.416)라는 모토를 갖는 것은 자연스러

---

운 일이다.

## 생리학적 자연주의 미학

예술생리학은 생리적 현상과 사태를 예술과 미의 분석틀로 사용하는 예술론이자 미론이다. 그래서 생리학적 미학이며, 니체가 사용하는 생리 혹은 생리학이라는 명칭이 인간의 자연성 전체에 대한 다른 표현인 한에서 예술생리학은 자연주의 미학이기도 하다. 이 미학은 '예술은 우리의 몸과 마음 전체를 기쁘게 하고, 생명감을 고취시키며, 우리 삶에 유용한 그 무엇이다. 그래서 예술은 아름답다'라고 말한다. 거기서 '예술=아름다움=유용한 그 무엇', '반예술=추함=유용하지 않은 그 무엇'이라는 낯선 등식이 제공된다. 그 낯섦은 우리의 고정관념에 위배되기 때문이다. 아름다운 것과 예술의 동일시는 '오직 아름다운 것만이 예술이다'를 말하는 것인데, 우리는 이미 '추한 예술'에도 익숙해 있다. 게다가 예술과 아름다움을 도덕성이나 이념성 등의 목적과 독립적인 것으로, 자율적인 것으로 이해하는 우리에게 '예술과 아름다움은 유용한 것'이라는 생각 자체가 반감을 일으키기도 한다. 하지만 그 낯섦은 니체의 의도를 알게 되면 사라진다. 니체가 말하는 유용성은 도구주의나 실용주의 노선에서 말하는 유용성과도 차별화되고, 여타의 초월적-외재적 목적을 위한 수단적 유용성과도 다른 것이다. 그는 우리의 자연 본성인 힘상승에 대한 추구, 그리고 그 힘상승의 역학이 가져오는 생명감의 고취, 삶의 상승적 전개에 대한 추구라는 맥락에서 유용성을 거론한다. 그리고 그 유용성 전략은 예술과 아름다움을 추구하는 힘, 즉 우리의 힘에의 의지에 이미 내재하고 있다. '오직 아름다운 것만이 예술이다'는 것도 마찬가지다. 아름답다는 체험은 인간의 총체적 체험이고, 그 체험에서 결정적인 것은 힘상승의 느낌과 삶의 향상적 전개에 대한 느낌이다. 그리고 이런 체험을 주는 것이 곧 예술이라는 것이다. 그래서 우리에게 그 반대의 체험을 하게 하는 추한 것은 예술이 아닌 것으로 판정된다.

물론 예술생리학은 넓은 의미의 '삶의 미학'을 제시하고 있고, 거기서도 예술생리학의 의미를 찾을 수 있다. 삶의 미학은 인간의 제반 행위 일체를 창조적 행위로 제시하고, 그런 한에서 인간을 삶의 예술가로 인정한다. 아니, 인간의 삶 자체가 바로 예술작품이자 예술활동이라는 것이다. 그래서 인간은 '스스로를 분만하는 예술작품'일 수 있다. 자연이 그러하듯이 말이다. 하지만 예술생리학은 좁은 의미의 예술론과 미론 역시 제시하고 있으며, 거기서 예술생리학이 행하는 '미학에서의 가치 전도'의 지점을 확인할 수 있다.

그런데 니체의 생리학적 자연주의 미학은 육체적 현상이나 육체적 사태를 미적 체험의 중심으로 설정하지도 않고, 그것으로 우리의 정신적 사태를 환원시키거나 소급시키는 소박한 물리주의를 표방하지도 않는다. 오히려 정신적 사태와 물리적 사태, 이성과 감성과 육체성이 불가분적 협조체제를 구축하는 것으로 전제하고, 그래서 미적 체험과 예술 체험을 인간의 총체적 사태로 제시한다. 니체가 사용하는 '생리 혹은 생리학'이라는 단어는 바로 이런 총체적 사태에 대한 표현이다. 그래서 인간에게서 발생하는 모든 사태는 총체적 연계 속에서 구성되는 협조과정의 산물이라는 것을, 심리학의 사태나 생물학의 사태는 생리학의 사태로 수렴된다는 것을 강조하고 싶을 뿐이다. 이렇듯 니체의 '생리 혹은 생리학'은 생물학적-심리학적 고려를 모두 포함하는 넓은 의미의 것으로, 인간을 총체적으로 고찰하는 방식에 대한 표현이다. 니체의 이런 생각은 예술생리학을 본격적으로 구상하기 이전부터 이미 신체 유기체라는 표현으로 등장하고 있다.

## 관점주의와 '신체 유기체'의 의미

"인간은 수천 년 동안 자기 자신을 생리학적으로 파악하지 못하고 있었다: 오늘날에도 여전히 그러하다. 인간이 (영혼이 아니라) 신경체계를 가지고 있다는 사실을 아는 것은 여전히 가장 잘 교육받은 사람들의 특권인 것이다"(『유고』 KGW VIII 3 14[179], p.155).

인간을 신체 유기체로 이해하려는 니체의 문제의식을 잘 보여 주고 있는 글이다. 인간에게서 (영혼이든 의식이든 오성이든 이성이든) 정신성을 강조하거나, 인간을 정신과 육체의 이분법하에서 고찰하거나, 이성과 감성과 육체와 의지라는 제 요소를 분리시키는 것. 여기에 니체는 불만이 많다. 그것은 인간에 대한 "과학적이지 못한, 반과학적인"(『유고』 KGW III 3 14[146], p.123) 접근방식으로, '가장 잘 교육받은 사람들의 특권'이라는 인간에 대한 생리학적 접근을 가로막기 때문이다. 그렇다면 '과학적인' 생리학적 접근 방식은 인간을 어떻게 파악할까? "나는 전적으로 신체일 뿐 그 외의 것이 아니다"(『차라투스트라는 이렇게 말했다』 I 〈신체를 경멸하는 자들에 대하여〉 : KGW VI 1, p.35)가 그 대답이다. 신체로서의 인간은 여러 가지 특징을 갖게 되지만, 무엇보다도 다음의 두 가지 사항을 주목할 필요가 있다.

첫째, 신체는 관점적 평가의 주체다. 설명하자면, 인간은 다른 존재자들과 마찬가지로 힘에의 의지라는 자연본성을 가진 존재다. 그 자연 본성이 인간의 모든 행위와 활동을 미리 규제한다. 그래서 우리의 행위 일반은 모두 '힘상승과 삶의 향상적 전개'라는 목적하에서 진행된다. 그 목적에 입각해 특정한 것을 취사선택하는 평가작용이 이루어진다. 무엇이 그 목적에 유용하고 유용하지 않은지를, 그래서 모든 것의 의미와 가치를 유용성 전략에 의해 평가하는 것이다. 니체가 말하는 '관점주의'는 힘에의 의지의 이런 활동 자체에 대한 다른 명칭이다(동시에 그의 인식이론에 대한 명칭이기도 하다). 인간이 힘에의 의지라는 자연 본성을 갖고 있는 한, 인간의 모든 활동은 모두 관점적 평가 행위(혹은 해석행위)가 된다.

둘째, 신체는 관계적 유기체다. 신체는 이성성과 감성성과 육체성 그리고 의지의 불가분적 통일체이자, 근육조직과 신경체계와 혈관체계 등등의 협조조직이다. 거기서 협조적 통일은 무엇 하나가 중심이고 다른 것들은 부가적인 방식으로가 아니라, 모든 기능이 동등하게 참여하면서 이루어진다. 그 협조적 통일은 엄밀히 말하자면 갈등과 싸움이지만, 그 갈등과 싸움이 곧 각 기능을 활성화하는 자극제가 되는, 매우 독특한 방식의 협조다. 이런 협조가 일어나는 것은 니체가 힘을 추구하는 '의지'를 모든 신체 기관 활동의 시작에 규제원리로 놓기 때문이다. 힘에의 의지의 규제를 받는 한, 신체 전체는 힘 싸움과 긴장을 통한 자극 및 활성화 상태에 놓이게 된다. 그래서 신체 전체는 서로 자극을 주고받는 살아 있는 변화의 장이다. 관계적 유기체인 것이다. 그런데 신체 내부에 싸움과 갈등이 있다는 것이 신체를 내적 카오스 상태로나 자기 분열의 상태로 이끌지는 않는다. 오히려 그 속에서는 늘 힘의 정도에 따른 질서가 형성된다. 그때그때의 힘겨루기 관계가 그때그때 만들어내는 질서가 말이다. 그리고 이 과정은 끊임없이 이어진다. 이것은 협조적 통일이 지속된다는 의미이기도 하다. 니체는 이런 통일구조와 그 지속에 대해 "아무리 감탄해도 끝이 없는", "기적 중의 기적"이라고 말한다. 이렇듯 신체는 항상 가변적이지만 전체로서는 통일적인, 살아 있는 관계적 유기체인 것이다. 니체는 이런 두 가지 사항을 담아 다음처럼 말한다.

"신체를 단초로 삼아 우리는 인간을 다양성으로서 살아가는 존재로 이해한다. 부분적으로는 서로 싸우고, 부분적으로는 정돈되고 위아래로 질서 지어지며, 그것의 개개의 단위에 대한 긍정 안에서 자신도 모르는 사이에 전체가 긍정되는 존재로. 이런 살아 있는 존재들 사이에는 복종보다는 고도로 지배하는 것들이 있으며, 이것들 사이에는 다시 싸움이 있고 승리가 있다. 인간의 전체는 우리에게 부분적으로는 의식되지 않고, 부분적으로는 충동의 형태로 의식되는 유기체들의 속성을 갖는다"(『유고』 KGW VII 2 27[27], p.282).

이런 신체 유기체야말로, 우리가 '나 자신(Das Selbst)'이라고 부르는 것이며, 그것은 '나'를 총체적으로 파악하는 것이라고 할 수 있다. 정신성도 육체성도 온전한 의미의 '나'는 아닌 것이다. '육체와 정신', '이성과 감성'의 이분법이나, '육체와 정신과 의지', '육체와 정신과 감성'의 삼분법은 단지 설명에 의해 고안된 기호일 뿐이다. '정신이나 이성이 인간의 핵심'이라는 이성중심주의적 인간 이해도 마찬가지다. 그것들은 모두 기호, 그것도 반과학적 정신이 만들어 낸 기호이다. 그것은 결코 인간을 '총체적'으로 고찰하는 방식일 수 없다.

인간을 생리학적 방식에 의해 신체 유기체로 파악하면, 인간의 모든 행위와 사태 역시 그것의 일환이, 즉 생리적 협조가 이루어지는 '총체적 현상'이 된다. 예술이나 아름다움에 대한 체험도 마찬가지다. 이것이 예술생리학을 '응용'생리학으로 묘사하는 예술생리학의 출발점이다.

## 총체적 체험의 예: 도취(Rausch)

"예술이 있으려면, 어떤 미적 행위와 미적 인식이 있으려면, 특정한 생리적 선결조건이 필수불가결하다. 즉 도취라는 것이. 도취가 우선 기관 전체의 흥분을 고조시켜야 한다. 그러기 전에는 예술은 발생하지 않는다"(『우상의 황혼』,〈어느 반시대적 인간의 편력〉 8: KGW VI 3, p.110).

미 체험과 예술 체험이 신체 유기체의 '총체적' 현상이라는 것, 그리고 그것은 도취를 통해 확인할 수 있다는 것. 이 두 가지 점을 모두 보여 주는 대표적인 글이다. 여기서 도취는 생리적인 사태로 묘사되고 있으며, 우리의 예술 체험도 도취를, 미적 체험도 도취를 필요로 한다고 한다. 단지 필요로 할 뿐만 아니라, 두 체험의 본질이 같은 것으로 제시된다. 도취가 전제되지 않는다면 예술도 발생하지 않고, 아름다움이라는 체험도 발생하지 않기 때문이다. 또한 인용문에서 직접 드러나지는 않지만 예술 체험과 미 체험이 역으로 도취를 발생시키기도 한다. 도취는 미와 예술의 생리적 '전제'일 뿐만 아니라 생리적 '반응'이기도 한 것이다. 이렇듯 니체는 미학의 분리 가능한 두 주제인, 예술과 아름다움을 도취를 매개로 하나로 통합시켜 버린다. 그래서 '예술은 아름답다. 아름답지 않은 것은 예술이 아니다'라는 예술과 아름다움의 동근원성 테제가 등장한다. 그렇다면 추한 것은 당연히 예술이 아니다. 반예술이자 예술 아닌 그 무엇일 뿐이다(뒤의 〈예술창작과 예술수용의 관계〉).

물론 예술생리학에서 제시되는 도취 개념은 『비극의 탄생』이 대변하는 니체 초기 사유의 도취 개념과 구별될 필요가 있다. 『비극의 탄생』에서 선보였던 도취 개념은 '아폴로적 예술충동과 대립되고 그것과 변증법적 고양을 추구'하는 디오니소스적 예술충동의 상태로서만 제시된 것이다. 이 시기에 도취 개념은, 깨어 있는 아폴로 신에 대립되는 미친 신의 이미지로나 취해 있는 상태(toxisch)로 자주 등장하고, '황홀과 공포와 경악의 총체'에서 인지성의 역할을 축소시키면서 일종의 비합리적인 감정 상태로 묘사되곤 한다. 감정적 측면에 대한 묘사는 예술생리학에서도 완전히 사라지지는 않지만, 그것은 원칙적으로 감성적 취향을 넘어서 생명력의 상승과 힘상승의 쾌감 및 기쁨과 연계되고, 이성과 감성과 육체성의 구분을 넘어서며, 합리와 비합리의 구분 자체를 소거해 버리고 등장하는 것이다.

도취의 장소는 신체다. 위 인용문에서 도취라는 것은 '우리 기관 전체의 생리적 흥분'으로 묘사되고 있다. 이것에 대한 좀 더 적극적인 묘사는 "도취에서 본질적인 것은 힘상승의 느낌과 충만의 느낌이다"(『우상의 황혼』 〈어느 반시대적 인간의 편력〉 8: KGW VI 3, p.110)라는 단언이다. 여기서 '힘상승의 느낌과 충만의 느낌'으로 표현된 것은 물론 신경기관 및 근육기관을 포함한 신체 전체의 체험이다. 신체 전체가 힘을 느끼고 그 자신의 상승 운동이 감지되는 것이다. 그런 체험을 통해 신체 전체가 기뻐하며 즐거워한다. 이렇듯 도취의 장소는 육체적인 것과 정신적인 것이 분화되지 않고 연계된 통일체로서의 나 자신, 즉 신체다. 그래서 도취는 심리학적 사실도 아니고 육체의 사실도 아닌, 머리끝부터 발끝까지 발생하는 생리적 사실이다. 우리 전체가 한꺼번에 일종의 '좋은 기분'에 빠져드는 것이다(『유고』 KGW VIII 3 14[179], p.155). 그러기 위해서 우리 내부의 "생리적 힘과 체계의 제대로 잘 이루어지는 협동"(『유고』 KGW VIII 3 14[179], p.156)이 전제되어야 하는 것이다.

## 도취의 기능: '이상화'

도취가 수행하는 전형적 기능을 니체는 '이상화 작업'이라고 부른다.

"도취에서 본질적인 것은 힘상승의 느낌과 충만의 느낌이다. 이런 느낌
으로 인해 사람들은 사물에게 나누어 주고, 우리로부터 받기를 사물에
게 강요하며, 사물을 폭압한다. 이런 과정이 이상화라고 불린다. 이상화
에서는 … 주요 특징들을 엄청나게 내몰아 버리는 일이 오히려 결정적
이어서, 그 때문에 다른 특징들이 사라져 버린다"(『우상의 황혼』 〈어느 반
시대적 인간의 편력〉 8: KGW VI 3, p.110).

니체가 말하는 이상화는 '모든 것에 그 충만과 깊이를 더해서 완전
하고도 풍요롭게 변모시키는 것'을 의미한다. 이런 이상화는 도취의
주체에서도 발생하지만, 그 방향은 대상세계로 향하기도 한다. 먼저
대상적 측면을 보자. 도취 상태에서 주체는 대상이 가진 특징들을 극
대화시킨다. 실제로 대상과 전혀 무관한 제3의 것을 대상에 심는 것
도 아니고, 대상을 있는 그대로 체험하는 것도 아니다. 오히려 대상의
'그 무엇을' 극대화시켜 체험한다. 물론 대상의 모든 성질이 다 극대화
되는 것은 아니다. 그중에서 몇 가지만 '엄청나게 내몰리고' 다른 것들
은 간과되거나 무시된다. 그런 의미에서 "좀 더 충만하고 좀 더 단순
하며 좀 더 강하게 본다"(『유고』 KGW VIII 3 14[117], p.87)고 말할 수 있다.
이것을 니체는 대상을 '풍요롭게 만들고 완전하게 한다'고 이해한다.

즉 변용시키는 것이다. 그런데 대상세계의 이상화 작업에 선행되어야 하는 것이 있다. 주체의 변용이다. 대상을 이상화시켜 변용시키려면, 그 행위의 주체가 먼저 내부의 이상화 작업을 통해 완전하고도 풍요롭게 변용되어 있어야 한다. 자기 자신이 먼저 풍요롭게 변용되어 충만의 느낌이 지배해야 비로소 대상에 그것을 투사할 수 있기 때문이다. 도취가 가진 이런 이중의 변용력은 사랑에 빠진 사람의 상태와 유사하다. 사랑에 빠진 사람은 사랑하기 전보다 더 풍요로워지고 강해지며 온전해진다. 그는 거의 새로운 사람이 되기도 한다. 그러면서 그에게는 사랑하는 대상의 모습도, 사랑하는 대상과 함께 보내는 시간이나 공간도 다르게 다가온다. 그에게 세계 자체가 완전히 새롭게 열리는 것이다.

그런데 대상세계에 대한 도취는 주체가 대상에 자기 완전성을 투사하는 것이기에, '자기 자신을 최대의 풍요와 완전성으로 즐기는 것'에 다름 아니다. 이런 일이 예술과 아름다움의 체험에서 특징적으로 발생한다. 그렇다면 예술과 아름다움은 곧 우리 인간의 자기 이상화 작업의 산물이라고 말할 수 있다. 그래서 그것들은 모두 인간을 기본 꼴로 하고 있으며, 인간이 세계를 인간적인 아름다움으로, 인간적인 예술로 뒤덮는다. 이런 상황이기에 "그 어느 것도 아름답지 않다. 인간 외에는"(『우상의 황혼』, 〈어느 반시대적 인간의 편력〉 20: KGW VI 3, p.118)이라는 단언이 나오는 것은 자연스럽다. 예술과 아름다움에서 인간은 자신의 최대의 풍요로움과 완전성을 즐기는 것이다. 니체의 다음 글은 이 모든 내용을 요약해 주고 있다.

"이런 상태에서 사람들은 자신의 충만함으로 인해 만사를 풍요롭게 만든다. 무엇을 보고 무엇을 원하든 사람들은 그것을 부풀려서 보고, 절실한 것으로 보며, 강하고 힘이 넘쳐나고 있다고 본다. 이런 상태에 있는 인간은 사물이 그의 힘을 다시 반영해 낼 때까지 사물을 변용시킨다 —사물이 자신의 완전함을 반영하게 될 때까지. 이렇게 완전성으로 변용시켜야 한다는 것— 바로 이것이 예술인 것이다. 그의 원래 모습이 아닌 것 전부가 그럼에도 불구하고 그에게는 기쁨이 된다: 예술에서 인간은 자신을 완전성으로 즐기는 것이다"(『우상의 황혼』 〈어느 반시대적 인간의 편력〉 9: KGW VI 3, pp.110~111).

## 신체 능력의 극대화와 협조

도취가 우선적으로 자기 이상화이자 자기 완전화이며 자기변용이라면, 그것을 가능하게 하는 것은 신체 전체의 능력과 힘이다. 근육과 신경과 세포 전체가 그것을 위해 '협동 작업'을 한다. 그것도 "내부체계들의 협조와 그것들이 한 체계에 봉사하는 작업"의 형태로 말이다 (『유고』 KGW VIII 3 14[157], p.134). 이때 각 기관의 능력은 첨예화된다. 아래의 구구절절한 설명처럼 말이다.

"완전히 다른 기호언어를 이해하고 창조할 수 있을 정도로, 감각의 극도의 예민함 … 극도의 전달력을 낳는 극도의 운동성; 기호를 제공할 수 있는 것 모두가 원하는 발언의욕…. 기호와 몸짓에 의해서, 말하자면 스스로에게서 이탈하고자 하는 욕구: 자신에 대해 백여 가지 언어 수단을 통해 말하는 능력… 폭발적 상태 —이런 상태는 먼저 모든 종류의 근육 활동과 움직임을 통해 무진장한 내적 긴장으로부터 이탈하라는 강요와 압박으로 여겨지지 않으면 안 된다: 그런 후에는 내적 과정(심상, 사유, 욕망)을 향하는 그 움직임의 강제적 공존으로서, —내부로부터 작용하는 강력한 자극의 충격 밑에 있는 근육 체계 전체의 일종의 자동화로서 생각되지 않으면 안 된다. —반응을 저지 못 하는 무능; 저지장치가 말하자면 풀려 있는 것, 모든 내부 운동(느낌, 사유, 아펙트)은 혈행의 변화를, 따라서 안색과 체온과 분비의 변화를 수반한다…"(『유고』 KGW VIII 3 14[170], p.148).

즉 시간 및 공간 지각능력의 확대는 물론이고, 기관의 섬세화, 가장 은근한 암시마저도 파악해 내는 감지력과 이해력과 전달력의 강화 및 표현력의 상승, 반응력의 강화 등이 이루어지고, 그것들이 '자동적'으로 한데 어우러진다. 거기에 근육의 힘과 혈관의 팽창, 혈행의 급속한 순환, 안색과 체온과 분비체계의 활성화, 신경의 팽팽함 등이 더해져, 마치 '폭발적 상태'에 이른 것 같은 상태가 된다. 신체 전체의 힘이 터져 버릴 듯한 상태에 놓이고, 신체 전체는 그 상태에 사로잡힌다. 즉 도취된다. 이런 식의 설명은 하이데거가 지적해 주었듯 "화학적 묘사일 뿐, 철학적 설명은 아닌 것"(마르틴 하이데거, 『니체』, p.137)일 수 있다. 외적으로나 경험적으로 확인 가능한 신체 변화에 대한 주목인 것이다. 하지만 니체가 이런 식의 설명을 통해 말하고 싶은 것은 도취라는 이상화 능력이 신체의 자기 이상화를 먼저 행하며, 그 자기이상화 작업은 신체의 전 기관과 조직 전체를 '첨예화시켜서' 발생하는 '종합적인 협조'의 산물이라는 점이다. 그래서 도취상태는 곧 신체능력과 힘을 강화시키는 변용의 상태이다. 이런 일이 바로 우리의 미적 체험과 예술체험에서 본질적이다. 그렇다면 '도취에 빠질 수 없는 자는 신체 능력의 이상화를 구현하지 못하는 존재로, 그는 아름다움도 예술도 알지 못한다'는 말도 가능하다.

물론 니체의 구구절절한 설명이 신체 내부의 모든 변화를 충분히 보여 주는 것도, 내부의 협조를 구체적으로 설명해 주는 것도 아니다. 우리 내부의 총체적인 종합이 너무나 복잡하게 진행되기 때문이기도 하고, 니체가 수용한 19세기 생리학의 한계 때문이기도 하지만, 발전된 현대 의학이나 생물학이나 생리학적 지식으로도 다 설명해 내기 어려운 것이 바로 인간이라는 점 때문이기도 할 것이다. 어쨌든 니체는 그것 이상을 말하기는 어려웠던 것 같다. 샤를 페레의 "심리-운동적 감응"을 빗댄 "심리-운동적 교감"이라는 단어를 사용해 보기도 하고(『유고』 KGW VIII 3 14[119], p.89), 『비극의 탄생』에서 제시했던 구분을 넘어 아폴론적인 것에도 도취를 적용하고(『우상의 황혼』 〈어느 반시대적 인간의 편력〉 10: KGW VI 3, p.111), 거기에 의지의 도취를 제3의 도취인 양 추가해 보기도 하는 것은(『우상의 황혼』 〈어느 반시대적 인간의 편력〉 11: KGW VI 3, p.112) 설명의 다양성과 구체성을 확보해 보려는 시도지만, 그것 역시 그다지 성공적이지는 않다. '심리운동적 교감'은 위의 설명을 그저 다른 단어로 대체한 것이며, 도취를 세 가지로 구분하는 것 역시 창작행위의 세부적 특징에 따른 편의상의 구분일 뿐, 그 셋이 결코 분리되어 등장할 수는 없기 때문이다. 이런 상황은 이성과 감성과 육체성의 공조를 보여 주는 데서도 마찬가지로 재현된다.

## 지적 육감(Intelligente Sinnlichkeit): 이성과 감성과 육체의 통일

'신체'라는 개념 자체가 '이성과 감성과 육체성의 불가분적 통일'이자 '힘에의 의지의 역학을 구현하는 해석주체'를 함의하기에, 도취 역시 그 운동성과 관계적 통일성을 전제하지 않을 수 없다. 니체가 아래 인용문에서 사용하는 '지적 육감'은 바로 그런 점을 조금은 더 선명하게 보여 주는 개념일 수 있다.

"도취라고 명명되는 쾌의 상태는 정확히 고도의 힘느낌이다 … 좀 더 많은 양과 넓이로의 시야의 확대 … 기관의 섬세화 … 가장 은근한 실마리에 대한, 모든 암시에 대한 예견, 이해력, 지적 육감 … 삶의 이 모든 드높은 계기들은 서로를 고무시킨다. 한 계기의 심상 및 표상세계는 암시로써 다른 것들을 고무시키기에 충분하다. 그런 것들로서 결국에는 서로 낯선 것으로 남아 있을 이유를 갖고 있었을 만한 상태들이 서로 뒤엉켜 성장하게 된다"(『유고』 KGW VIII 3 14[117], p.86).

비록 니체가 추가적인 설명을 하고 있지는 않지만, 그가 '지적 육감'이라는 단어로 무엇을 표현하고자 하는지는 추측 가능하다. 그것은 인간의 감성에 대한 표현일 수도, 이성에 대한 표현일 수도, 육체성에 대한 표현일 수도 있다. 더불어 신체 전체에 대한 표현이기도 하다. "모든 열정은 일정량의 이성"을 갖고 있다는 말처럼(『유고』 KGW VIII 2 11[310], p.373), 니체에게는 순수한 이성, 순수한 감성, 순수한 육체성을 추출해 내어 분리하는 것은 불가능하다. 그에게는 감성만이 느끼는 것도, 이성만이 이해하고 사유하는 것도, 육체만이 지각하는 것도 아니다. 오히려 느낌과 지각과 사유 일체는 감성과 이성과 육체성의 협조관계의 산물이다. 그리고 그 협조는 관점주의를 통해서 제시되듯, 힘 싸움을 통한 상호영향관계, 그리고 힘 싸움이 그때그때 구현해 내는 질서에 대한 다른 표현이다. 이런 싸움의 장소인 신체 전체가 지적 육감이다. 이성과 감성과 육체가 각각 '작은' 지적 육감이라면, 신체는 '큰' 지적 육감이다. 그래서 도취는 감성의 것만도, 육체의 것만도, 이성의 것만도 아니다.

앞의 인용문에서 도취 상태에서 벌어지는 신체의 상태를 '암시에 대한 예견, 이해력'으로 표현한 것이나, "색채의 극도의 섬세함과 화려함, 선의 명료함, 음조의 뉘앙스, 분명한 구별, 모든 명확한 것, 모든 뉘앙스는 도취가 낳는 극도의 힘상승을 상기시키는 한 도취 감정을 일깨운다"라는 부가적 설명(『유고』 KGW VIII 3 14[47], p.33), "카오스를 지배하는 것, 자신의 카오스에게 형식이 되라고 강요하는 것, 형식으로 필연성이 되라는 것, 논리적으로 간단하게 명료하게 수학이 되라는 것, 법칙이 되라는 것"(『유고』 KGW VIII 3 14[61], p.39)을 예술가가 지향해야 하는 위대한 양식의 속성으로 제시하는 것은 모두 그 지적 육감의 종합적 기능을 염두에 두고 있다고 할 수 있다. 일상적으로 '예견'이나 '이해력', '형식과 논리성과 명료성과 법칙을 세우는 것', '구별, 명확성' 등은 이성성의 고유한 역할로 이해되며, 그 상태에서 도취는 어렵다고 판단된다. 하지만 니체는 생각이 다르다. 유형이나 연속이나 명료함이나 균형이나 비율이나 조화나 단순함, 법칙을 만들고 명료하게 만드는 일 같은 것도 도취를 발생시킬 수 있다. 거기서도 이성과 감성과 육체라는 작은 지적 육감들이 이미 서로 영향을 주고받으면서 종합적으로 활동하기 때문이다. 그래서 도취는 "인간의 모든 능력의 총체적인 엑스터시 상태"이기도 한 것이다. 우리가 음악을 들으면서 종종 겪게 되는, 아찔한 감동, 울컥함, 몸의 떨림, 흥분, 눈물, 벅차오름, 황홀… 등은 모두 지적 육감의 총체적 현상이자, 그것들의 기호이기도 한 것이다. 니체가 칸트의 미학에 대해 "섬세한 자기체험이 결여"되었다고 하는 것은(『도덕의 계보』 III 6: KGW VI 2, p. 365) 바로 이런 총체성을 간과했다는 판단에서다. 아폴론적 도취와 디오니소스적 도취와 의지의 도취가 한꺼번에 발생하는 곳에서, 비합리의 표현으로서나 단순 격정이나 무절제한 감정의 숭배로서의 도취를 말하는 것은 어불성설이다. 이런 점을 전제하면 니체가 다음의 글을 『유고』에 옮겨 놓은 이유도 추측 가능하다. "베토벤은 걸으면서 작곡했다. 모든 천재적인 순간들을 넘쳐나는 근육의 힘이 동반했다. 달리 말하면 모든 의미에서 이성에 따른다. 천재적인 흥분상태 각각이 우선 많은 양의 근육에너지를 요구하고, 이것이 도처에서 힘느낌을 상승시킨다. 반면 힘차게 걷는 것은 정신적 에너지를 도취에 이르기까지 상승시킨다"(『유고』

KGW VIII 2 9[70], p.36.(H. Joy, *Psychology des grand hommes* (Paris, 1883)의 발췌글. p.260)). 니체는 이런 내용을 동물성과 정신성의 상호관계를 통해 다음 처럼 묘사하기도 한다.

"예술은 우리에게 동물적 활력의 상태를 상기시킨다. 예술은 한편으로 는 생기발랄한 육체성이 상(像)과 소망들의 세계로 넘치며 발산되는 것 이다; 다른 한편으로는 동물적 기능이 상승된 삶의 상(像)과 소망들에 의해 자극받는 것이다; ―생명감의 고양이며 생명감의 자극제다"(『유고』 KGW VIII 2 9[102], p.58).

지적 육감이 도취에 사로잡혔다는 것. 그것은 무엇이 우리에게 유 용한지를 평가하고 선택하는 활동이 이루어졌다는 것이다. 무엇이 우리의 힘 느낌을 상승시키고, 무엇이 우리의 생명력을 강화시키며, 무엇이 우리의 삶에 보탬이 될 것인지를 지적 육감은 즉각적으로 판 단한다. 이때 우리의 이성은 '즉각적으로 반응하려는 우리의 본능적 힘을 제어하는 방식으로 협력한다. 그래서 단기적 유용성에 반응하 기보다는 결과 사슬을 더 멀리 더 길게 내다보게 만든다'(『유고』 KGW VIII 2 10[167], p.220). 이런 과정들이 신체에 습관처럼 각인된다. 그래서 니체는 우리에게는 "자기고유의 기억"이 있고(『유고』 KGW VIII 3 14[119], p.88), 의식적이거나 선의식적인 그 기억 속에는 "엄청나게 많은 자료" 들이 쌓여 있으며(『유고』 KGW VIII 3 16[40], p.295), 그것이 오랜 시간의 훈련과 습관을 통해 특정 대상을 선호하고 물리치게 하는 반응체계를 형성해 준다고 생각한다. 물론 거기서의 기준은 우리에게 유용한 것인지, 우리를 즐겁게 하는 것인지, 우리에게 힘 상승의 쾌감을 주는 것인지다. 그것도 단기간의 유용이나 즐거움이 아니라 가급적이면 '장기간' 지속되는 유용성과 즐거움을 주는 것인지다.

> "미와 추함의 발생에 대해. 우리에게 본능적으로 미적 혐오감을 불러일으키는 것은 가장 긴 시간의 경험을 통해 인간에게 해롭고 위험하며 불신받아 마땅한 것으로 입증된 것이다: 미적 본능의 돌연한 표출은 하나의 판단을 내포하고 있다"(『유고』 KGW VIII 2 10[167], p.220).

그런 반응체계와 활동이 신체 속에 어느 정도로 습관처럼 되어 있는지에 따라 도취의 가능성이 달라지며, 그 정도가 예술가의 위계를 결정한다. 그래서 니체는 그가 최고의 예술가로 인정하는 비극적 예술가에 대해 다음처럼 말한다. "그의 깊이는 그의 예술적 본능이 먼 결과를 내다본다는 데에, 그가 바로 옆의 것에 단기적으로 머무르지 않는다는 데에, 그가 '크게 보는 경제'를 긍정한다는 데에 있다. 이런 경제는 끔찍한 것, 악한 것, 의문스러운 것을 정당화한다. 정당화 이상을 원한다"(『유고』 KGW VIII 2 10[168], p.223).

## 예술과 예술 아닌 것, 미판단과 추판단. 구별의 원칙

지적 육감, 아니 우리 신체 전체는 예술과 비예술을, 아름다운 것과 추한 것을 구분한다. 물론 거기서는 우리가 도취되었는지, 달리 말하면 우리에게 쾌감을 주고, 생명감을 고양하며, 삶의 상승운동을 자극하는지가 관건이 된다. 참과 거짓, 도덕과 반도덕을 구분할 때와 마찬가지의 전략, 즉 유용성 전략이 구동되고 있는 것이다. 예술생리학이 사용하는 관점주의가 수미일관하게 적용되기 때문이다. 그래서 예술생리학은 '아름다움＝예술', '추함＝반예술'이라는 등식을 도출하게 된다.

"생리적으로 고찰해 보면 추한 모든 것은 인간을 약화시키고 슬프게 한다. 쇠퇴, 위험, 무력을 상기시킨다: 그러면서 실제로 힘을 상실한다. … 힘에 대한 그의 느낌, 그의 힘에의 의지, 그의 용기, 그의 긍지 ─이런 것이 추한 것과 함께 사라지며, 아름다움과 함께 상승한다. … 추함은 퇴화에 대한 암시이자 징후로 이해된다: 아주 어렴풋이라도 퇴화를 상기시키는 것은 우리 안에서 '추하다'는 판단을 불러일으킨다. 소진, 고난, 연로, 피곤의 모든 징표, 경련이든 마비든 모든 종류의 부자유, 해체와 부패의 냄새와 색깔과 형식들, 이것들이 끝까지 희석되어 상징이 되었다 하더라도…. 이때 그는 인간 종의 가장 심층적인 본능에 의해 증오한다. 이런 증오에는 공포, 신중, 심원함, 멀리 내다봄이 내재한다"(『우상의 황혼』〈어느 반시대적 인간의 편력〉 20: KGW VI 3, p.118).

'인간 종의 가장 심층적인 본능'이라는 것은 바로 삶과 생명력의 상승적 지속에 관한 것이다. 우리는 그것을 위협하거나 저지하는 것을 반사적으로 피한다. 그것이 우리를 불쾌하게 하고 슬프게 하며 피곤하게 만들고 지치게 만들어, 우리 자신의 힘의 소진과 쇠퇴를, 생명력의 약화를 느끼게 하기 때문이다. 우리는 그런 것을 자연스럽게 '심층적인 본능'에 의해서, '습관화된 신체의 기억을 통해' 멀리하고 외면하는 것이다. 이때 우리의 지적 육감은 도취되지 않는다. 예술이 아니라고 간주한다. 이렇듯 추한 것은 예술의 영역에 속할 수 없다. 예술의 영역에는 오로지 아름다움만이 있을 뿐이다. 이것이 니체가 추한 예술을 "예술의 반대, 예술에서 제외되는 것, 예술의 부정"이라고도 말하는 이유다(『유고』 KGW VIII 3 14[119], p.88). 물론 여기서 추함은 소재의 추함이나, 대상의 고유성질로서의 추함이 아니다. 예컨대 아주 잔인하거나 무서운 장면 자체가 그 자체로 추한 것은 아니다. 우리는 그것 앞에서 위험, 소진, 쇠퇴, 슬픔을 느낄 수도, 그 반대로 격앙과 상승과 기쁨과 힘을 느낄 수도 있다. 두 번째 경우에만 우리는 '예술이네!'라고 판단한다. 그것은 우리가 도취되었다는 것을 의미하며, 그래서 우리가 그것을 아름답다고 판단했다는 것을 의미한다. 이렇게 해서 니체에게는 '아름답지 않은 것은 예술이 아니다.' 비록 그가 '추한 예술'이나 '데카당스 예술'이라는 개념을 사용하기는 하지만, 그것들을 예술 장르의 하나로 인정하려는 의도에서가 아니다. 그에게 예술은 하나다. 오직 아름다운 예술만이 있을 뿐이다. 니체가 "예술의 본질적인 면은 어디까지나 삶을 완성시키고 완전성과 충만을 발생시키는 것이다. 예술은 본질적으로 삶에 대한 긍정이고 축복이며 삶을 신격화하는 것이다"라고 하는 것은 '예술=아름다움'을 전제하기에 가능하다(「유고」 KGW VIII 3 14[47], p.33).

　오로지 '아름다운 예술'만이 '디오니소스적 예술'이자 '비극적 예술'이다. 비극적 예술이 삶의 가장 "끔찍한 것과 의문스러운 것 앞에서"마저 "공포 없는 상태"를, 그래서 그런 것 앞에서 갖추고 있는 "용기"와 자칫 우리를 옥죄거나 소진시킬 수 있는 것들로부터 진정 "자유"로워지는 상태를 표현해 주기 때문이다(「우상의 황혼」 〈어느 반시대적 인간의 편력〉 24: KGW VI 3, pp.120~121). 반면 "이와는 반대되는 본능의 특수한 반예술성을 생각해 볼 수 있을 것이다. ―이것은 모든 사물을 피폐하게 만들고, 희석시키며 소모적으로 만드는 방식일 것이다"(「우상의 황혼」 〈어느 반시대적 인간의 편력〉 9: KGW VI 3, p.111)가 말해 주듯 반예술은 추하며, 여기에 대해 니체는 '데카당스 예술'이라는 명칭을 붙인다. 이렇게 해서 니체는 '아름다움＝예술, 추함＝반예술'이라는 등식을 '아름다움＝예술＝디오니소스적 예술', '추함＝반예술＝데카당스 예술'로 확대한다. 도취라는 생리적 사태를 통해 획득된 이 공식은 니체에게서 매우 철저히 적용되고 있다. 그가 도취의 출발점을 "삶의 거대한 충만과 뇌의 병적인 양육"이라는 두 가지로 제시하면서, 동시에 "생리적 사항에서의 혼동보다 더 비싼 대가를 치르는 것은 없다"를 추가하는 것도 바로 이런 맥락에서다(「유고」 KGW VIII 3 14[68], p.45). 도취는 하나고, 아름다움도 하나다. 예술도 하나다.

　"모든 종류의 예술가에 대해 나는 이제 다음과 같은 핵심적 구별을 한다: 거기서 삶에 대한 증오가 창조적이 되었는가? 아니면 삶의 충일이 창조적이 되었는가?"(『니체 대 바그너』 〈우리 대척자들〉 : KGW VI 3, p.423).

니체의 이 새로운 공식은 미와 추, 예술과 비예술의 구분이 대상의
문제가 아니라는 것에 대한 증거가 되기도 한다. 그 구분의 관건은 바
로 주체다. 그래서 니체는 "무리인간은 위버멘쉬와는 다른 사물에서
아름다움이라는 가치감을 얻는다", "무기력한 본능이 증오할 만하다
거나 추하다고 평가할 사물과 상태에 대해 힘느낌은 아름답다고 판단
한다"고 말할 수 있는 것이다(『유고』 VIII 2 10[167]~[168], pp.220~222).

## 예술창작과 예술수용의 관계

도취라는 것은 예술이 어디서 발생하는지 설명해 주는 개념이다.
즉 예술창조의 과정에서 일어나는 상태를 지시한다. 철저히 창조미
학적 관점을 갖고 있는 것이다. 물론 그것은 아름다움이라는 신체적
판단의 소재지가 작품 같은 대상이 아니라는 점을 보여 주기도 한다.
그래서 예술생리학은 객관적인 아름다움이나, 미 그 자체를 설정하는
미적 객관주의에서 벗어나 있다. 동시에 미적 주관주의로부터도 떨
어져 있다. 아름다움에 대한 체험은 관점적 해석, 즉 이미 주체와 객
체의 이원적 분리 자체를 무화시키고 진행되는 '용해(verschmelzen)' 활
동이기 때문이다. 이런 특징은 니체 스스로 예술생리학을 전통적인
수용미학이나 작품미학과 차별화시키는 데서도 확인된다.

"지금까지의 우리의 미학은 [받아들여 향유하는] 여자의 미학이었다. 예술을 받아들여 향유하는 자들이 아름다움은 무엇인가에 대한 그들의 경험을 정식화했을 뿐이다. 오늘날까지의 철학 전체에는 예술가가 없다. … 이것이야말로 필연적 과오다"(『유고』 KGW VIII 3 14[170], p.149).

하지만 창조미학이라고 해서 수용미학이나 작품미학의 가능성을 완전히 배제한다는 의미는 아니다. 니체는 '예술생산자가 도취되어 내놓은 생산품이 수용자에게도 동일한 효과를 불러일으킬 수 있는가?'라는 예상 질문에 "예술작품은 예술창조의 상태를, 도취의 상태를 자극하는 작용을 한다"를 답변으로 제공할 수 있기 때문이다(『유고』 KGW VIII 3 14[47], p.33). 물론 그것이 실제로 발생하는지의 여부는 입증이 필요하다. 위의 답변과 더불어 니체는 "예술가와 문외한(예술향유가)" 사이에 "주는 자와 받는 자"의 차이를, "양성의 차이처럼 정반대의 광학"을 갖고 있는 것으로 인정하고 있기 때문이다(『유고』 KGW VIII 3 14[170], p.149). 하지만 니체는 '원칙적으로는' 동일한 효과를 불러일으킨다고 생각하는 것 같다. 달리 말하면 수용자 역시 도취될 수 있다. 예술작품은 그에게 창작자의 예술체험을 그리고 아름다움의 체험을 공유하게 하는 그 무엇일 수 있다는 것이다. 그 이유는 두 가지다. 첫째, 예술과 아름다움은 한 개인의 가치감의 표현을 넘어서 '종적 생존조건'을 누설해 주는 것이기 때문이다. "우리에게 본능적으로 미적 혐오감을 불러일으키는 것은 가장 긴 시간의 경험을 통해 인간에게 해롭고 위험하며 불신받아 마땅한 것으로 입증된 것이다"(『유고』

KGW VIII 2 10[167], p.220). 둘째, 예술창작자의 생리적 조건을 수용자 역시 일정 정도 공유하고 있기 때문이다. "예술가 내부에서 인격과도 같은 것으로까지 사유되고 인간 일반에게서는 일정정도로는 부가되어 있는 생리적 상태"로 니체는 "도취와 감각의 예민성 그리고 모방력"을 제시한다(『유고』 KGW VIII 3 14[170], p.148). 그래서 수용자는 작품을 보면서 특정 상태를 이미 추측해 내고 그것을 마치 '모범'처럼 받아들여 전염성을 지닌 것처럼 자신에게 전달할 수 있다. 비록 '정도의 차이'는 있을지라도 예술창작자의 상태를 이해하고 같이 느낄 수 있다. 물론 수용자의 신체 기관의 활성화를 통해 그 정도는 더 상승할 수도 있다. 그래서 예술작품은 관람자나 수용자를 흡인하고 사로잡을 수도 있다. 창작자와 수용자 모두를 한 분위기 속에서 결합하는 것이다. 이렇듯 예술작품을 통해서 서로를 격리하던 경계는 사라지고, 그 모든 참여자는 자기망각의 엑스터시 상태까지도 이를 수 있다.

## 예술의 합목적성. 예술은 우연이 아니다

생리적 도취를 통해 보여 준 예술과 아름다움에 대한 설명은 예술의 목적에 대해서도 매우 분명한 태도를 취하고 있다: '예술은 합목적적 활동이다.' 이 주장은 예술을 도덕적 목적이나 교육적 목적을 위한 수단적 가치로 활용하는 예술론들에 대한 니체의 비판을 고려하면 모순처럼 들리기도 한다. 하지만 니체가 수행하는 '예술에서의 목적에 맞서는 싸움'은 예술이 가진 원래의 목적인 '삶'에 대한 옹호와 결코 대립적이지 않다. 예술은 삶의 상승운동, 생명성의 강화라는 목적 외에는 그 어떤 부차적인 목적에도 종속되지 않는다는 점을 일관되게 주장하는 것이기 때문이다. 니체가 '예술을 위한 예술'이라는 기치를 갖고 있던 순수예술 운동에 대해 그것이 "예술을 도덕화하는 경향에 맞서는 싸움"이라고 옹호하면서도, "그것 역시 편견의 우세한 힘을 누설"하고 있다고 하는 것은 바로 그런 맥락이다(『유고』 KGW VIII 2 9[119], p.68). 그것이 예술의 본래 수행방식, 즉 예술이 관점적-가치 평가적 해석이라는 점을 간과했다는 것이다. 관점적 해석은 힘에의 의지의 합목적적 활동이다. 그래서 예술은 힘상승과 생명력의 강화, 삶의 향상을 추구한다. 모든 해석행위가 그러하듯 예술은 철저히 목적 지향적이다. '도취＝힘상승＝삶의 향상적 전개'가 바로 그것의 목적이며, 이런 목적은 초월적-외재적 목적이 아니라 '내재적' 목적이다. 니체는 초월적-외재적 목적론에 대해서는 '철학자들의 유전적 결함'으로 철저히 비판하면서도, '힘에의 의지의 내재적 목적론'을 동시에 제공한다(백승영, 『니체, 디오니소스적 긍정의 철학』, pp.139~243, 345~350). 예술에서의 목적 역시 내재적 목적이다. 물론 그 목적추구는 거의 본능적으로 신체 전체에서 발생한다. 그래서 신체 전체가 가치와 의미를 판단하고 부여하는 관점적-가치 평가적 해석활동을 하게 되는 것이다. 니체가 앞의 인용에 덧붙여 "예술은 여느 가치평가들을 강화시킨다. 이것을 단순히 부수적이거나 우연이라고 받아들여도 좋단 말인가?"라고 반문하는 것이나(『유고』 KGW VIII 2 9[119], p.69), '있는 대로 본다'는 사실주의 예술론에 대해서 우리 자신이 누구인지도 알지 못하는 '속류심리학'이라고 비난하는 것도 같은 맥락이다(백승영, 『니체, 디오니소스적 긍정의 철학』, pp.664~666). 예술은 합목적적 활동이라는 니체의 이런 기본 입장은 아래의 글에서 다시 확인할 수 있다.

"예술이 하고 있는 일이 무엇이란 말인가? 예술은 칭찬하지 않는단 말인가? 예술은 찬미하지 않는단 말인가? 예술은 골라내지 않는단 말인가? 예술은 두드러지게 하지 않는단 말인가? 예술은 사실 이 모든 일을 하면서 특정한 가치평가들을 강화하거나 약화시키거나 하는 것인데… 이것이 단순히 부수적인 일에 불과하다는 말인가? 우연이란 말인가? 이것이 예술가의 본능이 전혀 개입하지 않는 어떤 것이라는 말인가? 아니면 그 반대로 예술가가 그럴만한 능력이 있다는 것이 그 전제 조건이 아니란 말인가? 그의 가장 심층적인 본능은 예술을 향하는가? 예술의 의미인 삶을 향하고 있는 것이 아닌가? 삶이 소망할 만한 것으로 향하는 것은 아닌가? 예술은 삶의 자극제다. 그런데 어떻게 그것이 목적이 없다거나 목표가 없다거나 예술을 위한 예술이라고 이해될 수 있단 말인가?"(『우상의 황혼』, 〈어느 반시대적 인간의 편력〉 24: KGW VI 3, p.121).

예술의 합목적성은 도취 개념을 통해서도 다시 한 번 정당화된다. 충만과 완전성의 느낌, 힘의 느낌, 강화된 생명력의 느낌, 상승적 삶의 느낌이 신체를 압도한다는 것은 곧 예술이라는 해석행위가 지향하는 바가 구현되었다는 것을 의미하기 때문이다. 우리는 도취되면서 우리의 심층적인 예술 욕구의 지향성에 응답하는 것이다. 그래서 도취 자체가 바로 예술이라는 해석행위의 목적이 실현되었다는 것을 의미한다. 예술생리학의 이런 내용을 '우연에 개방된 실험 혹은 모험'으로 보는 것은 예술생리학의 도취 개념이나 예술 개념을 축소시킬 여지가 있다. 니체의 예술생리학은 예술을 우연의 소산으로 주장하고자 하지 않는다. 그것이 "예술을 유기적 기능"으로 고찰하는 니체의 방식인 것이다(『유고』 KGW VIII 3 14[120], p.91.).

지금까지 제시된 예술생리학의 내용 —도취의 생리적 조건으로서의 신체, 도취의 발생과정, 예술 체험과 미 체험의 합목적성과 유용성 및 인간종의 자연적 본성, 예술체험과 수용의 일치 가능성 등— 은 함께 연합하여 예술 체험과 미 체험의 '보편적 성격'을 말하게 한다. 한마디로 하자면, 예술 체험과 미 체험의 보편성은 '인간은 도취를 추구하는 신체'라는, 인간의 종적 보편성에서 확보되는 것이다. 물론 예술과 미의 보편성은 '원칙적'인 것이며, 늘 구현되지 않을 수 있다. 누구라도 언제든지 도취될 수 있는 것은 아니기 때문이다. 칸트의 취미판단이 '원칙적'으로는 누구에게든 가능하지만, 누구라도 언제든지 그런 판단을 내리는 것은 아니듯이 말이다.

## 나오는 말: 미적 도취, 그 총체적 체험

도취가 이성의 사태이자 감성의 사태이며 육체의 사태이자 의지의 사태, 즉 인간 전체의 총체적 사태이기에, 도취를 본질적 구성요소로 하는 아름다움에 대한 체험이나 예술 체험 역시 인간 전체의 총체적 사태다. 신체라는 유기체의 종합적 사태인 것이다. 그래서 예술생리학은 다음처럼 말할 수 있다: '예술과 아름다움은 우리 신체 전체를 기쁘게 하고, 이때 우리는 인지적으로도 만족스럽고 감정적으로도 만족스러우며 육체적으로도 만족스럽다. 우리를 총체적으로 도취시키는, 그래서 우리에게 유용한 것이다. 인간이 긴 역사를 통해 예술과 아름다움을 포기하지 않고 계속 추구하는 것은 바로 이런 유용성 때문이다. 인간은 본성적으로 그런 유용성 전략을 사용하며, 그런 한에서 예술과 아름다움에 대한 추구는 인간이라는 종적 특이성이자 자연 본성인 것이다.' 이런 내용은 "나는 전적으로 신체일 뿐, 그 외의 것이 아니다"에 대한 표현이자 증거라고 할 수 있다.

**니체, 『우상의 황혼』(KGW VI 3), 백승영 역, (책세상, 2002).**
니체 스스로가 "요약된 내 철학"이라고 평가하는 이 책의 「소크라테스의 문제」, 「철학에서의 이성」, 「네 가지 중대한 오류들」, 「어느 반시대적 인간의 편력」에서는 이성과 감성의 이분법 및 그것을 전제한 이성중심주의 철학의 문제점이 제시되어 있다.

**니체, 『차라투스트라는 이렇게 말했다』(KGW VI 1), 정동호 역, (책세상, 2000).**
니체의 명실상부한 주저로, 인간이 '신체 유기체'라는 니체의 메시지가 지속적으로 울려퍼지는 책이다. 그중에서도 「신체를 경멸하는 자들에 대하여」, 「창조자의 길에 대하여」, 「자기극복에 대하여」, 「때 묻지 않은 인식에 대하여」, 「천 개 그리고 하나의 목표에 대하여」를 보라.

**백승영, 『니체, 디오니소스적 긍정의 철학』, (책세상, 2005).**
니체의 이론철학에 대한 연구서로, 특히 4장 「관점주의 인식론」, 6장 「예술생리학」에 신체 유기체의 인식과정 및 예술체험에 대한 설명이 제공되어 있다.

# 이성과 감성은
# 연속적인가?

이 남 인

EDMUND HUSSERL

이 글의 목표는 후설의 현상학에서 이성과 감성의 관계를 살펴보는 데 있다. 우리는 다양한 관점에서 이성과 감성의 관계를 살펴볼 수 있을 것이다. 이성과 감성은 어떻게 구별되는가, 이성과 감성 중에서 우위를 가지고 있는 것은 무엇인가, 이성과 감성 중에서 우리의 삶을 더 많이 지배하는 것은 무엇인가, 이성과 감성은 대립적인 것인가, 그렇지 않은가 등 양자의 관계에 대한 논의는 다양한 관점에서 전개될 수 있다. 그런데 이 글에서는 후설의 현상학을 중심으로 이성과 감성이 서로 연속적인지 그렇지 않은지 하는 문제를 살펴보고자 한다.

논의를 시작하기 전에 이성과 감성이 연속적 혹은 비연속적이라는 말이 무엇을 뜻하는지 밝히고 넘어가고자 한다. '연속'이란 수학적 개념인데, 이 글에서는 연속을 수학에서처럼 엄밀하게 사용하지 않는다. 이 글에서 이성과 감성이 연속적이라 함은 양자 사이에 정도의 차이만 존재할 뿐 질적 차이는 존재하지 않으며 이러한 의미에서 양자 사이에 넘어설 수 없는 벽이 존재하지 않음을 뜻한다. 예를 들어 감성이 낮은 단계의 이성으로 파악될 수 있거나 가능태로서의 이성으로 파악될 수 있을 경우 양자는 연속적이다. 그리고 양자가 비연속적이라 함은 그 반대의 경우를 뜻한다. 이 글에서 아무런 언급 없이 "이성과 감성의 관계"라고 할 경우가 종종 있는데, 이 경우 그것은 바로 이런 의미에서 양자 사이에 존재하는 연속적-비연속적 관계를 뜻한다.

이성과 감성이 연속적인지 하는 문제와 관련해 서양철학사에는 서로 대립하는 두 가지 입장이 존재한다. 양자를 연속적인 것으로 이해하는 입장과 비연속적인 것으로 이해하는 입장이 그것이다.

양자를 비연속적인 것으로 이해하는 대표적인 예는 플라톤과 칸트 등 전통적인 이성주의 철학자들이다. 플라톤에 의하면 이성과 감성은 서로 분리되어 독립적으로 존재할 수 있는 영혼의 능력으로서 비연속적이다. 영원불변한 존재인 이데아를 파악하는 능력인 이성과 감각계를 경험하는 능력인 감성 사이에는 질적 차이가 존재하며 넘어설 수 없는 벽이 존재한다. 감성은 감성이요, 이성은 이성이며 감성이 발전하여 이성이 될 수 없다. 칸트는 『순수이성비판』에서 플라톤과는 또 다른 의미에서 이성(오성)과 감성을 비연속적인 것으로 파악한다. 플라톤과 달리 칸트는 오성과 감성이 서로 분리되어 독립적으로 존재할 수 있는 것으로 간주하지 않았다. 감각인상을 수용할 수 있는 능력인 감성과 감성을 통해 받아들인 표상을 종합하고 사유할 수 있는 능력인 오성은 분리되어 독립적으로 존재하지 않으며 언제나 서로 협동하면서 경험적 인식을 낳는다. 그럼에도 불구하고 양자의 기능은 전혀 다르며 양자가 정도의 차이가 아니라, 질적인 차이를 보인다는 점에서 양자는 칸트의 경우에도 비연속적이다.

이와는 달리 생철학자들은 전반적으로 이성과 감성을 연속적인 것으로 파악한다. 철학적인 근본 성향에서 볼 때 생철학은 이성주의 철학과 반대되는 입장이다. 우선 이성주의 철학이 이성과 감성을 구별하면서 감성에 대한 이성의 우위를 주장하는 데 반해 생철학은 양자를 구별하면서 이성에 대한 감성, 즉 생의 우위를 주장한다. 더 나아가 이들에 따르면 이성은 감성으로서의 생과 분리되어 독립적으로 존재하는 것이 아니다. 이성이란 감성으로서 생의 표현이요 그것의 파생적 양상에 불과하며 감성으로서의 생 속에는 이미 이성의 씨앗이 들어 있다. 이처럼 생철학에서 이성과 감성은 질적으로 다른 것이 아니며 따라서 양자는 연속적인 것으로 이해되고 있다.

후설은 이성과 감성이 연속적이냐 그렇지 않으냐 하는 문제에 대해 그의 초중기 현상학과 후기 현상학에서 다른 입장을 취한다. 그는 전통적인 이성주의 철학자들과 마찬가지로 『논리연구』, 『이념들 I』 등의 초중기 저술에서 이성과 감성을 비연속적인 것으로 간주한다. 그러나 그는 1920년 이후 후기 현상학에서 양자를 연속적인 것으로 간주한다. 구체적으로 말해 그는 후기 현상학에서 감성을 1) 발생적으로 낮은 단계의 이성으로 간주하기도 하고, 2) 가능태로서의 이성으로 간주하기도 하면서 양자를 연속적인 것으로 이해한다.

후설은 이성에 대해서뿐 아니라, 감성에 대해서도 다양한 분석을 수행하였다. 그러나 그가 양자의 관계에 대해 명료한 형태로 분석을 수행한 경우는 많지 않다. 이제 우리는 이성과 감성에 대해 후설이 분석해 놓은 내용을 토대로 이성과 감성이 연속적인지에 대한 후설의 견해를 살펴볼 것이다. 우리는 우선 이성과 감성의 정의에 대한 문제를 살펴보고, 『논리연구』, 『이념들 I』 등 후설의 초중기 저술을 중심으로 지향성의 문제를 살펴본다. 이후 그의 초중기 현상학에 나타난 이성과 감성의 관계를 살펴볼 것이다. 거기에 이어 초중기 현상학에서 후기 현상학으로 넘어가면서 그의 지향성 개념이 수정된다는 사실을 살펴보고 그의 후기 현상학에서 지향성 개념이 어떻게 수정되는지 검토한 후 이러한 수정에 대응해 이성과 감성의 관계가 어떻게 변화하는지 살펴볼 것이다. 후설은 자신의 철학을 이성주의 내지 합리주의로 간주하였는데, 마지막으로 우리는 이성과 감성의 관계에 대한 논의를 토대로 그가 추구한 이성주의의 정체에 대해 간단히 살펴볼 것이다.

## 이성과 감성의 구별이 안고 있는 어려움

앞서 도입부에서 우리는 이성과 감성의 구별이 마치 모두가 받아들일 수 있을 정도로 자명하며 일의적인 것처럼 간주하면서 논의하였다. 그러나 양자의 구별은 선명하지 않다. 실제로 서양철학사를 조금만 들여다보아도 양자 사이의 구별이 자명하지 않다는 사실이 드러난다. 가장 중요한 이유는 이성 개념과 감성 개념이 철학자마다 다르고 한 철학자에게서도 저술 혹은 시기에 따라 다른 경우가 있기 때문이다.

우선 감성 개념을 살펴보면 이는 독일어의 'Sinnlichkeit'의 번역어로 종종 사용된다. 칸트의 경우, 앞서 살펴보았듯이, 그것은 감각인상을 받아들이는 수용능력을 뜻한다. 그러나 이 개념이 이러한 의미로만 사용되는 것은 아니다. 이 개념은 다양한 의미로 사용된다. 그것은 때로는 넓게, 때로는 좁게 사용되기도 한다. 예를 들어 그것은 감각과 동의어로 사용되기도 하고, 감각과 더불어 낮은 단계의 감정을 포괄하는 것으로 사용되기도 하며 더 나아가 이 둘과 충동, 본능, 신체적인 것 등을 포괄하는 개념으로 사용되기도 한다. 실제로 한국어에서 철학적 개념으로서의 감성은 맥락에 따라 다양한 의미로 사용된다.

감성 개념뿐 아니라, 이성 개념 역시 다양한 의미로 사용되고 있다. 서양철학의 핵심적인 개념 중의 하나인 이 개념은 철학자에 따라 조금씩 다른 의미로 사용된다. 예를 들어 플라톤의 경우 이성(nous)은 이데아를 직관하는 능력을 뜻한다. 아리스토텔레스의 경우 넓은 의미의 이성은 사유하고 가설을 세우는 영혼 활동 일반을 지칭한다. 칸트는 수용능력인 감성과 대비되는 사유능력, 종합능력을 오성이라 부르며, 오성을 넘어서는 순수사변적 이성, 실천이성, 판단력 등 다양한 유형의 이성에 대해 분석한다. 쇼펜하우어는 개념화 능력, 판단 능력 등 칸트가 오성이라 부른 것을 이성이라 부른다. 여기서 알 수 있듯이 이성 개념은 대부분의 경우 철학자들이 구상하는 철학체계에 따라 다소 차이를 보인다.*

이처럼 이성 개념과 감성 개념이 다의적으로 사용되기 때문에 이 둘을 일의적으로 구별하는 일은 쉽지 않다. 그렇다고 해서 양자의 구별이 아예 불가능한 것은 아니다. 비록 양자를 명료하게 구별하는 일이 어렵다고 하더라도 우리는 양자를 예를 들어 대략 구별할 수 있다.

---

* 이성 개념에 대한 이러한 논의는 K. Gründer/G. Gabriel이 편집한 Historisches Wörter-buch der Philosophie Gesamtwerk Bd. 11, Basel: Schwabe & Co. AG Verlag, 2001에 수록된 Vernunft/Verstand항을 참고하였다.

예를 들어 감각, 낮은 단계의 감정, 본능, 충동, 기분 등은 감성에 속하며 종합능력, 개념화의 능력, 사유능력, 추론능력, 원리들에 대한 인식 능력 등은 이성에 속한다. 그러면 이제 이러한 사정을 염두에 두면서 후설의 현상학에서 이성과 감성이 연속적인 것으로 파악되고 있는지 그렇지 않은지 살펴보자.

## 후설의 초중기 현상학에 나타난 지향성 개념[*]

우선 후설의 초중기 현상학에 나타난 이성과 감성의 관계를 살펴보자. 이를 위하여 후설의 초충기 현상학에 나타난 지향성 개념을 살펴볼 필요가 있다. 지향성의 문제는 이성의 문제와 직결되기 때문이다.

후설은 『논리연구』에서 체험에 대한 분석을 수행하면서 지향성 개념을 정립한다. 가장 넓은 의미에서 체험은 추론, 판단, 감각, 지각, 감정, 기분, 의지, 기억, 예상, 상상, 추측, 의심, 확신, 충동, 본능 등 일체의 영혼활동을 뜻한다. 그런데 이 모든 체험은 두 가지 유형으로 나누어지는데, 지향적 체험과 비지향적 체험이 그것이다.

여기서 지향적 체험은 지향적 대상을 가지고 있는 체험을 뜻한다. 내가 어떤 나무를 지각할 경우 이러한 지각적 체험은 지향적 체험에 속하는데, 그 이유는 이 체험이 어떤 나무를 향하고 있으며 그것을 지

---

[*] 이 주제에 대한 보다 더 자세한 논의는 이남인, 『현상학과 해석학』, 서울: 서울대학교 출판부, 2004, p.111 이하를 참고하시오. 아래 내용은 부분적으로 그곳에서 가져왔다.

향적 대상으로 가지고 있기 때문이다. 지각적 체험 외에도 앞서 예로 든 체험 중에서 지향적 체험의 예로는 추론, 판단, 감정, 의지, 기억, 예상, 상상, 추측, 의심, 확신 등을 들 수 있다. 이 모든 체험은 그들이 향하고 있는 지향적 대상을 가지고 있기 때문이다.

그러나 후설에 의하면 지향적 체험과는 달리 지향적 대상을 가지고 있지 않은 체험이 존재하는데, 이러한 체험이 비지향적 체험이다. 앞서 예로든 체험 중에서 비지향적 체험의 예로는 감각, 기분, 본능 등을 들 수 있다. 이러한 체험들은 대상과의 명료한 의식적 관계를 결여하고 있다. 예를 들어 내가 권태로운 기분이 들 경우 대상과의 명료한 관계를 결여하고 있다. "뭔지 모르지만 권태로운 기분이 든다"는 말을 분석하면 드러나듯이 기분은 "뭔지 모를", 즉 "무엇을 향하고 있는지 모를" 막연한 느낌으로서 명료하게 어떤 특정한 대상을 향하고 있는 것이 아니므로 그것은 비지향적 체험이다.

후설은 감각적 체험과 지각적 체험을 예로 들어 지향적 체험과 비지향적 체험의 구별을 설명한다. 그에 의하면 지각적 체험은 지향적 체험이요 감각적 체험은 비지향적 체험이다. 그러면 울려 퍼지는 바이올린 소리에 대한 감각적 체험과 지각적 체험을 예로 들어 지향적 체험과 비지향적 체험의 구별에 대해 살펴보자.

우선 지향적 체험인 지각적 체험에 대해 살펴보자. 내가 지금 울려 퍼지는 어떤 선율을 들으면서 그것을 바이올린 소리로 파악할 경우 나는 '저 바이올린 소리'에 대한 지각적 체험을 하고 있다. 그런데 이 지각적 체험은 지향적 대상을 가지고 있다. 그 이유는 내가 명료한 의식을 가지고 바이올린 소리를 듣고 있으며 나의 명료한 의식은 지향적으로 바이올린 소리를 향해 있기 때문이다. 이처럼 명료한 의식을 가지고 지향적 대상을 향해 있기 때문에 바이올린 소리에 대한 지각적 체험은 지향적 체험이라 불린다.

그러면 비지향적 체험은 무엇인지 살펴보자. 내가 바이올린 소리에 대한 지각적 체험을 하기 전에 나는 독서에 몰두하고 있었고 그때에도 바이올린 소리가 울려 퍼졌으나 그에 대해 지각적 체험을 하지 못했다고 가정하자. 이 경우 내가 바이올린 소리에 대해 지각적 체험을 하지 못했을지라도 이 바이올린 소리는 나의 의식을 감각적으로 자극하고 그를 통해 내 마음속에 어떤 체험이 생길 수도 있는데, 이처럼 감각적 자극을 통해 형성된 체험이 다름 아닌 감각적 체험이다. 그런데 이러한 감각적 체험은 '바이올린 소리'에 대한 명료한 의식을 가지고 있지 않기 때문에 바이올린 소리를 지향적 대상으로 가지고 있지 않으며, 따라서 그것은 지향적 체험이 아니라, 비지향적 체험이라 불린다.

그런데 바이올린 소리에 대한 지향적 체험으로서의 지각적 체험은 그 소리 때문에 생겨난 비지향적 체험으로서의 감각적 체험이 없이는 존재할 수 없다. 앞의 예에서 내가 바이올린 소리에 대한 지향적 체험으로서의 지각적 체험을 하기 이전에 존재하였던 감각적 체험은 내가 그에 대한 지각적 체험을 할 때에도 그의 토대로서 계속해서 존재한다. 말하자면 바이올린 소리 때문에 나의 마음에 생겨난 다양한 감각적 체험이 없이는 그에 대한 지각적 체험이 존재할 수 없는 것이다. 이런 점에서 바이올린 소리 때문에 생겨난 감각적 체험은 그에 대한 지각적 체험의 토대 역할을 담당한다.

여기서 후설은 감각적 체험을 토대로 지각적 체험이 생겨나는 과정을 설명하기 위하여 소위 '파악작용-감각내용의 도식'*을 끌어들인다. 이러한 도식에 따르면 바이올린 소리에 대한 지향적 체험으로서의 지각적 체험이 생겨나기 위해서는 다양한 감각적 체험들, 즉 감각내용들(die Empfindungsinhalte)이 앞서 주어져야 한다. 이러한 감각내용들은 대상과의 그 어떤 지향적 관계도 가지고 있지 않은 비지향적 체험에 불과하다. 대상과의 지향적 관계는 이러한 감각내용들을 종합하여 통일하는 파악작용을 통해 형성된다. 바이올린 소리에 대한 체험을 예로 들어 설명하자면 우선 비지향적 체험으로서의 다양한 감각내용이 주어져야 하며 그것들을 종합하여 통일하면서 '바이올린 소리'로 이해하는 파악작용을 통해 비로소 대상과의 지향적 관계가 형성되는 것이다. 그런데 이처럼 다양한 감각내용들을 종합하고 통일하는 파악작용이 지향적 작용이고, 그를 통해 통일적인 대상으로 파악된 대상이 지향적 대상이며, 지향적 작용과 지향적 대상을 가지고 있는 체험이 지향적 체험이다.

후설에 의하면 비지향적 체험으로서의 감각내용을 토대로 발생하는 지각적 체험은 가장 단순한 유형의 지향적 체험이다. 그리고 이러한 지각적 체험을 토대로 더 높은 단계의 다양한 유형의 지향적 체험이 형성된다. 예를 들어 바이올린 소리에 대한 지각적 체험을 하면

---

* 이에 대한 보다 더 자세한 논의는 이남인, 『현상학과 해석학』, p. 124 이하를 참고하시오.

서 나는 이 바이올린 소리를 아름답다고 느낄 수 있다. 이 경우 나는 단순히 바이올린 소리를 지각적으로 체험하는 것이 아니라, '아름다운 바이올린 소리'를 체험하는 것이다. 그리고 '아름다운 바이올린 소리'가 미적 감정의 대상이기 때문에 그에 대한 체험은 지각적 체험과는 다른 새로운 유형의 지향적 체험, 즉 미적 지향적 체험이 된다. 이는 지각적 대상으로서의 바이올린 소리가 미적 방식으로 새롭게 파악됨으로써 가능하다. 더 나아가 나는 이 아름다운 바이올린 소리를 경험하면서 그것을 계속해서 더 듣고 싶어하는 의지를 가질 수 있다. 이 경우 나는 '아름다운 바이올린 소리'가 아니라 '계속해서 더 듣고 싶은 아름다운 바이올린 소리'를 경험한다. 그런데 '계속해서 더 듣고 싶은 아름다운 바이올린 소리'는 의지의 대상이며 따라서 그에 대한 경험은 미적 지향적 체험과는 다른 새로운 유형의 체험, 즉 의지적인 지향적 체험이 된다. 이는 미적 평가의 대상인 '아름다운 바이올린 소리'가 의지적 방식으로 새롭게 파악됨으로써 가능하다.

이러한 두 가지 예가 보여 주듯이 앞서 주어진 지향적 체험을 토대로 그 속에서 주어지는 지향적 대상에 대한 새로운 파악을 통해 새로운 유형의 지향적 체험이 형성된다. 원칙적으로 이러한 과정은 다양하게 무한히 진행될 수 있으며 그에 따라 무수히 다양한 유형의 지향적 체험이 형성될 수 있다. 이처럼 무수히 다양한 유형의 지향적 체험의 구조를 체계적으로 해명하는 일은 현상학의 핵심적인 과제 중 하나이다.

## 후설의 초중기 현상학에서 이성과 감성의 관계

후설의 초중기 현상학에 나타난 지향적 작용에 대한 해명은 거기에 나타난 이성과 감성의 관계를 해명함에 있어 결정적으로 중요한 의미를 지닌다. 양자의 관계를 해명하기 위하여 우선 후설의 초중기 현상학에서 이성과 감성이 무엇을 뜻하는지 살펴보자.

우선 후설의 초중기 현상학에서 이성 내지 이성작용이 무엇을 뜻하는지 살펴보자. 앞서 지향적 체험의 구조를 해명하면서 우리는 지향적 작용으로서의 파악작용에 대해 살펴보았는데, 이러한 파악작용이 다름 아닌 이성작용을 뜻한다. 이 점을 지각적 체험 속에 들어 있는 지향적 작용으로서의 파악작용을 예로 들어 살펴보자.

앞서 살펴보았듯이 지각적 체험의 경우 파악작용은 다양한 감각내용을 종합하면서 통일적으로 지향적 대상을 구성하는 작용을 뜻한다. 여기서 알 수 있듯이 지각적 체험 속에 들어 있는 파악작용은 다양한 감각내용을 종합하는 작용을 뜻한다. 이러한 종합작용은 칸트가 『순수이성비판』에서 분석하고 있는 오성의 핵심적인 기능이며 따라서 그것은 넓은 의미의 이성작용이다.

또 지각적 체험 속에 들어 있는 파악작용은 다양한 감각내용들을 통일하면서 지향적 대상의 존재를 확인하는 작용, 즉 정립 작용을 뜻한다. 이 경우 정립작용은 주체에게 대상의 존재를 알려 주는 작용이요 그러한 한에서 그것은 대상의 존재 유무에 대해 무감각한 영혼활동과는 구별되는 이성작용에 해당한다.

더 나아가 파악작용은 구체적으로 지향적 대상의 참된 속성을 파악하는 작용을 뜻하므로 그것은 대상의 참된 속성과 거짓된 속성을 구별할 수 있는 능력을 뜻한다. 데카르트가 『방법서설』의 앞부분에서 밝히고 있듯이 이성은 참과 거짓을 구별할 줄 아는 능력을 뜻한다. 따라서 파악작용은 이성작용을 뜻한다.

그뿐 아니라 지각적 체험 속에 들어 있는 파악작용은 지향적 대상을 명증적인 양상에서 파악하고자 하는 작용을 뜻한다. 지향적 대상에 대한 명증적 파악은 지각적 체험의 핵심적인 요소이며 더 나아가 모든 유형의 지향적 체험이 목표로 하는 것이라 할 수 있다. 그런데 대상에 대한 명증적 파악이란 바로 대상에 대한 이성적 파악을 뜻하므로 지각적 체험에 들어 있는 파악작용은 이성작용을 뜻한다.

이처럼 지향적 체험으로서의 지각적 체험 속에 들어 있는 파악작용은 다양한 의미에서 이성작용을 뜻한다. 그러나 앞서 살펴보았듯이 지각적 체험 외에도 그를 토대로 형성되는 다양한 유형의 지향적 체험들이 존재하며 그 각각은 지향적 작용으로서의 고유한 파악작용을 가지고 있다. 이러한 사실은 다양한 유형의 지향적 체험 각각이 나름의 고유한 이성작용을 가지고 있음을 뜻한다. 예를 들어 앞서 살펴본 '아름다운 바이올린 소리'를 향하고 있는 지향적 체험은 바이올린 소리에 대한 지각적 체험과는 구별되는 나름의 고유한 이성작용을 가지고 있다. 예를 들어 그것은 아름다움을 파악할 수 있는 능력인 미적 이성작용을 가지고 있다. 또 '계속해서 더 듣고 싶은 아름다운 바이올린 소리'를 향하고 있는 지향적 체험은 바이올린 소리에 대한 지각적 체험뿐 아니라, '아름다운 바이올린 소리'를 향하고 있는 지향적 체험과 구별되는 나름의 고유한 이성작용을 가지고 있다. 예를 들어 그것은 계속해서 더 듣고 싶어하는 의지를 통해 넓은 의미의 각인된 실천 이성작용을 가지고 있다. 더 나아가 우리가 바이올린 소리를 들으면서 그에 대해 이론적 태도를 취하고 학문적인 분석을 수행할 경우 이러한 작용은 앞서 살펴본 체험들과는 구별되는 나름의 고유한 이성작용을 가지고 있다. 예를 들어 이러한 작용은 추론을 필요로 하며 그러한 한에서 추론적인 이성작용을 가지고 있으며 아울러 이론적 활동을 가능하게 하는 이론적 이성작용도 가지고 있다.

그러면 후설의 초중기 현상학에서 감성이 무엇을 뜻하는지 살펴보자. 감성은 이성작용으로서의 파악작용을 전혀 가지고 있지 않은 것, 즉 비지향적 체험을 뜻한다. 앞서 살펴보았듯이 파악작용-감각내용의 도식에 따르면 감각내용은 파악작용을 전혀 가지고 있지 않은 비지향적 체험이며 따라서 감각내용은 감성의 일종이다. 그러나 감각내용 이외에도 지평의식, 세계의식, 낮은 단계의 의지, 충동, 본능, 감각적 감정, 기분 등 다양한 유형의 비지향적 체험이 존재하며, 이 모든 체험 역시 넓은 의미에서 감성으로 규정될 수 있다.

그러면 후설의 초중기 현상학에서 이성과 감성이 무엇을 뜻하는지에 대한 지금까지의 논의를 토대로 이성과 감성이 어떤 관계에 있는지 살펴보자. 후설의 초중기 현상학에서 지향적 체험과 비지향적 체험은 서로 배타적인 관계에 있기 때문에 이성과 감성이 비연속적인 관계에 있다. 이성은 이성이요 감성은 감성이다. 양자 사이에는 넘어설 수 없는 질적 차이가 존재한다. 따라서 감성이 낮은 단계의 이성으로 규정될 수 있거나, 이성의 가능태로 규정될 수 있는 여지는 전혀 없다. 감성이 발전하여 이성이 될 수 있는 것도 아니며, 이성의 활동이 미미해지면서 감성으로 변화할 수 있는 것도 아니다. 이런 점에서 후설은 초중기 현상학에서 이성과 감성의 관계를 플라톤, 칸트 등과 유사하게 이해하고 있다. 앞서 지적하였듯이 플라톤, 칸트 등도 이성과 감성을 비연속적인 것으로 이해한다.

물론 후설은 그 구체적인 내용에 있어서 이성과 감성의 관계를 플라톤, 칸트와는 다른 방식으로 이해하고 있다. 우선 후설은 이성과 감성의 경계를 플라톤과는 다르게 설정하고 있다. 예를 들어 플라톤의 이데아론에서 감성으로 규정될 수 있는 감각경험(doxa)은 후설의 경우 더 이상 감성으로 규정되지 않는다. 그 이유는 플라톤의 감각경험이 비지향적 체험이 아니라, 지향적 체험이요 그러한 한에서 넓은 의미에서 이성작용을 가지고 있기 때문이다. 또 칸트의 경우 감성과 오성은 경험적 인식을 구성하는 두 가지 요소로서 서로 분리되어 독립적으로 존재할 수 없다. 물론 후설의 경우에도 이성으로 규정될 수 있는 지향적 체험은 감성으로 규정될 수 있는 비지향적 체험과 분리되어 독립적으로 존재할 수 없으며 이런 점에서 이성과 감성의 관계에 대해 칸트와 유사한 입장을 취한다고 할 수 있다. 그러나 후설의 경우 감성으로 규정될 수 있는 비지향적 체험은 지향적 체험과 분리되어 독립적으로 존재할 수 있으며 이 점에서 이성과 감성의 관계에 대해 후설은 칸트와는 다른 입장을 취한다고 할 수 있다.

# 후설의 초중기 현상학에 나타난 지향성 개념의 수정[*]

『논리연구』 출간 이후 후설의 현상학이 전개되면서 지향성 개념은 수정되고 변화하였다. 거기서 선보인 지향성 개념이 문제를 안고 있기 때문이다.

『논리연구』의 지향성 개념은 '배경의식'과 관련해 지향적 분석을 하려 하면 문제점이 드러난다. '파악작용-감각내용의 도식'에 따라 배경의식, 다시 말해 명료하게 경험되는 대상의 배경에 대한 의식을 분석하고자 할 경우 그것이 지향적 체험에 속하는지 비지향적 체험에 속하는지 애매하기 때문이다. 예를 들어 우리가 어떤 나무를 지각할 경우 이 나무는 명료하게 경험된 지향적 대상이며, 따라서 그에 대한 지각작용은 앞서 살펴보았듯이 지향적 체험으로 규정된다. 그러나 이 경우 이 나무만 나의 의식의 시선에 들어오는 것은 아니다. 비록 나의 의식의 시선이 주제적으로 나무를 향해 있음에도 불구하고, 나는 나무 주위에 있는 다른 나무들, 더 나아가 나무가 있는 숲 전체 등 나무의 배경도 불투명한 양상에서나마 의식하고 있다. 그런데 이처럼 불투명한 양상에서 배경을 향하고 있는 의식이 지향적 체험인가, 아닌가 하는 점은 매우 불투명하다.

배경의식이 지향적 체험인가, 아닌가에 대해서는 두 가지 상반된

---

[*] 이 주제에 대한 보다 더 자세한 논의는 이남인, 『현상학과 해석학』, p.286 이하를 참고하시오. 아래 내용은 부분적으로 그곳에서 가져왔다.

해석이 가능하다. 배경의식이 명료하게 경험된 지향적 대상을 향해 있지 않기 때문에 우리는 배경의식을 비지향적 체험으로 규정할 수도 있다. 그러나 그로써 문제가 해결된 것은 아니다. 배경의식이 비록 명료하게 경험된 지향적 대상을 향하고 있지는 않지만 그렇다고 해서 그것이 '…로 향한 의식적 관계'라는 점에서 전혀 무의미한 것은 아니기 때문이다. 실제로 배경의식은 어떤 점에서 '…로 향한 의식적 관계', 즉 넓은 의미의 지향성을 지니고 있으며, 따라서 배경의식은 넓은 의미에서 지향적 체험으로 규정될 수 있다.

이처럼 배경의식이 지향적 체험으로 규정될 수 있다는 사실을 발견하면서 후설은 『논리연구』에서 비지향적 체험으로 간주되었던 감각내용을 새로운 시각에서 분석하고 그것이 넓은 의미에서 지향적 체험으로 규정될 수 있다는 사실을 확인한다. 그는 감각내용이 『논리연구』에서 규정한 것처럼 단순히 주관적인 체험에 불과한 것이 아니라, 서로 구별되는 두 가지 요소, 다시 말해 주관적인 요소와 대상적인 요소를 지니고 있음을 발견한다. 이 점을 이해하기 위하여 앞서 살펴본 감각적 체험을 다시 한 번 살펴보자.

앞서 우리는 바이올린 소리에 대한 지각적 체험이 형성되기 이전에 이미 그것이 나의 의식을 자극하고 이러한 자극을 통해 내 마음속에 감각적 체험이 생길 수 있음을 확인하였다. 앞서 살펴보았듯이 후설은 『논리연구』에서 바이올린 소리에 대한 지각적 체험과 구별하여 이러한 감각적 체험을 그 어떤 지향적 대상도 가지고 있지 않은 비지향적 체험으로 규정한다. 그러나 감각적 체험을 자세히 살펴보면 그것이 단순한 비지향적 체험이 아니라는 사실이 드러난다. 그 이유는 비록 이러한 체험이 바이올린 소리를 명료한 형태의 지향적 대상으로 의식하지 못하는 것은 사실이지만 그럼에도 불구하고 그것이 불투명하며 수동적인 양상에서나마 바이올린 소리를 향하고 있기 때문이다. 이처럼 감각적 체험이 불투명하며 수동적인 양상에서 바이올린 소리를 '향하고' 있기 때문에 그것은 넓은 의미에서 지향적 체험이라 불릴 수 있다. 그리고 그것이 "수동적인" 양상에서 바이올린 소리를 향하고 있기 때문에 그것은 "수동적 지향성"을 가지고 있고 따라서 수동적인 지향적 체험이라 불릴 수 있다.

모든 지향적 체험은 1) 노에시스적인 요소, 즉 주관적이고 체험적인 요소와 2) 노에마적인 요소, 즉 노에시스를 통해 경험되는 대상적 요소를 가지고 있다. 조금 전 바이올린 소리에 대한 감각적 체험에 대한 분석을 통해 드러났듯이 이 점에 있어서는 감각적 체험도 예외가 아니다. 바이올린 소리에 대한 감각적 체험의 노에시스는 앞서 살펴본 수동적 지향성이며, 그의 노에마는 이러한 수동적 지향성을 통해 불투명하며 수동적인 양상에서 체험된 바이올린 소리이다. 여기서 감각적 체험의 노에시스인 수동적 지향성은 모든 유형의 지향성과 마찬가지로 대상에 대한 나름의 종합작용을 수행하는데, 수동적 지향성에 의해 수행되는 이러한 종합작용은 수동적 종합이라 불린다. 말하자면 수동적 지향성을 통해 수행되는 수동적 종합 작용을 통해 감각적 체험의 노에마가 구성되는 것이다.

이처럼 노에시스-노에마를 가지고 있다고 하는 점에서 바이올린 소리에 대한 감각적 체험과 지각적 체험 사이에는 아무런 질적 차이도 존재하지 않는다. 양자 사이의 차이는 단지 발생적 단계의 차이에 불과하다. 발생적 관점에서 볼 때 감각적 체험은 낮은 단계의 체험인데 반해 지각적 체험은 높은 단계의 체험이며 감각적 체험이 발전하여 지각적 체험이 발생한 것이다. 앞서 우리는 감각적 체험이 노에시스와 노에마를 가지고 있다는 사실을 살펴보았는데, 감각적 체험의 노에시스가 발전하여 지각적 체험의 노에시스가 발생하고, 감각적 체험의 노에마가 발전하여 지각적 체험의 노에마가 발생하는 것이다. 이러한 논의를 통하여 알 수 있듯이 『논리연구』에서 지향적 체험을 분석하기 위해 사용된 '파악작용-감각내용의 도식'은 후설의 후기 현상학에서 타당성을 상실한다.

## 감각적 체험과 이성작용

그러면 이제 감각적 체험이 이성작용을 가지고 있는지 살펴보자. 앞서 논의하였듯이 후설의 초중기 현상학에서 감각적 체험은 이성을 결여하고 있는 체험, 즉 비이성적 체험으로 간주된다. 그러나 그의 후기 현상학에서 감각적 체험은 더 이상 비이성적 체험이 아니라, 이성작용을 가지고 있는 체험으로 간주된다. 그 이유는 감각적 체험이 더 이상 『논리연구』에서처럼 비지향적 체험이 아니라, 낮은 단계의 지향적 체험, 즉 수동적인 지향적 체험으로 규정되기 때문이다. 이러한 점에서 감각적 체험과 『논리연구』에서 이미 이성적 체험으로 간주되었던 지각적 체험 사이에는 아무런 질적 차이도 존재하지 않는다. 양자 모두 지향적 체험이요 그러한 한에서 이성적 체험으로 규정될 수 있기 때문이다.

앞서 지각적 체험이 가지고 있는 파악작용, 즉 지향작용이 이성작용을 가지고 있다는 사실을 살펴보았는데, 감각적 체험 역시 나름의 방식으로 이성작용을 가지고 있다. 물론 지각적 체험이 가지고 있는 이성작용과 비교해볼 때 감각적 체험이 가지고 있는 이성작용은 발생적 관점에서 볼 때 수동적이며 그러한 한에서 원초적이라 할 수 있다. 감각적 체험이 가지고 있는 이성작용과 관련해 다음과 같은 몇 가지 사실을 지적하고자 한다.

첫째, 앞서 살펴보았듯이 지각적 체험이 가지고 있는 이성작용은 다양한 감각내용을 종합하는 작용을 뜻한다. 종합작용은 이성작용의 한 유형이다. 그런데 감각적 체험은 수동적 종합의 능력을 가지고 있으며 그러한 한에서 그것은 넓은 의미의 이성작용을 가지고 있다.

둘째, 앞서 살펴보았듯이 지각적 체험은 대상의 존재를 확인하는 작용으로서의 정립작용을 가지고 있으며 바로 이러한 정립작용 역시 이성작용의 한 유형이다. 그런데 감각적 체험 역시 나름의 방식으로 이성작용으로서의 정립작용을 가지고 있다. 그 이유는 주체가 감각적 체험 속에서 수동적 양상의 대상 존재를 불투명하며 막연한 양상에서 확인할 수 있기 때문이다. 이 점과 관련해 우리는 감각적 체험이 대상의 존재 유무에 대해 무감각한 체험이 아니라, 나름의 방식으로 대상을 정립하는 작용이라는 사실에 유의할 필요가 있다. 지각적 체험이 가지고 있는 정립작용이 능동적인 정립작용인데 반해 감각적 체험이 가지고 있는 정립작용은 수동적인 정립작용이라 불릴 수 있다.

셋째, 지각적 체험이 가지고 있는 지향적 작용으로서의 파악작용은 참과 거짓을 구별할 줄 아는 능력인 이성작용을 가지고 있다. 그러나 후설에 의하면 이처럼 참과 거짓을 구별하는 능력인 이성작용은 이미 감각적 체험의 단계에서도 확인할 수 있다. 이 점과 관련해 우리는 감각적 체험을 통해 구성된 수동적 종합의 세계가 아무런 질서도 없는 완전한 혼돈의 세계가 아니라, 이미 나름의 질서를 가지고 있는 세계라는 사실에 유의할 필요가 있다. 이처럼 수동적 종합의 세계가 나름의 질서를 가지고 있다 함은 그것이 원초적인 양상에서 이미 참과 거짓의 구별이 이루어지고 있는 세계라는 사실을 함축하며, 따라서 수동적 종합의 세계를 향하고 있는 감각적 체험은 참과 거짓을 구별할 수 있는 능력인 이성작용을 가지고 있는 체험임이 드러난다.

넷째, 지각적 체험은 대상에 대한 명증적 파악작용을 가지고 있다는 점에서 이성작용을 가지고 있다. 이와 마찬가지로 감각적 체험 역시 명증적 작용을 가지고 있으며 그러한 한에서 이성작용을 가지고 있다. 앞서 살펴본 수동적 양상에서 이루어지는 바이올린 소리에 대한 감각적 경험을 보면 알 수 있듯이 감각적 경험은 대상 자체에 대한 경험이며 그러한 한에서 명증적 경험으로 규정될 수 있다. 물론 이 경우 명증성은 지각적 체험이나 이론적 체험의 명증성처럼 주관이 능동적으로 경험하는 명증성이 아니라, 수동적으로 경험하는 명증성이며 그러한 한에서 그것은 수동적 명증성이라 불릴 수 있다.

## 후설의 후기 현상학에서 이성과 감성의 관계

이처럼 후설의 후기 현상학에서 감각적 체험이 지향적 체험으로서의 이성적 체험으로 규정됨에 따라 후설의 후기 현상학에서는 이성과 감성을 연속적인 것으로 이해할 수 있는 가능성이 열린다. 물론 감각적 체험이 이성적 체험으로 규정될 수 있다는 사실을 보여 주는 것만으로는 후설의 후기 철학에서 이성과 감성이 연속적이라는 사실을 완전하게 보여 줄 수 있는 것은 아니다. 그 이유는 앞서 논의되었듯이 후설의 초중기 현상학에서 감각적 체험뿐 아니라, 지평의식, 세계의식, 낮은 단계의 의지, 충동, 본능, 감각적 감정, 기분 등도 감성적 체험이며, 이러한 다양한 감성적 체험들과 이성적 체험 사이에 연속성이 존재한다는 사실을 보여 줄 수 있어야 하기 때문이다. 이 점과 관련해 다음과 같은 몇 가지 사실을 지적하고자 한다.

첫째, 감각적 체험 이외에 지평의식, 세계의식, 낮은 단계의 의지, 충동, 본능, 감각적 감정, 기분 등 감성으로 규정될 수 있는 체험 중에서 일부는 감각적 체험과 마찬가지로 낮은 단계의 이성적 체험으로 규정될 수 있다. 물론 이러한 일부의 체험이 낮은 단계의 이성적 체험으로 규정될 수 있다는 사실을 해명하기 위해서는 그것들이 나름의 방식으로 지향성을 지니고 있으며, 이러한 지향성이 이성작용을 가지고 있다는 사실을 해명해야 한다.

필자의 견해에 의하면 이러한 작업은 가능하다. 이 점을 기분을 예로 들어 살펴보자. 다양한 유형의 기분이 존재하는데, 그중에서도 가장 근원적인 기분은 세계 전체를 향하고 있다. 예를 들어 내가 즐거운 기분에 휩싸이게 되면 세계는 나에게 즐거운 것으로서 모습을 드러낸다. 말하자면 이처럼 즐거운 기분은 기쁜 것으로서 드러나는 세계 전체를 향해 있다. 그리고 이처럼 기분이 세계 전체를 '향해' 있기 때문에 그것은 나름의 방식으로 지향성을 가지고 있다고 할 수 있는데, 우리는 이러한 지향성을 기분의 지향성이라 부를 수 있을 것이다.

그런데 기분의 지향성은 나름의 방식으로 이성작용을 가지고 있다. 앞서 지각적 체험과 감각적 체험이 가지고 있는 이성작용을 살펴보면서 논의하였듯이 이성작용은 종합작용, 정립작용, 참과 거짓을 구별하는 작용, 명증 작용 등을 뜻한다. 그런데 기분의 지향성은 이처럼 다양한 이성작용 중에서 일부를 가지고 있다. 예를 들어 기분은 우리 각자에게 나름의 방식으로 세계를 개시해 준다. 예를 들어 즐거운 기분은 나에게 즐거운 세계를 개시해 주고 지루한 기분은 지루한 세계를 개시해 준다. 이처럼 기분이 우리 각자에게 나름의 방식으로 세계를 개시해 준다 함은 그것이 우리 각자에게 나름의 방식으로 세계의 존재를 확인시켜 줌을 의미한다. 그런데 기분이 가능하게 해 주는 세계의 존재에 대한 확인은 다름 아닌 세계의 존재에 대한 정립을 뜻하며, 이처럼 기분이 세계의 정립을 가능하게 해 주기 때문에 그것은 넓은 의미에서 이성작용을 가지고 있다.

물론 기분은 세계의 정립 작용으로서의 이성작용 이외에도 다른 유형의 이성작용을 가지고 있다. 예를 들어 기분은 우리 각자에게 나름의 방식으로 세계를 근원적으로 경험할 수 있도록 해 주는데, 이처럼·기분이 세계를 근원적으로 경험할 수 있도록 해 주기 때문에 그것은 나름의 방식으로 명증성을 가지고 있다고 할 수 있다. 명증이란 대상 자체에 대한 근원적인 경험 상태를 뜻하기 때문이다. 이 점과 관련해 하이데거는 『존재와 시간』에서 '정황성(Befindlichkeit)', 즉 기분을 분석하면서 정황성이 지닌 명증성에 대해 언급한다(M. Heidegger, Sein und Zeit, Tübingen; Max Niemeyer, 1972, p.136). 그런데 앞서 살펴보았듯이, 명증성은 나름의 이성작용을 가지고 있기 때문에 이성작용을 가지고 있다고 할 수 있다.

이처럼 감각적 체험뿐 아니라, 기분 역시 몇 가지 점에서 이성작용을 가지고 있으며 그러한 한에서 넓은 의미에서 이성적 체험으로 규정될 수 있다. 말하자면 감각적 체험, 기분 등의 감성적 체험은 이성작용을 가지고 있다고 할 수 있다. 물론 이 경우 이성작용은 발생적, 현상학적 관점에서 볼 때 지각적 체험 속에 들어 있는 이성작용보다 더 낮은 단계의 이성작용에 해당한다. 말하자면 그것은 발생적으로 낮은 단계의 이성작용이라 불릴 수 있으며 따라서 그것과 지각적 체험 속에 들어 있는 이성작용 사이에는 연속성이 존재한다.

둘째, 그러나 감성적 체험 중에는 그 어떤 이성작용도 가지고 있지 않기 때문에 낮은 단계의 이성적 체험으로 규정될 수 없는 체험들도 존재한다. 그 대표적인 예는 다양한 유형의 본능이다. 본능처럼 이성적 체험으로 규정될 수 없는 체험과 이성적 체험 사이에는 그 어떤 연속성도 존재하지 않는 것처럼 보인다. 그렇다면 후설의 후기 현상학에서 이성과 감성이 연속적인 것으로 이해되고 있다는 우리의 견해는 철회되어야 할 것이다. 그러나 본능처럼 더 이상 이성적 체험으로 규정될 수 없는 체험 역시 이성적 체험과 연속성을 가지고 있는 것으로 이해할 수 있는 가능성이 존재한다. 그것은 바로 그러한 체험을 이성적 체험의 가능태로 이해하는 것이다. 이러한 견해에 따르면 그러한 체험이 가능태로 존재하다가 현실화되면 이성적 체험으로 탈바꿈한다.

실제로 후설은 후기 현상학에서 이성적 체험으로 규정될 수 없는 본능(본능적 체험)을 이성적 체험의 가능태로 이해하면서 그에 대한 분석을 수행하고 있다. 그는 낮은 단계에 속하든 높은 단계에 속하든 다양한 유형의 이성적 체험의 최종적인 발생적 뿌리를 본능으로 간주하려는 경향을 보인다. 예를 들어 그는 다양한 유형의 학문을 가능하게 해 주는 이론이성적 체험의 최종적인 발생적 뿌리를 "호기심 본능"(유고 A VI 26, p.60)으로 간주한다. 이러한 견해를 철저하게 밀고 나갈 경우 우리는 도덕이성적 체험의 최종적인 발생적 뿌리를 도덕본능으로 간주하고, 예술이성적 체험의 최종적인 발생적 뿌리를 예술본능으로 간주하며, 종교이성적 체험의 최종적인 발생적 뿌리를 종교본능으로 간주할 수 있을 것이다.

이러한 견해에 따르면 이성과 본능은 연속적이다. 이성이란 본능이 발전하여 이루어진 것이며, 본능 속에는 이성이 가능태로서 숨어 있기 때문이다. 물론 후설이 그에 대한 분석을 구체적으로 수행하지는 않았지만 다양한 유형의 본능으로부터 어떻게 다양한 유형의 이성적 체험이 발생하는가를 해명하는 일은 후설 현상학의 근본정신과 부합하는 작업이라 할 수 있다.

셋째, 이처럼 후설의 후기 현상학에서 감성적 체험 중의 일부는 낮은 단계의 이성적 체험으로 간주되기도 하고 일부는 이성적 체험의 가능태로 간주되기도 한다. 그러나 어느 경우든 감성적 체험은 이성적 체험의 발생적 토대로 간주되고 있다. 따라서 이성 혹은 이성적 체험의 정체를 해명하기 위해서는 우선 발생적 관점에서 볼 때 낮은 단계의 이성적 체험으로 간주될 수 있는 감성적 체험들을 분석하고 더 나아가 본능처럼 이성적 체험의 가능태로 이해될 수 있는 감성적 체험들을 분석해야 한다. 이처럼 다양한 유형의 감성적 체험의 구조를 철저하게 해명하는 작업은 후설의 후기 현상학에 주어진 중요한 과제이며, 실제로 후설은 후기 현상학을 전개하면서 그러한 작업에 몰두하였다.

넷째, 혹자는 만일 이성적 체험과 감성적 체험 사이에 연속성이 존재한다면 후설의 후기 현상학에서 이성과 감성의 구별이 과연 필요한 것이냐는 의문을 제기할 수 있다. 이러한 의문은 무엇보다도 발생적으로 낮은 단계의 이성적 체험으로 규정될 수 있는 감성적 체험에 대해서 타당하게 제기될 수 있는 것처럼 보인다. 이러한 체험은 이성의 성격과 감성의 성격을 모두 가지고 있기 때문이다. 그러나 이처럼 양자 사이에 연속성이 존재함에도 불구하고 이성과 감성을 구별하는 일은 필요하다. 후설의 후기 현상학에서 모든 체험은 1) 높은 단계의 이성적 체험, 2) 낮은 단계의 이성적 체험, 3) 가능태로서의 이성적 체험 등 세 가지 유형으로 나누어진다. 그런데 이러한 세 가지 유형의 체험 중에서 높은 단계의 이성적 체험은 이성적 체험이라 부르고 낮

은 단계의 이성적 체험과 가능태로서의 이성적 체험이 감성적 체험
이라 부를 수 있을 것이다. 그 이유는 낮은 단계의 이성적 체험과 가
능태로서의 이성적 체험은 감성적 요소를 많이 가지고 있기 때문이
다. 물론 높은 단계의 이성적 체험이 감성적 요소를 전혀 가지고 있
지 않은 것은 아니다. 그럼에도 불구하고 감성적 요소를 얼마만큼 가
지고 있느냐는 점에 있어서 1) 높은 단계의 이성적 체험과 2) 낮은 단
계의 이성적 체험 및 가능태로서의 이성적 체험 사이에는 커다란 차
이가 존재하며, 바로 이러한 이유에서 우리는 편의상 후설의 후기 현
상학에서도 이성과 감성을 구별할 수 있다. 양자 사이의 이러한 구별
은 후설의 전기 현상학에서 확인할 수 있는 양자 사이의 구별과 크게
다르지 않다.

## 현상학적 이성주의의 정체

후설은 자신의 현상학을 이성주의, 즉 합리주의로 간주하는데
(E. Husserl, Die Krisis der europäischen Wissenschaften und die transzendentale
Phänomenologie. Eine Einleitung in die phänomenologische Philosophie, Den Haag:
Martinus Nijhoff, 1954. p.14.), 우리는 그가 염두에 두고 있는 이성주의를
현상학적 이성주의라 부를 수 있을 것이다. 그는 현상학적 이성주의
를 서양의 이성주의 철학의 완성태로 간주한다. 후설의 현상학에서
이성과 감성이 연속적이냐 그렇지 않으냐 하는 문제에 대한 지금까지
의 논의는 현상학적 이성주의의 정체를 이해하는 데 커다란 도움을

준다. 이 점과 관련해 다음과 같은 사실을 지적하고자 한다.

첫째, 현상학적 이성주의는 다양한 유형의 이성이 존재한다는 사실과 그 각각이 고유한 권리를 가지고 있다는 사실을 철저하게 인정하는 다원주의적 이성주의이다. 이러한 점에서 그것은 일원주의적 이성주의와 다르다. 일원주의적 이성주의의 대표적인 예로는 데카르트의 철학, 물리학적 실증주의 등을 들 수 있다. 데카르트는 모든 것을 비춰 주는 태양이 하나이듯이 모든 유형의 진리를 파악할 수 있는 이성의 능력도 하나라고 주장하면서 수학적 이성을 그러한 이성으로 간주하였다.* 그에 따르면 겉보기에는 아무리 다른 것처럼 보일지 몰라도 모든 이성은 본질적으로 수학적 이성이다. 이와 유사한 맥락에서 물리학적 실증주의 역시 물리학적 이성을 진리를 파악할 수 있는 유일한 이성으로 간주한다. 그에 따르면 겉보기에는 서로 다른 것처럼 보일지 몰라도 다양한 유형의 학문은 모두 물리학적 이성을 사용하여 전개되며 그러한 한에서 물리학으로 환원될 수 있다.

둘째, 현상학적 이성주의는 감성을 낮은 단계의 이성 또는 가능태로서의 이성으로 간주하면서 감성을 이성의 뿌리로 이해하고 이성과 감성을 연속적인 것으로 간주한다. 따라서 현상학적 이성주의는 다양한 유형의 이성 각각이 다양한 차원의 것으로 나누어진다는 사실

---

* 이 점에 대해서는 이남인, 『후설의 현상학과 현대철학』, 서울: 풀빛미디어, 2006, p.296
을 참고하시오.

을 인정한다. 동일한 유형의 이성도 차원을 달리하면서 그 성격을 달리할 수 있다. 조금 전에 현상학적 이성주의가 다원주의라는 사실을 살펴보았는데, 다양한 차원의 이성의 존재를 인정하기 때문에 그것이 가지고 있는 다원주의적 성격은 더 극단화된다.

마지막으로 현상학적 이성주의는 이성과 감성 중에서 감성을 발생적 관점에서 더 근원적인 것으로 간주한다. 이러한 점에서 현상학적 이성주의는 플라톤, 칸트 등의 전통적 이성주의와 구별된다. 전통적 이성주의는 발생적 관점에서 볼 때 이성에 대해 감성이 지닌 우위를 망각하고 있다. 이러한 점에서 현상학적 이성주의는 전통적 이성주의에 의해 평가절하된 감성의 권위를 회복시키려는 철학으로 규정될 수 있다. 후설이 그의 후기 현상학에서 특히 심혈을 기울여 전개하고 있는 생활세계의 현상학은 감성의 권위를 회복시키려는 노력의 일환이다.

그러나 현상학적 이성주의가 전통적 이성주의를 송두리째 부정하는 것은 아니다. 전통적 이성주의는 인식의 타당성 정초의 관점에서 감성에 대한 이성의 절대적 우위를 강조하는데, 현상학적 이성주의는 이 점을 철저하게 인정한다. 인식의 타당성 정초의 관점에서 감성에 대한 이성의 절대적 우위를 인정한다는 점에서 현상학적 이성주의는 전통적 이성주의의 계승자이기도 하다. 그러나 현상학적 이성주의는 전통적 이성주의의 단순한 계승자에 머물고 마는 것이 아니다. 현상학적 이성주의는 전통적 이성주의의 근본정신을 이어받고 거기서 한 걸음 더 나아가 그의 문제점들을 극복하면서 그의 본래적인 정신을 충실하게 구현해 나갔다는 점에서 그의 완성자로 평가받을 수 있다.

**더 읽을거리**

**이남인, 「비판적 합리성의 구조」, 『철학사상』 제19집 (2004. 12), pp. 83~129.**
이 논문은 후설의 현상학에 대한 하버마스의 비판을 비판적으로 검토하면
서 후설의 현상학을 토대로 비판적 합리성의 구조를 해명하고 있다.

**이남인, 『현상학과 해석학』, (서울대학교 출판부, 2004).**
후설의 현상학에서 이성 개념은 지향성 개념과 밀접하게 연결되어 있으며
따라서 이성 개념을 이해하기 위해서는 지향성 개념에 대한 이해가 필요하
다. 이 책은 1장, 2장, 4장 등에서 후설의 현상학의 근본문제들, 그중에서도
지향성의 문제를 해명하고 있다.

**조관성, 「이성의 현상학」, 『철학과 현상학 연구』 제38집 (2008. 9), pp.15~52.**
이 논문은 자아론적 함의와 윤리학적 함의에 초점을 맞추어 후설의 현상학
을 재구성하면서 이론이성, 실천이성, 가치평가적 이성의 관계 등 철학적
윤리학 및 실천철학의 중요한 몇 가지 주제들을 해명하고 있다.

* 필자는 필자의 논문 「후설의 현상학에서 이성과 감성의 연속성 문제」(서울대학
  교 철학사상연구소 편, 『철학사상』 57호, 2015.8.)를 일반독자들이 읽기 쉽도록
  수정하여 이 글을 완성하였다.

# 하이데거

## 이성과 감성의 근저에는
## 이해와 심정성이 있다

박 찬 국

MARTIN HEIDEGGER

## 들어가면서

플라톤에서 니체까지 서양철학은 인간을 이성과 감성으로 이루어진 존재로 파악했다. 그리고 이성과 감성 중 어떤 것을 더 중시하고 이성과 감성의 성질을 어떻게 파악하느냐에 따라서 서양철학은 여러 갈래로 나뉜다고 할 수 있다.

감성보다 이성을 더 중시하는 입장에는 유심론과 합리론 등이 존재한다. 반대로 이성보다 감성을 중시하는 입장에는 유물론과 경험론 그리고 쇼펜하우어나 니체식의 생철학이 존재한다. 감성보다 이성을 중시하는 입장은 감성을 이성의 자유로운 활동을 구속하는 것으로 보면서 이성이 감성의 제약에서 벗어나야 한다고 주장한다. 이에 반해 이성보다 감성을 더 중시하는 입장에서는 이성이 사실은 감성에서 파생되었다고 보면서 이성을 감성의 보조자에 지나지 않는 것으로 본다.

그러나 이성을 감성보다 더 중시하는 입장이나 감성을 이성보다 더 중시하는 입장이라도 이성과 감성의 성질을 어떻게 파악하느냐에 따라서 각 입장에는 다양한 철학사조가 성립하게 된다. 예를 들어 유물론은 감성을 물질적인 것으로 보는 반면에, 쇼펜하우어나 니체는 감성을 의지적인 것으로 본다. 또한 이성을 감성보다도 더 중시하는 입장이라도 플라톤의 이성관, 아리스토텔레스의 이성관, 아우구스티누스의 이성관, 스피노자의 이성관 등은 서로 다르다.

서양철학에는 이와 같이 이성과 감성의 비중과 각각의 성질에 대한 파악에서 다양한 사조들과 입장들이 존재하지만, 그것들은 결국 인간을 이성과 감성이라는 근본개념들을 실마리로 하여 파악하고 있다. 이런 사실을 고려해 볼 때 하이데거는 인간을 파악하는 방식에서 전면적인 혁신을 수행했다고 할 수 있다. 하이데거의 『존재와 시간』에는 이성과 감성이란 단어가 거의 보이지 않는다.

이는 인간을 파악하는 하이데거의 방식이 전통철학과는 근본적으로 다르다는 데서 비롯된다. 전통철학은 인간이 무엇으로 구성되어 있고 그러한 구성 부분 중 어떤 것이 더 근본적인 것이냐를 파악하려고 하는 반면에, 하이데거는 동물을 비롯한 다른 존재자들과 구별되는 인간의 독특한 존재방식을 파악하려고 한다. 그리고 하이데거는 인간의 독특한 존재방식을 '실존(Existenz)'에서 찾고 있다. 실존이란 '인간은 자신의 존재에 있어서 자신의 존재를 문제 삼는 방식으로 존재한다'는 인간만이 가진 고유한 존재방식을 가리킨다. 평이하게 말해서 인간은 어떻게 살 것인지를 고뇌하면서 자신의 삶을 '보다 좋은' 삶으로 만들기 위해서 노력한다는 것이다. 하이데거는 인간의 이성과 감성도 결국 인간이 자신의 삶을 더 좋은 삶으로 만들려고 하는 노력 속에서 동원되고 이용되는 것이라고 본다.

이렇게 자신의 삶을 보다 좋은 삶으로 만들기 위해서 노력하는 인간은 이성과 감성으로 나뉘기 이전에 하나의 통일적인 개체로서의 인간이다. 하이데거가 『존재와 시간』이나 그 후의 철학에서 이성이나 감성이란 용어를 거의 사용하고 있지 않다고 해서, 인간에게 이성적인 차원과 감성적인 차원이 존재한다는 것을 무시하는 것은 아니다. 하이데거는 이성과 감성을 주제적으로 분리해서 분석할 수 있다는 사실을 인정한다. 다만 하이데거는 개개의 구체적인 인간이 이성과 감성으로 분리할 수 없는 통일체이며 이성과 감성을 합한 것으로 파악될 수 있는 존재가 아니라고 본다. 따라서 이성과 감성에 대한 파악이전에 통일적인 인간의 독특한 존재방식이 파악되어야 한다. 하이데거는 이러한 통일적인 인간의 독특한 존재방식을 '실존'이라고 부르고 있으며 이러한 실존을 실마리로 이성과 감성의 본질적 성격도 파악하려고 한다. 하이데거는 '실존'을 실마리로 파악된 이성과 감성을 '이해(Verstehen)'와 '심정성(心情性, Befindlichkeit)'이라고 부르고 있다. 또한 '이해'와 '심정성'에 대한 해명을 통해서 이성과 감성이라는 용어에 의해서 지시되고 있었지만 은폐되었던 근원적인 사태를 드러내려고 한다.

### 이해와 세계의 개시

플라톤, 아리스토텔레스, 아우구스티누스, 토마스 아퀴나스, 칸트, 헤겔 등에 이르는 서양의 고전적인 전통철학에서 인간은 '이성적 동물'로서 파악되었다. 인간은 동물성에 그것보다도 더 고차적인 이성이 덧붙여진 존재라는 것이다. 그러나 이러한 고전적인 전통철학에서는 동물성과 이성이 결합된 통일적인 존재자로서 인간을 바라봤기 때문에 인간의 고유한 존재방식은 모호한 채로 남아 있었다. 인간의 존재는 인간 이외의 다른 사물들과 마찬가지로 지각이나 이론적 고찰의 대상으로서 단순히 눈앞에 존재하는 것으로 파악되었다. 이와 함께 눈앞의 사물들에 대해서 적용될 수 있는 범주들이 인간을 파악하는 데도 그대로 적용되었다. 인간의 이성은 영혼이나 자아와 같이 영속적인 실체와 같은 것으로 파악되었고 이것에 인간의 사고나 행동이 속성으로 귀속되는 것으로 간주되었다.

그러나 하이데거는 인간이 동물을 비롯한 다른 존재자들과는 전적으로 다른 존재방식을 가진다고 보고 있다. 전통형이상학은 인간의 이성이 동물적인 기반 위에 덧붙여져 있다고 보았지만, 하이데거는 인간이 동물과는 전적으로 다른 방식으로 존재하기 때문에 인간의 감성적인 측면, 즉 인간의 신체도 동물과는 전적으로 다르다고 본다. 이와 관련하여 인간의 손이 원숭이의 손과 본질적으로 다르다는 하이데거의 말은 유명하다. 또한 하이데거는 인간만이 지닌 고유한 독특한 존재방식으로 인해서 인간의 이성도 서양의 전통철학이 해석했던 것과는 전적으로 다른 성격을 가지고 있다고 본다.

하이데거는 눈앞의 사물들이 갖는 존재방식을 눈앞의 존재(Vorhan densein)라고 부르고 있는 반면에, 인간의 존재방식을 실존이라고 부르고 있다. 이 경우 실존이란 '인간이 자신의 존재에 있어서 자신의 존재를 문제 삼을 수밖에 없는 존재'라는 것을 가리킨다. 이 경우 인간이 문제 삼는 자신의 존재란 '탄생에서 죽음에 이르는 인간 각자의 존재 전체'를 가리킨다. 이러한 존재란 이성과 감성으로 분리되기 이전의 나의 삶 전체를 가리킨다. 하이데거는 인간의 이론적, 실천적 태도 등 인간에 특유한 모든 태도가 결국은 인간이 실존하는 방식들, 즉 인간이 자신의 삶을 문제 삼는 방식들이라고 본다.

우리는 각자 자신만의 고유한 과거와 꿈을 가지고 있으며 자신이 어떻게 살아야 할지에 대해서 고뇌하면서 자신의 삶을 형성해 간다. 이와 같이 인간은 각자적인 존재이기에 어떤 보편적인 본질의 개별적인 예로서 파악될 수 없다. 이런 의미에서 '내가 있다(Ich bin)'는 것은 돌이 있다는 것이나 개가 있다는 것과는 근본적으로 다르다. 인간에 대한 하이데거의 분석은 각자적인 인간이 갖는 이러한 독특한 존재방식, 즉 '내가 있다'는 것이 어떻게 수행되는지에 대한 분석이다.

각자적인 개인으로서의 인간은 탄생에서 죽음에 이르는 자신의 삶에 대한 이해에 입각하여 삶을 형성해 나간다. 이러한 이해란 자신이 구현해야 할 삶의 가능성을 기투(企投, Entwurf)하는 것이라고 할 수 있다. 이 경우 기투란 단순히 자신이 추구해야 할 삶의 가능성을 머릿속에서 공상하는 것이 아니라 자신의 온 몸과 마음을 바쳐서 구현해야 할 삶의 가능성을 구상하는 것을 가리킨다.

인간은 이러한 가능성의 빛 아래서 자신의 현재 처지와 장점과 단점을 파악한다. 그리고 장점은 키우고 단점은 극복함으로써 그러한 가능성을 실현하기 위해서 고투한다. 이런 의미에서 하이데거는 인간에게 중요한 것은 현실성이 아니라 가능성이라고 말하고 있다. 다시 말해서 진화론과 같은 이론이 주장하는 것처럼 인간에게 문제가 되는 것은 단순한 생존이 아니라 오히려 자신이 선택한 삶의 가능성을 구현하는 것이라는 것이다. 따라서 인간은 생존과 연명에 급급하지 않고 자신이 선택한 삶의 가능성을 위해서 자신의 목숨을 바칠 수도 있다.

하이데거는 실존이라는 인간의 독특한 존재방식을 실마리로 인간이 갖는 이성적 기능도 전통철학과는 전적으로 달리 파악하고 있다. 전통철학에서 이성은 세계를 이론적으로 고찰하거나 보편적인 윤리규범을 파악하는 것으로 간주되었다. 이에 반해 하이데거는 이성의 진정한 기능을 이해에서, 즉 각 개인이 구현해야 할 삶의 가능성을 기투하는 것에서 찾고 있다. 하이데거가 삶의 가능성을 기투하는 기능을 가리키기 위해서 이성이라는 용어보다 이해(Verstehen)라는 용어를 선택한 이유는, 이성이라는 표현을 쓸 때 전통적인 의미로 오해될 가능성이 있을 뿐 아니라 다른 한편으로 이성이라는 명사적인 표현이 이성이라는 하나의 실체가 세상과 단절되어 우리의 신체에 숨어 있다는 인상을 주기 때문이다.

하이데거는 우리 인간을 세계-내-존재라고 부르고 있다. 인간은 자신의 가능성을 기투하되 그러한 가능성을 자신이 세계 안에서 실현해야 할 가능성으로서 기투한다. 인간은 세계 내에서 다른 존재자들과 관계하면서 자기 삶의 가능성을 구현해 나간다. 인간은 가능성을 추구하는 존재이면서도 자신이 어쩔 수 없는 필연적인 조건들 속에 던져져 있다. 인간은 외모와 성격을 타고날 뿐 아니라 자신의 부모나 형제 그리고 조국도 선택하는 것이 아니다. 이러한 조건들은 자신이 선택한 가능성에 호응하는 것일 수도 있지만 많은 경우 방해하는 것으로 작용할 수 있다. 인간은 이렇게 자신이 던져져 있는 삶의 조건들과 관계하면서 자신의 가능성을 추구하는 것이다.

이러한 조건들은 제멋대로 무질서하게 존재하는 것이 아니라 하나의 의미연관의 전체를 형성하고 있다. 하이데거는 이러한 의미연관의 전체를 세계라고 부른다. 이러한 세계는 단순히 모든 존재자를 합한 것이 아니라 우리 각자가 기투한 가능성을 초점으로 하나의 통일적인 의미연관을 형성하고 있다. 우리는 이러한 통일적인 의미연관을 실마리로 존재자들을 이해하고 그것들과 관계한다.

단순한 예를 들어 보자면, 자신이 구현할 삶의 가능성으로 부자가되는 것을 선택한 황금만능주의자에게 세계는 그러한 가능성을 초점으로 구성된다. 그에게 존재자들은 돈을 버는 데 도움이 되는 것들과방해가 되거나 방해도 도움도 되지 않는 것들로 나뉜다. 또한 돈을 버는 데 도움이 되는 것들도 크게 도움이 되는 것들과 그렇지 않은 것들로 일종의 위계를 형성하게 되며 방해가 되는 것들도 심각하게 방해가 되는 것들과 그렇지 않은 것들로 위계를 형성하게 된다. 그가 순조롭게 돈을 벌 때는 자신이 살고 있는 세계에 만족해 하겠지만 그렇지않을 경우에는 불만을 품게 될 것이다.

우리가 일차적으로 살고 있는 세계는 물리학과 같은 자연과학이 주장하는 것처럼 원자들로 구성된 세계가 아니다. 그것은 우리가 마주치는 존재자들이 자신이 선택한 삶의 가능성과 관련하여 해석된 생활세계다. 황금만능주의자의 입장에서 존재자들은 돈을 버는 데 도움이 되는 것과 그렇지 않은 것이라는 의미를 갖고 나타나는 것이다. 이러한 의미는 경험론이 주장하듯이 일차적으로 감각자료로서 나타난 것에 우리가 주관적인 의미를 덧붙인 것이라고 할 수는 없다. 우리에게 존재자들은 일차적으로 항상 유의미한 어떤 것으로서 나타난다. 소리를 예로 들면 소리는 우리에게 항상 비행기 소리나 자전거 소리로서 나타난다. 생활세계적인 의미를 결여한 순수한 소리라든가 색깔과 같은 것은 원래 유의미한 소리나 색깔로 나타났던 것에서 그 의미를 추상한 인위적인 구성물에 지나지 않는다. 존재자들은 일차적으로 못을 박기 위한 망치나 선물을 하기 위한 꽃으로 나타나는 것이며 등산을 해야 할 산으로 나타나는 것이다.

이러한 생활세계야말로 우리가 태어나서 살고 죽는 곳이며, 모든 존재자는 이러한 세계에서 서로 무관하게 존재하는 것이 아니라 인간이 실현해야 할 삶의 가능성을 중심으로 서로 내밀한 연관을 갖고 있다. 예를 들어서 망치는 못을 지시하며 못은 옷걸이를 지시하지만 이러한 옷걸이는 옷을 구겨지지 않게 보관하려는 인간의 관심을 지시한다. 하이데거는 존재자들 사이에 성립하는 이러한 지시연관의 전체를 세계라고 부르고 있다. 이 경우 세계는 단순히 우리 눈앞에 존재하는 존재자들의 객관적인 총합이 아니다. 그렇다고 세계가 주관적인 것도 아니다. 이러한 세계는 우리의 삶이 이루어지는 구체적인 현장이다.

따라서 구체적인 인간으로서 존재자들과 관계하며 자신의 가능성을 구현하려고 하는 우리에게 일차적으로 주어져 있는 것은 합리론이 주장하는 것처럼 그 자체로 명증적인 본유관념도 아니며 경험론이 주장하는 것처럼 감각자료도 아니다. 우리에게 일차적으로 주어져 있는 것은, 우리가 선택한 삶의 가능성과 이러한 삶의 가능성을 중심으로 구조화되어 있는 세계 그리고 이러한 세계에서 일정한 의미가 주어져 있는 존재자들이다.

## 근대 의식철학 비판

우리는 우리가 선택한 삶의 가능성을 구현하기 위해서 이러한 세계 안에서 자연을 대상으로 노동하고 다른 인간들과 갈등하고 투쟁하며 사랑하고 고뇌하며 죽어 간다. 하이데거는 이렇게 일정한 세계 속에서 존재자들과 관계하면서 자신의 가능성을 구현하려고 하는 인간의 존재방식을 세계-내-존재라고 부르고 있다. 인간의 존재방식을 세계-내-존재로 봄으로써, 하이데거는 정신을 세계로부터 단절된 고립된 것으로 보려는 근대 의식철학의 전통에서 결정적으로 이탈하게 된다.

중세 철학이 신을 중심으로 전개되었다면 근대 철학에서는 인간을 중심으로 전개되며 특히 인간의 의식을 중심으로 하여 전개된다. 근대철학은 의식이야말로 가장 명증적으로 주어져 있는 것으로 본다. 다른 모든 것의 존재를 의심할 수 있어도 의식 자체의 존재는 의심할 수 없다는 것이다. 이는 의식이 자신의 존재를 의심하려고 하더라도 그것은 이미 의심하는 의식을 전제할 수밖에 없기 때문이다. 따라서 근대 철학은 '의식'의 존재야말로 가장 확실한 근원적인 사실로 보면서 이것으로부터 인간과 세계를 이해하려고 하는 것이다.

경험론과 합리론과 같은 근대의 의식철학이 인간의 의식에 일차적으로 주어진 것만을 확실한 것으로 보고 그 외의 것들은 모두 불확실한 것으로 보면서, 인간의 의식은 외부세계와 무관한 것으로 간주된다. 의식을 갖는 이른바 주관로서의 인간은 다른 존재자들로부터 고립된 실체로 간주되는 것이다. 이 경우 사람들은 의식의 존재도 눈앞의 사물을 실마리로 파악하고 있는 셈이다. 눈앞의 사물이 다른 사물들과 아무런 관계없이 고립된 채로 존재하듯이 의식을 갖는 주관도 일차적으로 고립된 채로 존재한다는 것이다.

이렇게 근대의 의식철학은 의식을 갖는 주관을 외부세계와 단절된 것으로 보면서 '인식' 내지 인식에 입각한 판단도 주체가 객체에 대해서 주관적인 표상을 형성하는 것으로 보게 된다. 즉 경험론에서는 감각기관에 주어지는 감각적인 잡다를 의식이 연상법칙에 의해서 결합함으로써 판단이 성립된다고 보았으며, 합리론에서는 주관에 태생적으로 주어져 있는 관념을 연역적으로 전개함으로써 인식이 형성된다고 보았다. 그리고 칸트와 같은 초월론적인 철학에서는 판단을 자신에게 이미 마련되어 있는 아프리오리한 직관형식과 사유형식에 따라서 의식의 주관이 객체 내지 대상을 구성하는 것으로 보았다.

근대 의식철학이 인식과 판단을 외부세계로부터 단절된 주관이 객관에 대해서 주관적인 표상을 형성하는 것으로 보게 됨에 따라 근대 의식철학에서는 이러한 주관적인 표상과 객관 사이의 일치가 어떻게 가능하냐는 문제가 항상 제기되었다. 하이데거는 이러한 문제가 인간이 원래 세계-내-존재로서 존재하며 인식은 그러한 세계-내-존재의 한 양상일 뿐이라는 사실을 망각한 결과 제기된 사이비 문제라고 본다.

사물을 인식하는 판단작용은 인간이 사물에 대해서 취하는 다양한 태도 중의 하나이다. 우리는 어떤 것을 인식할 뿐 아니라 어떤 것을 만들어 내고 사용하고 즐긴다. 우리는 판단을 통해서 사물을 'A는 무엇이다'라고 분명하게 규정하기 이전에도 그 사물을 사용하고 즐기는 방식으로 그 사물과 관계하고 있다. 내가 강의실에 들어와서 의자에 앉을 때 주제적으로 '여기에 의자가 있다'고 의식하지 않고 의자에 앉으며, 물에서 수영할 때도 주제적으로 '이것이 물이다'고 판단하지 않고서도 이미 물과의 접촉을 즐긴다. 이 경우 나는 의자나 물이 무엇인지 판단을 통해서 규정하지 않고서도 이미 의자가 무엇이고 물이 무엇인지 온몸으로 이해하고 있다. 이렇게 온몸으로 이해하고 있기에 내가 그것들을 의식적으로 주제화하여 파악하지 않고서도 그것들에 대해서 각각 상이한 태도를 취하는 것이다. 즉 나는 의자에는 앉고 물속에서는 수영하는 것이다.

존재자와의 이러한 접촉에서 존재자는 이미 자신을 분명하게 드러내고 있지만, 이 경우 존재자는 인간이 그것을 의식적으로 대상화함으로써 드러난 것이 아니다. 예컨대 햇볕 아래서 젖은 몸을 말릴 경우 우리는 그러한 행위 속에서 이미 태양이란 존재자를 이해하고 있고, 태양은 내가 그것을 대상화시켜 객관적으로 고찰하기 이전에 자신이 무엇인지 드러내고 있다. 이러한 의미에서 하이데거는 '사물과 직접적인 교섭 자체가 그 사물을 드러내고 있다(der Umgang selbst ist in sich selbst enthüllend)'고 말하고 있다.

우리는 흔히 사물들에 대한 이론적인 인식이 이루어진 후에 이러한 인식에 기초함으로써 비로소 사물들과 구체적으로 관계를 맺는 것이 가능하다고 생각한다. 그러나 사실 우리는 사물들을 이론적으로 인식하기 이전에 이미 우리가 관계하는 사물이 무엇인지 이해하고 있는 것이다. 그리고 이러한 이해란 단순히 머릿속에서만 행해지는 이해가 아니라 온몸에서 이루어지고 있는 이해이다. 내가 태양으로 몸을 말리고 있을 경우 나는 태양이 무엇인지를 이미 온 몸으로 느끼고 있는 것이다.

전통적으로 진리란 판단과 대상과의 일치로서 파악되었지만, 하이데거는 판단이 대상과 일치할 수 있는 근거를 주체와 객체를 포괄하는 초월론적인 통각이나 절대정신에서 찾지 않는다. 우리가 판단 이전에, 즉 존재자와 이미 구체적인 삶의 차원에서 관계하면서 존재자를 드러내고 있다는 데서 찾고 있다. 다시 말해서 판단이 존재자와 일치할 수 있다는 것은 우리가 생활세계에서 이미 관계하고 있는 존재자와 어떻게든 이미 일치했다는 것, 다시 말해 이러한 존재자가 우리에게 이미 드러나 있다는 것에 근거하고 있다. 이렇게 드러난 진리는 판단의 진리가 그것에 근거하고 있는 한 판단의 진리보다 근원적인 진리이다.

이런 관점에서 볼 때 판단이란 우리가 대상과 분리되어 있는 상태에서 대상에 대해서 주관적인 표상을 형성함으로써 대상과 다리를 놓으려는 행위가 아니라 삶의 차원에서 이미 드러나 있는 대상 자체를 분명하게 그 자체로서 드러내려는 행위이다. 이에 대해서 인간이 인식과 판단을 어떤 대상에 대해서 주관적인 표상을 형성하는 것으로 보는 견해는 인간을 다른 존재자들로부터 고립된 존재자로 보는 것이다. 그것은 인간을 다른 존재자와 고립되어 존재하는 또 하나의 존재자로 보면서 인간의 존재방식이 다른 존재자들의 존재방식에 대해서 갖는 근본적인 차이를 간과하고 있다. 즉 그것은 인간이 일상생활에서 존재자들을 사용하고 지각하는 상태에서 이미 존재자의 진리를 이해하며 그러한 진리를 드러내고 있다는 사실을 망각하고 있는 것이다.

이런 맥락에서 하이데거는 '나는 생각한다. 그러므로 나는 존재한다(cogito, ergo sum)'라는 데카르트의 명제가 인간에 대한 철학적 분석의 출발점이 되려면, 말의 순서를 '나는 존재한다. 그러므로 나는 생각한다'로 바꿔야 한다고 말하고 있다. 이 경우 '나는 존재한다'는 '나는-어떤-세계-안에 있다'는 의미를 갖는다. 이렇게 나는 세계 안에 존재하면서 비로소 세계 내의 존재자들에 대해서 사유할 수도 있으며 그 외에 여러 가지 태도를 취할 수 있다. 이에 반해 데카르트는 사고작용들(cogtationes)이 존재하며 그것들 안에 하나의 자아가 무세계적인(weltlos) 인식하는 사물(res cogitans)로서 눈앞에 함께 존재한다고 보고 있다.

우리가 살고 있는 생활세계는 가장 자명한 것으로 주어지기 때문에, 전통적인 존재론이 세계를 분석할 때 그것은 항상 간과되고 무시되었다. 이에 반해 하이데거는 세계에 대한 분석의 출발점은, 우리가 이렇게 자명한 것으로 여기면서 보통은 간과하고 있는 생활세계와 그러한 세계 안에서 살고 있는 세계-내-존재가 되어야 한다고 본다. 이러한 생활세계야말로 사실은 자연과학이 수행되는 토대가 된다. 이는 자연과학에 의해서 발견되는 자연이 그러한 세계로부터 추상된 것이기 때문이다. 그러나 자연을 이렇게 순수하게 이론적인 관찰의 대상으로 삼을 경우에는 끊임없이 생동하면서 아름다운 풍경으로 우리를 사로잡는 자연이 은폐되고 만다. 식물학자의 식물은 논두렁에 피어 있는 꽃이 아니며 지리학에 의해 파악된 하천의 수원(水源)은 땅에서 솟는 샘이 아니다.

## 심정성과 세계의 개시

이러한 생활세계가 우리가 일차적으로 거주하는 세계라면 이러한 세계는 어떻게 개시되는가? 그것은 세계에 대한 이론적 탐구를 통해서 개시되지 않는다. 서양의 전통철학은 세계와 존재자가 이성이나 감성, 혹은 이성과 감성의 종합을 통해서 개시된다고 본다. 이에 반해서 하이데거는 세계가 이해와 심정성을 통해서 개시된다고 본다.

세계는 일차적으로 인간 각자가 구현해야 할 가능성을 중심으로 한 구조화된 의미연관의 체계이기 때문에 세계가 개시되기 위해서는 일단 인간 각자가 자신이 구현해야 할 가능성을 선택해야 한다. 이러한 가능성은 인간에게 속하는 하나의 속성이 아니라 오히려 인간이 자신의 가능성 자체다. 인간은 주체로서 먼저 존재하고 그다음에 자신의 가능성을 기투하는 것이 아니라 자신이 구현해야 할 가능성으로부터 자신을 이해한다. 부자가 되는 것을 나의 삶의 가능성으로서 기투한 것은 나이지만 나는 이러한 가능성으로부터 나 자신을 이해한다. 다시 말해서 내가 아직 부자가 아닐 때, 나 자신을 가난한 자로서 이해하고 부자가 되었을 때 자신을 부자로서 이해하면서 생각하고 행동하는 것이다.

그러나 이러한 가능성의 실현은 앞에서 말한 것처럼 우리가 처해 있는 조건들 속에서 행해진다. 우리는 이러한 조건들이 자신이 추구하는 가능성에 부합되어 순조롭게 실현될 때 유쾌한 기분을 갖게 되고 그렇지 않을 경우에는 불쾌한 기분을 갖게 된다. 우리가 어떠한 상황에 처해 있는지는 일정한 기분 속에서 드러나는 것이다. 이런 의미에서 기분은 단순히 주관적인 것이 아니라 우리가 어떠한 상황 속에 처해 있는지를 드러내 준다. 하이데거는 이렇게 기분을 통해서 우리가 어떠한 상황 속에 처해 있는지 드러난다는 사태를 가리켜 심정성이라고 부르고 있다.

이와 같이 세계는 이해와 아울러 심정성에 의해서 개시되기 때문에 세계 내부적인 존재자들은 우리에게 일차적으로 순수한 눈앞의 사물이나 중립적인 감각자료로서 나타나고 그것에 우리의 주관적인 의미나 감정이 덧붙여지는 것이 아니라, 처음부터 우리를 위협하는 기분 나쁜 것으로서 혹은 우리에게 호응하는 기분 좋은 것으로서 혹은 아무래도 좋은 중립적인 것으로서 나타난다. 즉 존재자들이 우리에게 항상 와 닿는(angehen) 방식으로 나타날 수 있는 것은 인간이 항상 어떤 기분 속에서 세계를 개시한다는 사실에 근거한다.

이런 의미에서 하이데거는 전통철학에서 감성이라고 부르는 것의 가장 중요한 기능을 심정성이라고 부른다. 그것은 기분으로 나타나 우리가 처해 있는 상황을 개시하는 특성을 가진다. 감각자료의 촉발이든 대상에 대한 이론적 고찰이든 이러한 기분의 바탕 위에서 행해진다.

인간은 항상 기분 속에서 존재한다. 삶의 이해관계에서 벗어나 순수한 학문을 하고 있을 때도 우리는 특정한 기분 속에 존재한다. 아니 제대로 학문을 하기 위해서는 그에 적합한 기분에 우리가 제대로 진입해 있을 것이 요청된다. 그러한 기분이란 냉정하고 차분한 기분이다. 인간은 항상 어떠어떠한 기분 상태에 있는 것으로서 자신을 경험한다. 물론 인간은 인식과 의지에 의해서 기분을 지배할 수 있고 경우에 따라서는 지배해야만 한다. 그러나 인식과 의지는 어떤 기분을 다른 기분으로 전환할 수 있을 뿐 기분 자체를 제거할 수는 없다. 다시 말해서 우리는 어떤 기분을 지배하더라도 항상 반대의 기분으로 전환하는 식으로만 그것을 지배할 수 있다. 우리는 기분을 떠날 수 없다. 더 나아가 인간의 존재는 모든 인식과 의지 이전에 그리고 인식과 의지의 개시범위를 훨씬 넘어서, 항상 기분을 통해서 자기 자신에게 개시되어 있다.

끊임없이 변화하는 기분 속에서 세계는 그때마다 다르게 나타난다. 그리고 이 때문에 우리는 오류에 빠질 수도 있다. 다시 말해서 우리는 공포에 빠져서 위험이 크지도 않은데도 지레 겁을 먹고 혼비백산해서 달아날 수도 있다. 이에 반해 이론적 관조에서 사물들은 항상 동일한 눈앞의 사물로서 나타난다. 그러나 가장 순수한 이론적 관조라고 해도 전적으로 기분에서 벗어나 있는 것은 아니다. 눈앞에 있는 것이 이론적 관조에서 이른바 항상 동일한 눈앞의 사물로서 드러나는 것은 이론적 관조가 존재자들을 안정된 기분으로, 즉 유유자적한 기분으로 볼 경우에만 가능하다.

하이데거는 기분과 감정이 진리의 개시를 방해하는 것이 아니라 오히려 그것의 전제조건일 수 있다고 보면서 파스칼의 『팡세』를 인용하고 있다.

"인간사에 대해서 말할 때는 사람들은 사랑하기에 앞서 그것을 알아야 한다고 말하지만, 반대로 성자들이 하느님의 일에 관해 말할 때는 사람들은 알기 위해서 사랑해야 한다고 말한다. 사람들은 오직 사랑에 의해서만 진리를 알 수 있다."

여기서 하이데거는 진리라는 현상이 감정이나 기분과 무관하게 순수한 이론적 태도에 의해서 파악되는 것이 아니라 오히려 모든 존재자에게 우리 자신을 여는 사랑의 감정을 통해서만 주어질 수 있다는 사실을 시사하려고 한다. 그리고 존재자들의 진리가 그러한 사랑의 감정을 통해서 주어질 수 있는 것은 심정성이 세계를 개시하는 중요한 계기이기 때문이다.

인간의 삶은 자신의 삶을 결정할 수 있는 자유와 자신이 어찌할 수 없는 존재자들에 대한 종속 사이의 긴장으로 가득 차 있다. 이러한 긴장은 우리의 기분에서 가장 잘 나타난다. 기분은 존재자들에 대한 의존성을 보여 준다. 우리가 마음대로 자신이 추구하는 가능성을 실현할 수 있다면 기분이란 존재하지 않을 것이다. 그러나 우리는 가능성을 추구하는 가운데 항상 어쩔 수 없는 조건들에 부딪히게 되고 그에 따라서 우리의 기분이 변하게 된다. 존재자들이 우리가 추구하는 가능성에 순조롭게 호응할 때 우리는 기분이 좋아지고 그렇지 않으면 나빠진다.

기분은 우리가 마음대로 지배할 수 있는 것이 아니지만 우리가 처한 상황을 개시함으로써 우리의 자유를 가능하게 한다. 우리는 자신이 부정적인 상황에 처해 있다는 사실을 아무런 기분에 사로잡히는 것 없이 냉철하게 상황을 관찰하는 방식으로 알게 되는 것이 아니다. 우리는 자신이 부정적인 상황에 처해 있다는 사실을 항상 불쾌한 기분 속에서 알게 된다. 이러한 불쾌한 기분은 우리로 하여금 자신이 처한 불리한 상황에서 벗어나게 하는 동인으로 작용한다. 우리는 불쾌한 기분에서 벗어나기 위해서 자신이 처한 상황을 개선하려고 노력하는 것이다.

## 근본기분으로서의 불안

흔히 우리가 추구하는 삶의 가능성은 우리가 주체적으로 선택한 가능성이라기보다는 오히려 어릴 때 부모로부터 혹은 학교에서 주입받아 온 세간적 가치다. 좋은 대학에 들어가고 좋은 기업에 취직하는 것이 훌륭한 가치이고 우리가 추구해야 할 가능성이라고 주입받아 왔기 때문에 그러한 가치를 실현했을 때 기뻐하고 그렇지 않을 때는 슬퍼하고 우울해 한다. 그러한 가치를 실현했을 때 세계는 우리에게 밝게 보이고 그렇지 않을 때는 어둡게 보인다. 우리가 일상적으로 경험하는 대부분의 기분은 우리가 세간의 가치를 실현하느냐 하지 못하느냐에 따라서 변화하는 변덕스러운 기분이다.

그런데 기분 중에서 이러한 세간적 가치들 자체를 헛되고 무상한 것으로 개시하면서 우리로 하여금 우리가 추구해야 할 진정한 가치와 가능성이 무엇인지를 고뇌하게 하는 기분이 있다. 이러한 기분은 우리의 삶에 대해 근본적인 반성을 가능하게 하면서 그 기분에 엄습되기 전과는 전적으로 다르게 우리 자신과 세계를 드러낸다는 점에서, 하이데거는 그러한 기분을 근본기분이라고 부른다. 하이데거는 근본기분 중 대표적인 것을 불안에서 찾고 있다.

불안이라는 기분은 우리가 그동안 집착하던 모든 세간적인 가치를 무의미하게 느끼는 기분이다. 우리는 인생을 살아가면서 그 정도가 심하든 약하든 간에 인생이 덧없고 무의미하다는 느낌을 가져 본 적이 있을 것이다. 하이데거는 이러한 느낌을 불안이라고 부르는바, 불안은 우리가 원해서가 아니라 전혀 예기하지 못한 가운데 우리를 엄습한다. 불안이란 기분에 엄습되면서 우리가 그동안 집착하던 세간적인 가치들이 무의미한 것으로 나타나는 것과 동시에 '내가 아무런 이유도 근거도 없이 존재한다'는 적나라한 사실이 드러난다. 이와 함께 내가 존재해야 할 이유와 근거를 찾게 되지만 그것들은 은폐되어 있다.

우리 자신이 어디서 오고 어디로 가는지가 이렇게 은폐되어 있을수록, 인간의 존재성격, 즉 '그 자신이 아무런 이유도 근거도 주어지지 않은 채로 존재하며 또한 존재해야만 하는 존재'라는 사실은 오히려 더욱더 또렷하고 분명해지면서 인간을 짓누르게 된다. 이 경우 인간의 존재는 인간이 아무런 이유도 근거도 없이 짊어져야만 하는 짐으로서 나타나게 된다. 이렇게 불안과 같은 기분을 통해서 인간에게 자신의 적나라한 존재가 개시되고 이러한 낯선 존재가 짐으로서 인간을 짓누르기 때문에 인간은 자신의 존재를 문제 삼게 된다. 다시 말해서 인간은 자신을 짓누르는 존재의 무게에서 벗어나기 위해서 자신이 어떻게 살아야 하는지를 고뇌할 수밖에 없다.

우리는 앞에서 인간에게만 고유한 존재방식을 실존이라고 불렀지만, 우리가 진정으로 자신의 존재를 문제 삼게 될 때는 불안이란 기분에 엄습될 때라고 할 수 있다. 그렇지 않을 때 우리는 세간의 가치를 당연한 것으로 생각하면서 자신이 어떻게 살아야 할지를 고뇌하지 않는다. 우리는 우선 대부분의 경우 우리 자신의 실존적 성격으로부터 도피하는 것이다. 그러나 이러한 도피 역시 우리가 자신의 존재를 문제 삼는 하나의 방식이다. 다만 그것은 탄생에서부터 죽음까지 자신의 존재 전체를 자각적으로 문제 삼지 않고 세간의 가치를 당연시한다는 점에서 비본래적인 실존이다.

하이데거는 '인간이 아무런 이유도 근거도 주어지지 않은 채로 존재하면서도 그러한 존재를 자신의 존재로서, 다시 말해서 자신이 짊어져야 할 짐으로서 인수해야만 한다는 사실'을 내던져져 있음(Geworfenheit)이라고 부르며, 인간의 이러한 존재성격을 현사실성(Faktizität)이라고 부르고 있다. 이러한 현사실성은 인간에 대한 이론적 고찰이나 반성을 통해서가 아니라 불안과 같은 기분을 통해서 직접적으로 개시되지만, 다른 기분들에서도 간접적인 방식으로 드러나 있다.

우리는 기분을 크게 슬픔이나 절망과 같은 어둡고 불쾌한 기분과 기쁨이나 희망과 같은 밝고 유쾌한 기분으로 나눌 수 있을 것이다. 우리는 어두운 기분에 사로잡혀 있을 때 무엇인가에 짓눌려 있는 것처럼 느끼며, 밝은 기분에 사로잡혀 있을 때는 해방되고 자유롭게 된 것처럼 느낀다. 인간의 존재는 이러한 기분들 속에서 직접적으로든 간접적으로든 짐으로서 개시되어 있다.

인간은 무엇보다도 어둡고 불쾌한 기분 상태에 있을 때 자신의 존재를 참을 수 없는 짐으로 여기게 된다. 그리고 기분이 밝아지고 고양될 때는 자신의 존재를 짐으로 느끼는 상태에 벗어나게 되지만, 바로 이러한 사실이 다시 인간의 존재가 일차적으로 인간에게 짐으로서 주어져 있다는 사실을 알려 준다. 일상을 규정하는 무미건조한 기분, '아무것도 신나는 것이 없는' 상태조차도 사실상 내가 무엇인가에 의해서 짓눌려 있다는 사실을 암시한다. 인간이 불쾌한 일을 당해서 자신의 존재를 짐으로서 경험하는 것도 그리고 유쾌한 일로 인해 그리한 짐에서 벗어난 것처럼 홀가분하게 느끼는 것도, 인간에게는 이미 불안이라는 기분에서 자신의 존재가 짐으로서 개시되어 있기 때문에 가능하다.

그러나 이러한 대부분의 기분에서 '인간의 존재가 아무런 이유도 근거도 없이 주어져 있다'는 사실은 직접적으로가 아니라 간접적으로만 나타나 있다. 이러한 기분들에서 불안이 사람들에게 종종 자신의 존재가 견딜 수 없을 정도로 불쾌하고 자신을 짓누르는 것으로 나타날지라도, 사람들은 보통 자신이 처해 있는 삶의 조건들이 자신의 소망에 부응하지 않기 때문에 자신의 존재가 그렇게 나타난다고 생각한다. 그리고 이러한 조건들만 바뀌면 자신의 존재는 견딜 만할 것이라고 생각한다.

그러나 불안이라는 기분에서는 '인간에게 자신의 존재가 자신이 아무런 이유도 근거도 없이 짊어져야 할 짐으로서 주어져 있다'는 사실이 우리가 어떠한 조건에 처해 있는가와 전혀 상관없이 단적으로 개시된다. 오히려 불안은 일상의 모든 일이 가장 순조롭게 진행될 경우에도 우리를 엄습하면서 우리의 '현사실성'을 개시하는 것이다. 사람들은 자신의 존재가 어디로 갈 것인지 종교적인 믿음을 통해서 확신하고 있고 자신이 어디서 왔는지 과학적인 설명을 통해서 알고 있다고 생각할지 모른다. 그러나 이 모든 것은 불안이란 기분이 인간으로 하여금 '자신이 아무런 근거도 이유도 없이 존재한다는 적나라한 사실'에 직면하게 하고 이러한 사실이 수수께끼 같은 얼굴로 인간을 응시하고 있다는 사실을 은폐할 수 없다.

이렇게 불안이 어떠한 조건에 상관없이 시도 때도 없이 인간을 엄습할 수 있다는 것은 그것이 인간 안에 항상 잠복해 있으면서 인간을 엄습할 기회만 노리고 있다는 것을 의미한다. 불안이란 기분이 이렇게 우리 삶의 근저에 항상 잠복해 있다는 것은, 불안에서 개시되는 인간의 적나라한 존재도 이미 암암리에 인간에게 항상 개시되어 있다는 것을 의미한다.

그런데 불안이란 기분은 결국 죽음에 대한 불안이다. 우리는 모두 죽는다는 사실을 알고 있다. 그러나 우리는 흔히 죽음을 아직 오지 않은 먼 미래의 사건으로 생각한다. 우리는 '인간이 죽는다는 사실을 확신하지만 아직 나는 죽지 않았다'고 생각하는 것이다. 그러나 우리가 언제 죽을지 우리는 규정할 수 없으며 사실상 죽음은 항상 임박해 있다. 죽음을 자신과 아직은 무관한 먼 미래의 사건으로 생각하는 것은 죽음을 나의 죽음으로 생각하지 않고 인간 일반의 죽음으로 생각하기 때문이다.

죽음을 나의 죽음으로 생각할 때 그것은 나에게 항상 임박해 있는 것으로서 나타난다. 이렇게 죽음을 나에게 임박해 있는 것으로 느끼는 기분이 바로 불안이다. 불안 속에서 우리에게 임박해 있는 것으로 자신을 개시하는 죽음 앞에서 우리가 그동안 집착했던 세간적인 가치나 삶의 의미는 모두 덧없고 무의미한 것으로 나타나며 우리의 삶은 아무런 이유도 근거도 없이 주어진 것으로 나타난다.

그러나 인간은 많은 경우에 이렇게 '자신의 존재가 아무런 이유도 근거도 없이 주어져 있으면서 그러한 존재를 자신의 것으로 떠맡아야만 한다'는 사실을 은폐하고 그러한 사실에 직면하는 것에 저항한다. 사람들은 불안과 같은 기분을 삶의 활력을 빼앗아 가는 부정적인 것으로 평가하며 심지어 이러한 기분이 신체적인 장애에서 비롯되는 것으로 치부한다. 사람들은 세간적인 가치를 무가치하다고 보면서 우울해 하는 사람보다는 세상에 잘 적응하는 '명랑한' 사람을 높이 평가하며 항상 웃고 밝은 기분을 가질 것을 권한다. 이와 함께 불안에 빠진 사람은 세상에 적응하는 것에 실패한 무능력자이자 불평불만에 사로잡힌 자로서 폄하되고 기피된다.

하이데거는 불안과 같은 기분을 단순히 신체적인 기능장애에서 비롯되는 것이 아니라 우리 인간의 삶의 방식이 근본적으로 변화되기 위해서 겪어야 하는 연옥불과 같은 것으로 본다. 불안은 인간의 삶이 갖는 짐의 성격(Lastcharakter)을 개시하면서 인간에게 자신의 존재가 하나의 과제임을 일깨운다. 불안은 우리가 흔히 자명한 것으로 생각하면서 추구하는 세상의 가치가 헛되고 무상한 것임을 개시하면서 우리로 하여금 자신이 구현해야 할 진정한 가능성과 과제를 모색하도록 몰아대는 것이다. 이러한 진정한 가능성과 과제를 구현하지 못하는 한, 인간은 아무리 세간적인 가치를 훌륭하게 성취해도 무상함과 공허함에 빠질 수 있으며 인생을 무거운 짐으로서 느끼게 된다.

그러나 사람들은 불안이란 기분이 개시하는 인간 삶이 갖는 짐의 성격에 직면하는 것을 기피하고 두려워한다. 사람들은 자신의 삶을 쉽고 가벼운 것으로 만들기 위해서 밝고 흥겨운 기분들을 만들어 내려고 노력한다. 사람들은 세간적인 가치를 훌륭하게 실현하려고 하거나 즐거운 사교모임에 참석함으로써 우리를 짓누르는 것에서 벗어나려고 한다. 사람들은 불안에서 도피하기 위해서 세간의 가치에 더욱더 순응하게 되고 이를 통해서 세간적 가치의 지배가 더욱 확고하게 되는 것이다.

그러나 인간이 대부분의 경우에 '자신이 존재하고 존재해야만 한다는 적나라한 사실'을 드러내는 불안이란 기분에 저항한다는 사실은, 인간의 현사실적 존재가 불안을 통해서 개시되고 있다는 사실에 대한 반증이 아니라 그것에 대한 증거다. 이런 의미에서 불안이란 기분은 이중적인 성격을 가진다고 할 수 있다. 그것은 한편으로는 인간의 삶이 갖는 짐의 성격을 드러내 준다. 다른 한편으로 그것은 이러한 사태를 받아들일 것을 요구하는 성격을 가진다. 인간은 불안이란 기분에서 자신이 세간적인 요구들을 훨씬 넘어서는 요구에 처해져 있다는 사실을 깨닫게 된다. 우리는 세간적인 요구들을 훨씬 넘어서는 삶의 근본적인 요구를 제대로 해결할 때에만 삶에서 진정한 기쁨을 경험할 수 있다. 이러한 기쁨은 삶의 조건이 변함에 따라서 다시 슬픔과 절망으로 바뀔 수 있는 기분이 아니라, 탄생에서 죽음에 이르는 내 삶의 과제를 온전히 해결했다는 데서 오는 기쁨이며 삶의 짐에서 온전히 벗어나게 되었다는 데서 오는 기쁨이다.

사람들은 흔히 눈앞의 사물에 대한 이른바 객관적인 인식이 갖는 확실성을 기준으로 내세우면서, 불안을 통해서 드러나는 인간 존재의 '던져져 있음'이 갖는 명증성을 한갓 주관적인 것으로 무시하는 경향이 있다. 그러나 그러한 명증성은 그 어떠한 이론적인 확실성보다도 더 분명하게 우리가 처해 있는 삶의 근본상황을 드러낸다. 불안을 통해서 드러나는 현사실성이 갖는 명증성을 주관적인 것으로 보는 것 못지않게 현상을 왜곡하는 것은 불안이라는 현상을 한갓 비합리적인 것에 지나지 않는 것으로 간주하는 것이다. 그러나 불안은 비합리적인 현상이 아니라 오히려 인간의 존재를 적나라하게 드러내는 현상이다.

그런데 불안에서는 인간의 적나라한 존재만이 개시되는 것이 아니라 존재자 전체의 적나라한 존재도 개시된다. 불안에서는 인간뿐 아니라 모든 존재자가 아무런 이유도 근거도 없이 개시된 것으로 개시되는 것이다. 이런 의미에서 하이데거는 불안과 같은 기분을 존재자 전체(das Seiende im Ganzen)와 인간의 존재가 개현되는 근본기분이라고 부른다. 이러한 근본기분이 다른 기분에 대해서 갖는 탁월성은 모든 기분들에서 일정한 방식으로 드러나는 전체가 근본기분들에서는 극히 명확하게 개현된다는 데에 존재한다. 우리는 이러한 전체를 파악하기 어렵다. 그것을 파악하기 어려운 것은 그것이 우리에게 너무 떨어져 있어서가 아니라 오히려 너무 가까이 있어서 그것을 보기 위해서 그것에 어떠한 거리를 취할 수 없기 때문이다. 불안이란 기분에서는 나를 포함한 존재자 전체의 존재가 아무런 이유도 근거도 없이 던져져 있는 낯선 것으로서 자신을 드러낸다. 존재자 전체가 그 어떠한 이론적 고찰로도 파헤칠 수 없는 수수께끼 같은 비밀스러운 존재를 드러내는 것이다.

그런데 인간이 불안이란 기분에 엄습 받아 그 동안 추구했던 세간적인 가치의 허망함을 철저하게 깨닫고 그러한 세간적인 가치들에 대한 집착에서 벗어나게 될 때, 나의 존재뿐 아니라 모든 존재자의 존재는 그 자체로 경이롭고 신비로운 것으로 드러나게 된다. 그것들은 그어떤 것에 의해서도 대체될 수 없는 유일무이한 고유한 존재로서 자신을 드러내며 이와 함께 우리는 '존재자가 있다(daß das Seiende ist)'는 소박한 사실을 하나의 기적으로서 경험하게 된다.

불안이란 근본기분에서 인간은 세간적인 가치에 예속된 상태에서 벗어나 진정한 단독자가 되지만 단독자가 된다는 것은 인간이 세계로부터 이탈하여 고립하게 된다는 것을 의미하지는 않는다. 오히려 이단독자화는 인간이 존재자 전체와 진정으로 가깝게 되는 것을 가능케하는 것이다. 인간은 불안이라는 근본기분에서 자기 자신이 '있다'는 기적과 아울러 존재자 전체가 '있다'는 것의 기적을 경험하면서 존재자들을 인간의 이익을 위한 하나의 수단이나 도구로 보지 않고 자체적인 깊이와 비밀을 갖는 경이로운 것으로서 경험하게 된다.

앞에서 우리는 불안이란 기분에서 우리 자신이 세간적인 요구를 넘어선 보다 높은 요구에 처해 있다는 사실을 느끼게 된다고 말했었다. 이러한 보다 높은 요구란, 우리가 세간적인 가치에 영합해 존재자들을 한갓 도구나 수단으로 대하는 인간으로 존재하는 것을 넘어서 존재자 전체의 존재를 경이롭게 느끼면서 그것들로 하여금 그 자체로 존재하게 하는(sein-lasssen) 인간으로 존재하라는 요구다. 하이데거는 이렇게 '존재자가 존재한다'는 사실을 경이로운 것으로 경험하면서 그것들이 그 자체로서 자신을 발현(발현)하는 것을 돕는 인간을 현-존재(現-存在, Da-sein)라고 부르고 있다.

## 맺으면서

서양의 근대철학은 의식철학이라고 불린다. 이러한 의식은 근대철학에서 태어나서 죽는 육체와 결부된 의식으로서가 아니라 순수의식내지 보편적인 의식으로서 탐구된다. 따라서 근대철학에서 자아가 문제가 되더라도 구체적인 개개의 인간이 아니라 사유하는 자아 일반이 문제가 된다. 하이데거는 근대철학이 다루는 이러한 의식과 자아일반이 현실성을 결여한 주관, 구체적인 삶 위에서 유령처럼 부유하는 주관이라고 본다.

하이데거는 이러한 근대철학에 반해 『존재와 시간』에서 철학의 출발점과 귀착점은 일정한 조건들에 내던져진 채로 태어나서 자신이 선택한 가능성을 추구하다가 죽는 구체적인 개인으로서의 인간이라고 본다. 하이데거가 보기에 보편적인 의식이란 추상이며, 결국 의식도근본적으로는 각자적인 인간의 의식으로서 주어진다. 따라서 하이데거는 죽음에서 벗어날 수 없는 유한하고 구체적인 개개의 인간으로부터 시간에서 벗어난 의식 일반 내지 자아 일반을 추출한 후 이러한 환상적이고 관념론적인 주체를 철학의 기초로 삼는 것은 모순이라고 말하고 있다.

데카르트는, 근대철학의 창시자로서 근대철학의 출발점을 코기토숨(cogito, ergo sum, '나는 생각한다. 그러므로 나는 존재한다')에서 찾았다. 그러나 데카르트는 자아(ego)의 의식작용들을 어떤 한계 내에서는 탐구하고 있지만 그것의 바탕이 되는 이 숨(sum, 존재)을 충분히 논의하지 않았다. 데카르트는 의식에 대한 직접적인 자기반성을 통해서 파악되는 지각이나 감정, 기억, 상상력 등의 의식작용에만 집중할 뿐, 인간의 실존적 존재, 즉 인간이 세계 속에서 자신의 가능성을 실현하기 위해서 고투하는 삶 자체를 간과하고 있다.

인간의 지각이든 기억이든 상상이든 모든 것은 인간이 자신이 선택한 가능성을 세계 내에서 구현하기 위해서 필요한 것이다. 즉 그것들은 아무런 전제도 기반도 없이 수행되는 것이 아니라 인간이 세계 내에서 자신의 존재를 문제 삼으면서 살고 있는 삶을 토대로 수행되고 있다. 따라서 지각이나 감정, 기분, 상상력과 같은 의식작용들의 진정한 의미와 본질을 분석하기 위해서는 인간이 세계 내에서 자신의 삶을 구현하는 존재방식을, 즉 숨(sum)을 먼저 파악해야만 한다. 인간은 자신이 처한 세계 안에서 자신의 고유한 가능성을 실현하든지 아니면 실현하지 못하는 식으로 살고 있다. 따라서 인간의 삶에 대한 분석은 의식작용에 대한 내적인 반성이 아니라 세계-내-존재로서 인간의 삶 전체에 대한 반성을 통해서 수행되어야 한다. 근대철학이 의식에 대한 반성을 통해서 드러낸 자아나 주관의 본질이란 사실은 이러한 세계-내-존재의 구체적인 삶을 추상한 것에 불과하다.

하이데거는 세계 내에서 어떻게 살 것인가를 고뇌하면서 자신이 기투한 가능성을 구현하기 위해서 고투하는 구체적인 인간의 삶을 실마리로 전통적으로 이성과 감성으로 간주되어 왔던 것의 근저에 있으면서 그것들을 가능케 하는 것들을 개시했다고 할 수 있다. 하이데거는 이성의 근저에는 삶의 가능성을 기투하는 이해가, 감성의 근저에는 그러한 가능성에 비추어 우리가 처해 있는 삶의 상황을 개시하는 심정성이 있다고 본다. 이러한 이해와 심정성은 서로 분리된 것이 아니라 항상 통일되어 있다. 이런 의미에서 하이데거는 '기분 지어진 이해'에 대해서 말하고 있다. 기분은 맹목적이고 불합리한 것이 아니라 우리가 어떠한 상황에 있는지, 즉 우리가 선택한 가능성을 제대로 구현하고 있는지 아닌지를 온몸을 사로잡는 방식으로 개시해 주는 것이다.

이는 불안과 같은 근본기분에 대해서도 똑같이 말할 수 있다. 불안은 우리에게 자신과 세계에 대한 새로운 이해를 제공한다. 그것은 우리가 집착했던 세간적 가치 내지 세간적 가능성의 헛됨과 공허함을 드러낸다. 불안과 같은 근본기분은 우리가 그동안 완전히 잘못된 삶을 살았다는 사실을 온몸으로 허무감을 느끼게 하는 방식으로 드러내면서 우리로 하여금 참된 삶의 가능성을 선택하도록 촉구하는 것이다. 모든 이론적 탐구와 실천적인 행위는 가능성의 기투로서의 이해와 자신이 처한 상황을 개시하는 심정성에 의해서 개시되는 세계를 기반으로 행해진다.

하이데거, 『존재와 시간』, 소광희 역, (경문사, 1995).

하이데거, 『존재와 시간』, 이기상 역, (까치, 1998).

이해와 심정성에 대해서 하이데거가 상세하게 분석하고 있는 하이데거의 주저다. 이 중 특히 제5장과 제6장을 참조할 것.


박찬국, 『들길의 사상가, 하이데거』, (그린비, 2013).

하이데거 사상 전반에 대해서 쉽게 소개하고 있는 책이다. 이 중에서 『존재와 시간』을 해설하고 있는 제2부를 참조할 것.


박찬국, 『하이데거의 『존재와 시간』 읽기』, (세창미디어, 2014).

하이데거의 『존재와 시간』을 쉽게 소개하고 있는 책이다. 이 중에서 제1장 4절과 5절을 참조할 것.

# 하버마스

# '형해화된 이성의 시대'의 이성의 수호자

정 호 근

## 철학적 앙가주망

지난 2014년 독일에서는 자국 안에서는 물론이고 한 국가의 경계를 넘어 오늘날 세계적으로 가장 많이 언급되는 현존하는 철학자 중한 사람인 위르겐 하버마스(Jürgen Habermas)의 85세 생일을 기렸다. 『공론장의 구조변동』(1962) 그리고 『이론과 실천』(1963)에 이어 1968년, 39세에 출간한 『인식과 관심』을 통해 수많은 논쟁과 논구를 촉발한 이래로 하버마스는 일찌감치 '살아 있는 고전'의 반열에 올라섰다. 독일 사회가 이 노철학자에게 표한 경의는 비단 그가 한 학문 분야에서 보여 준 탁월한 성취 때문만은 분명 아닐 것이다. 그보다는 독일이 금세기 그 어디보다도 또 그 무엇보다도 어두운 역사를 넘어서서 오늘날 지구 상에서 가장 발전한 민주주의 국가의 하나로 성장하기에 이르기까지 이 철학적 지성이 독일 사회의 비판적 자기성찰을 위해 간단없이 수행한 공적 지식인으로서의 기여에 대한 감사와 인정의 표현일 것이다.

몇 가지 주요한 지점들만 열거하더라도 하버마스는 1960년대의 비판적 합리주의를 표방한 칼 포퍼(Karl R. Popper) 등과의 '실증주의 논쟁', 심원한 철학적 해석학으로써 인문 정신을 고양한 가다머(Hans-Georg Gadamer)와의 해석학 논쟁, 그리고 70년대 이후 아마도 하버마스의 평생의 동학이자 이론적 맞수라고 할 현대 사회이론의 거두 루만(Niklas Luhmann)과의 체계이론 논쟁, 80년대 현대 여러 프랑스 철학자들과의 모더니티와 포스트모더니티에 대한 비판적 논의, 그리고 독일 과거사 문제에 관한 '역사가 논쟁' 등을 통해 여러 분야 학자들의 관심과 참여를 유발했으며 관심의 대상이 되었다. 그의 이론적 개입은 학계나 전문가들의 범위를 넘어 시민사회에까지 파장을 남겼으며, 그 광범위한 개입의 폭은 자국의 경계를 넘어 유럽 그리고 전 세계에까지 영향을 미쳤다. 그 밖의 여러 논쟁에서도 하버마스의 수준 높은 기고들은 공히 논쟁의 불꽃을 당긴 것은 물론 논의의 범위와 수준을 결정짓는 준거가 되었다. 무엇보다도 대상을 현실적·실천적 의미연관과 관련하여 성찰적으로 심문함으로써 이론과 실천의 연관을 실증하는 그의 비판적 논구 방식은 특기할 만하다. 끝으로 한 가지 부언하자면, 자신의 이론적 적대자라고 할지라도 그로부터 배울 것은 기꺼이 배워서 자신의 이론 안에 통합하는 하버마스의 배움의 자세이다. 이런 태도가 가히 현대 철학의 용광로라고 할 그의 사상을 형성케 한 동력일 것이다.

## '이성은 있다.'

반세기가 넘는 기간 동안 광범위한 이론적·실천적 활동을 그것도 매우 생산적으로 수행해 온 한 철학자의 작업을 ─단순화를 감수하고─ 비판적 사회이론의 구축이라고 칭해 본다면, 이 철학을 지탱하는 지주는 '이성' 개념이라고 할 수 있다. 하버마스가 보기에 이성에 대한 관심이야말로 지금까지 서구철학의 주제 자체이다. 근대 이래로 서구 세계는 역사의 진보에 대한 굳건한 믿음을 가지고 있었고 역사의 진보는 이성의 진보와 분리되지 않았다. 그러나 역사, 진보, 이성의 등식은 지난 세기 양차 세계대전의 참혹함과 동서 양 진영이 귀착했던 전체주의 경험 등을 통해 크게 동요되었다. 이성의 발달은 과학과 기술을 통해 자연을 지배하고 물질적 생산력의 증대를 가져왔으나 사람들 사이의 조화로운 공동적 삶의 방식은 이에 걸맞게 발전하지 않았다는 인식이 근대 계몽주의를 지탱하던 이성과 진보에 대한 신뢰에 깊은 상흔을 남겼다. 외적 자연뿐만 아니라 인간의 사회적 삶과 개인의 내면적 세계에까지 파고든 지배의 촉수는 예외를 모르는 것이 아닌가 하는 비판적 인식이 여러 철학사조에 스며들었다.

삶의 세계의 지반을 떠나지 않은 철학이라면 지난 세기의 이 상처를 도외시할 수 없었으리라는 점은 충분히 이해가 된다. 늦어도 니체 이후 절대적 진리 또는 규범에 대한 믿음이 광범위하게 와해되고, 진, 선, 미를 떠받치던 이성 개념 자체마저 의혹의 시선에 처하게 된 이후, 이성이라는 말을 입에 담기도 낯 뜨거운 상황에서 하버마스는 이성의 수호자를 자임한다. 이렇듯 이성의 절대성은 말할 것도 없고, 이성 자체에 대한 믿음마저도 동요된 회의의 세기에, 그리고 이를 반영하듯 온갖 종류의 '포스트주의'와 상대주의가 만연한 시대에 하버마스는 '이성'이 있으며 또 그것을 입증할 수 있다는 신념에 평생을 바친, 지난 세기 이후 서구철학의 장면에서는 오히려 예외적인 인물에 속한다. 하버마스가 형해화한 이성의 폐허에서 구하고자 한 이성은 그의 트레이드마크라 할 '소통적 이성'으로 결정화되었다. 오늘날 인간 상호 간의 의사 및 의지 형성을 위한 소통의 강조와 함께 사회 전반에 걸친 민주적 의사결정에 대한 요구의 확대와 더불어 소통 내지 소통적 이성 개념은 거의 마법의 단어처럼 도처에서 호출되고 있다. 이러한 현실은 방금 언급한 철학의 장면과는 가히 불균형적이라고 할 것이다.

그런데 하버마스의 철학에서 이성이 차지하는 중심적인 위상에 비하면, 감성에 대한 본격적인 논의는 매우 드물다. 더욱이 근대 이후 철학에서 이성과 감성이 대립 쌍으로 등장하는 경우가 흔함을 떠올릴 때 이는 언뜻 납득하기 어려운 불균형처럼 감지되는 것도 무리가 아니다. 왜 그럴까? 이 부재(不在)는 특정한 주제에 대한 하버마스의 소홀함 또는 무관심과 같은 의미의 우연 때문이라기보다는 그의 철학을 형성하는 기본적인 이론 장치 및 개념의 배치와 관련된 문제로 보는 것이 올바른 접근일 것이다.

일반적으로 하버마스는 호르크하이머(Max Horkheimer)와 아도르노(Theodor W. Adorno) 등으로 대표되는 프랑크푸르트학파 또는 비판이론의 2세대 대표자 내지 적자로 알려져 있지만, 이때 간과해서는 안 될 것은 비판이론 1세대에 대한 그의 양가적 태도이다. 그는 호르크하이머의 '전통이론'과 '비판이론'의 구별에서 유래한 비판으로서의 철학의 자기 이해는 의심할 여지 없이 계승하나, 그것을 실현하는 이론의 기획과 관련해서는 몇 가지 사소하지 않은 차이점을 보이기 때문이다. 하버마스는 전대의 비판이론이 사소하지 않은 '결함들'을 가지고 있다고 보는데, 그것은 대체로 다음과 같이 언급된다. 1세대 비판이론은 자신이 행하는 비판의 규범적 토대를 이론적인 방식으로 제시하고 정당화하지 않는다. 그들의 비판적 진술에는 이상적인 요소가 내용상 포함되어 있으며 또한 비판의 척도로서 작용하고 있으나, 이에 대한 명시적인 논의는 회피되고 있다는 것이다. 그리고 1세대 이론가들의 진리 개념과 학문에 대한 태도는 그들로 하여금 개별과학과 무관한 영역에 거주하게 해 다른 개별과학과의 생산적 협업의 통로를 제공하지 못한다. 마지막으로 1세대 이론가들은 민주적 법치국가의 전통을 과소평가하고 있다. 이 점은 특히 비판이론 1세대와 하버마스가 경험한 세계의 차이가 극명하게 드러나는 지점이다. 1세대 이론가들의 사유는 나치라는 전대미문의, 인류 문명의 암흑기를 배경으로 하고 있다면, 하버마스의 철학은 전후 독일에서 시민 민주주의가 나름대로 성공적으로 구축된 경험을 반영하고 있다. 간단히 말해, 하버마스는 이전과 비교해 '더 좋아졌다'고 고백한다. 시대의 제한을 뛰어넘는 이론은 없으며 이 점에서 호르크하이머와 아도르노도 예외일 수 없지만, 하버마스는 이 현재성이 이제 철학적으로 달리 사유되고 정식화되어야 한다고 주장하는 것이다.

호르크하이머와 아도르노 그리고 마르쿠제 등으로 대표되는 비판이론 1세대는 그들이 수행한 현대사회에 대한 일절 타협 없는 비판의 철저성과는 불균형적으로 그 비판의 척도를 이론적으로 제시하는 데에는 —여기에는 이론적 근거가 없는 것은 아니나— 주저하였다. 1세대 비판이론에서 비판을 담보하는 이성의 개념은 말하자면 잠재화되어 있는 것이다. 그러나 하버마스는 변증법적 사고를 표방한 이 비판적 사유의 이론적 지반이 더 이상 그대로 견지하기 어려운 형이상학적·역사철학적 과부하에 걸려 있어서, 사회과학적 접근에 효과적인 접점을 제공하지 못하여 애초에 비판이론이 지향했던 학제적(interdisciplinary) 연구의 기획이 실현되지 못했다고 진단한다.

하버마스의 이성에 대한 관심은 오래된 것이다. 하버마스의 이론을 가장 포괄적으로 특징짓는 표제인 "소통행위이론"에서 감성에 대한 논의가 중요한 자리를 차지하지 않는 것은 그의 이론의 구도와 무관하지 않은 것이다. 하버마스의 일차적 관심은 비판의 기준으로서의 이성의 근거를 확보하는 것이었으며, 그것도 이에 대한 1세대 비판이론의 '함구령'을 거슬러 학문적 술어로, 엄격한 의미의 이론적 언어로 제시하려는 것이기 때문이다. 하버마스의 철학은 언제나 이미 합리성 이론의 저수지에서 발원했다고 할 수 있다. 하버마스가 뛰어야 할 '로도스'는 이성의 봉토인 것이다. 따라서 이성과 관련한 하버마스의 이론적 주 관심은 우선적으로 이성을 비이성 또는 반(反)이성과 구별하기보다는, 다시 말해 이성의 타자, 곧 감성과의 경계 긋기를 통해 확보하는 데 있기보다는 기존의 다른 이성 개념들과의 차별화를 통해 소통적 이성을 현대에 가능한 바로 '그' 이성으로서 드러내 보이는 데 있다.

## 이성의 원칙! 다만, 어떤 이성인가?

하버마스의 소통적 이성은 도구적 이성 또는 목적합리성과 구별 짓기를 통해 발굴된 것이다. 하버마스의 이성 비판은 막스 베버에서 아도르노와 호르크하이머에 이르는 이론 전통의 기저를 이루는 협애한 도구적 이성에 대한 비판에서 시작해서, 소통행위이론 이후에는 루만의 체계이론의 이론적 성과와 대결하는 가운데 기능적 이성에 대한 비판으로 진행한다. 현대사회에 대한 비판적 사회이론의 기획이 도구적 이성 비판으로부터 기능적 합리성 비판으로 전환되는 것이다. 우리는 차후 하버마스에서 이성 개념의 토폴로지를 확인하고 이 구도 하에서 감성의 자리를 다음과 같은 순서로, 즉 인간학에서 감성의 위상, 도덕적 담론에서 감성의 작용, 끝으로 공적 심의에서 감성의 자리, 곧 사회적 감성의 역할을 추량하는 방식으로 논의를 진행하게 될 것이다.

호르크하이머는 그의 대표작 『도구적 이성 비판』(1947/1967)에서 비판이론의 전통에서는 물론 합리성에 대한 이후 철학적 담론에서 하나의 준거가 되는 이성 개념을 도입한 바 있다. 도구적 이성은 목적 자체에는 무관하게 어떤 목적이 주어졌을 때 그 목적을 효과적으로 달성하기 위한 수단에 관련된 이성이다. 이런 점에서 도구적 이성은 목적 자체에는 맹목적이다. 도구적 이성의 발달은 외적 자연에 대한 인간의 지배력을 향상함으로써 생산력의 증대를 가져온다. 그러나 사람들 사이의 관계를 조율하는 실천적 이성은 그와 같은 도구적 이성과는 다른 성질의 것이다. 여기서 '이성'을 말할 수 있다면, 그것은 타자를 나의 뜻에 맞게 지배하는 도구적 이성과 같은 능력이라기보다는 함께 살아가는 사람들 사이에서 불가피하게 생겨나는 갈등을 폭력에 의거하지 않고 대화를 통해 조율하는 능력, 사람들 간의 평화로운 공존이 가능하도록 행위자들의 상호적 관계를 규제하는 도덕적 행위능력과 관계된 이성이다. 이 두 종류의 이성은 직접적으로 아무 관련이 없다. 자연을 지배하는 도구적 이성이 아무리 발달한다 하더라도 이로부터 직접적으로 사람들 사이의 상호적 행위가 조화롭고 평화롭게 조정되리라고 기대할 수는 없다는 뜻이다.

하버마스는 1970년대에 걸쳐 그가 수행한 이른바 '언어적 전환'에 따른 비판적 사회이론의 구축 작업의 성과를 마침내 1981년에 마그눔 오푸스(Magnum opus), 두 권을 합쳐 1,200쪽에 육박하는 『의사소통행위이론』의 간행으로 세상에 알린다. 여기서도 확인할 수 있는 것은 하버마스가 합리성 이론의 전개를 줄곧 자신의 주 철학적 과제로 설정하고 있다는 사실이다. "행위합리성과 사회적 합리화"라는 부제가 부여된 『의사소통행위이론』의 첫 권에 이어 두 번째 권이 "기능주의적 이성 비판을 위하여"라는 부제를 달고 있음에 주목할 필요가 있다. 하버마스는 여기서 생활세계와 체계를 구별하고, 이에 입각한 이른바 2단계적 사회 개념을 정립하고, 이를 토대로 고도로 발달한 현대사회에 고유한 사물화 현상을 그의 유명한 '생활세계의 식민지화' 테제로 포착함으로써 1세대에 의해 시발되었으나 결과적으로 '좌초한' 비판적 사회이론의 약속을 비로소 실현한다는 자부심을 숨기지 않는다.

도구적 이성 그리고 도구적 행위 자체는 인간종의 생물학적인 구조가 지금과 근본적으로 달라지지 않은 한 사회의 물질적 재생산을 위해서 불가피한 것이고, 그 자체만으로 이미 사물화의 원인으로 간주될 수 없고 또 되어서도 안 된다. 하버마스의 2단계적 사회이론의 틀에서 보면, 1세대 비판이론가들이 수행한 도구적 이성 비판의 약점은 생활세계의 기간구조가 침식되는 고도로 진보된 서구사회의 사물화 현상을 '악마화'된 도구적 이성에 다름 아닌 '목적합리성의 마력'에 기인한 것으로 간주한 데 있다.

"이미 베버의 경우가 그랬던 것처럼, 체계합리성과 행위합리성의 이런 혼동은 호르크하이머와 아도르노로 하여금 구조적으로 분화된 생활세계의 틀 안에서 이루어지는 행위태도의 합리화와 분화된 사회체계들의 조절능력의 확대 사이를 충분히 분리하는 것을 방해한다"(『의사소통행위이론』제2권, 장춘익 옮김, 나남, 2006, p.515).

소통행위이론적으로 파악한 서구사회의 근대성은 생활세계의 연관으로부터 경제와 행정 같은 하위체계가 독립·분화하고, 이것이 자신의 고유한 논리에 따라 과잉 증식하여, 이제 거꾸로 생활세계를 '부속화'하기 시작하고, 나아가 생활세계의 기간구조를 침식하는 역학을 전개하는 과정이다. 하버마스는 다른 한편 서구의 근대성에 이미 반영되어 있는 소통적 합리성에 의해서 이 사물화 경향에 저항하는 —단지 '반역하는 자연의 무기력한 분노'와 같은 것이 아닌— '내적 논리'를 제공해 줄 수 있다고 확신한다. 하버마스는 소통적 합리성과 체계적 합리성의 구별 그리고 체계와 생활세계의 구별에 입각하여 근대의 병리현상을 파악함으로써 호르크하이머와 아도르노가 "계몽의 변증법"에서 사물화 경향에 대항하는 계기를 '주체 안의 자연의 상기'나 '반역하는 자연'이라는 명료하지 못할 뿐 아니라 현실적인 실천적 함의를 읽어 내기 어려운 개념화에 봉착하게 된 난관을 극복할수 있으리라고 보는 것이다.

## '현실적' 인간과 '현실적' 소통

하버마스는 지금까지의 서구철학의 패러다임을 의식철학 내지 주체철학으로 규정하고 이로부터 패러다임의 전환을 요청한다. 인간은 일차적으로 사고하는 주체가 아니다. 그렇다면 인간 주체는 이제 어떻게 파악되어야 할까? 우리는 인간 주체와 관련해 이성과 감성의 위치를 살펴보기 위해 하버마스가 가까이 서 있는 물질론적 전통의 인간 파악을 실마리로 삼고자 한다. 포이어바흐의 영향으로 이미 물질론적 전환을 수행한 청년 마르크스는 인간을 자연적 존재, 감성적 존재, 대상적 존재, 의식적 존재로 파악하고 있다.

"인간은 자연적·육체적·감성적·대상적 존재로서 동물이나 식물과 마찬가지로 고통받고, 제약되고 제한된 존재이다. 즉 그의 충동의 **대상들**이 그의 밖에, 그에게서 독립된 **대상들**로 존재한다. 그러나 이 대상들은 그의 **욕구**의 **대상들**이며 그의 본질적 힘들을 가동하고 확증하는 데 없어서는 안 될 본질적 **대상들**이다"(『경제학-철학 수고』, 강유원 옮김, 이론과 실천, 2006, p.198 참조; 일부 변경함).

인간은 자연적 존재로서 생명을 유지하는 한 자연과의 물질교환 관계에 머물러야 하고, 감성적 존재로서 감각을 가진, 고통을 받는 존재이며, 대상적 존재로서 다른 대상에 관계해야 할 뿐만 아니라 마찬가지로 그 자신은 다른 존재의 대상이기도 하다. 대상적이지 않은 존재는 비(非)존재나 마찬가지로 마치 괴물과 같은 기이한 존재일 뿐이다. 그리고 무엇보다도 인간은 의식이라는 고유성을 가진 존재이지만 이 특성도 다른 규정들과 분리되어 생각할 수 없는 것이며, 오히려 이것들을 전제하거나 최대한 마르크스에게서와 마찬가지로 이것들과 동렬인 하나의 계기로 파악되어야 한다.

이러한 인간 파악은 자연 우위에서 출발하는 물질론적 사고에서는 '상상에서나 부인할 수 있을' 인간 조건이다. 물질론적 전통에서 사고하는 하버마스도 기본적으로는 이러한 인간 이해를 공유하는 것은 의심의 여지가 없다. 그럼에도 우리는 여기서 마르크스가 헤겔의 철학에서 전도된 인간, 인간의 전도를 문제시하며 땅 위에 두 발을 굳건히 딛고 선 피와 살을 가진 '현실적' 인간의 파악을 요청한 것과 같이, 아니면 헬러(Agnes Heller)의 눈에 그렇게 비치듯이 하버마스적인 소통적 합리성을 장착한 주체의 권역에 혹시 구체적이고 현실적인 인간의 모습이 빈자리로 남겨져 있지는 않은가 하고 한번 물어볼 필요가 있다.

바꿔 말하면 소통적 주체는 세계 안에서 외적 자연과 관계하고, 다른 사람들과 관계 맺고 또한 자신의 내면세계에 접근하는 여러 다양한 관계 양상을 담는 그런 포괄적 존재로 사고되고 있는가? 그런 의미에서 물질론적 인간관이 강조하는 '현실적인' 인간적 행위자의 고유성을 담지하고 있는가?

하버마스가 제시하는 행위자 모델에는 세간 사람들 사이의 관계에서 흔히 볼 수 있는 항상 효율적이지만은 않은 인간적인 삶, 그런 의미에서 '현실적인 인간'의 측면이 결여되어 있다는 비판이 일찍이 제기된 바 있다. 혹자가 지적하듯이, 사람이라면 일상적 삶에서 어쩔 수 없이 경험하게 되는 희망과 절망, 사랑과 증오, 수치와 모욕과 같은 감성적 경험에 해당하는 그런 여지가 이 행위자에 남겨져 있는가? 이러한 질문은 하버마스적인 행위자 모델에서 인간적 행위자의 감성적 조건의 결여에 대한 의문일 것이다. 물론 하버마스는 인간적 행위자가 관계 맺는 다양한 세계연관성, 즉 자연과의 관계, 사회적 관계 및 자기관계를 생각하고 있으며, 앞서 언급한 감성적 경험은 개인 각자가 탁월하게 접근할 수 있는 자신의 내면세계에서 개시될 수도 있을 것이다. 그러나 기본 개념상에는 포함될 수 있다 하더라도, 문제는 감성적 경험에 할당된 사회 구성적 역할일 것이다. 행위자 상호 간의 행위를 조정하는 엄밀한 의미의 사회적 행위에서 감성적 경험은 하버마스의 소통적 행위이론에서 특별히 주목되고 있지 못하다. '흰' 혹은 '붉은 감정' 등은 단지 일상적 소통행위의 한 소재 내지 영역일 뿐이고, 이 경험이 문제가 될 때 그 문제의 해소를 위해서는 완전히 탈색

된 '창백한 담론'의 차원으로 다시 이행해야 한다.

주지하듯이 막스 베버는 서구의 근대화 과정을 합리화로 파악한다. 베버의 합리화이론은 초기비판이론은 물론 하버마스에 이르기까지 비판이론 전통에서 주요한 전거가 된다. 아도르노와 호르크하이머, 그리고 마르쿠제의 비판이론의 전통에서는 서구의 합리화 과정이 이성이 이성의 이름으로 자신을 배반하는 역설적 과정으로 묘사된다. 이성이 자신의 기원, 즉 자연을 억압, 축출함으로써 형성되는 서구의 합리화는 이성에 의한 자연지배의 과정이다. 도구적 이성 또는 도구적 합리성에 대한 비판은 합리화가 이성이 자신의 기원을 망각한, 결과적으로 자신을 지배하고 자기의 본성을 왜곡한 과정 외에 다른 것이 아니라는 합리화의 이면을 드러낸다. 비판이론은 서구의 합리화 과정에 대한 역사철학적 고찰을 통해 이성과 감성이 그 자신의 규정과 달리 역사 속에서 착종되어 있음을 보여 준다. 이성의 요구와 기능은 외적 자연에 대한 지배, 내적 자연에 대한 지배 그리고 인간의 다른 인간에 대한 지배와 같은 삼중적 지배에 입각하고 또 귀착한다는 것이다. 자기보존이라는 인류 생존의 대원칙하에 사회는 (도구적) 이성으로써 외적 자연을 지배하고, 또 이를 위해 인간 자신의 내적 자연, 즉 충동이나 욕구를 억압하지 않을 수 없으며, 또한 계급관계와 같은 인간의 다른 인간에 대한 지배를 동반하게 된다. 사회의 성립은 지배의 성립과 분리되지 않는다. 이렇듯 1세대 비판이론은 이성이 자연 지배와 분리될 수 없었음을 보여 주었고, 이에 대한 예민한 비판적 의식을 간직하면서, 자연의 지배로부터의 이탈을 화해의 이념으로 간직한다. 여기서 내적 자연을 인간의 감성으로 치환하여도 큰 문제는 없다. 그렇다면 같은 사태가 하버마스의 소통이론에서는 어떻게 나타나는가? 소통적 이성도 마찬가지로 이러한 화해의 이념을 간직하고 있을까? 적어도 이 점에서 하버마스의 입장은 확실하거니와 추호의 동요도 없다. 자연과의 화해는 원칙적으로 불가능하며 따라서 "계몽의 변증법"은 무망한 길로 우리를 인도할 뿐이다.

> "『계몽의 변증법』에서 전개된 명제는 우리의 사고를 바로 가까이에 있는 길로 인도하지 않는다. 이 길을 따라간다면 우리는 여러 합리성 양상들의 고유한 논리와 보편적 타당성 측면들에 따라 분화된 사회합리화의 과정들을 살펴보고, 합리화되고 동시에 물화된 일상의 실제 모습의 외피 아래서 합리성의 통일성을 추정해야 할 것이다"(『의사소통행위이론』 제1권, 장춘익 옮김, 나남, 2006, p.555).

하버마스는 호르크하이머와 아도르노가 오히려 도구적 이성의 '근원들'로 소급하는, 대부분 흔적이 사라진 길을 추적함으로써 이미 실효를 상실한 '객관적 이성'의 개념마저도 능가하는 이론적으로 바람직하지 않은 결과에 당도하게 된다고 "계몽의 변증법"의 난점에 대한 비판을 이어간다.

하버마스에서 소통적 행위자들 간의 상호작용은 기본적으로 양자의 감성적 교감을 지향하지 않는다. 그리고 성공적 소통도 상호작용 참여자들의 어떤 '마주침' 또는 '만남' 같은 것에 있지 않다. 주지하듯이 하버마스는 소통의 두 차원으로 일상적인 상호소통과 담론을 든다. 하버마스에 따르면 일상적 소통은 소통의 참여자들이 공유하는 배경적 지식인 문화 자원의 지평에서 이루어진다. 공동의 문화적 자원을 배경으로 한 소통에서 대화 상대자 간에 소통의 장애가 발생하지 않는 한 대화 참가자들은 일상적 소통의 수준에 머물 수 있다. 그러나 소통에 장애가 생겼을 때는 논의의 차원을 담론으로 높여서 소통을 가로막는 장애를 해소해야 한다. 담론은 주장의 타당성을 놓고 벌어지는데, 담론에서는 말과 결부되어 있는 효력 주장만이 상호적으로 비판적으로 검토된다.

하버마스에게서 소통의 실패는 교호작용이나 교감의 좌절 같은 것이 아니라 상호이해의 실패이다. 하버마스가 의미하는 일상적인 소통에서도 참여자들이 각자의 내면세계에 관한 이야기를 주고받는 경우를 충분히 상정할 수 있다. 그럼에도 하버마스가 염두에 두는 것은 예컨대 연인 사이에 서로의 사랑을 확인하고자 나누는 감정의 표현들은 아마 아닐 것이다. 이런 대화에서의 이해 또는 있을 수 있는 어긋남은 상호 간의 어떤 '타당성 주장'에 관한 것은 아니며, 이런 대화가 이에 대한 '합의'를 목적으로 하고 있는 것도 아닐 것이다. 한편 감정은 외부세계와의 교섭에 의해 마음에서 일어나는 정서적 반응이며, 다른 한편 외부세계의 대상들과 관계 맺을 때, 그것을 조장하거나 꺼리게 하는 작용인이기도 하다. 감정은 일차적으로 인간의 자연, 내적 자연에 속하는 것으로 우리가 앞에서 언급한 현실적 인간의 부분이다. 지면 관계상 간단히 살펴볼 수밖에 없었지만, 하버마스의 인간학과 소통모델은 '현실적' 인간에 충분히 호응하기에는 너무 '이성적' 내지 '이상적'이지 않은가라는 의문을 지우기 어려워 보인다.

## 감정은 합리적인가?

그렇다면 감성은 이성과 전적으로 대립적일까? 다시 말해 감성은 그저 비이성적일 (따라서 열등할) 뿐일까 아니면 감성에도 모종의 이성의 계기가 있을까? 우리는 차후에 하버마스의 규범적 담론과 관련하여 감성의 역할에 대해 생각해 보고자 하는데, 그에 앞서 이 질문을 이 자리에서 다루고 갈 예정이다. 주지하듯이 하버마스는 그의 민주주의 모델로서 공적 심의의 역할을 강조하는 이른바 심의 민주주의 개념을 제시한다. 하버마스는 초기의 주저 『공론장의 구조변동』에서 시작해서 그의 정치철학 및 법철학 이론을 개진한 후기의 또 하나의 대저 『사실성과 타당성』(1992)에 이르기까지 한 시대를 풍미한, 공론 내지 공공영역의 개념을 누구보다도 인상적으로 각인했다. 우리는 규범적 담론 내에서 이성과 감성이 가지는 위상에 대한 관심에서, 이성과 감성이 하버마스의 도덕적 담론과 공적 심의에서 어떠한 위상을 가지는지 추후에 알아보게 될 것이다.

감정은 서구 철학의 전통에서는 이성적 혹은 합리적이 아닌 것으로, 단적으로 이성 혹은 합리성의 타자, 즉 비이성 내지 비합리성으로 간주되어 왔다. 그러나 감정을 공정하게 평가하기 위해서는 우선 감정을 한번 제대로 검토해 보아야 할 것이다. 감정은 단연코 비합리적인가 아니면 감정에도 모종의 합리적인 계기가 내포되어 있을까? 감정과 합리성을 대립시키며, 역사상 등장했던 감정에 대한 반대 견해들을 네 가지로 분류해 취급한 누스바움(Martha Nussbaum)의 논의를 실마리로 삼아 보자(이하 논의는 『시적 정의』, 박용준 옮김, 궁리, 2013, pp.128~135). 첫 번째 사고 유형은 감정을 이성과는 전혀 관계가 없거나 그다지 관계없는 충동적인 에너지의 표출로 파악하는 견해이다. 감정의 이러한 '맹목적인 힘'은 주체를 요동케 할 뿐이며 사고, 반성, 추론, 판단 등 이성의 작용을 포함하지도 않거니와 그에 반응하지도 않는다. 감정에 대한 이러한 생각에는 감정이 인간 안에 있는 진정한 의미에서의 인간적인 본성이 아니라 동물적인 특성이라는 생각이 들어 있다. 나아가 이런 생각은 감정은 '여성적인' 속성이고 이와 대립적으로 이성은 '남성적인' 속성이라는 성적 구별에 관한 뿌리 깊은 통념과도 연결되며, 이는 여성의 자연적 생애 주기가 동물적이고 본능적인 본성을 연상시키기 때문이라는 것까지 누스바움은 지당하게도 간파한다.

둘째는 감정은 판단과 관련되어 있으나 주체에 의해 완전히 제어되지 않는다는 점에서 그 판단은 그릇된 것이라는 견해이다. 감정에서 판단력의 결여가 문제 되지는 않으나 감정에 사로잡힌 사람들은 주체적으로 행위하지 못하고, 외부의 여건에 좌우되기 쉽기 때문에 신뢰하기 어렵다. 결국 인간은 감정의 주인이 되기가 어렵기 때문에, 감정의 판단을 신뢰할 수 없다는 것이다. 이와 같이 위 두 입장은 감정에 대해 서로 다른 측면에 주목하고 있으나 그럼에도 감정은 인간의 삶을 불완전하고 신뢰할 수 없게 하는 요소를 안고 있으며, 따라서 인간만의 특질로 생각되는 현명함의 근거가 될 수 없다는 확신을 공유한다.

세 번째 유형은 공적 심의와 관련해 감정의 역할을 불신하는 입장이다. 이러한 유형의 비판에는 감정의 특징을 이루는 구체성, 직접성, 개별성과 관련된 견해가 근저에 있다. 이 견해는 우리가 앞으로 언급하게 될 하버마스의 규범적 담론과 관계되므로 유념할 필요가 있다. 누구나 쉽게 경험하듯이, 감정은 구체적인 사물이나 자기와 가까운 사람 등 특정한 대상을 향하기 마련이고, 반면에 자기와 무관한 사람들의 문제에 대해서는 민감하지 않다. 감정이 이처럼 사람들이 가진 가치 또는 고통을 공정하게 취급하지 않기 때문에 흔히 윤리학의 대표적인 두 입장으로 거론되는 공리주의나 칸트주의적 도덕이론 모두 공적 규범으로부터 감정을 배제하게 된다.

끝으로 거론되는 입장은 감정이 개인들과의 관계에서는 어떤 역할을 할 수 있으나, 더 큰 사회적 맥락에 관련된 문제, 예컨대 계급적 주체 같은 것에는 관심이 없다는 것인데, 이것은 위의 세 번째 견해와 밀접히 관련된 것이므로 별도로 논의할 필요는 없어 보인다. 이상의 논의를 요약하자면, 감정은 개인에 따라 일정하지 않고, 한 주체의 일관된 판단을 유도하지 못하고, 결과적으로 개인에 따라 또는 시간과 장소에 따라 가변적이어서 일관성이 결여되어 있기 때문에 비합리적이라는 것이다.

감정의 합리성에 대한 논의에는 인간에 대한 특정한 이해가 그 근저에 있다. 인간의 자연성에서 기원하는 감정은 직접성, 구체성, 가변성의 특징에서 벗어날 수 없으므로 서구 철학의 진리 및 가치의 형이상학에 내포된 영원성, 불변성의 이념에 미달될 뿐만 아니라 이를 훼손하는 것으로 간주되어 왔다. 이에 따르면 훌륭한 인간은 외부 환경의 변화에서 유발되는 감정에 좌우되지 않고 자기의 평온을 유지하는 자이다. 누스바움도 알아차리듯이 감성에 대한 이성의 억제와 같은 이분법은 지배의 욕구에 침윤되어 있을 뿐만 아니라, 역사를 동반한 이 지배의 완강함에 상응해 그 같은 이분법 내지 지배의 인간학이 생산되고 재생산된다. 정신과 육체, 이성과 감성 등의 구별은 전자 우위의 도식으로 동시에 지배의 도식이며, 이러한 도식에 입각한 인간학의 역사는 인류의 역사만큼이나 오래고 뿌리 깊다. 누스바움은 물론 감정의 합리성에 대한 이러한 회의에 반해서 '신뢰할 만한 감정'을 확인하기 위해 공적 감정의 선별에 대해 논의하지만, 하버마스가 개진하는 규범적 담론에서 이성과 감성의 위상을 확인하기 위한 우리의 목적에는 지금까지의 논의로 충분하다.

### 도덕적 논의에서의 이성과 감성 – 감성의 한계

주지하듯이 하버마스는 그의 담론이론을 진리 문제에 적용하여 진리의 합의이론을 제시한 바 있는데, 규범의 영역에도 담론이론을 적용하여 도덕의 담론이론을 전개하고 있으며, 정치의 영역에 적용된 담론이론은 심의 민주주의 모델로 전개된다. 우리는 규범의 담론에서 감정의 위상을 검토하기 위하여 하버마스의 규범적 담론 모델을 일별할 것인데, 먼저 도덕적 담론에서의 감정의 위상을 살피고 이어서 같은 것이 공적 심의에서는 어떻게 반영될 것인가를 알아보고자 한다. 이를 통해 우리가 위에서 본 감성의 특성과 관련된 세 번째 논점을 규범적 담론에 관련하여 평가하게 될 것이다.

하버마스의 담론윤리는 칸트의 윤리학을 언어적 전환을 통해 상호적 주체성의 패러다임으로 변형한다. 이 변화는 칸트의 윤리학적 언어를 단순히 '번역'하는 데 그치는 것이 아니라, 칸트의 주체·의식 철학의 패러다임으로부터 주체 상호적·소통의 패러다임으로의 전환으로서 '철학의 변형', 나아가 변혁이다. 하버마스는 칸트 윤리학을 의무론적, 형식주의적, 보편주의적, 인지주의적 성격을 가지는 것으로 파악한다. 담론윤리는 칸트 윤리학을 전승하지만 저 패러다임의 전환으로 인해 헤겔의 비판이 칸트에게 안긴 부하에서는 자유롭다고 주장한다.

담론윤리의 이러한 성격이 실천적 담론에서의 감정과 이성의 위상에 대한 특정한 견해를 유도한다. 실천적 담론에서는 어떤 규범이 보편화 가능한가 하는 점이 검토되기 때문에, 담론의 논증적 성격이 중심에 놓인다. 앞에서 감정에 대한 비판적 입장들로 보고된 내용은 하버마스가 담론윤리와 관련해 기본적으로 수용하고 있는 콜버그 (Lawrence Kohlberg)의 도덕발달이론의 기본구도와도 부합한다. 콜버그에게서 도덕발달의 단계는 다음과 같이 기술된다(하버마스, 『도덕의식과 소통적 행위』, 황태연 옮김, 나남, 1997, pp.178~179 그리고 콜버그, 『도덕발달의 심리학』, 김민남/진미숙 옮김, 교육과학사, 2001, p.164 이하 참조).

> 수준 I. 인습 이전
>> 단계 1: 타율적 도덕성
>> 단계 2: 개인주의, 도구적 목적, 교환
> 수준 II. 인습
>> 단계 3: 개인 상호간의 기대, 관계맺음, 순응
>> 단계 4: 사회체계와 양심
> 수준 III. 인습 이후 또는 원리화
>> 단계 5: 사회계약 내지 유용성과 개인권리
>> 단계 6: 보편적 윤리적 원리

하버마스는 도덕에 대한 이와 같은 콜버그의 관점을 인지주의, 보편주의, 형식주의로 규정하면서 이 도덕적 관점을 설명하는 데에도 담론윤리가 가장 적합하다고 본다. 도덕적 판단에서의 감정의 위상을 염두에 둘 때 콜버그의 도덕적 판단의 단계모델에서 특히 우리의 관심을 끄는 것은 수준 III이다. 이 단계의 내용은 "옳음은 훌륭한(멋진) 역할을 하는 것, 다른 사람들과 이들의 감정에 관심을 갖는 것, 상대에 대한 충성과 신뢰를 지키는 것, 규율과 기대에 순응하도록 동기를 부여받는 것이다"(『도덕의식과 소통적 행위』, p.178 참조; 일부 변경함). 그리고 이것이 의미하는 바는 "1. 올바른 것은 자기와 가까운 사람들에 의해 기대되는 바 또는 사람들이 아들, 누이, 친우 등의 역할에서 사람들에게 기대하는 바에 따라 사는 것이다. '훌륭한 것'은 중요하고 좋은 동기를 갖는 것, 타인들에 대한 관심을 보이는 것을 뜻한다. 그것은 또한 상호적 친우관계를 지키고 신뢰, 충성, 존경, 감사하는 마음을 간직하는 것이다. 2. 옳음을 이행하는 이유는 자기와 타인의 눈에 훌륭하게 비칠 필요성이고 타인들에 대한 보살핌이고, 역지사지하는 경우 자기가 자기로부터 훌륭한 행태를 원하기 때문이다(황금률)"(위 책, pp.178~179).

이 단계 모델에 따르면, 앞 절에서 본 감정에 의존적인 사고 그리고 이에 대해 가해진 비판의 논거는 단계 3, 그중에서도 특히 1에 유사하게 반영되어 있음을 확인할 수 있다. 인습적 수준에 해당되는 단계 3은 단지 처벌에 대한 두려움에서 오는 복종에 따르고 있을 뿐인(단계 1) 인습 이전 수준을 넘어서고 있으나, 친소(親疎)관계에 입각하고 있음으로 인해 공정성을 담보할 수 없는 단계에 머물고 있다. 관계가 먼 사람보다는 가까운 사람에게 더 관심을 갖거나 가까운 사람을 배려하는 것은 극히 당연한 인간적 정서의 발로이다. 따라서 감정적 해석은 불가피하게 정서에 기초한 특수주의의 위험을 회피하기 어렵다.

하버마스의 담론윤리는 도덕적 판단 형성의 공정성을 보장하는 절차를 제시한다. 실천적 담론은 어떤 규범의 타당성을 검토하기 위한 절차에 관계된 것이고 정당화된 규범을 생산하기 위한 것이 아니다. 아래에서 보는 담론윤리가 제안하는 "보편화원칙(U)"은 담론적 의사 형성절차의 규범적 내용만을 표현하는 것으로 타당한 규범이 충족시켜야 할 조건에 대한 기술이며, 실질적인 내용을 가진 규범은 실제로 수행되는 담론에 의해서 검토되어야 한다.

"모든 개개인의 이익을 충족시키기 위하여 그 규범을 일반적으로 준수
함으로써 생겨나는 가능한 결과 및 부작용들이 모든 당사자들에 의해
비강제적으로 수용될 수 있어야 (하고 또 이미 알려진 대안적 조정가능성의
효과들보다 선호될 수 있어야) 한다는 조건을 모든 타당한 규범은 충족시
켜야 한다"(『담론윤리의 해명』, 이진우 옮김, 문예출판사, 1997, p.165).

그렇다면 하버마스의 담론윤리에서 감성의 역할은 무엇일까? 월
저(Michael Walzer)는 비판의 유형들을 검토하면서 원리에 입각한 비판
들은 그 근거를 확보하기가 불가능하거나 아니면 적어도 비효과적이
라고 비판한다. 그는 이런 비판을 하버마스와 같이 이성의 심급에 입
각하는 입장에게도 가하는데, 이 점에서 그는 사실상 흄의 견해를 반
복하고 있다. 흄이 주장하듯이(『도덕에 관하여』, 이준호 옮김, 서광사, 1998,
pp.26~28), 도덕은 정서를 환기해 어떤 행위를 유발하거나 억제하는 것
인데, 이성에는 그런 '힘'이 결여되어 있기 때문에 이성에서 이런 것을
기대할 수는 없다. 도덕의 여러 규칙은 결코 차분하고 냉정한 지성의
결론이 아니다. 이성이 우리의 행위와 정념에 영향을 미칠 수 없다는
점을 인정한다면, 도덕을 오직 이성의 연역을 통해서 발견하려는 생
각은 잘못일 것이다. 활동적 원리는 결코 비활동적 원리에 기초를 둘
수 없기 때문이다. 흄의 이 같은 생각은 일차적으로 근대의 독단적 이
성주의에 대한 훌륭한 해독제이다. 규범의 논의에서 선험주의가 현

재까지 여전히 다양한 형태로 반복되고 있음을 볼 때 흄의 제안은 아직 현재 진행형이다. 선험주의의 잠은 너무도 깊어서 쇼펜하우어가 1840년 다시 한 번 제공했던 각성제도 여전히 효력이 없어 보인다. 아마 도덕적 독단의 잠에는 왕자의 키스와 같은 묘책이 없는 듯하다. 쇼펜하우어는 칸트 윤리학의 논증구조에 내포된 선결문제의 요구를 지적하고, 합리적으로 보이는 칸트 윤리학 뒤에 '신학적 도덕'이 숨어 있다고 비판한 바 있다(『도덕의 기초에 관하여』, 김미영 옮김, 책세상, 2004, pp.102~103 참조).

그럼에도 규범성의 원천에 대한 논의에서 흄의 진정한 기여를 분명히 하려면 하나의 중요한 구별이 도입되어야 한다. 규범의 발생에 대한 설명과 규범의 타당성 조건이 그것이다. 규범은 감성적 존재에게만 생겨날 수 있는 것이며, 비감성적 존재에게 규범적인 것은 의미가 없거나 그래야 할 일도 없어 보인다. 이것이 규범의 발생적 조건이라면, 규범의 타당성이 감성에 의존적인가 이성적 판단을 요구하는가 하는 물음은 이것과 다른 문제이다. 규범과 관련하여 월저는 함축성 있는 비유를 동원해 우리를 추궁한다.

"그들의 삶이 카프카의 K씨와 같다면 혹은 20세기의 망명자, 추방자, 난민, 무국적 생활인과 같다면 어떻게 해야 하나? 그런 사람들에게 호텔은 매우 중요하다. 그들은 그 방, 그런대로 양호한 인간 수용 공간이 주는 보호를 필요로 한다. 그들은 (최소한이더라도) 보편적인 도덕 혹은 적어도 낯선 이들 사이에서 고안된 도덕을 필요로 한다. 하지만 그들이 공통적으로 **원하는** 것은 호텔에서 영원히 사는 것이 아니라, 새로운 집, 즉 그들이 어떤 소속감을 느낄 수 있는 두터운 도덕적 문화권에서 사는 것이다"(『해석과 사회비판』, 김은희 옮김, 철학과 현실사, 2007, p.33; 일부 변경함).

호텔이 아무리 일상생활에 필요한 최소한의 것들을 가장 효율적으로 배치한 편리한 시설이라고 해도 사람들은 거기 오래 거주하고 싶어 하지는 않는다. 보편적 도덕이란 그런 호텔과 마찬가지라는 것이다. 그러나 이성에 의해 정당화되는 도덕에 대한 비판처럼 보이는 이 말은 실효성을 가지는 규범의 요건에 대한 요구일 뿐이지 규범의 발생에 대한 설명과는 무관하다. 위 두 조건은 상호 배타적인 것이 아니다. 동시에 성립할 수도 있는 것이다.

따라서 저 구별과 혼동해서는 안 될 것은 규범의 실행 가능성에 대한 물음이다. 이것은 규범의 실천적 측면, 즉 규범의 행위 유발적 계기의 문제이다. 타당하든 아니든 어떤 규범이 사회적으로 실효성을 가지기 위해서는 궁극적으로는 행위자들에 의해서 준수되어야 하는데, 행위자들을 이렇게 구속할 수 있는 실질적 힘은 어디서 유래하는가? 소통하는 주체에서 출발하기는 하나 여전히 이성을 고수하는 하버마스에게서 이 문제는 어떻게 나타날까? 하버마스는 이 문제를 도외시하거나 또는 적어도 소홀히 하거나 아니면 나아가 이 문제에서 좌절할 수밖에 없을까? 하버마스에게 이것은 일차적으로 도덕의 문제라기보다는 사회이론의 문제이다. 타당한 규범이 실제로 행위를 유발하는 힘을 가질 수 있는 것은, 행위하는 개인들의 타고난 성향상의 소질의 측면을 —이는 다른 분야에서 연구되어야 할 문제일 터이므로— 접어 두면 사회화 과정의 산물이다. 하버마스는 일관성 있게 도덕에 관하여 정당화의 맥락과 실천 가능성의 맥락을 구별한다. 엄밀한 의미에서 도덕의 담론은 규범의 정당화의 맥락에 위치한다. 어떤 규범의 타당성을 인정하는 것은 소통적 합리성의 발현에 의해서 확보되는 반면, 타당한 규범이 행위를 유발하는 힘은 의지와 습관의 사회화 과정에서 형성되는 것이다. 결과적으로 타당한 규범을 실행하는 인성구조의 형성을 조장하는 사회화 과정과 이 사회화의 결과가 발휘될 수 있는 사회제도의 확립이 규범의 수행 가능성에 중요한 것이다.

### 공적 심의에서의 이성과 감성 – 사회적 감성의 자리

그렇다면 공적 심의에서 감성이나 감정은 어떤 위상을 갖게 될지 생각해 보기로 하자. 사회적 문제나 현상에 대한 공중의 정서적 반응의 총체를 사회적 감성이라고 불러 본다면 이 문제는 사회적 감성의 작용에 대한 것이라고 할 수 있다. 사회적 감성은 두 측면을 가진다. 하나는 외부의 사회적 현상에 대한 수용성으로서의 감성, 말하자면 감수성, 감수 능력으로서의 감성이고, 다른 하나는 행위자가 그 현상에 반응하는 작용으로서의 감성이다. 이를테면 사회적 현상에 대해 사람들이 증오나 혐오감을 표현하거나 모욕 등을 통해 감정적으로 대응하는 경우를 들 수 있다. 그렇다면 사회적 감성의 이 두 측면에서 여전히 '합리적 감성'이라 할 만한 것이 있을까? 만약 그렇다면, 그것은 어떤 점에서 또 어느 한도에서 그러할까?

사회적 감성은 사람들이 공동생활을 영위하는 가운데 불가피하게 발생하는 갈등을 감지하고, 그에 대한 공중의 정서적 반응 및 표현이라는 점에서, 사회적 감성은 무시되거나 도외시될 수 없고, 사회현상이 '문제화'되는 것을 보여 주는 주요한 지표가 된다. 그것은 어떤 현상을 예컨대 '고통스러운 것'으로 감지하여 문제로서 인지하고, 해결을 요하는 문제로서 등록하고, 공적으로 논의되어야 할 문제로 접수함으로써 그것이 공적 심의의 의제가 되는 데 기여한다. 이것이 감수성으로서 감성이 가지는 합리성의 계기라고 할 수 있을 것이다. 사회적 감성에는 어떤 사안에 대한 호불호의 단순한 감정적 반응으로부터 격한 분노의 표출에 이르기까지 사회적 감성의 표현양태라고 부를 수 있을 강도의 스펙트럼이 있다. 이와 달리 개인적인 산발적인 감정의 표현에서부터 조직화된 사람들의 행동에 의한 집단적 감정의 표출에 이르기까지 사회적 감성의 표출행태의 차이도 생각할 수 있다.

그러나 분노, 공분, 혐오와 같은 반응으로써 사회적 문제를 해결하려는 시도는 바람직하지 않아 보인다. 감정을 어떤 식으로 변호하더라도 감정의 합리성에 대한 회의적·비판적 논점들이 완전히 배제되기는 어려워 보인다. 문제의 감지가 아니라 해결에 감정이 작용할 경우 공정성의 훼손에 대한 우려를 완전히 불식하기는 어렵다. 감정은 자연적 성향으로서 원초적 관계에 밀접히 연결되어 있기 때문에, 친소(親疏)관계에 따른 끌림과 밀침 같은 반응의 차이에 감정은 역설적으로 무감하기 때문이다. 가족이나 작은 집단에서는 미덕일 수 있는 것이 사회적 관계에서는 특혜일 수 있는 것이다.

오늘날 세계사회의 형성에 따라 우리는 지구 반대편에서 매일같이 일어나는 사람들의 불행에 대해 언론매체를 통해 보거나 들어서 알게 된다. 우리는 드물지 않게 멀리 떨어진, 나와는 직접 관계없는 사람들의 불행에 동감하거나 그들의 불운에 연민을 품게 되며, 싱어(Peter Singer)가 역설하듯이 도덕적 의무 내지 책임을 요구받기도 한다. 이러한 도덕적 의무는 어떻게 근거지울 수 있을까? 짐작할 수 있듯이 이 경우 감수성에 호소하는 것은 역시 좋은 방도가 못 된다. 노딩스(Nel Noddings)가 그의 '배려' 개념에서 용인하듯이 관계의 거리에 따라 감성에 의한 동기부여도 약화되는 것이 감성의 순리다. 그렇기 때문에 감성적 무감동(無感動)에 의한 비(非)의제화나 비(非)동기화는 이성적 숙고와 개인들의 사회화에 의한 실행의 습관화가 없이는 교정되지 않는다. 감성에만 의존하는 것은 불충분하다. 한없이 따사로우며 어떤 아픔도 감쌀 수 있는 감정이지만 끝 간 데 없이 잔혹해질 수 있는 것도 감정이다. 그렇다면 타인을 공동체의 성원으로서 대우하는 것, 또는 확대된 공동체로서의 세계시민사회에서 요구되는 연대성의 확보는 어떻게 확보될 수 있을까? 여기서도 보편화 원칙에 의한 검토는 불가결해 보인다. 관건이 되는 규범은 그것의 보편화 가능성이라는 관점에서 환문되어야 한다는 말이다. 보편화원칙의 관점에서 이성의 검토를 거칠 때 비로소 감성의 제한성이 극복되고 이성이 제공하는 보편성의 근거에 의해 감성의 제약을 성찰적 의지로 극복할 수 있다.

고대 그리스 이후로 철학에서는 지식(episteme)과 의견(doxa)을 구별한다. 지식은 참된 학적인 앎을 말하며, 독사는 일반적으로 감성적 지각에 근거하는 주관적 의견이나 견해 등을 의미한다. 서구 철학의 전통에서는 진리란 영원불변한 것이어야 하므로, 진리를 추구하는 철학에서는 의견을 극복하고 지식을 추구하려 한다. 그러나 정치는 진리를 추구하는 참된 학적 인식의 영역이 아니라 오히려 의견의 영역이다. 이 점과 관련해 하버마스의 심의 민주주의 모델은 시사하는 바가 있다. 심의 민주주의 모델에서는 논의하는 시민들의 자유로운 공론영역과 의회와 같이 제도화된 심의기구의 상호작용으로 의사소통권력을 산출하고 이것을 통해 행정권력의 사용을 제어한다. 민주적 정당성은 권력의 이러한 순환과정에서 확보된다. 이 모델은 국민주권개념에 대해서도 새로운 이해를 준다. 국민주권은 더 이상 국민과 민족과 같은 실체에 귀속되는 것이 아니라 법치국가적으로 제도화된 의사형성과 공론영역의 상호작용에서 생겨나는 것으로 이해된다. 서구에서는 18세기부터 여러 국가에서 'public opinion', 'opinion publique', 'öffentliche Meinung' 등의 개념이 형성된다. 이렇게 형성된 공론영역이 사회에 자리 잡고 정치과정에 영향력을 행사하게 되는 것이 서구의 민주화 과정이라고 할 수 있다. 시민들의 공적 심의에 가치가 부여된 것은 의견의 이성적 계기가 인정된 것으로 볼 수 있는데, 이는 근대에 이루어진 독사의 복권이라 할 만한 사건이다.

의견은 물론 사회적 감성과 일치하지는 않는다. 그럼에도 시민들이 그들의 생활세계에서 갖게 된 감성적 지각이 성찰된 지식의 형태는 아니더라도 의견의 형태로 여론화되어 공적 심의의 장으로 투입될 수 있다. 정치가 기본적으로 사회적으로 문제시되는 모든 문제에 열려 있어야 한다면, 정치적으로 취급되어야 할 사회적 문제들은 실용적 관점에서 접근해야 할 것과 도덕적 관점에서 접근해야 할 것 그리고 윤리적 관점에서 접근해야 할 것들을 모두 포괄한다. 공적 심의의 내용은 이러한 복합적 문제들로 이루어진 전체가 된다. 하버마스가 사회적 감성 자체를 명시적으로 크게 주목하지는 않지만, 그럼에도 그는 사회문제의 압력에 반응하는 광범위한 네트워크로서의 공론장과 이를 통해 영향력 있는 의견을 형성케 하는 소통구조를 중시한다. 사회문제의 압력에 반응하는 데 대한 감성의 기여 부분은 앞에서 이미 다룬 바 있다. 하버마스는 근대 공론장이 성립되는 과정과 그 대체 불가능한 의의를 추적하고, 공론장이 민주적 정당성을 위해 어떤 기능을 하고, 현대 민주주의는 왜 공론장을 생략할 수 없는지를 보여 주었다. 하버마스가 이 개막하는 새시대의 정신을 일찌감치 꿰뚫어 본 선구적 정치·사회 이론가 중의 한 명이라는 데에는 이의가 있을 수 없다.

**위르겐 하버마스, 『공론장의 구조변동』, 한승완 옮김, (나남, 2001).**
이 책은 공공영역의 형성과 변동을 추적한 하버마스의 기념비적인 저술로
서 공론, 여론, 시민사회, 민주주의와 관련된 현대의 논의에서 거치지 않을
수 없는 현대의 고전이다.

**위르겐 하버마스, 『의사소통행위이론』, 장춘익 옮김, (나남, 2006).**
이 책은 하버마스의 주저로서 현대 사회철학 이론의 교과서라고도 할 수 있
다. 비판이론의 전통을 비판적으로 서술하는 제1권 IV에서 비판적 사회이
론 전통과 1세대 비판이론가들에 대한 전반적인 조망을 얻을 수 있다.

**악셀 호네트, 〈정의의 타자〉, 『정의의 타자』, 문성훈 외 옮김, (나남, 2009).**
이 글은 하버마스 윤리학을 폭넓은 배경에서 논의하는데, 감성적 측면이 고
려된다.

# 우리는 여전히
# 이성을 믿고 싶다

김 부 용

오랫동안 철학은 진리를 발견하고 옳음을 추구한다는 이성의 기능을 인정하고 신뢰했다. 소크라테스가 "성찰되지 않는 삶은 살 가치가 없다"고 했을 때 이미 이성은 옳음과 진리를 동시에 추구하고 발견하는 기능을 수행한다는 신뢰를 얻고 있었다. 이성에게 이러한 두 기능을 부여하고 그 수행에 대해 신뢰할 수 있는 것은 이성이 자기 자신 외의 다른 요인에 의해 영향을 받지 않고 중립적이고 객관적으로 작동한다고 믿어졌기 때문이다. 이성은 로고스이고 자연이 빛이기 때문이다.

20세기 들어 이성에 대한 절대적 신뢰는 흔들리기 시작한다. 서양 철학의 진영에서 진리의 절대성, 이미 거기 존재해 있고 발견하기만 하면 되는 진리의 특성이 의문시되면서 진리와 관련된 이성의 기능이 절대적이고 보편적인 진리의 발견이 아닌 상대적이고 제한적인 진리의 생산 또는 형성으로 격하되었기 때문이다. 진리와 관련하여 이성에 대한 신뢰 가능성이 제한되기 시작했다.

이성이 옳음을 추구하기 위한 길잡이가 될 수 있다는 점, 즉 이성이 누구에게나 타당한 옳음의 기준을 제시할 수 있다는 점에 대해서도 심각한 의문이 대두되었다. 그 의문의 바탕에는 이성의 자율성에 대한 의구심이 있다. 이성은 스스로의 준거가 아니라 권력, 계급, 자본, 이념 등의 준거에 따라 작동되고 있다는 의구심말이다. 이제 이성은

—처음부터 갖지 못했을지도 모르는— 자연의 빛을 상실하고 권력, 자본, 계급, 이념의 빛만을 발하고 있을지 모른다는 의심에서 자유롭지 못하게 되었다.

이성에 대한 20세기의 불신은 푸코에게서도 나타났다. 그 역시 이성의 두 가지 측면 모두 신뢰하지 않았다. 진리의 절대성뿐 아니라 이성에 의해 생산/형성되는 진리의 무구성도 인정하지 않았다. 진리가 겪고 있는 모종의 오염, 진리에 드리워진 불길한 그림자를 포착했기 때문이다. 또한 옳음에 관한 이성의 역할도 규범성과 규칙의 측면으로 제한했고 동시에 이성이 규범성과 규칙의 근원이 될 수 있음도 인정하지 않았다.

무엇보다도 푸코가 이성을 신뢰하지 않은 것은 이성의 작동 근저에서 효과를 발휘하는 권력을 포착했기 때문이다. 일반적으로 이성에 부여하는 계몽, 진보, 해방의 이미지는 이성이 권력에 대해 견제, 비판, 저항하는 것으로 여기게 만든다. 실제로 이성은 권력에 대해 그러한 효과를 발휘한다. 그러나 푸코는 이 효과를 해방이나 진보의 기획과 연결하지 않는다. 이러한 이성의 작용으로 인류 역사가 해방이나 진보의 방향으로 전개되는 것이라고 보지 않는다. 푸코의 관점에서는 이성의 비판과 저항도 권력의 효과이다. 권력이 있는 곳에 반드시 저항이 있기 때문이다.

푸코의 이성비판은 다른 의미로 권력 비판이라고 할 수 있다. 권력이 어떤 식으로 이성에 효과를 발휘하는지 그리고 이성이 어떻게 권력과 상호작용하는지를 보여 줌으로써 인류가 오랫동안 가져온 이성에 대한 신뢰를 흔든다.

그렇다면 이성에 대한 푸코의 입장을 반이성주의로 규정해도 되는가? 이 의문은 푸코의 두 번째 과제 때문이다. 로티에 의하면 푸코에게 두 가지 과제가 있다. 하나는 '동료 시민을 위해 권력에 저항하고 해방과 비판의 기획을 수행하는 것'이며 다른 하나는 '권력이 부여한 주체성에서 벗어나 자기 창조(self-invention)의 기획을 수행하는 것'이었다. 푸코는 첫 번째 과제의 실현 가능성을 회의했다. 이성을 동원해야 하는 저항과 비판마저 권력의 효과이기 때문이다. 권력이 철폐되지 않는 한 해방의 기획은 불가능하다고 생각한 푸코는 권력에 오염되지 않은 주체의 형성을 위해 자기 창조라는 두 번째 과제를 시도했다. 그는 이 과제를 위한 여정을 '자기돌보기(le soin du soi)'라고 불렀다. 푸코는 두 번째 과제를 위해 다시 이성에 의존하려고 한다. 그가 스토아철학에서 자기창조의 모티브를 찾았을 때 이성을 통한 방식을 인정한 셈이기 때문이다.

푸코의 두 과제는 푸코를 반이성주의로 쉽게 규정하지 못하게 만든다. 오히려 푸코가 죽기 직전까지 몰두한 자기 창조의 과제는 여전히 이성을 신뢰하고 싶어하는 푸코를 목도하게 만든다. 이 글에서는 이성에 대한 푸코의 입장을 살펴보고 이를 통해 신뢰할 수 있는 이성이 푸코에게 가능한지를 물어보고자 한다.

이를 위해 우선 이성과 비이성이 구분되는 근거의 정당성을 통해 이성의 자율적 존립가능성을 살펴보고 그런 다음 인식과 사회적 실천에서 이성의 작동이 신뢰할 만한지를 진단해 보겠다. 그리고 나서 '자기 창조'라는 푸코의 과제를 살펴보면서 신뢰할 수 있는 이성의 여지를 찾아보겠다.

## 구분하고 배제하는 이성

이성의 자율적 존립가능성은 이성과 비이성의 구분이 자의적이지 않은 타당한 구분인지를 확립함으로써 시작될 것이다. 이성이 그 반대항인 비이성과도 타당하게 구별되지 않게 되면 이성, 비이성의 정체성 자체가 무의미해질 수 있기 때문이다. 자신의 정체성조차 분명하게 확보하지 못한다면 이성으로서 자율적 존립가능성은 성립하기 어렵지 않겠는가?

『광기의 역사』는 이성이 권력과 상호작용하면서 권력의 효과로서 작동하는 모습을 보여 준다. 이 저서에서 푸코는 이성이 광기를 비이성으로서 구성하는 과정을 보여 줌으로써 서구사회가 이성과 비이성을 구분하고 특히 광기에 독특한 비이성의 지위를 부여한 것과 관련된 권력의 효과를 제시한다. 광기는 그 자체로 존립하는 실체가 아니라 이성에 의해 구성된 것이다. 그렇기 때문에 푸코는 대상으로서 광기를 구성하는 고전주의적 경험을 언급한다. 광기를 규정지은 고전주의 시대의 이성은 광기를 배제하는 소극적 역할뿐 아니라 적극적으로 구성하는 역할을 했다. 다만 이성이 광기를 구성하는 이면에는 권력이 가진 모종의 전략이 있다. 이를 통해 이성이 ―비이성과의 관계 속에서― 상대적 위상을 가질 따름이며 정상과 비정상의 구분도 자의

적이라는 것을 보여 준다. 따라서 이성과 비이성의 구분도 절대적 구분이 아닌 자의적 구분이라고 『광기의 역사』는 제시한다. 만일 그렇다면 이성의 자율적 존립가능성 자체가 의심의 대상이 된다. 당연히 이성에 대한 신뢰도 힘들어진다.

고전주의 시대 이성은 비이성이라는 범주를 구성했다. 이 범주에 속하는 대상들은 정상이 아닌 비정상의 존재들로서 고전주의 시대 규범과 질서를 구현하지 못하는 사람들이었다. 즉 이성이 스스로 규범이라 규정한 것에서 벗어나 있는 모든 것은 비정상이며 비이성이다. 『광기의 역사』는 '대감금'이라는 역사적 사건을 중심으로 이성에 의해 비이성의 범주화가 이루어지고 광기라는 대상이 형성되는 과정을 보여준다. 1656년 칙령에 의해 건립된 파리시의 '오삐딸 제네랄(l'hôpital général, 종합병원)'을 필두로 프랑스의 모든 도시들은 병원을 설립해야 했다. 이 시설은 기능과 목적 면에서 어떤 의학적 개념과도 관련이 없었다. 그 임무는 "모든 무질서의 원천인 구걸과 게으름을 막는 것"이었다(미셸 푸코, 『광기의 역사』, 1991, p.58). 종합병원은 임무의 수행을 위해 추방이라는 소극적 방식이 아닌 감금이라는 적극적 방식을 택했다.

이 당시의 사태를 대감금이라고 부르는 것은 감금의 규모뿐 아니라 여기서 감금된 사람들의 무차별성 때문이다. 1656년 당시 파리시 인구의 1% 이상이 감금되었다. 감금된 자들에는 광인, 병자, 약자, 부랑인, 신성모독자, 불량배, 무능력한 노인들 등이 구분 없이 포함되었다. 그들은 어떤 이유에서건 일하지 않고 있었기 때문에 감금되었다. 노동이라는 고전주의 시대의 규범을 준수하지 않았기 때문에 감금되었다. 이 감금은 명시적으로는 경제적 이유에서 이루어진 감금이었다.

17세기 스페인의 예에서 보듯이 경제적 위기가 실업, 임금 감소, 화폐 부족의 곤란을 초래했을 때 감금은 경제적 빈곤층, 실직자들의 폭동을 막기 위한 조치였다. 또한 감금은 경제적 번영기에는 잘 통제된 값싼 노동력을 제공하는 수단이었다. 말하자면 감금은 완전고용으로 고임금이 실현되던 시기에는 값싼 노동력을 제공했고 실업의 시기에는 게으른 자들의 재흡수와 선동 폭동을 방지하는 사회적 보호막 역할을 했다. 이렇게 고전주의시대의 이성은 국가의 통제를 용이하게 하기 위해 정상과 비정상을 구분하고 비정상을 감금했다. 이 감금 시설은 "왕이 경찰과 법정 사이에서 법률의 한계를 보완하고자 수립한 이상한 권력, 말하자면 제3의 억압체계"인 셈이다(미셸 푸코, 『광기의 역사』, 1991, p.53).

경제적 태만이라는 공통의 이유로 감금된 비정상 중에서 이성은 특히 광기라는 비이성과 스스로를 차별화시키고자 한다. 르네상스 시기까지 광기는 그 폭력성은 금지되었어도 표현은 될 수 있었으나 고전주의 시대의 이성은 그 표현까지도 금지했다(미셸 푸코, 『광기의 역사』, 1991, p.51). 이 금지는 단순히 감금이라는 현실적 배제만을 의미하지 않는다. 고전주의 시대 이성은 광기를 개념적으로까지 배제한다. 푸코는 데카르트의 성찰에서 나타나는 방법적 회의가 "생각하고 있는 사람은 미칠 수 없다"는 것을 의미한다고 주장한다. "꿈 또는 환각이 바로 진리의 구조 안에서 극복되지만 광기는 의심하는 주체에 의해 배제된다"(미셸 푸코, 『광기의 역사』, 1991, pp.114~115). 데카르트의 이 모습이야말로 광기의 물리적 감금이 개념적 배제까지 의미함을 보여준다.

이성은 광기를 개념적으로 배제하는 동시에 도덕적으로도 탄핵했다. 광기가 도덕적 비난을 받은 것은 '게으르기' 때문이었다. 노동이라는 신성한 윤리를 받아들이지 않던 광기는 감금되고 비난받고 또한 행정적 통제의 대상이 되었다. 광인을 감금한 '오삐딸 제네랄'을 위시한 병원들에서는 "인간에 속할 자격이 없는 도덕적 결핍자를 처벌하고 교화하는 도덕적 제도의 양상도 가지고 있었다. … 일체의 사법적 기구나 억압의 수단을 보장받았다. … 감독, 관리, 지도, 경찰, 교화, 처벌, 그리고 사법상의 권한을 가졌으며 그것을 수행하기 위해 화형주, 낙인, 감옥, 지하감옥을 마음대로 이용할 수 있었다"(미셸 푸코, 『광기의 역사』, 1991, p.68).

경제적 조치, 사회적 보호책이라는 장치의 기능을 가지고 있던 17세기에 고유한 감금은 비이성의 역사에서 결정적 사건이었다. "사회의 지평에서 광기가 빈곤, 노동불능, 체제 내 통합불가능성이라는 특성에 의해 파악된 순간이며 도시의 한 문제로 여겨지기 시작한 순간"이었다(미셸 푸코, 『광기의 역사』, 1991, p.72). 고전주의 시대 광기는 노동의 윤리적 가치, 빈곤과 관련된 도덕적 규범들에 따라 그 경험이 형성되고 의미가 부여되었다. 그렇게 해서 광기라는 대상이 형성된 것이다.

광기가 다른 비이성과 구별되는 중요한 요소는 광기가 가진 동물성이었다. 다른 비이성들이 그 추문을 드러내지 않기 위해 은폐된 것과 달리 광기는 전시되고 구경되었다. 광기의 야수성을 전시하면서 이성은 타락이 어느 정도로 인간을 동물성과 근접하게 만들 수 있는지를 보여 주었으며 동시에 인간을 구원하려는 신의 은총이 어느 정도까지 인간에게 미칠 수 있는가도 보여 주었다(미셸 푸코, 『광기의 역사』, 1991, p.88). "…야수의 형상을 한 인간에게서 나타나는" 광기로 인해 이 인간은 "타락의 극점에 있는 죄의 가장 명백한 상징이 되었다. 동시에 신의 은총의 대상으로서 보편적 용서와 순결의 복구를 상징했다"(미셸 푸코, 『광기의 역사』, 1991, p.88). 광기는 인간성의 최저이면서 동시에 구원을 통한 절대적 무구성을 동시에 드러낸다. 그럼으로써 광기는 동시에 징벌과 영광의 대상이 되었다.

고전주의 시대의 이성이 광기에 이중의 지위 ─ 징벌의 대상이며 영광의 대상─ 를 부여한 것은 광기를 비이성이라는 지평 위에서 인식했기 때문이다. 이성은 광기라는 대상의 실체성을 위해 비이성이라는 버팀목이 필요했다. 비이성은 광기의 가능근거를 규정했다. 광기는 비이성과의 관계에 의해서만 이해될 수 있었다.

광기의 야수성은 광기를 가장 늦게까지 감금의 수용소에 남아 있게 만들었다. 18세기 말의 어느 시점에 광인을 다른 수감자들과 함께 가두는 것에 대한 반발이 일어나기 시작했다. 이런 식의 무차별적 감금은 제정신인 다른 사람들을 힘들게 하므로 옳지 않다는 주장이 대두되었다. 또한 '국가에 빈민이 없으면 빈곤해진다'는 판단은 인구가 매우 적극적인 경제 자원이라는 이해와 밀접하게 연결되어 감금을 중요한 오류로 만들었다. 감금은 시장에서 값싼 노동력을 빼내서 그것을 국가의 돈으로 부양하는 오류를 저지르고 있었다. 그러므로 감금은 중단되어야 했다.

감금은 중단되었으나 완전히 중단된 것은 아니었다. 감금되었던 비정상인들 중에서 광인은 남아 있어야 했다. 피넬과 튜크의 개혁적 수용소에서도 노동이 불가능한 광인들은 정상의 세계에 편입되지 못했고 광기는 독특한 비이성의 지위를 유지해야 했다. 이성의 눈에 드러난 야수성 때문이었다. 이 야수성으로 인해 광기는 노동력 상실의 대가로서, 인간성의 최저한도로서, 신의 구원의 극치로서 기능하며 마지막 순간까지 감금의 대상으로 남게 됐다. 이성은 이렇게 가장 인간주의적이라고 여겨질 때조차도 권력의 개입에 의해 움직였다. 피넬과 튜크의 인간주의적 개혁은 보기와는 달리 사실은 수용된 광인의 인간적 자유나 인권을 위한 조치가 아닌 권력의 책략이었다.

푸코가 분석한 고전주의 시대 광기에 대한 경험이 형성된 과정은 이성과 권력의 상호작용에 대한 분석이기도 하다. 비이성의 범주를 규정하고 그 범주에 무차별적으로 대상을 포섭하는 고전주의 시대의 이성은 이성의 작동 바탕에 있는 권력을 제시하면서 이성이 자율적 존립성을 가질 수 있는가에 대해 의문을 제기한다. 고전주의 시대 이성에 대한 푸코의 분석은 이성이 권력과의 합작에 의해 비이성으로서 광기를 구성하는 과정에서 권력이 변신할 때마다 비이성을 다르게 구성함을 보여 주었다. 이렇게 푸코는 이성에 대해 일차적 의심의 근거를 제공하고 있다.

자기 정립성이 부정되는 과정 중에 이성이 추구하는 옳음에 대해서도 의문이 제기된다. 푸코가 분석한 고전주의 시대 광기에 대한 경험이 형성된 과정은 이성과 권력의 상호작용에 대한 분석이기도 하다. 이성의 작동 바탕에 있는 권력은 이성이 자신의 힘으로 옳음을 추구할 수 있는가에 대해 의문을 제기한다. 고전주의 시대 이성이 비이성이라는 반대항에 고전주의 시대 규범에 부합하지 않는 모든 대상들을 무차별적으로 포섭할 때 이성의 작동 이면에는 건강하고 값싼 노동력을 요구하는 절대왕정의 권력이 있었다. 근대 자본주의가 전개되면서 노동력에 대한 강력한 필요성이 대두되었다. 이를 위해 노동이라는 신성한 가치와 규범이 정립될 필요가 있었으며 그 필요를 실현하는 한 방식이 그러한 규범에 부합되지 않는 자들의 감금이었다.

고전주의 시대 비이성과 광기에 대한 이성의 작용은 이성에 미치는 권력의 효과와 권력에 미치는 이성의 효과를 보여 준다. 이렇게 볼 때 과연 이성은 소크라테스가 믿었듯이 가치 있는 삶을 위해 옳음을 추구한다는 면에서 믿을 수 있는가? 이성은 그저 권력의 효과로서 작동하면서 권력이 인정하는 범위 내에서만 옳음을 추구할 수 있는 것이 아닐까? 권력에 의해 규정된 규범성 내의 옳음은 인간이 이성을 통해 도달할 수 있다고 기대하는 권력, 자본, 계급, 이념으로부터 자유로운 옳음일 수 있을까? 아니지 않을까?

## 진리를 생산하는 이성

이성에 거는 기대 중 하나는 이성을 통해 진리를 발견할 수 있다는 점일 것이다. 적어도 이성이 가진 진리의 기능은 믿을 수 있지 않을까? 왜냐하면 이성에 의거하지 않고는 진리를 말할 수 없을 것이기 때문이다.

진리와 관련하여 이성의 기능을 믿을 수 있다는 것은 이성에 의해 이루어진 진리의 특성에 의해 결정될 것이다. 그 진리가 절대성, 보편성 등을 가질 때 진리는 신뢰할 수 있는 것이며 따라서 이를 이루어지게 한 이성도 신뢰할 수 있을 것이다.

진리에 대한 추구가 철학자의 가치가 된 것은 인간을 속임의 왕국에서 벗어나게 하고 미몽에서 깨우려는 동기 때문일 것이다. 헤라클레이토스, 소크라테스, 플라톤 그리고 스토아 철학으로 이어지는 고전적 진리의 추구는, 플라톤의 '동굴의 우화'에서 보듯이 속지 않으려는 의지의 추구이다. 이 의지는 동굴 밖의 세계인 참인 존재를 파악하자 발동된 그림자에 대한 의심에서 연원한다. 그러나 철학사는 의심의 이면에 있는 '속지 않으려는 의지를 지배하는 동기'에 대해서는 거론하지 않는다. 진리는 마땅히 추구되어야 할 것으로 상정되었기 때문이다. 마땅히 추구되어야 할 진리이기 때문에 진리에 대한 질문은 '우리가 추구할 진리는 무엇인가?'로 집중됐다.

이러한 질문은 진리는 이미 존재하고 있으므로 우리는 이 진리를 발견해야 한다는 전제를 당연히 받아들이고 있다. 그리고 자연이 빛인 이성은 마땅히 추구되어야 할 진리를 겨냥해야 한다. 이성에 거는 기대는 이러한 진리의 발견이다.

이미 니체는 이성이 발견해야 할 진리에 대해 의구심을 제기하면서 이성 자체에 대한 의심을 노정했다. '왜 오류가 아니고 진리인가?' 라는 니체의 질문과 동일한 문제를 제기하면서 푸코는 진리의 당연한 지위를 의심하고 어떤 진리가 어디서 어떻게 성립하게 되는지를 추적한다. 전통적 문제의식이 진리 자체의 존재를 상정함으로써 진리를 위한 별도의 자리가 있는 것처럼 논의를 전개하는 것에 반해 푸코의 문제의식은 진리 자체를 상정하지 않기 때문에 진리를 위한 별도의 자리를 인정하지 않는다.

이러한 문제의식만으로 푸코가 진리와 관련하여 이성에 대해 신뢰하지 않는다는 것을 알 수 있다. 이성은 절대적이고 보편적인 진리를 생산하는 것이 아니다. 그렇다면 이성에 의해 성립하는 진리가 어떤 진리인지를 살펴보면 진리와 관련하여 이성에 대한 푸코의 입장을 구체적으로 알 수 있을 것이다.

푸코의 진리관은 일반적으로 다음과 같이 요약된다. "우리는 권력을 통한 진리의 생산에 복종해야 하며 우리는 진리의 생산을 통하지 않고는 권력을 행사할 수 없다"(Michel Foucault, *Power/Knowledge*, 1980, p.93). 분명히 이 문장은 진리와 권력 간에 호혜적 상호작용—권력은 진리를 생산하고 진리는 권력의 행사를 위해 효과를 발휘한다—이 성립함을 말하고 있다.

권력과 상호작용하는 진리는 전통적으로 이해되는 '실재와의 일치' 로서의 진리, '주관성과의 일치로서의 진리'를 거부한다. 푸코는 진리를 일치라는 관계적 개념이 아니라 담론유통적 개념으로 이해한다. 진리는 담론에서 진리로 통용되고 유통됨으로써 성립하고 인정된다고 본다. 그렇기 때문에 푸코는 진리에 대한 보편적 개념이나 일반적 표준적 정의에 관심을 갖지 않고 대신에 다양한 진리들의 역사에 관심을 둔다. 진리가 담론에서 유통됨으로써 존립하고 효과를 발휘하는 것이기 때문에 실제로 이루어진 진리를 떠난 추상적 진리, 규제적 이념으로서의 진리는 성립할 수 없다. 이는 진리자체라는 것이 성립하지 않음을 함축하며 따라서 진리에 관해 물어야 할 것이 당연히 진리의 성립과정, 진리의 작동과정 즉 어떻게 진리가 생산되고 인정되고 통용되다가 사라지는가의 역사임을 제시한다.

푸코의 담론유통적 진리는 다원적이다. 철학자의 가슴을 설레게도 하지만 동시에 가장 큰 곤란에 빠트리는 대문자 T/V의 진리(Truth, Verité)는 그에게 존재하지 않는다. 대신에 소문자 t/v의 진리들(truths, verités)이 존재한다. "서로 다른 진리들이 존재하고 진리를 말하는 서로 다른 방식이 있기"(Michel Foucault, *Foucault Live*, 1989, p.314) 때문이다.

대문자 T의 진리는 절대적 객관적 진리이면서 동시에 가상의 진리이다. 타르츠키의 'T-convention'에서 볼 수 있듯이 거기서 추구되는 진리는 역사적 시공간을 갖지 않는, 사유실험 상황에서의 진리이기 때문이다. 구체적이고 역사적인 현실과 연결됨이 없이 철학적 혹은 이론적 논의나 담론상황을 위한 진리이기 때문에 아무리 대문자 T의 진리(Truth)를 파고들어도 푸코가 알고자 하는 것은 아무것도 얻을 수 없다. 가상의 일원적 진리가 아닌 구체적이고 다원적인 진리들이 그가 알고 싶어하는 효과를 발휘하는 진리 혹은 효과의 결과로서의 진리이다.

푸코에게서 진리는 발견되지 않고 생산된다. "진리를 위한 혹은 적어도 진리를 둘러싼 전투가 있다. … 진리에 의해서 나는 발견되고 인정되어야 할 진리들의 총체를 의미하지 않는다. 오히려 참과 거짓을 분리시키는 규칙들과 참인 것에 부착된 권력의 특수한 효과들의 총체를 의미한다"(Michel Foucault, *Power/Knowledge*, 1980, p.132).

진리의 생산에는 권력이 작용한다. "우리는 권력을 통한 진리의 생산에 복종해야 한다. 우리는 진리의 생산을 통하지 않고는 권력을 행사할 수 없다. … 진리는 진리가 생산하고 유지시키는 권력의 체제와 진리가 유도하고 확장하는 권력의 효과와 순환적 관계로 연결되어 있기 때문이다"(Michel Foucault, *Power/Knowledge*, 1980, pp.131~132).

진리가 권력의 생산물이 되는 것은 담론형성을 통해서이다. 담론형성은 순수하게 언어적인 것이 아니다. 언어 외적인 의사소통의 요소, 비소통적 요소와 실천들을 담론의 구성요소로서 포함한다. 이 실천들은 누가 말할 것인지를 규정하고, 어떤 맥락에서 어느 시점에서 나타나는 결정과 반응이 어떤 것을 참으로 확립할 것인지를 규정하는 관례들을 포함한다. 담론과 담론의 진리체제는 권력의 환경 구성 방식과 직접 연결되어 그로부터 영향을 받는다.

권력은 믿음을 발생시킨다는 의미에서 진리를 생산하거나 범주처럼 기능함으로써 진리를 생산하는 것이 아니라 진리를 부지불식간에 비주관적으로 비도식적으로 생산한다. 따라서 담론의 진리는 통합적인 오성적 실재를 재단하고 조직하는 도식의 함수가 아니다. 권력은 행위 안에서 그리고 행위를 통해서 진리를 생산하지 믿음의 원인으로 작용하거나 지각을 성문화함으로써 진리를 생산하지 않는다. "결과를 알지 못하는 행위들, 미세한 국지적 사건들의 수준에서 일어나는 행위들이 담론의 내용과 형태를 결정하고 담론의 비판적 실천이 그 담론에서 진리로 간주되는 것을 결정한다. 이 행위들 안에서 행위들을 통해서 권력이 작용한다는 것은 말할 것도 없다. 오히려 권력은 단지 사람들의 행위이며 그럼으로써 다른 사람의 행위를 제약하는 행위이다. 다시 말해서 권력은 개인들의 언어사용이나 다양한 실천에의 참여 이상의 것이 아니다"(Michel Foucault, "The Subject and Power," 1982, p.220).

진리가 생산될지라도 만일 보편적 위상을 갖는다면 진리와 관련하여 이성에 대한 신뢰를 거둘 이유가 부족할지도 모른다. 그러나 푸코는 어떤 진리도 보편적일 수 없다고 본다. 왜냐하면 진리의 체제를 균질적으로 보지 않기 때문이다. 푸코는 동일한 규모의 사회적 권력 체제에서 다수의 과학적, 철학적 담론들이 나란히 존재할 수 있고 이 담론들은 부분적으로라도 서로 다르거나 심지어는 양립불가능한 표준들을 감수할 수 있다고 상기시킨다. 푸코의 말대로 힘의 관계들의 영역에서 작동하는 전략적 요소들이거나 장해물들인 담론들이기 때문에 "동일한 전략 안에 서로 다른 심지어는 모순적인 담론들이 존재할 수 있다. 반대로 이 담론들은 형태의 변화 없이 하나의 전략에서 다른, 반대되는 전략으로 순환할 수 있다"(Michel Foucault, *Histoire de la Sexualité Tome I*, 1976, pp.134~135).

그렇기 때문에 합리성의 측면에서도 균질성을 기대할 수 없다. "이성이 그것의 필연성으로 지각한 것, 혹은 서로 다른 형태의 합리성들이 그들의 필연적 존재로서 제공한 것이 역사를 가지고 있다는 것이 완벽하게 드러난다. 따라서 이러한 역사를 발생시킨 우연성들의 그 물망을 추적할 수 있다. 이러한 합리성들은 인간의 실천과 역사의 토대에서 이루어지지만 이루어질 수도 있었고 이루어지지 않을 수도 있었다"(Michel Foucault, "Critical Theory/Intellectual History," 1988, p.37).

요약하면 진리의 체제가 균질적이지 않다는 주장은 하나의 사회나 문화가 수용하거나 인정하는 하나의 획일적인 진리체제는 없다는 주장이다. 진리체제의 비균질성으로 인해 진리체제를 지배하는 합리성이 다양해진다. 합리성이 다양해지는 것은 합리성의 기원이 우연이라는 것을 함축한다. 이 다양한 합리성들은 서로 배타적이지 않기 때문에 전이, 전달, 개입의 방식으로 서로 소통한다.

이성이 개입하여 성립하는 진리는 절대성도 보편성도 일원성도 갖지 않는 진리이다. 상대적이고 제한적이며 다원적이다. 그렇기 때문에 진리 자체로서 존립하지 않는다. 권력과의 순환관계, 권력과의 상호작용 하에서 존립한다. 즉 진리의 존립에는 늘 권력이 개입해 있다. 그렇기 때문에 푸코는 진리와 관련해서도 이성에 대한 의심을 늦추지 않는다. 우리가 기대하듯이 '이성은 우리를 자유롭게 하는 진리'를 성립시키지 않는다. 진리 앞에서도 우리는 여전히 억압과 제한, 부자유를 느낄 수 있다.

## 이성의 비판적 기획 – 주체를 생산하는 이성

20세기 들어 푸코 외에도 이성에 대한 불신을 표명하는 철학자들이 있었다. 근대 이후 인간이 추구해 온 합리성이 인간의 해방과 자유가 아니라 인간의 억압에 더욱 기여하고 있다는 진단이 이성에 대한 회의를 촉발했다. 프랑크푸르트학파의 '도구적 합리성'이라는 개념 등이 그러한 회의를 내포하고 있다. 이성이 지나치게 계산적 합리성에 몰두하다 보니 사회의 진보와 해방을 위한 길잡이가 되기보다 자본이나 권력, 또는 계급의 이익에 도구로서 기능한다는 비판이다. 이에 이성의 비판성을 회복하기 위한 기획을 통해 이성을 다시 신뢰할 수 있기를 희망한다.

이성이 도구화되는 과정에서 인간의 위상은 사물로 전락한다. 인간은 자연을 사물과 동일시한 후 이를 인과율의 법칙에 따라 파악하고 이용한다. 그 과정에서 사실성과 유용성, 계산 가능성과 교환가능성이 없는 자연은 의심스러운 것으로 배제된다. 이 과정에서 인간도 사물화된 자연의 범주에 귀속된다. 인간이 사물처럼 사실성과 유용성의 범주로 환원되어 이해된다. 인간은 자연의 지배자로서 자기 자신의 지배자가 된다. 자신을 사물처럼 철저하게 지배하는 사람이 그렇지 못한 사람을 지배하는 것이다.

이러한 관점에서 볼 때 이성의 비판적 기획이 성공하려면 사물화되지 않고 비판적 관점에서 현실을 볼 수 있는 주체가 필요할 것이다. 만일 이성이 그러한 주체의 정립가능성을 확보할 수 있다면 이성의 비판적 기획은 성공하고 그럼으로써 이성은 신뢰를 회복할 것이다. 과연 푸코의 철학에서 그러한 주체는 정립 가능한가? 권력, 자본, 계급, 이념 등에서 자유로운 주체로서 현실에 대해 객관적 보편적 시각을 갖고 진보의 방향을 제시할 수 있는 주체가 가능한가?

이 질문은 푸코 체계에서 이성이 자율적 주체를 정립할 수 있는가를 묻는다. 푸코 체계에서 완전한 자율적 주체는 성립하지 않는다. 주체는 인식, 사회적 실천 그리고 개인적 일상의 삶에서 권력의 개입에 의해서 구성되기 때문이다. 이 과정에서 이성은 권력의 효과로서 작용하며 권력에 효과를 미치는 작용을 한다.

인식의 측면에서 주체가 자율적이려면 스스로 인식의 근원으로서 통합성과 초월성을 가져야 할 것이다. 자율적이라 함은 이성이 아닌 다른 무엇에 의해 추동되지 않아야 하기 때문에 인식 이전의 근원으로서 초월성을 확보해야 한다. 또한 제한적이고 부분적인 인식이 아닌 통합적 인식이 가능해야만 이성 외의 요소로부터 오는 침해를 견제할 수 있을 것이다. 부분적으로만 인식할 때 다른 영역, 다른 측면, 다른 차원에서 이루어지는 인식에 대한 통제력을 가질 수 없을 것이기 때문이다. 그러므로 인식의 주체라는 면에서 이성이 자율적 주체를 확보할 수 있음을 검토하기 위해 주체의 통합성과 초월성을 살펴보아야 한다.

단적으로 말하면 푸코는 일체의 초월적, 통합적 주체를 인정하지 않는다. "만일 내가 거부하는 접근방식이 있다면 … 그것은 관찰하는 주체에게 절대적 우선성을 부여하고 구성적 역할을 (주체의) 작용에 귀속시키며 주체의 관점을 모든 역사성의 기원으로 여기는 접근방식이다"(Michel Foucault, *The Order of Things*, 1973, xiv). 푸코가 이러한 접근방식을 거부하는 이유는 주체가 갖는 지식의 선담론적 기원이라는 특권적 주권이 주체 자체가 주체가 처한 상황, 기능, 그 지각적 능력 면에서 사실상 초월적 의식의 범위를 넘어서는 규칙성에 의해서 규정된다는 것을 보지 못하게 하기 때문이다. 다시 말해서 주체가 일종의 사회적 구성물임을 보지 못하게 하기 때문이다. 주체는 이미 존재하여 지식의 성립을 가능하게 하는 코기토나 초월적 주체가 아니라 지식의 형성과정에서 일정한 제약과 규칙에 의해 성립된다.

주체가 제약과 규칙에 의해 성립된다는 것은 아무나 주체의 자리에 올 수 있는 것이 아니라는 의미이다. 푸코는 이와 관련하여 "의학적 언표는 아무에게서나 올 수 있는 것이 아니다. ⋯ 일반적으로 의학적 언표의 존재는 그러한 언표에게 고통과 죽음을 극복할 수 있는 능력을 요청하면서 그러한 언표를 발화할 수 있는 권한이 있는 것으로 규정된 사람과 분리될 수 없다"(Michel Foucault, *L'Archéologie du Savoir*, 1969, p.69). 그러므로 누가 말하는가에 대한 검토는 규준, 제도적 조직망, 교육적 규범 등에 관한 쟁점들에 대한 검토를 포함한다.

주체와 관련된 두 번째 제약은 일정한 지식이 합법성과 유효성을 얻게 되는 제도적 공간이다. 예를 들어 의학적 지식은 일반적으로 병원, 실험실, 도서관에 자리 잡는다. 각 제도적 공간은 그 자체의 내적 구조에 의거해서뿐만 아니라 사회적 제도적 관계들로 이루어진 외적 관계망에서 그러한 공간이 차지하는 위치에 의거해서도 분석되어야 한다. 왜냐하면 주체의 위치는 지식의 대상이나 분야와 관련하여 주체가 점유하는 잠재적 관계들의 영역에 의해서 마침내 규정되기 때문이다. 그러므로 청취하는 주체, 관찰하는 주체, 질문하는 주체 등등의 역할을 차지할 수 있고 각 역할은 지식형성의 과정에서 성립하는 관계들, 즉 담론적 관계들의 특수한 관계망에 의해서 규정된다.

주체는 지식형성의 과정에서 한 가지 역할만 수행하지 않는다. 발화의 주체라는 역할 이외에도, 청취하고 관찰하고 질문하는 등의 역할을 수행한다. 이 다양한 역할들은 주체가 지식이 이루어지는 현실적인 제도적 공간에서 점유하는 위치에 의해서 달라진다. 의학적 지식의 생산자는 누구인가? 바이스만의 혈청이론이라고 해서 바이스만이 그러한 지식의 생산자인가? 바이스만의 혈청이론이 생산되기까지 무수한 익명의 개별자가 다양한 주체의 자리에서 관찰하고 청취하고 질문하고 실험하고 사고하는 기능을 수행했다. 그렇게 성립된 지식은 당시의 의학적 담론에 편입되어 효과를 발휘했다. 이러한 사실은 근본적으로 통합적 주체가 불가능하다는 것을 말해 준다.

주체는 특정의 지식체 안에서 분산된 위치들로 구성된, 사실상 불연속적인 범주이다. 그렇기 때문에 지식도 "사유하고 인식하고 발화하는 주체가 장엄하게 펼쳐지는 발현이 아니다. 반대로 주체의 분산과 주체가 자기 자신에 대해 갖는 불연속성이 규정되는 총체이다. 이것은 구분된 자리들이 전개되는 외재성의 공간이다"(Michel Foucault, *L'Archéologie du Savoir*, 1969, p.74).

지식이 주체에 대해 외재성의 공간이라는 점은 아무나 주체의 지위를 가질 수 있는 것이 아님을 말한다. 아무나 지식을 생산할 수 없다. 일정한 자격, 능력, 지위를 갖추어야만 한다. 그것도 제도적으로 승인 된 한에서.

지식이 사용되는 조건을 규정하고, 그러한 지식을 사용하는 개별자 들에게 일정한 수의 규칙들을 부과하여 그 밖의 다른 누구도 이러한 규칙에 접근하는 것을 차단하는 일이 지식의 주체에게 일어나는 일이 다. 푸코의 말대로 "누구든지 특정한 조건을 충족시키지 못하면, 혹은 처음부터 자격을 갖추지 못하면 지식의 주체라는 자리에 들어올 수 없다. 보다 정확히 말해서 모든 지식영역은 똑같이 개방되어 있지 않 다. 어떤 것은 선행의 제한조건 없이 바람이나 모래에게조차도 개방 되어 있는 반면 어떤 것은 금지된 영역으로 존립한다"(Michel Foucault, "The Discourse on Language," 1972, pp.224~225).

누구든지 어디서나 아무것이나 말할 수 있는 것이 아니다. 어느 누 구도 모든 것을 말할 수 없는데 어떻게 인식적 특권을 지닌 주체를 인 정할 수 있는가? 일정한 제약과 규칙에 따라 발화하는 주체에게 어떻 게 통합적 주체이기를 기대할 수 있는가?

인식의 측면에서 주체는 초월성도 통합성도 갖지 못한 채 제약과 규칙에 의해 가동된다. 그렇기 때문에 자율성을 확보하지 못한 주체 이다. 주체와 관련된 이러한 사태로 인해 이성에 대한 의심은 타당해 보인다. 그렇다면 사회적 실천의 면에서 이성은 자율적 주체를 확보 할 수 있을까?

푸코는 개인이 사회적 주체로 정립되는 과정을 성적 주체와 인구로 정립되는 과정을 통해 보여 준다. 푸코가 성적 주체의 정립과정에 주목하는 것은 개별자로서 인간이 주체로서 자신을 인식하고 이해할 때 성이 핵심적이라고 보기 때문이다. 나아가 성이 인간경험의 거의 전 영역을 관통하고 있다고 본다.

푸코의 말대로 성은 "권력이 억누르려고 하는 자연적 소여의 일종이거나 지식이 끈질기게 비밀을 밝히려고 하는 모호한 영역으로 생각되어서는 안 된다. 이것은 역사적 구성물에 주어진 이름이다 ⋯ 신체의 자극, 쾌락의 심화, 담론의 촉발, 특수한 지식의 형성, 통제와 저항의 강화가, 지식과 권력의 중요한 몇 가지 전략 ―『성의 역사』에서는 여성신체의 히스테리화, 어린이 성의 교육화, 출산행위의 사회화, 도착적 쾌락의 정신분석대상화로 정리된다― 에 따라 서로 서로 연결시켜 주는 거대한 연결망의 표면이다"(Michel Foucault, *Histoire de la Sexualité Tome I*, 1976, pp.104~106). 말하자면 거의 모든 사회적 경험에 성이라는 장치가 연루된다고 할 수 있다.

푸코는 개인이 성을 매개로 주체화되는 과정을 분석하기 위해 두 가지 중요한 담론적 실천을 분석한다. 고백성사와 성과학이다. 고백성사는 회개자의 행위와 생각을 탐문하는 사제와 종교적 확신과 사회적 규범에 따라 사제의 사면을 통해 영혼을 구원받고자 하는 고해자로 이루어진다. 고백성사 중 사제는 자신의 사회적 배경과 종교적 확신에 근거를 둔 제약으로 회개자가 진리를 고백하도록 유도한다. "고백성사는 말하는 주체(sujet)가 동시에 언술의 주제(sujet)가 되는 ―주체에 대해서 말해야 하는(필자 삽입)― 담론적 의례이다. 고백성사는 또한 권력관계 내에서 전개되는 의례이다. 단순한 대화자에 그치지 않고 고백을 요구하고 고백을 제재하고 평가하며 판단, 처벌, 용서, 위로, 화해하기 위해 개입하는 사제의 (비록 잠재적일지라도) 현존이 없이는 고백이 이루어지지 않기 때문이다"(Michel Foucault, *Histoire de la Sexualité Tome I*, 1976, p.61).

고백성사의 상황에서 사제는 고백자에게 질문함으로써 진리의 생산을 촉구하거나 그에 참여한다. 동시에 이 질문은 감시이고 대체로 사죄를 보장하고 (신과의) 친교를 재인하게 하는 것으로 끝나는 죄의 분배이다. 고해자 편에서의 수용은 진리의 계시인 동시에 죄의 승인이며 처벌과 보상에 대한 기대이다. 이러한 인정과 기대는 사회적 규범에 대한 인정과 더불어 심문자인 사제의 판단에 대한 인정을 포함한다. 그러므로 고해자는 사회적으로 승인된 규범과 사제의 판단역량 두 국면에 대해서 종속된다.

고백성사에서 고해사제는 고해자와의 일 대 일 관계에서 고해자의 담론을 유도하는 권력을 행사한다. 이 행사는 고해사제의 종교적 역량과 사회적 지위가 허용하는 범위 내에서만 그리고 고백성사의 규칙에 따라서만 이루어진다. 이 행사에는 개인에 대한 위협이나 억압이 포함되지 않는다. 오히려 권력은 고백의 상황이 의례와 진실성의 정언명법에 맞게 이루어지도록 지도하고 유도하는 기능을 수행함으로써 진리의 적극적 생산에 개입한다. 그럼으로써 권력은 억압되고 있는 것처럼 보이던 성적 활동과 환상을 자극하고 분화시킨다.

이 권력행사와 더불어 고해자의 개인적 비밀이 진리로서 드러나면서 개별적 지식이 생산된다. 이 지식은 동시에, 성과학이라는 더 큰 단위 지식의 일부가 될 수 있다. 성과학을 성립시킨 가장 강력한 장치는 앞에서 설명한 고백이다. "스승에 의한 인도와 위대한 비밀의 전수라는 기술과 엄밀히 대립하는 형태로 지식-권력을 가동하고자 오랫동안 성의 진리를 말하는 절차를 개발해온 유일한 문명인 서구문명에서(Michel Foucault, *Histoire de la Sexualité Tome I*, 1976, p.58)" 고백은 그러한 절차의 중심에 있다.

성과학의 정립에는 인간의 신체를 겨냥하는 권력, 즉 신체적 권력이 개입한다. 신체적 권력은 인간의 신체를 진리와 탐구의 대상으로 만듦으로써 그 신체를 권력의 행사대상이 되게 한다. 신체적 권력은 인간을 관리할 필요가 있는 인구로 정립한다. 이 과정에서 권력, 특히 근대권력은 일종의 결속장치로서 성장치를 개발한다. 성장치는 사회의 유지를 위한 항상성에 집중하여 사회의 재생산에 초점을 두며 점점 더 세밀하게 신체를 증식시키고 혁신하고 합병하고 창조하고 나아가 신체에 뚫고 들어가 점점 더 포괄적으로 인구를 통제하는 기능을 한다. 신체화된 근대권력이 인구를 통제하는 이유는 인간은 인구일때 개발되고 이용될 수 있는 자원이 되기 때문이다. 인구와 관련된 과학적 담론도 인구통계학, 인구 동향의 형태를 취하고 이에 따라 자원으로서 인구의 적정성에 대해 판단한다.

신체적 권력은 인간의 신체를 단위로 인간을 개인으로 개별화시키고 동시에 그 신체들을 인구로 합산한다. 이 이중적 권력의 개입으로 인간은 개별적 주체와 인구라는 이중적인 성적 주체로 정립된다. 개별적 주체인 인간은 고백을 통해 자신의 성에 관한 담론을 생산하고 그럼으로써 성적 개인으로 성립된다. 집단으로서의 인구는 생식을 가장 중요한 기능으로 삼는다. 인구의 적정성이 유지되지 않고는 인구의 적절한 개발과 이용이 불가능하기 때문이다.

성장치는 이중적 주체화를 위해 가정을 핵심매체로 기능하게 한다. 가정이 개인의 신체는 물론 인구에 대해서도 통제와 관리를 가능하게 해 주는 단위이기 때문이다. 부부의 침실로 한정된 정상적 섹스는 인구의 생산 관리를 용이하게 하고 개인을 성적 주체로 만드는 실천이 감시되고 조장되게 한다. 이와 관련하여 푸코는 빅토리아시대에 성행한 성적 금기들을 분석한다. 푸코의 분석에 의하면 빅토리아시대는 성에 관한 금기를 이용하여 금기와 담론을 함께 번성시켰다.

자위의 금기는 어린이의 성을 창출하면서 어린이의 자위여부에 대한 감시를 부모에게 위임하여 부모와 자녀 간의 관계를 성적 관계로 만들었다. 나아가 어른에게는 어린이의 자위에 대한 홍미라는 새로운 성적 즐거움의 영역을 창출했다. 또한 빅토리아 시대에는 부부의 침실을 성의 중심으로 만들어 주변적 성이라는 대상을 개발했다. 이 주변적 성에 대한 새로운 차별은 성적 도착과 새로운 종의 개인들을 정립했는데 남색과 동성애 외에도 당시의 정신분석학자들에 의해서 이름 붙여진 성적 도착자들이 새로운 성적 주체로 정립되었다. 이렇게 가정은 성의 영역에서 개인의 차원과 집단의 차원 모두에서 권력이 작동하도록 해 주는 핵심매체가 된다.

성을 근거로 두고 가정을 매체로 이루어지는 개인의 성적 주체화와 인구로서의 정립은 사회적 실천의 장에서 이루어지는 주체화가 자율적 주체를 정립하는 것이 아님을 역설한다. 성에 개입하는 권력의 여러 장치가 주체화 과정에 개입하여 권력에 오염되지 않은 자율적 주체가 아닌 권력의 변수인 주체를 정립하기 때문이다.

푸코의 관점에서 볼 때 이성은 인식의 측면에서나 사회적 실천의 측면에서 자율적 주체의 정립에 성공하지 못한다. 그럼으로써 이성은 이성에 의한 비판적 기획의 근거를 확보하지 못하는 것으로 나타났다. 그렇다면 푸코는 이성에 대한 전면적 불신을 선언하고 이성에 대해 일체의 기대도 하지 말 것을 권유하는가? 만일 그렇다면 푸코의 모든 담론 특히 권력과 관련된 비판적담론들은 자가당착의 담론이 될 것이다. '감옥정보모임(GIP, Groupe d'Information sur les prisons)' 같은 그의 비판적 실천들도 자가당착의 실천인 셈이 된다. 이 자가당착을 극복하기 위해 푸코는 자기 창조와 실존미학의 여정을 개시한다.

## 네 번째 이성 – 자기 창조의 이성

로티는 푸코가 비록 권력으로부터 자유로운 주체를 믿지는 않았어도 권력을 피한 자기 창조(self-invention)의 가능성을 모색했다고 본다. 이 모색의 과정이 푸코의 실존미학이다. 푸코는 『성의 역사』 2권 이후 권력에 오염되지 않은 자기 정체성의 확립이 가능한지를 탐구했다.

이성에 대한 푸코의 회의는 인간의 실천과 경험에 깃든 권력의 작용에서 기인한 것이다. 권력은 진리의 생산, 주체화 과정, 사회적 경계짓기(이성과 비이성의 구분)의 면에 개입한다. 오히려 모든 사회적 관계에서 행사되는 생산적 권력이라는 푸코의 권력 개념이 인간의 실행에서 권력을 필수불가결한 요소로 만들고 있는지도 모른다. 그렇기 때문에 푸코는 끈질기게 근대 이후의 제도와 실행을 '참을 수 없는' 것으로 규정한다.

푸코는 『성의 역사』 1권에서 성적 주체의 형성과정을 추적하면서 사회적 제약의 네트워크에서 주체와 자아가 핵심적 역할을 수행함을 발견했다. 인간의 행위에 대한 제약은 외부로부터 부과되어 이루어지는 것만은 아니다. 오히려 개별존재가 그 제약들을 자아 정체성의 일부로 내면화하기 때문에 더 효과적으로 이루어진다. 이러한 개별 주체들의 내면화 과정은 근대사회의 제약들이 가동되고 유지되게 하는 효과를 발휘한다.

푸코는 이 내면화 과정에서 자기 창조의 계기를 발견하고자 한다. 이를 위해 자아에 대한 탐구를 시도하며 근대에 치중했던 자신의 역사 연구를 중세, 고대로 확대한다. 이것이 『성의 역사』 2, 3권에서 이루어진 고대 성에 대한 연구에 해당한다. 이 확장된 연구의 핵심 문제의식은 한 사회에서 작동하는 지식과 권력의 관계망이 만든 규범을 내면화하여 주체로 형성된 개별적 주체가 자기구축의 가능성을 확보할 수 있는가였다. 이제 중요해지는 것은 자율적인 자기 정체성을 주조하는 일이다. 이것이 푸코의 윤리적 기획이다.*

---

* 푸코의 윤리학은 타자와의 관계가 아닌 자기와의 관계가 문제의식이라는 점에서 차별

푸코가 『성의 역사』 2권 이전에 수행한 작업에 익숙하다면 이러한 푸코의, 그것도 윤리적 기획의 가능성을 인정하기 어려울 것이다. 당연히 권력의 개입에 의해 구성되는 주체로서의 개인이라는 주제에서 어떻게 자신의 자율적 정체성을 주조할 여지를 발견할 수 있느냐는 문제가 제기되기 때문이다. 이에 대해 푸코의 '문제화(problematization)'라는 개념을 참고할 수 있다.

문제화는 평범한 개인들(laymen)이 주체로서 자신을 심려하는 과정에서 직면하는 근본적인 문제들을 위해 사용되는 개념이다. 물론 이 개인에게도 사회적 제약이 작용한다. 그러나 이 제약은 개인이 선택한 목표와 표준에 부합하는 창조적 자기 형성의 과정을 위한 여지는 남아 있는 제약이다(Gutting, *Thinking the Impossible*, 2011, p.142). 이러한 여지는 이 개인이 권력이 부여하는 규범에 철저히 종속되지 않기 때문에 가능해진다. 철저한 종속이 이루어지지 않는 것은 권력이 있는 곳에 언제나 저항이 성립하기 때문이다. 푸코가 『광기의 역사』나 『감시와 처벌』에서 다룬 (사회적으로 용인되지 않는 비정상의) 개인에게는 권력이 부여하는 규범에 대해 현실적으로 저항할 가능성이 확보되지 않는다. 권력 또한 자신의 생산성을 위해 이들의 저항을 기대하지 않는다.[*]

성을 갖는다.

[*] 권력은 완전한 복종을 원하지 않는다. 완전한 복종을 보이는 노예에 대해서는 권력은 성립하지 않는다. 권력이 원하는 것은 복종이나 억압이 아닌 생산성이다. 그렇기 때문에 권력은 자기생산성의 확보를 위해 저항을 인정한다(Michel Foucault, "The Discourse on Language," 1972 참고).

문제화의 구체적 의미는 정확히 무엇인가? 이를 설명하기 위해 푸코는 1968년 5월 프랑스에서 일어난 사태를 예로 든다. 푸코에 의하면 프랑스의 68혁명은 전통적으로 정치의 영역에 속하지 않은 질문들을 당시 정치에 던지고 있었다. 당시 68혁명의 참가자들은 마르크스주의의 언어로 여성문제, 양성 간의 관계, 의학, 정신병, 환경, 소수자, 부랑자에 관한 질문들을 다시 제기하려는 열망을 가지고 있었으나 이 질문들은 마르크스주의의 교의에서 다뤄진 문제들이 아니었다. 오히려 마르크스주의로서는 답할 수 없는 질문들이었다. 말하자면 당시 참가자들은 정치를 향해서 정치적 교의에서 기원하지 않은 질문들을 던지고 있었다. 이러한 자유로운 질문 즉 질문행위의 해방은 긍정적 역할을 수행했는데 "질문하기를 (기존의) 정치적 교의의 체계 내로 편입시키는 대신 정치에게 (직접) 다수의 질문들을 제기할 수 있게 했기 때문이다"(Michel Foucault, *The Essential Foucault*, 2003, p. 22).

단순히 이해한다면 이 문제화 ―질문제기하기― 는 사유(thought, pensée)의 기능이다. 사유는 관념이나 사고방식과는 다른 개념이다. 푸코는 "오랫동안 (표상체계의 분석으로서) 관념의 역사와 (태도나 행동유형의 분석을 의미하는) 사고방식의 역사와 구별되는 사유의 역사가 가능한지를 알아보고자 했다"고 하면서 사유의 역사는 사유의 기능인 '문제화'를 통해 가능해진다고 제시한다(Foucault, *The Essential Foucault*, 2003, p. 23).

푸코에 의하면 사유는 특정 행위에 깃들어 있거나 특정 행위에 의미를 부여하는 것이 아니다. 오히려 사유는 주체로 하여금 그러한 행위방식과 반응양식에서 한 걸음 물러나 스스로에게 그 행위를 사유의 대상으로 제시하여 그 행위의 의미, 조건, 목적을 질문하게 해 준다. 이런 점에서 사유는 "주체의 행위와 관련하여 자유이다." 또한 "사유는 주체가 스스로를 분리시켜 대상으로 정립한 자신을 문제로서 성찰하는 행위이다"(Foucault, *The Essential Foucault*, 2003, p.23).

사유는 주체가 이미 내면화시킨 익숙하고 당연한 가치나 규범들, 행위양식과 사고방식 등의 요소들에 대해 질문하게 함으로써 그 내면화에 저항하게 한다. 이 저항의 과정이 주체의 자기 구축, 자기 창조의 과정이다.

푸코는 개인의 자기 창조 작업을 윤리적이라고 본다. 무엇보다도 자기 창조는 자기와의 관계를 재정립하는 일이다. 그리고 이 일이야말로 윤리의 핵심이라는 것이 푸코의 주장이다. "윤리가 자기를 돌보는 것이 아니라면 무엇과 관련될 수 있는가?"(Foucault, *The Essential Foucault*, 2003, p.26). 또한 자기 창조는 주체화 과정과 연결되는 것이기 때문에 규범의 문제가 당연히 개입된다. 규범은 윤리의 전통적 문제이다.

푸코는 자기 창조의 과정이 갖는 윤리적 성격을 개인이 윤리적 규범과 갖는 관계를 통해 더욱 자세히 보여 준다. 이 관계는 네 가지 요소에 의해 규정된다(미셸 푸코, 『성의 역사』 제2권, 2007, pp.41~48). 첫째는 윤리적 질료이다. 이것은 윤리적 행위와 관련된 삶의 다양한 양상을 의미한다. 둘째는 종속화이다. 윤리적 규범에 복종하는 양태로서 주체화와는 다른 개념이다. 즉 윤리적 규범을 규범으로 받아들이고 그것의 통제를 수용하는 양상을 의미한다. 세 번째는 완성의 형태(la forme de l'élaboration)이다. 윤리적 규범에 익숙해지기 위한 활동을 의미하는데 예를 들어 성적 금욕, 명상 수련 같은 것이 해당된다. 마지막으로 목적(telos)이 있다. 윤리의 목적으로 상정된 (사회적 안정, 개인의 계몽, 열정의 통제, 영원한 행복 같은) 최종 목표가 해당된다.

푸코는 이러한 요소가 개입되는 자기 창조의 모델로서 고대 그리스의 실존미학을 제시한다. 고대 그리스의 실존미학은 (기독교에서처럼) 자기 구원을 목표로 하는 윤리적 함양의 방식이 아니라 이 지상의 세계에서 아름다운 생을 창출하기 위한 기술이다. 이와 같은 미학은 개인의 뚜렷한 취향에서 기원한다. 따라서 이 미학이 이끄는 윤리적 함양은 사회적 권력구조의 간극 속에서 개별자 자체가 꽃필 수 있는 자리를 허용한다. 이 자리에서는 개인은 사회적 권력의 완전한 행사를 피할 수 있다.

실존미학의 관점에서 윤리적 삶은 개인적 선택의 문제가 된다. 이 단계에서 어떻게 살아야 할 것인가에 관한 공적 의무는 사회적 안전을 위한 최소한의 규칙준수로 전환된다. 이러한 사실은 사회적 규범과 준수라는 면에서 중요한 시사점을 주는데 윤리의 개인화가 근대사회의 규범화하는 특성에 대해 대안이 될 수 있기 때문이다. 도덕적 완성이라는 보편적 전범을 '아름다운 생'이라는 개인적 이상으로 대체하기 때문이다. 이 덕분에 윤리는 정치·사회·경제의 거대구조에 대해 상대적 독립성을 가지고 작동할 수 있는 여지를 확보하게 된다.

푸코는 권력의 오염에서 최대한 벗어난 자아를 원했고 그 가능성을 자기 창조의 작업에서 찾고자 했다. 푸코가 보기에 윤리적 성격의 이 작업은 사유에 기반을 둔 문제화에서 시작되어 실존미학에서 완성될 수 있다. 실존미학의 확립을 통한 자기 창조의 작업은 말년의 푸코가 집중한 작업이지만 권력의 미시물리학자, 저항의 철학자라는 칭호를 얻는 푸코로서는 평생을 염두에 둔 주제일 것이다. 다만 그 문제화가 『성의 역사』 2권 이후에 본격화되었을 따름이다.

푸코는 자신의 실존미학을 완수하기도 전에 에이즈로 사망했다. 사망하면서 어떤 유작도 출판을 허용하지 않았다. 그러므로 이 미완의 기획이 과연 성공했는지는 알 수 없다. 다만 이 기획에 근거하여 이성의 신뢰 가능성을 판단할 수는 있을 것이다. 문제화를 가능하게 하는 사유는 이성의 기능이다. 푸코의 관점에서 어떤 문제화를 성립시킬지는 개별 주체의 몫이다. 여기에는 주체가 자기와 갖는 관계, 취향 등이 관련된다. 주체가 자기에 대한 심려를 어떤 방향으로 전개할지 그리하여 어떤 자기를 구축할지는 개인의 선택이라는 것이다. 그러나 개인의 선택 이면에 문제화가 작동해야 한다면 이는 결국 이성의 기능에 다시 의존해야 함을 함축하는 것이 아닐까? 그렇다면 우리는 자기 창조와 실존미학을 제시하는 푸코를 통해 다시 이성을 믿을 수 있는 근거를 얻을 수 있을 것이다. 그 근거의 타당성은 스스로 자기 창조의 실행을 통해 확인해야 할지라도.

일반적으로 푸코는 반이성주의 철학자로서 이성에 대해 의심의 시선을 던진 것으로 인정된다. 근대사회에 퍼져 있는 모세혈관적 권력관계는 이성에 수행할 진리와 해방의 기획을 의심하게 하기 때문이다. 지식-권력의 개념을 동원하여 근대 이후 서구사회의 지식, 규범,

경험 등을 분석해 온 푸코에게서 그러한 의심을 발견하는 것은 어려운 일이 아니다. 따라서 이성에 대한 푸코의 입장을 반이성주의로 규정하는 것이 무리는 아닐 것이다.

이 글에서는 그러한 푸코의 반이성주의적 입장을 살펴보고 그럼에도 이성을 신뢰할 수 있는 근거를 푸코의 후기 작업에서 찾아보고자 했다. 철학자로서의 푸코는 사유가 가진 문제화의 능력에 주목하면서 이 문제화를 통해 권력에 덜 오염된 자기 창조의 가능성을 확보하고자 했다. 그럼으로써 이성에 대해 신뢰할 수 있는 여지를 남긴다.

이성은 한계를 지닌다. 이성의 한계는 동시에 인간의 한계이다. 신적 이성이 아닌 인간의 이성이기 때문에 한계를 부정할 수는 없다. 이 한계 때문에 철학사는 이성비판의 역사이기도 하다. 반이성주의는 이성의 한계 때문에 더 철저히 이성이 타당성을 추구하는 데서 기원한 입장일지 모른다. 푸코 역시 이성에 대한 맹목적 신뢰가 권력의 책략일 수 있다는 의구심에서 이성에 대한 의심의 시선을 유지했다. 그럼에도 인간의 자유와 푸코가 말하는 아름다운 삶은 이성에 대한 의존 없이는 불가능한 것이다. 이것이 푸코의 실존미학이 갖는 또 하나의 함축일 것이다.

## 더 읽을거리

**미셸 푸코, 『광기의 역사』, 이규현 옮김, (나남, 2003).**

푸코는 처음 이 책을 학위논문으로 기획했다. 이 논문이 스웨덴 웁살라 대학에 처음 제출되었을 때 심사위원들은 '논문이라기 보다는 현란한 문학에 가깝다는 이유'로 통과를 거부했다. 푸코는 이것을 다시 정비해서 소르본느 대학에 제출하여 학위를 취득했다. 푸코는 1961년 이 논문을 'Histoire de la folie à l'âge classique'라는 제명 하에 단행본으로 출간했다.

푸코는 이 책에서 유럽사회가 광기를 비롯한 비이성을 어떻게 이해해왔는 지를 추적한다. 이 과정에서 이성과 비이성, 정상과 비정상의 경계짓기가 자의적이라는 것을 보여준다. 특히 『광기의 역사』는 '광기'의 개념이 형성되고 유포된 과정을 고고학적 방법으로 추적해 이성 중심 사회가 만들어낸 '차별과 배제의 논리'를 설명한다. 이 설명을 통해 푸코는 이성의 독단을 파헤치고 이성중심의 사회가 어떻게 비정상, 비이성이라는 타자를 배제하면서 견고하게 스스로를 구축해왔는지를 고발한다. 푸코의 이 고발은 이성에 대한 근본적인 반성을 촉구하는 고발이다.

**미셸 푸코, 『비정상인들』, 박정자 옮김, (동문선, 2001).**

푸코가 콜레주 드 프랑스(collège de france)에서 1975년 1월부터 3월까지 〈사유체계의 역사〉라는 강좌에서 행한강의를 엮은 강의록이다. 이 저서는 역사 속에서 모습을 보인 모든 비정상인들에 대한 고고학적 작업인 동시에 비정상인들을 동원해 의학권력이 된 정신의학의 계보학이다.

이 책에서 푸코는 소위 19세기에 비정상인들이 어떻게 위험한 개인으로 낙인찍히는지를 추적함으로써 이성이 권력과 결탁하여 효과를 발휘하는 과정을 보여준다. 『광기의 역사』가 비이성이라는 범주와의 차별화를 통해 이성과 권력이 서로를 위해 효과를 발휘하는 과정을 보여주었다면 이 책은 이성이 비이성의 구현체인 위험한 개인을 정립하는 과정에서 권력과 갖는 상호작용을 제시한다.

**들뢰즈**

# 이성에서 감각으로!
# 보다 참된 것을 향하여!

박 정 태

GILLES DELEUZE

이성(raison)과 감성(sensibilité)의 대비는 정신과 몸이라는 이원적 시각으로 이해된 인간을 전제한다. 이성은 정신의 인식능력에 뿌리를 둔 반면, 감성은 몸의 인식능력에 뿌리를 두기 때문이다. 그런데 이처럼 감성이 몸의 인식능력으로부터 출발한다고 할 때, 몸의 인식능력을 가리키는 말로서 보다 포괄적인 개념은 사실 감성이 아니라 경험(expérience)이다. 예를 들어 합리론과 경험론의 대비에서 보는 것처럼 철학적 또는 일상적으로 이성과 마주 선 자리에 감성보다 경험이 더 자주 주인공으로 등장하는 것은 이 때문이다. 들뢰즈의 철학에서 정신의 인식능력과 몸의 인식능력의 대비가 어떻게 사유되는지 알고자 하는 이 글 또한 그 출발점은 자연스럽게 감성이 아니라 보다 포괄적 개념인 경험이다.

이성은 주로 정신의 인식능력 가운데 과학적, 합리적 사유능력과 윤리적, 도덕적 사유능력을 말한다. 이미 아리스토텔레스가, 물론 관조이성을 그 위에 추가하고 있지만, 변증이성과 실천이성을 제기함으로써 이성의 이 같은 능력을 강조한 바 있다. 한편 철학적으로 경험과 대비되어서 거론될 경우, 이성은 특히 경험으로부터 벗어나 참, 거짓을 바르게 판단하는 능력, 상대적 경험과 무관한 절대적 진리를 인식하는 직관능력을 말한다. 예를 들어 수학적 진리를 인식하는 직관능력이 그렇다. 고대의 피타고라스와 플라톤을 비롯해서 근대의 데카르트와 라이프니츠에 이르기까지, 철학사적으로 줄곧 이성의 인식 능력을 강조해 온 철학자들 가운데 많은 이들이 뛰어난 수학자들이 기도 했던 것은 우연이 아니다. 그리고 이런 의미에서 이성은 인간에 게 고유한 능력이라고 할 수 있다. 예를 들어 인간 이외에 다른 생명 체가 방정식 문제를 푼다거나 미적분을 이해한다는 이야기는 이제껏 들어본 적이 없거니와, 또 앞으로도 결코 그럴 것 같지 않으니 말이 다. 이처럼 이성이 인간에게 고유한 능력인 한 이성은 궁극적으로 인 간을 유일하게 사유 행위를 하는 정신적 주체로 세운다. 또는 사유 행 위만을 극단적으로 강조해서 말하면 오로지 인간만이 살아 있는 유일 한 존재가 된다. 다른 생명체는, 이렇게 말할 수 있다면, 단지 목숨으 로서의 생명만을 가진 존재, 쉽게 말해서 호흡하는 기계에 불과하지 만, 인간은 목숨으로서의 생명뿐 아니라 이성적으로 사유하는 정신으 로서의 생명 또한 가진 존재다. 즉 엄격하게 정신을 척도로 삼아 말할 경우 인간만이 유일하게 살아 있는 존재가 되는 것이다. 이뿐만이 아 니다. 정신은 자기 자신을 대상 삼아 인식하는 반성능력 또한 가지고 있어서 인간은 이 반성능력을 통해 유일하게 자아를 형성하는 존재 가 된다. 요컨대, 인간은 목숨으로서의 생명을 가진 존재이기에 당연 히 목숨과 관련된 욕구를 가지며 그것을 충족하려고 애쓴다. 하지만 인간은 정신으로서의 생명을 가진 존재이기도 하기에 정신적 욕구 또 한 가지며 그것을 충족하기 위해 애쓴다. 그리고 인간은 정신의 반성 능력을 통해 구축된 자아의 테두리 안에서, 또 자아를 위하여 이 같은 욕구를 채울 목적으로 자신을 포함한 이 세계를 이성적으로 사유하고 판단하며 재단한다.

반면에 경험은 몸의 인식능력과 이 능력이 실제로 작용하여 발생한 인식결과 모두를 아우르는 포괄적인 개념이다. 예를 들어 오감의 인식능력과 이 오감의 인식결과로 주어진 감각자료 또는 인상 모두가 경험에 속하는 것이다. 따라서 인간에게 고유한 인식능력인 이성과 달리, 경험은 몸을 가진 모든 생명체에게 공통된 인식능력이다. 마치 오래전에 아리스토텔레스가 인간과 동물의 공통된 능력으로 감각능력을 제기한 것과 어느 정도 비슷하게 말이다. 그런데 경험은 경험적 인식의 출발점인 몸이 정신적 주체와 대비되는 의미의 몸주체로 자리 잡기 이전과 이후를 나누어서 감각(sensation)과 감성, 이렇게 두 가지로 구분될 수 있다. 몸주체는 정신적 주체에 대비되는 주체이되, 논리적으로 분명히 그것보다 앞서는 주체다. 왜냐하면 몸주체가 경험에 대한 이성적 인식의 질료 역할을 하는 감각자료 또는 인상을 제공하면, 논리적으로 그다음에 정신적 주체가 이 질료를 개념화하여 인식한다거나 그것에 이런저런 질서를 부여하는 등의 가공을 하기 때문이다. 그리고 감성은 바로 이러한 몸주체와 함께 거론되는 몸의 인식능력이다. 따라서 감성은 나름대로 주체와 객체, 내부와 외부가 구분된 상태에서 이루어지는 몸의 인식능력을 말한다. 일반적으로 감성이 외부로부터 오는 어떤 자극을 수용하고 그 자극에 대해 적절하게 반응하는 내부의 능력처럼 거론되는 이유, 그리하여 인식론적 맥락에서는 외부를 표상하는 내부의 능력처럼, 미학적 맥락에서는 외부의 표상에 대해 쾌 또는 불쾌의 느낌을 가지는 내부의 능력처럼 거론되는 이유가 이것이다. 반면에 감각은 몸이 몸주체로 자리 잡기 이전에 거론되는 몸의 인식능력, 다시 말해 주체 개념이 몸에 개입하기 이전의 몸의 인식능력을 말한다. 감각은, 이렇게 말할 수 있다면, 우리로 하여금 어떤 주체 개념을 떠올리도록 하는 능력이라기보다는 차라리 두 객체가 물리적으로 충돌함으로써 발생하는 사건과도 같은 것이다. 두 객체가 물리적으로 충돌하는 사건의 순간, 이와 꼭 마찬가지로 몸이라는 한 객체와 그와 다른 한 객체가 물리적으로 충돌하는 감각의 순간, 거기에는 주체가 없고, 당연히 주체가 없으므로 주체의 상대자인 객체 또한 없다. 또는 주체와 객체, 내부와 외부가 서로 분간되지 않은 상태로 공존한다. 이처럼 그 자체가 주체 개념이 개입하기 이전의 순간을 가리킨다는 점에서 감각은 몸주체와 더불어 거론되는 감성보다 논리적으로 앞서는 것, 감성보다 층위가 더 근본적인 것이다. 하지만 그렇다 하더라도 감각이 감성으로부터 따로 떼어 낼 수 있는 것은 아니다. 예를 들어 구겨진 종이의 경우 우리는 종이와 주름을 분명히 구분하여 거론할 수 있지만 이 둘을 따로 떼어 내어 분간할 수는 없다. 이처럼 감각과 감성은 단지 서로 구분(distinguer)될 수 있을 뿐 분간(discerner)될 수 있는 것이 아니다.

이 글의 주인공 들뢰즈는 경험을 이성과 대비시켜서 거론할 경우, 경험의 두 능력 가운데 감성보다 감각을 더 선호한다. 그것은 물론 감각이 감성보다 논리적으로 이전의 것이요 그 층위가 더 근본적이라는 점에서 궁극적으로 감성보다는 감각이 이성과 더 극적이고 날카로운 대비를 이루기 때문이다. 예를 들어 한쪽 극단에서 이성이 정신적 주체를 제기한다면, 다른 쪽 극단에서 감각이 기관 없는 신체(몸; corps sans organes)를 제기한다. 정신적 주체가 이성으로 무장한 근대적 인격체를 가리킨다면, 기관 없는 신체는 이성의 관점에서 보면 전혀 이해할 수 없는 탈근대적인 비이성적 선(先)인격체 또는 비인격체를 가리킨다. 근대적 인격체가 객체에 해당하는 자기 주위를 자기 자신을 위해 이성적으로 인식하고 판단하며 재단하는 자아 주체를 말한다면, 탈근대적인 비이성적 선인격체는 주체도 없고 객체도 없는, 또는 굳이 주체 개념을 사용해서 말하자면 주체와 객체가 전혀 분간이 안 되는 사건적 주체를 말한다. 이처럼 들뢰즈에게서는 이성과 감각의 대비가 강력한 형태를 취하면서 무대 위에 등장한다. 아니 더 극단적인 표현을 사용하자면 이성과 감각의 치열한 전선이 무대 위 전체에 펼쳐진다. 그런데 철학사를 보면 사실 이성과 감각의 전선은 오로지 들뢰즈에게서만 등장하는 새로운 논제라고 할 수 없다. 왜냐하면 정신과 몸이라는 이원적 시각으로 인간을 이해하는 전통, 따라서 인식에 관한 담론의 경우 정신의 인식능력과 몸의 인식능력을 대비시키는 전통은 철학사만큼이나 오래된 것이기 때문이다. 정확하게 모든 면에서 딱 맞아 떨어지는 것은 아니지만, 그래도 정신의 인식능력과 몸의 인식능력의 대비로 이해할 수 있는, 철학사를 관통하는 아주 오래된 두 진영의 대립이 존재한다. 예를 들어 최초의 철학자들이 활동하던 시기, 피타고라스가 오로지 이성으로만 접근할 수 있는 수학적 비례, 균형, 조화에서 아르케를 찾았다면, 반대로 탈레스를 비롯한 이오니아의 자연철학자들은 경험을 통해 확인할 수 있는 감각적인 질료에서 아르케를 찾았다. 고대철학 전성기의 주역 플라톤이 절대적으로 참된 이데아에 도달하기 위해 이성을 갈고 닦는 수학적 훈련을 강조하면서도 감각적으로 사유하는 예술가들은 추방해야 한다고 주장했다면, 고대철학 전성기의 또 다른 주역 아리스토텔레스는 역으로 이데아를 감각적인 현실 세계 속으로 끌어내렸을 뿐 아니라 감각을 긍정적으로 받아들여서 변증이성이 작용하는 출발점으로 삼았다. 실질적으로 근대철학의 문을 연 데카르트가 인간은 신체가 아니라 정신이라고 말하면서 참된 인식을 위해 이성은 가까이하고 오류의 근원인 감각은 가능한 한 멀리해야 한다고 주장했다면, 반대로 로크를 비롯한 영국의 경험주의 철학자들은 이성의 독단을 비판하면서 모든 앎은 궁극적으로 감각적 경험으로부터 온다고 주장했다. 물론 들뢰즈는, 굳이 계보를 따지자면, 이 두 진영 중 후자의 진영에 속한 20세기 전사다. 이것은 예를 들어 그가 현대철학의 핵심 과제로 플라톤주의 뒤집기를 외치는 것, 정치, 경제, 문화 등 다양한 영역에서 데카르트의 근대적 이성에 맞서서 끊임없이 탈근대적 감각을 내세우는 것만 봐도 분명히 알 수 있는 사실이다. 이 글에서 우리는 바로 이와 같이 철학사를 관통하며 형성된 이성과 감각의 전선을, 감각 진영에 속한 20세기의 뛰어난 전사 들뢰즈의 안내를 받으면서, 또 자연스럽게 들뢰즈가 그랬듯이 감각 진영의 우군이 되어서 시찰해 보고자 한다.

## 감각과 예술

전선의 한쪽 진영을 이루는 감각이 들뢰즈에게서 명확히 거론되는
것은 쉽게 짐작할 수 있듯이 특히 예술의 영역에서다. 그 당연해 보이
는 이유가 그의 책 『철학이란 무엇인가』에 자세하게 명시되어 있다.
들뢰즈에 따르면, 사유되기 이전의 세계[존재 또는 들뢰즈의 용어를 빌리
자면 내재성(immanence)]는 카오스다. 이 카오스 세계를 대상으로 정직
하고 진지하게 철학자는 대면하고, 과학자는 탐구하며, 예술가는 구
현한다. 즉 카오스 세계를 대상으로 철학자, 과학자, 예술가가 사유를
하는 것이다. 그런데 이 사유 행위는 그 자체가 또한 건설 행위이기도
하다. 왜냐하면 사유 행위는 뭉글뭉글한 덩어리와도 같은 카오스 세
계를 사유를 통해 건드림으로써 마치 매끈매끈한 유리면처럼 일관적
이고 안정적으로 건설된 평면과 같은 세계로 만드는 행위이기 때문이
다. 이로부터 들뢰즈가 생각하는 사유의 이미지 또는 사유에 대한 정
의가 자연스럽게 따라 나온다. 들뢰즈에게 사유란 세계 또는 존재에
대하여 무언가 일관되고 안정적인 평면(plan)을 만드는 행위를 말한
다. 바로 이런 사유의 이미지 아래 철학, 과학, 예술은 우리가 하는 사
유의 세 형식을 이룬다. 즉 철학은 개념의 평면, 과학은 지시 관계의
평면, 예술은 감각의 평면이라는 일관되고 안정적인 평면을 만든다.

『철학이란 무엇인가』에서 들뢰즈는 사유 행위로서의 예술을 다음
과 같이 기술한다. 철학자가 그런 것처럼, 또 과학자가 그런 것처럼
예술가 또한 사유되기 이전의 덩어리 상태의 카오스 세계를 대면한

다. 하지만 대면하는 대상은 동일할지라도 동일한 대상을 사유하는 방식은 각각 다르다. 철학자가 개념을 통해, 과학자가 지시 관계(특히 인과 관계)를 통해 사유한다면, 예술가는 감각을 통해 사유한다. 이때 예술가가 감각을 통해 사유한다는 것은 예술가가 덩어리 상태의 카오스 세계를 자기와 이 세계 사이에 발생한 감각으로 포맷하여 일관되고 안정적인 평면으로 만드는 행위, 그리하여 예술가 고유의 감각의 평면을 건설하는 행위를 말한다. 마치 철학자가 자기 고유의 개념의 평면, 과학자가 자기 고유의 지시 관계의 평면을 건설하는 것과 마찬가지로 말이다. 그리고 이렇게 건설된 감각의 평면은 다른 무엇이 아니다. 그것은 세계에 대한 예술가의 육화된 사유, 즉 카오스 세계를 사유한 예술가가 사유된 그 카오스 세계를 유한한 질료에 육화시켜 구현 또는 복원한 예술 작품이다. 이처럼 예술가에게 있어서 감각의 평면을 건설하는 일은 발생한 감각에 질료를 입힌 예술 작품을 창조하는 행위와 다른 것이 아니다. 따라서 이로부터 자연스럽게 예술의 정의가 도출된다. 예술은 감각의 구현이다. 즉 감각을 발생시키고, 발생한 감각에 질료를 입힌 예술 작품을 창조함으로써 감각을 구현하는 것이 바로 예술이요 예술이 하는 일이다. 하지만 이것이 끝은 아니다. 왜냐하면 예술가는 이렇게 감각을 구현한 예술 작품을 창조함으로써 궁극적으로 자신이 대면했던 카오스 세계를 구현 또는 복원하는 데까지 나아가기 때문이다. 사유가 건드리게 되는 카오스 세계의 그 무한함을 가능한 한 하나도 놓치지 않으면서 말이다. 따라서 이로부터 예술의 목적 또한 자연스럽게 드러난다. 그것은 예를 들어 『감각의 논리』의 주인공인 화가 베이컨이 그의 그림을 통해 그랬던 것처럼 무한한 카오스 세계를 유한한 예술 작품 속에 그 모습 그대로 담는 것, 또는 유한한 예술 작품을 통해 무한한 카오스 세계를 그 모습 그대로 구현 또는 복원하는 것이다. 이처럼 예술에서 감각은 처음이자 끝이다. 원래부터 감각을 통해 사유하는 예술은 발생한 감각에 질료를 입힌 예술 작품을 창조함으로써 결국 세계 또는 존재를 감각적으로 구현하는 일로 끝을 맺으니 말이다. 이런 이유로 이 글에서 우리가 들뢰즈와 더불어 감각의 진영에 속해서 이성과 감각의 전선을 시찰한다고 할 때, 우리를 안내해 줄 들뢰즈의 책으로 그의 회화론을 담은 『감각의 논리』를 선택한 것은 지극히 당연한 일이라 할 수 있다.

한편 들뢰즈는 『철학이란 무엇인가』에서 위와 같은 맥락 아래 예술을 지탱하는 세 요소를 다음과 같이 제시한다. 그것은 첫째, 건설해야 할 감각의 평면, 둘째, 감각의 평면을 건설하는 예술적 주체, 셋째, 예술적 주체가 창조해야 할 예술 작품이다. 예술의 이 세 요소 가운데 이 글과 관련해서 우리가 특별히 주목하고자 하는 것은 두 번째 요소인 예술적 주체다. 앞에서 보았듯이 들뢰즈에게 있어서 감각은 이성의 관점에서 보면 전혀 이해할 수 없는 탈근대적인 비이성적 선인격체 또는 비인격체를 제기한다. 따라서 만약 감각이 제기하는 어떤 주체가 있다고 한다면, 그것은 결코 근대의 이성적이고 합리적인 인격체를 가리키는 주체가 아니다. 그것은 애초부터 반성능력이 없기에 자기의식 또는 인격이 들어설 여지가 전혀 없는 주체, 자아가 배제된 주체다. 그것은 존재론적으로 볼 때 객체와 분간이 안 되는 주체, 따라서 주체의 입장에서 능동적일 수도 없고 객체의 입장에서 수동적일 수도 없는 주체, 말하자면 능동-수동의 중립적 주체다. 그것은 예술적으로 볼 때 그 자체가 객체와 분간이 불가능한 주체라는 점에서 결코 자신으로부터 객체를 따로 떼어 놓고 재현할 수 없는 주체, 즉 비재현적 주체다. 들뢰즈가 보기에 이 비인격적 주체는 당연히 예술과 예술가에게 매우 큰 중요성을 갖는다. 왜냐하면 오로지 비인격적 주체만이 예술의 정의인 감각의 구현과 예술의 목적인 카오스 세계의 구현을 온전히 성취할 수 있기 때문이다.

## 이성에서 감각으로 인도하는 철학적 방법 직관

방금 우리는 오로지 비인격체만이 감각의 구현과 카오스 세계의 구현을 온전히 성취할 수 있다고 했다. 이것은 결국 들뢰즈가 말했듯이 순수 감각에 접근하기 위해서는 근대의 합리적이고 이성적인 인격체로부터 논리적으로 그에 앞선 탈근대적인 선인격체로 내려가야 한다는 것을 의미한다. 인격체에서 선인격체로! 인간 고유의 영역인 정신에서 인간과 동물의 공통된 영역인 신체로! 인간에서 인간-동물로! 따라서 이성에서 감각으로! 그렇다면 우리는 어떻게 인격체에서 선인격체로, 이성에서 감각으로 내려갈 수 있을까? 이 내려가기는 위상학적 의미의 내려가기가 아니다. 물론 그것은 우리가 문자 그대로 동물이 되자는 말도 아니다. 철학자 들뢰즈에게 있어서 그것은 무엇보다도 먼저 사물의 참된 본성에 도달하기 위한 철학적 방법으로서의 내려가기다. 들뢰즈는 이 철학적 내려가기의 방법을 특별히 직관이라고 부른다. 그가 베르그송에게 경의를 표하며 쓴 책 『베르그송주의』와 단편 「베르그송」에 이 직관의 방법이 특히 잘 설명되어 있다. 들뢰즈에 따르면, 근대의 이성적 사유 그리고 이성적 사유의 총아인 과학은 사물의 두 측면 중 한 측면만을 취할 뿐, 결코 사물을 그 자체로 보여 주지 않는다. 따라서 들뢰즈에게 있어서 철학은 과학이 우리에게 숨겨 왔던 나머지 절반의 측면을 겨냥해야 하며, 이를 위하여 철학은 과학이 그동안 사물과 유지해왔던 관계와 다른 관계를 세워야 한다. 데카르트가 세계의 실체를 연장, 즉 공간으로 규정한 이후 과학이 사물과 유지해 왔던 관계는 공간이며, 이에 따라 과학은 우리에게 사물에 대하여 단지 공간의 측면에서 결론짓고 추론하는 일만을 허락해 왔다. 하지만 들뢰즈는 철학이 사물과 새롭게 유지해야 하는 관계로서 지속을 주장한다. 오로지 지속의 관점으로 사물에 접근해야만 비로소 사물의 보다 근본적인 나머지 절반에, 사물의 참된 본성에 도달할 수 있다. 이때 우리로 하여금 이 지속의 관점으로 사물에 접근할 수 있도록 해 주는 방법이 바로 직관의 방법이다. 이 직관의 방법이 왜 인격체에서 선인격체로 내려가는 방법인지는 직관이 근본적으로 우리를 사물의 바깥이 아닌 사물 속에 자리 잡게 하는 내재주의적 방법이라는 사실에서 분명히 드러난다. "직관의 첫 번째 성격은, 어떤 것이 자신과 다른 것에 의해서 추론되거나 결론지어지지 않고 직관 속에서 그리고 직관에 의해서 그 자체가 스스로 나타나고 스스로 주어진다는 점이다"(「베르그송」). 이처럼 직관을 통해 우리는 주체인 우리가 보는 객체로서의 사물을 아는 것이 아니라, 사물 그 자체가 스스로 나타내며 드러내는 것을 안다. 왜냐하면 주체인 내가 객체인 사물 속에 들어가는 직관의 방법에서는 나도 없고 사물도 없는, 주체도 없고 객체도 없는, 말하자면 우리가 주체와 객체가 분간이 안 되는 상태에 놓이게 되기 때문이다. 따라서 여기에는 근대적 인격체가 들어설 자리가 있을 수 없다. 주체와 객체가 분간이 안 되는 상태는 인격체를 말하기 이전에 이미 논리적으로 자아 자체를 불가능한 것으로 만들어 버리기 때문이다. 마찬가지로 여기에는 매개를 위한 자리가 없다. 주체와 객체가 분간이 안 되는 상태에서는 당연히 주체와 객체 사이에 매개가 끼어들 공간 자체가 논리적으로 사라져 버리기 때문이다. 그리고 이런 이유로 직관은 우리에게 매개가 배제된 앎, 즉 사물 자체가 자기 스스로를 드러내는 직접적인 앎을 건네준다. 물론 이 앎이 매개를 통해 필터링된 간접적인 앎보다 훨씬 더 참된 앎임은 물론이다. 들뢰즈가 직관의 방법을 언급하면서 줄곧 사물의 참된 본성을 강조하는 것은 바로 이런 이유에서다.

그렇다면 직관의 방법을 통해 파악된 사물의 참된 본성, 더 나아가 세계의 참된 본성은 무엇일까? 이 글과 관련해서 핵심이 되는 내용만 간략하게 나열해 보면 다음과 같다. 첫째, 세계는 차이를 낳는 힘으로서의 지속이다. 내재주의적 성격 외에 직관의 또 다른 중요한 성격은 그것이 차이를 구하는 방법이라는 것이다. "직관은 본성의 차이들을, 말하자면 '실재의 분절들'을 구하고 발견하는 것으로서 스스로를 드러낸다"(「베르그송」). 들뢰즈에 따르면, 직관은 세계 속의 차이를 변화로, 변화를 실체로 파악토록 한다. 즉 세계는 실체로서의 변화다. 따라서 직관의 방법을 따라서 공간이 아닌 지속의 관점으로 세계에 접근해야 한다고 할 때의 지속은 결코 정적인 밋밋한 지속이 아니다. "지속은 차이를 낳는 것, 또는 본성을 바꾸는 것, 질과 이질성을 바꾸는 것, 자기와 더불어 다른 것이다"(「베르그송」). 세계는 이처럼 차이를 낳는 힘으로서의 지속 속에서 온전하게 정의된다. 둘째, 세계는 서로가 분간이 안 되는 상태로 역행하는 이중운동이다. 사실 역행하는 이중운동의 관점으로 세계를 파악하는 입장은 새삼스러운 것이 아니다. 예를 들어 대립과 조화에 근거한 변증법적 관점으로 세계를 이해한 고대의 헤라클레이토스가 그렇고, 또 능산적 자연과 소산적 자연의 관점으로 세계를 설명한 근대의 스피노자가 그렇다. 서로 역행하는 이중운동으로서의 세계, 적어도 이 점에서만큼은 들뢰즈도 마찬가지다. 직관은 세계를 차이를 낳는 힘으로서의 지속으로 파악한다고 할 때, 이 힘 또는 지속은 존재론적으로 그 자체가 운동과 다른 것이 아니다. 이 운동은 먼저 당연히 차이를 생산하는 운동이다. 하지만 이 운동은 또한 생산된 차이를 통해서 자기 자신을 실재적인 것으로서 발견하는 운동이기도 하다. 들뢰즈의 다음 글은 정확하게 세계의 이 이중운동을 말하고 있다. "우리는 오로지 두 운동만이, 또는 차라리 유일하고 동일한 한 운동의 두 의미만이 존재한다고 말할 수 있다. 즉 운동이 … 자신의 생산물 또는 결과물 속에서 스스로 응고되어지는 방향으로 나아간다고 할 때의 한 의미와, 이와는 달리 운동이 … 생산물 속에서 … 운동 자신을 재발견한다고 할 때의 또 다른 한 의미만이 존재한다고 말할 수 있다"(「베르그송」). 셋째, 세계는 일의적(univoque) 세계다. 직관이 드러내는 세계는 구분은 되지만 분간이 안 되는 세계다. 서로 역행하는 두 운동이 구분은 되지만 분간이 안 된다. 주체와 객체, 인간과 자연이 구분은 되지만 분간이 안 된다. 바로 이 분간불 가능성 때문에 직관이 드러내는 세계는 모든 것이 존재론적으로 가치가 동등한 세계가 된다. 이 세계에서는 신과 그의 피조물, 이데아와 이데아의 모사물, 존재와 존재자 사이에 존재론적으로 높고 낮음이 존재치 않는다. 이 모두가 단 하나의 목소리만 내며 단 하나의 의미만 가진다. 즉 일의적 세계가 등장하는 것이다.

## 이성에서 감각으로 인도하는 회화적 방법 자유로운 손

순수 감각에 접근하기 위해서는 철학이 그런 것처럼 예술 역시, 특별히 이 글에서는 회화 역시 인격체에서 선인격체로, 이성에서 감각으로 내려가야만 한다. 오로지 이 경우에만 예술의 정의인 감각의 구현과 예술의 목적인 카오스 세계의 구현을 온전히 성취할 수 있다. 그렇다면 철학적 내려가기의 방법에 견줄 만한 회화적 내려가기의 방법은 무엇일까? 이 물음에 대한 들뢰즈의 답변은 한마디로 자유로운 손이다. 들뢰즈에 따르면, 그리기 이전에 화가의 화폭은 결코 백지상태가 아니다. 그것은 선회화적인 구상(figuration) 이미지들로 가득 채워져 있다. 예를 들어 사랑을 그리라고 하면, 많은 사람이 하트, 서로에게 기댄 연인, 부드럽게 맞잡은 손 등의 이미지를 그리는 것에서 알 수 있는 것처럼, 이성적으로 설명이 가능한 이런저런 판에 박힌 구상 이미지들이 선택 가능한 개연성들로서, 그리기를 시작하기 전에 이미 화가의 머리 또는 화폭을 점령하고 있다. 그리고 화가는 이 이미지들을 완전히 제거할 수 없다. 화가는 나름대로 그것들을 변경해서 새롭게 그려 보려고 시도하지만, 이성적 인격체인 그의 변경 시도는 어떤 식으로든 이성의 지배 아래 작동할 수밖에 없다는 점에서 결코 그는 이성적으로 설명이 가능한 구상 이미지들을 완전히 벗어날 수 없다. 현대 화가에게 있어서 이 선회화적인 구상 이미지들의 주된 원천은 특히 사진, 영화, 텔레비전, 컴퓨터 등이 제공하는 사진 이미지다. 결국 사진은 그것이 단순히 구상적이라고 해서, 즉 무언가를 재현한다고 해서 위험한 것이 아니다. 사진이 위험한 것은 그것이 눈에 부과되어서 눈 전체를 부당하게 좌지우지하기 때문이다. 그렇다면 과연 어떻게 해야 화가는 판에 박힌 구상 이미지들을 벗어나서 백지 상태의 순수한 화폭을 가질 수 있는가? 답은 의외로 단순하다. 물론 단순한 그 일을 이루기는 결코 쉽지 않겠지만 말이다. 그것은 포기다. 즉 판에 박힌 구상 이미지들에 맞서고자 하는 의지, 그것들을 어떻게든 나름대로 변경해서 새롭게 그려 보고자 하는 의지 자체를 버려야만 한다. 오로지 이 의지 상실의 순간, 이 포기의 순간에만 비로소 백지상태의 순수한 화폭 위에서 화가의 그리기가 시작될 수 있다. 마치 사람들이 흔히 하는 말로 극심한 절망의 때, 마지막 남은 자기 욕심의 줄을 놓는 바로 그 순간에 역설적이게도 그 이전에는 생각하지 못했던 새로운 길이 종종 보이는 것처럼 말이다. 그리고 정확하게 이 순간

드디어 화가에게 있어서 인격체에서 선인격체로, 이성에서 감각으로 내려가기가 시작된다. 사진에 대한 베이컨의 태도를 해석한 들뢰즈의 다음 글은 바로 이런 의미에서다. "무력한 포기 이후에, 베이컨의 모든 태도는 곧 사진에 대한 거부의 태도다. … 결국 무엇보다도 먼저 '의지를 상실하고자 하는 의지'가 필요하다. 그리고 거부를 통해서 판에 박힌 것들로부터 빠져나올 때, 오로지 이때, 비로소 작업이 시작될 수 있다"(『감각의 논리』, 11장). 이제 화가는 백지상태의 순수한 화폭, 즉 판에 박힌 구상 이미지들이 사라진 그리기의 순수한 장에 서 있다. 하지만 이미 인격체에서 선인격체로 내려온 화가에게 주체란 없으며, 따라서 주체가 아닌 그는 이 그리기의 장과 분간이 안 되는 상태로 있다. 바로 이 그리기의 순수한 장, 선과 색이 꿈틀대는 동적인 장, "비기표적이고 비재현적인 선들, 지역들, 묘선들, 얼룩들의 작용하는 총체"(『감각의 논리』, 12장)를 들뢰즈는 다이어그램(diagramme)이라고 부른다. "다이어그램은 혼돈이요 대재난이지만, 또한 질서 또는 리듬의 싹이기도 하다. 그것은 구상적인 소여들과 관련해서는 격렬한 혼돈이지만, 회화의 새로운 질서와 관련해서는 리듬의 싹이다. 즉 베이컨이 말한 것처럼 다이어그램이 '감각적인 영역들을 여는 것이다.' 다이어그램은 예비 작업을 끝마치고 그리기 행위를 시작한다. 이러한 싹-혼돈을 경험하지 않은 화가는 없다"(『감각의 논리』, 12장). 그러나 이 감각적인 영역에서 화가가 그리기를 시작할 때, 그가 그리는 것이 다시금 그 끈질긴 판에 박힌 것이 되지 않도록 하기 위해서는 어떻게 해야 할까? "그려진 이미지 속에서 태어나는 구상을 파괴하고 … 형상(Figure)

에게 기회를 주기 위해서는 그려진 이미지의 내부에서 '자유로운 표시들'을 아주 빨리해야 할 것이다. 이 자유로운 표시들은 우발적 사건에 의한 것, '우연한' 것이다"(『감각의 논리』, 11장). 우발적 사건을 일으키는 손이되 사건과 분간이 안 되는 손! 자유로운 표시들을 하는 손이되 이 표시들과 분간이 안 되는 손! 드디어 그리기의 순수한 장인 다이어그램과 분간이 안 되는 화가, 즉 자유로운 손이 등장하는 순간이다. "개연적인 시각적 총체가 자유로운 손에 의한 묘선들에 의해서 분해되고 변형되었다. 이 묘선들은 개연적인 시각적 총체 속에 다시 주입되어서 개연적이지 않은 시각적 형상을 만들 것이다. 그리기 행위, 그것은 자유로운 손에 의한 이 묘선들, 이 묘선들의 반응, 이 묘선들이 시각적 총체 속으로 다시 주입되기가 이루는 합치를 말한다. … 이로부터 다음과 같은 베이컨의 항구적인 공식이 유래한다. 닮도록 만들어라. 하지만 우발적인 방법, 닮지 않은 방법을 통해서 그리 만들어라"(『감각의 논리』, 11장).

그렇다면 이처럼 자유로운 손을 통해 회화적으로 구현된 카오스 세계는 어떤 세계일까? 그것은 직관의 방법을 통해 철학적으로 파악된 세계와 동일한 세계일 것이다. 왜냐하면 비록 철학자와 화가의 사유 방식이 서로 다를지라도 사유 대상은 동일하다는 점에서, 만약 양자의 사유가 제대로만 이루어진다면, 결국 철학자가 건설한 개념의 평면인 개념화된 세계관과 화가가 건설한 감각의 평면인 작품화된 세계관이 서로 정합적으로 맞아 떨어질 것이기 때문이다. 따라서 자유로운 손을 통해 회화적으로 구현된 세계 역시 직관의 방법을 통해 철학적으로 파악된 세계와 마찬가지로 힘으로서의 세계, 운동으로서의 세계, 일의적 세계일 것이다. 먼저 베이컨이 자유로운 손을 통해 구현한 세계는 힘으로서의 세계를 보여 준다. 들뢰즈는 "회화의 임무는 가시적이지 않은 힘을 가시적이게 하는 시도와 같은 것으로 정의된다"(『감각의 논리』, 8장)고 강조하면서 베이컨이 자유로운 손을 통해 그린 형상에 대하여 다음과 같은 설명을 덧붙인다. "회화의 역사에서 베이컨의 형상은 다음의 물음에 대한 가장 훌륭한 답변 가운데 하나로 보인다. 가시적이지 않은 힘을 어떻게 가시적이게 할 것인가? 이것이 바로 형상이 하는 제일의 기능이다"(『감각의 논리』, 8장). 베이컨의 형상은 화가가 판에 박힌 구상 이미지들을 나름대로 변경해서 새롭게 그려 보려고 시도한다고 할 때의 변경의 결과물이 결코 아니다. 변경은 이성이 대상을 공간적으로 분할하고 다시 맞추는 과정일 뿐이기 때문이다. 베이컨의 형상은 이성과 무관하게, 아니 이성 이전에 보다 근본적으로 존재론적 힘이 작용한 변형의 결과물이다. "베이컨의 문제가 변경(transformation)의 문제가 아니라 정확하게 변형(déformation)의 문제인 것은 이런 의미에서다"(『감각의 논리』, 8장). 다음으로 베이컨이 자유로운 손을 통해 구현한 세계는 서로 역행하는 이중운동을 보여 준다. 이성과 과학은 공간의 관점에서 운동에 접근하며, 따라서 이때 운동은 분할된 수많은 공간의 합으로 이해된다. 제논의 아킬레스가 거북이를 끝내 따라잡지 못하는 이유가 바로 이런 식으로 이해된 운동 때문이다. 그러나 존재론적 운동은 공간화된 운동과 달리 실체로서의 변화다. 마치 헤라클레이토스가 말하는 실체로서의 불처럼, 스피노자가 말하는 실체로서의 생산역능처럼 존재론적 운동은 존재와 존재자를 양극단으로 하면서 끊임없이 차이를 생산하는 실체로서의 이중운동이다. 따라서 존재론적 운동은 공간상의 가시적인 운동이 아니다. 심지어 그것은 공간상의 움직임이 아니므로 어떤 의미에서는 부동적이기까지 하다. 하지만 이 가시적이지 않은 부동적 운동이 오히려 공간 속에서 가시적으로 움직이는 운동을 그 근본에서부터 가능케 한다. 앞에서 우리는 회화의 임무가 가시적이지 않은 힘을 가시적이게 하는 것이라고 했다. 그렇다면, 들뢰즈에게 있어서 존재는 그 자체가 힘이요 운동이기 때문에, 가시적이지 않은 존재론적 힘을 가시적이게 하는 회화는 당연히 가시적이지 않은 존재론적 운동을 가시적이게 하는 것이기도 하다. 실제로 베이컨의 그림은 존재와 존재자를 양극단으로 하면서 상호 역행하는 가시적이지 않은 이중운동을, 윤곽을 경계로 구분된 형상과 아플라 사이의 상호 교차운동으로 표현함으로써 가시적이게 한다. 베이컨의 그림은 그림 속 인물을 이루는 형상, 그림의 배경 또는 물질적 구조를 이루는 아플라, 형상과 아플라를 가르는 경계인 윤곽, 이렇게 세 요소로 구성된다. 이때 윤곽을 사이에 두고 첫 번째 공식의 운동이 작용한다. "운동은 차라리 물질적 구조인 아플라로부터 형상으로 나아간다. … 그리하여 아플라는 윤곽의 주위, 즉 장소의 주위에서 휘감기면서 형상을 감싸고 형상을 가둔다"(『감각의 논리』, 3장). 하지만 이와 동시에 두 번째 공식의 운동이 작용한다. "이 첫 번째 공식의 운동과 명백하게 공존하는 또 다른 운동이 있다. 그것은 첫 번째 공식의 운동과 반대로 형상으로부터 물질적 구조를 향해서,

다시 말해 아플라를 향해서 나아가는 운동이다"(『감각의 논리』, 3장). 이렇게 볼 때, 들뢰즈가 베이컨의 그림을 두고서 존재의 이중운동을 회화적으로 구현한 장이라고 일컬은 것은 전적으로 합당한 일이다. 마지막으로 베이컨이 자유로운 손을 통해 구현한 세계는 일의적 세계를 보여 준다. 이성이 공간의 관점으로 인식한 세계는 구분도 되고 분간도 되는 세계다. 따라서 그 세계는 구분되고 분간된 다수가 여러 목소리를 내며 여러 의미를 가지는 다의적(équivoque) 세계다. 반대로 자유로운 손을 통해 감각적으로 구현된 세계는 구분은 되지만 분간이 안 되는 세계다. 따라서 그 세계는 다양한 다수가 모두 단 하나의 목소리만 내며 단 하나의 의미만 가지는 일의적 세계다. 실제로 베이컨의 그림은 이 일의적 세계를 표현하는 다양한 사례를 보여 준다. 예를 들어 공(共)감각적 형상, 인간과 동물 간의 존재론적 동일성, 형상과 아플라 간의 존재론적 가치의 동등성, 서로 역행하는 두 운동의 분간불가능성 등이 그것이다. 우리는 이 가운데 몇 가지 사례를 아래에서 베이컨의 그림을 대상으로 구체적으로 확인하는 기회를 갖게 될 것이다.

　이제까지 우리는 이성에서 감각으로 내려가는 과정을 한편으로는 철학적으로, 다른 한편으로는 회화적으로 살펴보았다. 아울러 직관의 방법을 통해 내려가 철학적으로 파악한 세계와 자유로운 손을 통해 내려가 회화적으로 구현한 세계는 서로 같은 세계, 일의적 세계라는 것도 보았다. 이처럼 이성에서 감각으로 내려가기라는 큰 고개를 넘었으니 이제는 다음 단계로 들뢰즈와 함께 감각의 진영에 서서 베이컨의 그림을 대상으로 삼아 이성과 감각의 전선을 구체적으로 시찰해 볼 차례다. 자유로운 손을 통해 내려가 도달한 선인격체, 자유로운 손이 감각적으로 구현한 세계가 베이컨의 그림에서 구체적으로 어떻게 표현되는지 차례로 확인해 보자.

### 얼굴(유기체, 뼈) vs 머리(기관 없는 신체, 고기)

베이컨이 자유로운 손을 통해 그린 형상은 이성에서 감각으로, 인격체에서 선인격체로, 인간 고유의 영역인 정신에서 인간과 동물의 공통된 영역인 신체로, 인간에서 인간-동물로 내려가 구현된 신체다. 그것은 "인간과 동물 사이의 분간불가능성의 영역, 결정불가능성의 영역"(『감각의 논리』, 4장) 속의 신체다. 따라서 그것은 분화된 각 기관이 유기적으로 조직된 얼굴, 이성적으로 질서가 잘 잡힌 얼굴이 아니라, 각 기관이 분화되기 이전의 머리, 비이성적이고 무차별적인 머리다. 베이컨이 얼굴을 그리지 않고 머리를 그린 이유, "형상이 얼굴을 갖지 않고 머리를 갖는"(『감각의 논리』, 4장) 이유가 바로 이것이다. 베이컨의 그림에서 때론 스펀지로 쓸리고, 때론 솔로 문질러지며, 때론 물감이 뿌려져서 흉측하게 표현된 머리는 또한 아르토가 유기체(이성, 질서)에 저항하기 위해 발명한 유명한 용어 '기관 없는 신체'이기도 하다. 들뢰즈는 말한다. "체험된 신체의 경계이기도 한 유기체 너머에는 아르토가 발견하여 기관 없는 신체라고 명명한 것이 있다"(『감각의 논리』, 7장). 이 기관 없는 신체는 기관에 반대되는 것이 아니다. 즉 기관 없는 신체는 기관의 부재에 의해서 정의되지 않는다. 기관 없는 신체는 이성적으로 질서가 잡힌 기관들의 조직, 즉 유기체에 반대되는 것이다. 왜냐하면 "기관 없는 신체는 결정되지 않은 기관의 실존에 의해서 정의되는 것이기도 하지만, 또한 궁극적으로 보면 결정된 기관들의 일시적이고 잠정적인 현존에 의해서도 정의"(『감각의 논리』, 7장)되기 때문이다. 한편 베이컨의 그림에서 머리 또는 기관 없는 신체는 "살 또는 고기인 한에 있어서의 신체"(『감각의 논리』, 4장)로 등장하기도 한다. 왜냐하면 "고기는 인간과 동물의 공통된 영역이요 분간불가능성의 영역"(『감각의 논리』, 4장)이기 때문이다. 반면에 뼈는 이성 또는 이성적 구조화를, 즉 유기체를 상징한다. 따라서 베이컨의 그림에서 고기는 마치 정육점에 걸려 있는 고기처럼 살과 뼈가 제 자리를 잘 잡아서 단단하게 물려 있는 고기 신체가 아니다. 그의 그림에서 "고기는 살과 뼈가 서로 구조적으로 구성되는 것이 아니라 살과 뼈가 지엽적으로 서로 맞닥뜨릴 때의 신체, 바로 이런 신체의 상태를 말한다"(『감각의 논리』, 4장). 베이컨의 그림에서 살이 뼈를 타고 주르륵 흘러내릴 듯이 표현되는 이유, 마치 순두부나 연두부처럼 손으로 문지르면 살이 무너지며 쓸려 나올 것처럼 표현되는 이유가 이것이다.

### 정상성(고전적 재현화, 추상화) vs 히스테리(베이컨의 형상화)

그렇다면 머리 또는 기관 없는 신체는 이성의 입장에서 볼 때 히스테리 그 자체일 수밖에 없다. 왜냐하면 기관 없는 신체에서는 기관들이 말 그대로 결정되지 않았다는 점에서, 또 각 기관이 일시적이고 잠정적으로 현존한다는 점에서 기관들이 언제나 유동적 상태에 놓여 있기 때문이다. "이러저러한 수준에서는 입인 것이 또 다른 이러저러한 수준에서는 항문이 된다. 또는 동일한 수준에서라도 다른 힘의 작용 아래에서는 입이 항문이 된다. 따라서 이런 식의 완벽한 시리즈는 결국 신체의 히스테리컬한 실재성을 말한다"(『감각의 논리』, 7장). 이성적 질서에 따른 정상성 대 감각적 탈주에 따른 히스테리! 이처럼 우리는 여기에서 이 글에서 줄곧 강조해 왔던 이성과 감각의 대비의 극명한 한 사례를 목격하게 된다.

아울러 마찬가지 이유로 우리는 회화 자체가 히스테리컬한 장르라는 사실 또한 알게 된다. 왜냐하면 감각 자체가 이처럼 히스테리컬하다면, 이 히스테리컬한 감각을 색과 선이라는 물리적 시스템을 동원하여 구현하는 회화 역시 원초적으로 히스테리컬할 수밖에 없기 때문이다. 회화와 화가에 대해 언급한 들뢰즈의 다음 글은 이런 의미에서다. "색의 시스템 자체가 신경 시스템 위에서 직접적으로 작용하는 행위의 시스템이다. 이것은 화가의 히스테리가 아니라 회화의 히스테리다. 회화와 더불어서 히스테리는 예술이 된다. 또는 차라리 화가와 더불어서 히스테리는 회화가 된다"(『감각의 논리』, 7장). 물론 회화의 히스테리컬한 실재성을 거부하고 그로부터 벗어나고자 하는 이성의 회화적 반격이 있을 수 있다. "회화는 이러한 근본적인 히스테리를 몰아내기 위한 두 개의 방법을 갖는다. 그중 한 방법은 유기적인 재현의 구상적 좌표를 유지하는 것이다. … 다른 한 방법은 추상적인 형태를 향해 돌아서서 고유하게 회화적인 이지적 지성을 발명하는 것이다"(『감각의 논리』, 7장). 여기에서 유기적인 재현의 구상적 좌표는 고전적 재현화를, 추상적인 형태를 향해 돌아선 고유하게 회화적인 이지적 지성은 예를 들어 몬드리안의 그림과 같은 추상화를 가리킨다. 하지만 고전적 재현화와 추상화, 이 둘 모두 이성의 개입을 요구한다는 점에서 이성에서 감각으로 나아가는 하강과 반대로 감각에서 이성으로 나아가는 상승의 방향성을 보여 준다. 따라서 들뢰즈와 베이컨이 고전적 재현화와 추상화를 거부함은 당연한 일이다.

## 다의적 세계 vs 일의적 세계(공감각적 세계, 존재론적 동일성과 등가성의 세계)

앞에서 우리는 베이컨이 자유로운 손을 통해 구현한 세계가 직관의 방법을 통해 철학이 파악한 세계와 마찬가지로 힘으로서의 세계, 운동으로서의 세계, 일의적 세계라고 하였다. 베이컨의 그림이 가시적이지 않은 존재론적 힘과 운동을 어떻게 가시적이게 하는지는 앞에서 자유로운 손을 거론할 때 이미 보았으므로 여기에서는 베이컨의 그림이 일의적 세계를 표현하는 방식만을 구체적으로 확인해 보고자 한다. 베이컨의 그림은 일의적 세계를 표현하는 매우 다양한 방식을 보여 준다. 그 고유의 방식 가운데 먼저 공감각적 형상이 있다. 들뢰즈에 따르면, 감각은 언제나 분간이 불가능한 공감각이다. 감각을 오감으로 나눈 것도, 예를 들어 감각을 매운맛 라면, 중간맛 라면, 순한맛 라면 등으로 나누는 것처럼 그것의 강도를 따라 나눈 것도 모두

가 분간이 불가능한 감각을 이성이 인위적으로 나눈 것이다. 물론 이 인위적인 나눔은 감각의 그 무한한 풍요로움을 놓치게 된다. 들뢰즈가 감각에 대한 이성적 재단을 마디 사이의 간격이 넓은 그물로 비유하면서 그것이 뉘앙스, 즉 차이를 놓쳐 버린다고 비판하는 것은 이 때문이다. 하지만 이성의 이 같은 감각 인식 또는 감각 재단과 달리, 순수 감각의 세계는 각각의 감각이 다양한 감각 영역과 다양한 감각 수준을 분간이 불가능하게 가로지르는 세계요, 따라서 뒤집어 말하면 그 세계는 유일하고 동일한 한 감각의 서로 다른 영역들, 서로 다른 수준들이 분간이 불가능하게 공존하는 세계다. 요컨대, 그 세계는 무한하게 풍요로운 다수의 감각이 단 하나의 목소리만, 단 하나의 의미만 갖는 일의적 세계다. 이처럼 "서로 다른 질서에 대한 감각들이 있는 것이 아니다. 유일하고 동일한 한 감각의 서로 다른 질서들이 있는 것이다"(『감각의 논리』, 6장). 결국 감각의 세계가 이렇게 일의적 세계라면, 이제는 그에 따른 당연한 대응으로서 "감각들 간의 일종의 근원적인 합치를 보여 주는 일, 공감각적 형상을 시각적으로 나타내 보여 주는 일이 화가가 해야 할 일이 될 것이다"(『감각의 논리』, 6장). 실제로 우리는 베이컨의 많은 그림에서 공감각적 형상을 만난다. 예를 들어 우리는 이사벨 로스톤을 그린 초상화에서 눈이 크게 떠지고, 코가 벌렁거리며, 입이 늘어나고, 피부가 결집되는 일을 한꺼번에 목격하고, 투우 그림에서 동물의 발굽 소리를 들으며, 또 고기를 그린 그림에서는 고기를 만지고, 냄새 맡으며, 먹고, 무게를 단다. 이처럼 "색, 맛, 촉각, 냄새, 소리, 무게 사이에는 감각의 (재현적인 순간이 아닌) '병적인' 순간을 구성할 실존적인 소통이 존재한다"(『감각의 논리』, 6장).

하지만 베이컨의 그림이 일의적 세계를 보여 주는 방식은 단순하게 공감각적 형상만으로 끝나지 않는다. 그의 그림에서 일의적 세계를 보여 주기 위해 공감각적 형상만큼이나 자주 등장하는 방식으로서 인간과 동물 간의 존재론적 동일성이 있다. 들뢰즈는 말한다. "베이컨은 '짐승에 대한 동정심'을 말하지 않는다. 그보다 베이컨은 차라리 고통받는 모든 인간은 고기라고 말한다. 고기는 인간과 짐승의 공통되는 영역이요 분간불가능성의 영역이다"(『감각의 논리』, 4장). 이 문장에서 따옴표로 강조된 짐승에 대한 동정심이라는 표현은 주체인 인간이 객체인 짐승에 대해 갖는 감정, 주체와 객체가 분간된 상태에서 갖는 감정을 가리킨다. 따라서 여기에는 입장에 따라 얼마든지 존재론적 가치의 차이가 개입할 수 있다. 그러나 들뢰즈와 베이컨은 이런 식의 동정심을 완강히 거부하고 인간과 동물 간의 분간불가능성을, 다시 말해 존재론적 동일성을 주장한다. 들뢰즈의 다음 글은 정확히 이런 사실을 보여 주고 있다. "이것[자기 자신이 짐승의 존재와 같다는 실존 체험]은 인간과 짐승의 화해가 아니며, 그들 간의 유사성도 아니다. 이것은 그 바탕에 있어서의 동일성이며, 모든 감정적인 동일화보다도 훨씬 더 깊은 분간불가능성의 영역이다. 즉 고통받는 인간은 짐승이고, 고통받는 짐승은 인간이다. 이것이 곧 생성의 실재성이다"(『감각의 논리』, 4장).

한편 베이컨의 그림이 일의적 세계를 보여 주는 방식 가운데 빼놓을 수 없는 것이 하나 더 있다. 그것은 눈으로 만지는 근접시각이라

는 말로 설명되는 형상과 아플라 사이의 존재론적 가치의 동등성이
다. 베이컨의 그림에서 아플라는 구조적으로 형상의 배경 역할을 한
다. 하지만 이성에 따른 원근법이 배경을 인물보다 뒤에 두고 깊이를
주어서 표현하는 것과 반대로, 베이컨의 그림에서는 마치 이집트 예
술에서 흔히 그런 것처럼 형상과 아플라가 동일한 평면 위에서 절대
적으로 근접해 있다. 즉 형상과 아플라가 윤곽을 경계 삼아 분명히 구
분되지만 또한 분간이 안 되는 상태로, 다시 말해 양자 간의 높낮이가
전혀 없이 존재론적으로 동등한 상태로 있다. "아플라들은 엄격하게
형상의 바로 옆에 있거나 또는 차라리 형상의 주변에 있으면서 촉지
적인 근접 시각 또는 '눈으로 만지는' 근접 시각을 통해, 바로 이 근접
시각 속에서 형상 자체와 더불어 파악된다"(『감각의 논리』, 1장). 물론 이
와 같이 "배경처럼 기능하는 아플라와 형태처럼 기능하는 형상이 근
접 시각이라는 동일한 평면 위에서 서로에게 절대적으로 근접해 있으
면서 서로를 명확히 해 주고 있다는 사실"(『감각의 논리』, 1장)이 일의적
세계를 증거하고 있음은 두말할 나위가 없다.

### 주체와 객체가 분간되는 세계(공포) vs
### 주체와 객체가 분간되지 않는 세계(외침)

들뢰즈에게 있어서 순수한 감각이 발생한다는 것은 우선 선인격체
또는 기관 없는 신체가 세계와 접촉하는 사건이 발생한다는 것을 뜻
한다. 하지만 선인격체 또는 기관 없는 신체는 주체를 모르며, 따라서

객체 또한 모른다. 이처럼 주체와 객체가 없기 때문에, 또는 주체와 객체가 서로 분간이 안 되는 상태로 공존하기 때문에, 조금 과감하게 말할 수 있다면, 예를 들어 돌이 땅에 떨어져 충돌하는 사건과 선인격체 또는 기관 없는 신체가 땅에 넘어져 충돌하는 사건 사이에는 차이가 없다. 감각의 발생에 대해 언급한 들뢰즈의 다음 글은 이런 의미에서다. "감각은 주체를 향한 면과 대상을 향한 면을 갖는다. 또는 차라리 감각은 어느 면도 갖지 않거나 불가분하게 이 두 면 다이다. … 왜냐하면 내가 감각 속에서 되어짐과 동시에 그 무엇이 감각을 통해서 일어나기 때문에, 다시 말해 하나가 다른 것을 통해서, 하나가 다른 것 속에서 되어지고 일어나기 때문이다. 궁극적으로 볼 때, 동일한 신체가 감각을 주고받으며, 동일한 신체가 대상이자 또한 주체가 된다. 관객으로서의 나는 오로지 그림 속에 들어감으로써만, 오로지 느끼는 자와 느껴지는 자의 합치에 접근함으로써만 감각을 느낀다"(「감각의 논리」, 6장). 베이컨의 그림에서 이 같은 주체와 객체의 분간불가능성을 잘 보여 주는 사례로 외침이 있다. 사르트르가 두려움의 원인이 인간 밖에 있느냐 또는 인간 속에 있느냐에 따라서 공포와 불안을 구분한 것과 비슷하게, 베이컨에게 있어서 공포는 주체가 객체를 대면해서 갖게 되는 두려움을 가리키는 반면, 외침은 주체도 없고 객체도 없는 상태에서 또는 주체와 객체가 분간이 안 되는 상태에서 갖게 되는 두려움을 가리킨다. 예를 들어 벨라스케스의 작품 「이노센트 10세」에 영감을 받아 그린 그림에서 교황은 크게 입을 벌려 외치고 있지만 그 앞에는 두꺼운 커튼이 쳐져 있다. 따라서 교황은 지금 주체의 입장에서 객체인 무언가를 보고 놀라서 외치는 것이 아니다. 교황을 외치게 하는 것은 주체와 객체가 분간이 안 되는 상태에서 도래하는 가시적이지 않은 존재론적 힘이다. 다시 말해 교황의 외침은 가시적이지 않은 존재론적 힘을 외치는 입을 통해 가시화하고 있고, 따라서 가시적이지 않은 힘을 가시적이게 해야 한다는 회화의 임무를 훌륭히 수행하고 있다. "바로 이것이 베이컨이 '공포보다는 차라리 외침을 그린다'고 말하면서 표현하는 것이다"(『감각의 논리』, 8장).

## 구상(간접성, 재현, 피상적인 닮음) vs 형상(직접성, 비재현, 깊은 닮음)

주체와 객체가 이처럼 분간이 안 되다 보니 베이컨이 자유로운 손을 통해 감각적으로 구현한 세계는 매개를 모르는 세계, 매개를 모르므로 간접성 또한 모르는 세계다. 들뢰즈에 따르면, "감각이란 말해주어야 할 이야기를 우회하는 일 또는 그 이야기로 인한 지루함을 피하면서 직접적으로 전달되는 것이다"(『감각의 논리』, 6장). 왜냐하면 주체와 객체가 분간이 안 되는 세계에서는 주체와 객체를 연결해 줄 매개 자체가 논리적으로 배제된다는 점에서 모든 것이 언제나 직접 전달되기 때문이다. 그리고 정확하게 바로 이런 이유로 이 세계는 또한 자신과 분간된 객체를 자기 입장에서 재현하는 주체가 없는 세계, 따라서 재현을 모르는 세계이기도 하다. 예를 들어 원근법에서는 인격적 주체가 객체인 대상을 자신을 중심으로 질서 있게 정렬하여 그림이나 글 등으로 옮겨놓는다. 즉 이성적으로 재현을 한다. 하지만 베이컨이 자유로운 손을 통해 감각적으로 구현한 세계에서는 주체도 없고 객체도 없기 때문에 이런 재현이 있을 수 없다. 그렇다고 해서 이곳이 인식 또는 앎 자체가 없는 부정적인 곳은 결코 아니다. 이곳의 비재현적 감각은 매개가 배제된 직접적인 것이기 때문에 오히려 간접적인 것만을 건네는 재현보다 훨씬 더 참된 인식으로 우리를 이끈다. 즉 순수한 감각의 구현이 우리에게 대상에 대한 더 깊은 원초적인 닮음을 건네는 것이다. 따라서 이렇게 말할 수 있다. 인격체와 이성이 피상적인 닮음, 간접적인 허약한 인식을 건넨다면, 반대로 선인격체와 감각은 깊은 닮음, 직접적인 참된 인식을 건넨다. 그렇다면 당연히 피상적인 닮음으로부터 벗어나서 깊은 닮음에 도달하기 위한 시도가 있어야 하는데, 이 같은 시도가 베이컨의 그림에서는 특별히 형상의 창조와 형상의 고립으로 나타난다. 먼저 형상의 창조가 있다. 앞에서 자유로운 손을 거론할 때 이미 말했듯이 형상은 자유로운 손이 다이어그램에서 구현한 감각적 닮음이다. 즉 "형상, 그것은 감각에 결부된 감각적인 형태"(『감각의 논리』, 6장)로서 깊은 닮음을 우리에게 건네는 것, 따라서 피상적인 닮음과 재현을 벗어나는 것이다. 예를 들어 우리가 베이컨을 형상화한 그의 자화상을 보면서 재현물들 중에서도 가장 재현적이라 할 수 있는 베이컨의 사진을 볼 때보다 훨씬 더 깊이 있게 베이컨에게 다가섬을 느끼는 것은 이 때문이다. 따라서 들뢰즈와 베이컨이 줄곧 감각의 순수 형상을 이성의 재현적 산물인 구상과 대비시키는 것은 극히 당연한 일이다. 다음으로 형상의 고립이 있다. 재현에는 두 가지가 있다. 하나는 예를 들어 증명사진에서 보는 것처럼 실물과 그것의 재현물이 일대일로 대응하는 예시적 재현이고, 다른 하나는 많은 사람이 북적이는 장터를 찍은 사진에서 보는 것처럼 실물들 간의 이야기를 그 실물들을 예시한 재현물들 간의 이야기로 옮겨 놓는 서술적 재현이다. 그리고 이 두 가지 재현을 모두 합쳐서 구상적 재현이라고 한다. 따라서 피상적인 닮음에서 깊은 닮음으로 옮겨가기 위해 재현을 말 그대로 완벽하게 벗어나려면 형상의 창조를 통해서 예시적 재현을 벗어나야 할 뿐 아니라 형상을 다른 것들과의 관계로부터 차단함으로써 서술적 재현 또한 벗어나야 한다. 이처럼 서술적 재현을 벗어나기 위해서 형상과 형상 이외 것들의 관계를 차단시키는 베이컨의 회화적 장치가 바로 윤곽이다. 실제로 베이컨의 그림에서 윤곽은 형상을 고립시킴으로써 형상과 그 외의 다른 것들 사이에 있을 수 있는 이야기를 원천적으로 막는 역할을 하고 있다. 형상의 고립에 대한 들뢰즈의 다음 글은 이런 의미에서다. "형상 또한 그 자체가 그림 속에서, 동그라미나 평행육면체에 의해서 고립된다. 왜 그럴까? 베이컨은 이 말을 자주 한다. 형상의 고립은 구상적, 예시적, 서술적 성격을 몰아내기 위해서다"(『감각의 논리』, 1장).

## 이성에서 감각으로! 보다 참된 것을 향하여!

글을 마무리하면서 왜 들뢰즈는 많은 글에서 이성에서 감각으로 내려가기를 강조하는가? 라는 근본적인 물음을 던져 본다. 물론 단순하게 생각하면 그것은 들뢰즈의 존재론, 즉 그의 세계관이 그로 하여금 이러한 주장을 하도록 추동하기 때문일 것이다. 지극히 당연한 답변이다. 하지만 우리는 이 물음을 이 지극히 당연한 답변을 넘어서 들뢰즈가 속했던 시대적 상황과 들뢰즈 자신의 심층적 의도 또는 의지와 연관해서 한번 생각해 보고자 한다.

포스트모더니즘이라는 말이 문자 그대로 함축하고 있듯이 포스트모던했던 20세기 후반에는 모던한 틀을 벗어나고자 하는 탈근대적인 시도가 다양한 영역에서 행해졌다. 물론 이것은 지금도 여전히 유효한 이야기다. 20세기 후반에 탈근대적인 시도가 왜 많았는지는 순수 학문의 차원에서도 설명이 가능하겠지만, 사실 그보다는 근대의 정치, 경제, 문화 등 근대적 삶의 양식 전반에 대한 비판적 반성의 차원에서 그 이유를 찾는 것이 보다 현실을 잘 반영한 설명을 건네준다. 그도 그럴 것이 데카르트가 근대문명의 체계 전반을 포맷한 이후 인간의 이성은 절대적인 권력을 가지게 되었고, 그리하여 그 이후로 인간은 예를 들어 종교의 힘을 빌리지 않고 오로지 인간 이성의 힘만으로 유토피아를 건설하고 심지어는 영원한 생명까지 얻으려고 노력해 왔다. 하지만 지난 20세기 동안, 그중에서도 특히 20세기 전반에 우리가 겪었던 것은 기대했던 유토피아와는 정반대로 인간 도살장이라고 묘사되는 대량학살 전쟁이었다. 따라서 20세기 후반 이후로 만약 인간 이성에 대한 다양한 비판이 없었다면 오히려 그것이 더 이상한 일이다. 동시대인들과 동일한 사건을 접하며 동일한 분위기 속에서 살았던 들뢰즈 역시 시대의 이러한 비판적 흐름과 분리해서 생각해서는 안 된다. 실제로 들뢰즈는 자신이 교류했던 프랑스의 많은 철학자가 그랬듯이 그 또한 이성적 주체의 사망, 근대적 진리의 소멸이라는 포스트모던한 논제를 자기 고유의 방식으로 매우 강력하게 주장했다. 이성에서 감각으로 내려가라는 그의 권유는 바로 이런 맥락에서 충분히 이해가 가고 남는다.

하지만 눈을 들어 보다 거시적으로 보면, 이성에서 감각으로 내려가기를 강조하는 들뢰즈의 입장은 보다 근원적인 것을 추구하고자 하는 인간 본성으로도 이해가 가능하다. 서양 철학사를 통해 줄곧 확인되는 인간의 본성이 있다. 그것은 최초의 서양철학에서부터 등장하는 단어 아르케에 대한 인간의 집요한 추구 본성이다. 모든 것이 그것으로부터 오고 모든 것이 그것으로 되돌아가는 바로 그것, 아르케! 고대철학에서부터 현대철학에 이르기까지 위대한 많은 철학자들, 특히 거대 담론을 내놓은 철학자들은 거의 예외 없이 아르케를 추구한다. 그것은 때로는 존재론적 아르케로 나타나기도 하고, 때로는 인식론적 아르케로 나타나기도 하며, 또 때로는 문화적 아르케 등으로 나타나기도 한다. 다만 차이가 있다면, 예를 들어 고대철학자들은 피타고라스나 플라톤에게서 볼 수 있는 것처럼 아르케를 주로 위쪽에서 찾은 데 반해, 근대를 거쳐 현대로 오면서 철학자들은 이 글의 주인공 들뢰즈가 그런 것처럼 아르케를 점점 더 아래쪽에서 찾는다. 물론 위쪽에는 관념적인 것, 정신적인 것, 이성적인 것이 있는 반면, 아래쪽에는 현실적인 것, 물질적인 것, 신체와 관련된 감각적인 것이 있다. 그러나 이 같은 분명한 차이에도 불구하고 궁극적으로 보면 모두가 다 나름대로는 절대적인 것, 근본적인 것, 즉 자기 고유의 아르케를 추구한다는 점에서 결국에는 양쪽이 같은 길을 걷는다고 할 수 있다. 들뢰즈도 여기에서 벗어나지 않는다. 그는 『감각의 논리』를 비롯한 많은 글에서 재현을 거부하지만, 사실을 보자면 재현 자체를 거부한다기보다는 진짜 재현을 찾아 나선다. 그가 피상적인 닮음을 거부하고 대신 깊은 닮음을 추구한다는 사실이 바로 이것을 증명하고 있다. 마찬가지로 들뢰즈는 명시적으로는 진리를 거부하지만, 사실을 보자면 피상적인 진리를 거부할 뿐, 실제로는 보다 깊은 진리를 찾아 나선다. 많은 글에서 그가 끊임없이 절대적인 것, 직접적인 것, 원초적인 것, 논리적으로 앞선 것, 날 것 그대로의 것 등을 강조한다는 사실이 이것을 증명하고 있다. 결국 들뢰즈는 참된 것을 찾아 나선 철학자다. "이성에서 감각으로!" 라는 모토 아래 "보다 참된 것을 향하여!" 라는 모토를 간직한 채로.

**더 읽을거리**

질 들뢰즈, 『천개의 고원』, 김재인 옮김, (새물결, 2001).

『안티 오이디푸스』와 함께 들뢰즈의 세계관에 기초한 인간관이 구체적으로 언급되어 있다. 이 책에서 우리는 이성과 감각에 대한 들뢰즈의 입장은 물론이고, 각종 사회 문제에 대한 그의 실천적 입장 또한 엿볼 수 있다.

질 들뢰즈, 『감각의 논리』, 하태환 옮김, (민음사, 2008).

화가 베이컨과 그의 작품에 대한 들뢰즈의 긍정적 비판서다. 이 책에서 우리는 들뢰즈의 감각론에 기초한 예술론, 회화론, 화가론 등을 베이컨의 작품에 대한 그의 풍요로운 설명을 들어 가면서 명확히 만날 수 있다.

박정태, 『철학자 들뢰즈, 화가 베이컨을 말하다』, (이학사, 2012).

들뢰즈의 『감각의 논리』에 대한 해설서다. 1부에서 들뢰즈의 세계관과 인간관을 존재론적 핵심논제들을 중심으로 명확히 설명한 다음, 이를 바탕으로 2부에서는 『감각의 논리』를 차근차근 해부, 해설한다. 이 책에서 우리는 예술, 회화, 화가에 대한 들뢰즈 고유의 존재론적 입장을 분명히 확인할 수 있다.

## 서울대학교 철학사상연구소

서울대학교 철학사상연구소는 동서양의 철학사상을 종합적으로 연구하고 나아가 이를 학제적으로 확장해서 탐구하기 위해 1989년에 설립됐다. 설립된 이후 콜로키 엄과 초청강연, 학술대회 등을 통해 철학의 문제들을 탐구하면서 많은 저술과 출판 을 통해 학계에 기여하고 있다.

## 필자소개

### 데카르트 _이석재

서울대학교 철학과를 졸업하고 동 대학원에서 석사학위를, 미국 예일대학교에서 철학박사학위를 받았다. 미국 오하이오 주립대학교에서 조교수, 부교수를 역임하 였고 2010년 가을부터 서울대학교 철학과에 재직 중이다. 주 연구 분야는 서양근 대철학과 형이상학이며 최근 라이프니츠, 버클리, 말브랑슈의 인과론에 연구를 집 중하고 있다. "Berkeley on the Activity of Spirits", *The British Journal for the History of Philosophy*, 20:3(2012)로 2013년 영국철학사학회(British Society for the History of Philosophy)가 주관하는 제2회 로저스 상을 수상했으며 "Toward a New Reading of Leibnizian Appetites: Appetites as Uneasiness", *Res Philosophica*, Vol. 91, No. 1, January 2014, pp.123~150 등 다수의 논문이 있다.

## 라이프니츠 _윤선구

서울대학교 물리학과를 졸업하고, 독일 쾰른대학교 철학과에서 철학석사 및 박사학위를 받았다. 서울대학교 철학과 강사, 서울대학교 철학사상연구소 책임연구원, 서울대학교 BK21 철학교육연구사업단 BK교수, 서양근대철학회 회장 등을 역임하고, 현재 서울대학교 기초교육원 강의교수로 재직 중이다. 라이프니츠와 칸트의 자유이론이 주요 연구분야이며, 현재 라이프니츠와 칸트의 비교연구에 관심을 가지고 있다. "라이프니츠에 있어서 의지의 자유문제와 단자론"으로 2000년 제9회 철학연구회 논문상을 받았다.

저서로 『서양근대철학』(2001, 공저), 『서양근대철학의 열 가지 쟁점』(2004, 공저), 『서양 근대 윤리학』(2010, 공저), 역서로 『철학의 거장』 II, IV권(1999, 공역), 『아젠다 21』(2000), 『형이상학 논고』(2010) 등이 있다.


## 흄 _양선이

한국외국어대학교 철학과를 졸업하고, 서울대학교 철학과에서 석사, 영국 더럼대학교에서 철학박사학위를 받았다. 서울대학교 철학과 강사, 서울대학교 BK21 철학교육연구사업단 BK교수, 서양근대철학회 부회장 등을 역임하고 현재 인제대학교 인간환경미래연구원 연구교수로 재직 중이다. 주 연구 분야는 서양근대경험주의와 윤리학이며, 최근 흄의 도덕 감정론과 덕윤리 그리고 근대 정념론과 현대 감정철학의 비교 연구에 집중하고 있다. 국제저명학술지 *Hume Studies*와 *Philosophical Psychology*의 심사위원으로 활동하고 있다.

"The Appropriateness of Moral Emotion and Humean Sentimentalism", *The Journal of Value Inquiry*(2009), "Emotion, Experiential Memory and Selfhood", *Organon F*(2013), 「새로운 흄 논쟁: 인과관계의 필연성을 중심으로」(2010), 「흄의 인과과학과 자유와 필연의 화해 프로젝트」(2012), 「흄의 도덕감정론에 나타난 반성개념의 역할과 도덕감정의 합리성 문제」(2014), 「흄의 도덕이론의 덕윤리적 조명」(2015) 등 다수의 논문을 발표했다. 저서로는 『서양근대철학의 열 가지 쟁점』(2004, 공저), 『서양근대윤리학』(2010, 공저), 『서양근대 미학』(2012, 공저), 『마음과 철학 서양편』(2012, 공저) 등이 있다.

## 칸트 _ 안윤기

서울대학교 철학과를 졸업하고, 장로회신학대학교에서 신학석사학위를, 서울대학교 대학원에서 철학석사학위를 받은 후, 독일로 유학을 가서 튀빙엔대학교에서 만프레드 프랑크 교수의 지도하에 철학박사 논문(『관계하며 존재하는 초월적 주체성과 경험적 주체성-칸트의 초월철학에서 이 둘이 가지는 상호적 존재 관계』)을 작성해 철학박사학위를 받았다. 현재 장로회신학대학교에서 철학을 가르치고 있다. 칸트와 독일 이상주의가 주요 연구 분야이며, 박사후 연구로 특별히 1800년 전후 유럽에서 벌어진 이성주의와 반이성주의의 논쟁을 집중적으로 조명하고 있다.

주요 논문으로는 「칸트의 'Cogito, ergo sum'-(I)」, 「18세기 범신론 논쟁: 야코비의 『스피노자의 가르침에 관한 편지들』(1785)」, 「철학사 읽기-하만의 『소크라테스 회상록』 연구」 등이 있다.


## 칸트 _ 손성우

서울신학대학교 신학과를 졸업했고 서울대학교 철학과 대학원에서 석사학위를, 독일 프라이부르크대학교에서 철학박사학위를 취득했다. 서울대학교 BK21철학교육연구사업단에서 연구원을 역임했고, 서울대학교, 성신여자대학교 등에서 강의했으며, 현재 명지대학교 방목기초교육대학 교수(강의전담)로 재직하고 있다. 칸트의 자연 형이상학에 대한 연구로 박사논문을 작성했고, 칸트의 인식론과 자연 형이상학을 주로 연구하고 있다.

저서로는 Kants besondere Metaphysik der Natur in "metaphysische Anfangsgruende der Naturwissenschaft"(2010), 논문으로는 「셸링의 자유개념과 악의 가능성」(2014) 등이 있다.

## 셸 링 _박 진

서울대학교 철학과를 졸업하고 동 대학원에서 철학박사학위를 받았다. 현재 동의대학교 철학상담 심리학과 교수로 재직하고 있다. 칸트와 셸링 철학을 비롯한 근대철학이 주요 연구 분야이다. 한편으로 근대사상의 뿌리를 헤브라이즘과 헬레니즘의 정신사적 원천으로부터 조망하고, 다른 한편 근대의 마지막인 후기 낭만주의 속에서 현대 실존주의와 포스트 모던의 사상적 뿌리를 천착하고 비교하는 것을 중요한 연구과제 중의 하나로 삼고 있다.

저서로는 『칸트와 독일이상주의』(2000, 공저), 『하이데거와 철학자들』(1999, 공저), 『인간에 대한 철학적 성찰』(2005, 공저), 『시간과 철학』(2009, 공저), 『토마스에서 칸트까지』(1999, 공저), 『서양근대미학』(2012, 공저), 『서양근대종교철학』(2015, 공저) 등 다수가 있다.


## 헤 겔 _강순전

한국외국어대학교 독일어과를 졸업하고, 서울대학교 철학과에서 석사학위를, 독일보쿰대학교에서 철학박사학위를 받았다. 서울시립대학교 연구교수를 거쳐, 현재명지대학교 철학과 교수로 재직하고 있다. 칸트와 헤겔을 비롯한 근대독일철학이주요 연구분야이며, 최근에는 칸트와 헤겔철학의 영향사로서 영미분석철학에서의그것의 수용에 대해 관심을 갖고 연구하고 있다. 독일학술교류처 장학생과 훔볼트장학생을 지냈으며, 한국헤겔학회 회장을 역임했다.

저서로는 Reflexion und Widerspruch. Eine entwicklungsgeschichtliche und systematische Untersuchung des Hegelschen Begriffs des Widerspruchs (Hegel-Studien Beiheft 41), 『칸트에서 헤겔로』(2008), 『정신현상학의 이념』(2016) 등과 논문으로는 "Kants intuitiver Verstand und Hegels Begriff des Begriffs"(Kant-Studien 107, 4, 2016) 등 다수의 논문이 있다.

**니 체 _백승영**

서강대학교 철학과를 졸업하고(전공: 철학, 부전공: 사학), 동 대학원에서 석사학위를, 독일 레겐스부르크대학교에서 철학박사학위를 받았다(제1전공: 철학, 제2전공: 종교학). 현재 재단법인 플라톤아카데미 연구교수로 있다. 니체 철학 및 포스트모던 철학 일반이 주요 연구분야이며, 최근에는 예술철학의 미래를 타진하는 연구에 매진하고 있다. 『니체, 디오니소스적 긍정의 철학』으로 2005년 제24회 열암학술상과 제2회 한국출판문화대상을 받았다.

저서로는 Zur Interpretation bei F. Nietzsche. Eine Analyse(1999), 『니체, 디오니소스적 긍정의 철학』(2005), 『니체, 건강한 삶을 위한 긍정의 철학을 기획하다』(2011), 『파테이 마토스』(2014), 『니체가 뒤흔든 철학 100년』(2000, 공저), 『우리에게 과학이란 무엇인가?』(2010, 공저), 『오늘 우리는 왜 니체를 읽는가』(2006, 공저), 『마음과 철학』(2012, 공저), 『처음 읽는 현대독일철학』(2013, 공저), 『처음 읽는 윤리학』(2013, 공저), 『철학, 죽음을 말하다』(2004, 공저) 등이 있고, 역서로는 『바그너의 경우·우상의 황혼·안티크리스트·이 사람을 보라·디오니소스 송가·니체 대 바그너』(2002), 『니체전집 20: 유고(1887년 가을~1888년 3월)』(2000), 『니체전집 21: 유고(1888년 초~1889년 1월 초)』(2004)가 있다.


**후 설 _이남인**

서울대학교 철학과를 졸업하고 동 대학원에서 석사학위를, 독일 부퍼탈대학교 대학원에서 철학박사학위를 받았다. 1995년부터 서울대학교 철학과 교수로 재직 중이다. 후설에서 시작하여 쉘러, 하이데거, 메를로퐁티, 레비나스 등으로 이어지는 현상학적 전통이 주요 연구분야이다. 대한민국학술원상(2005), 철학연구회 논문상(1994), 독일 부퍼탈대학교 최우수 박사학위논문상(1992)을 수상했으며 2008년 국제철학원(IIP) 정회원으로 선출되었다. Continental Philosophy Review, Phenomenology and Cognitive Sciences 등 다수의 국제 학술지 및 학술총서의 편집위원과 자문위원으로 활동하고 있다.

저서로는 Edmund Husserls Phänomenologie de rInstinkte(1993), 『현상학과 해석학』(2004), 『후설의 현상학과 현대철학』(2006), 『후설과 메를로-퐁티 지각의 현상학』(2013), 『현상학과 질적 연구』(2014), 등이 있으며, 「현상학적 사회학」, "Experience and Evidence", "Problems of Intersubjectivity in Husserl and Buber" 등 다수의 논문을 발표했다.

## 하이데거 _박찬국

서울대학교 철학과를 졸업하고 동 대학원에서 석사학위를, 독일 뷔르츠부르크대학교에서 철학박사학위를 받았다. 현재 서울대학교 철학과 교수로 재직하고 있다. 니체와 하이데거의 철학을 비롯한 실존철학이 주요 연구 분야이며 최근에는 불교와 서양철학을 비교하는 것을 중요한 연구과제 중의 하나로 삼고 있다. 『원효와 하이데거의 비교연구』(2010)로 2011년 제5회 청송학술상을 받았으며, 『니체와 불교』(2013)로 2014년 제5회 원효학술상을 받았다.

저서로는 『들길의 사상가, 하이데거』(2013), 『하이데거는 나치였는가』(2007), 『내재적 목적론』(2012), 『들뢰즈의 『니체와 철학』 읽기』(2012), 『에리히 프롬의 『소유냐 존재냐』 읽기』(2012), 『에리히 프롬 읽기』(2013), 『초인수업』(2014) 등이 있고, 역서로는 『니체 I, II』(2010, 2012), 『니체전집 16: 유고(1882년 7월~1883/84년 겨울)』(2001), 『아침놀』(2004), 『비극의 탄생』(2007), 『안티크리스트』(2013), 『상징형식의 철학 I, II』(2011, 2014) 등 다수가 있다.


## 하버마스 _정호근

서울대학교 철학과와 대학원을 졸업하고 독일 프라이부르크대학에서 철학, 사회학, 정치학을 공부했다. 지금은 서울대학교 철학과에서 사회·정치·역사 철학 그리고 사회이론 등과 관련된 다양한 주제와 사조를 강의하고 있다. 인간의 사회·문화적 삶의 방식을 물질론적, 발생·발달 이론적 접근을 통해 체계적으로 해명하는 데 관심이 있다.

저서로는 『마음과 철학 서양편』(2012, 공저), 『삶, 반성, 인문학』(2003, 공저), 「평화, 화해와 소통의 철학」, 「물질론적 사회구성이론의 사고논리」 등이 있다.

## 푸코 _ 김부용

서강대학교 철학과를 졸업하고 서울대학원에서 석사·박사과정을 수료하고 철학박사학위를 받았다. 현재 영동대학교 교양융합학부 교수로 재직하고 있다. 미셸 푸코와 사회인식론이 주요연구분야이다. 특히 영미철학과 프랑스철학의 접점을 추구하고 철학의 현실적 적용가능성에 관한 연구에 주력하고 있다.

박사학위 논문 "미셸 푸코의 사회인식론 연구"를 위시하여 "푸코의 사회인식론 정립을 위한 시론", "권력의 행사방식 논의에 대한 푸코의 비판과 보완", "진리이론의 틀에서 본 푸코의 진리", "미셸 푸코의 경험과 지식"이 있으며, 역서로는 『광기의 역사』(1999), 『미셸 푸꼬의 수난』(1995), 『담론』(2001), 『푸코와 이반 이론』(2003), 『우울할 땐 니체』(2013)가 있다.


## 들뢰즈 _ 박정태

서울대학교 철학과를 졸업하고 한국자동차보험(현 동부화재)에서 근무했다. 프랑스 랭스대학에서 석사학위(사르트르 전공)를 받았으며, 파리10대학 D.E.A(베르그송 전공)를 거쳐, 파리8대학에서 바디우의 지도 아래 들뢰즈에 관한 논문으로 박사학위를 받았다. 2008년 귀국하여 대학에서 철학, 미학에 관련된 강의를 하고 있다.

저서로는 『철학자 들뢰즈, 화가 베이컨을 말하다』(2012), 『마음과 철학』(2012, 공저), 『포스트모던의 테제들』(2012, 공저)이 있고, 번역서로 『들뢰즈-존재의 함성』(2001), 『들뢰즈가 만든 철학사』(2007), 『지식인을 위한 변명』(2007), 『실존주의는 휴머니즘이다』(2008), 『세기』(2014)가 있다.